Contraste insuffisant

NF Z 43-120-14

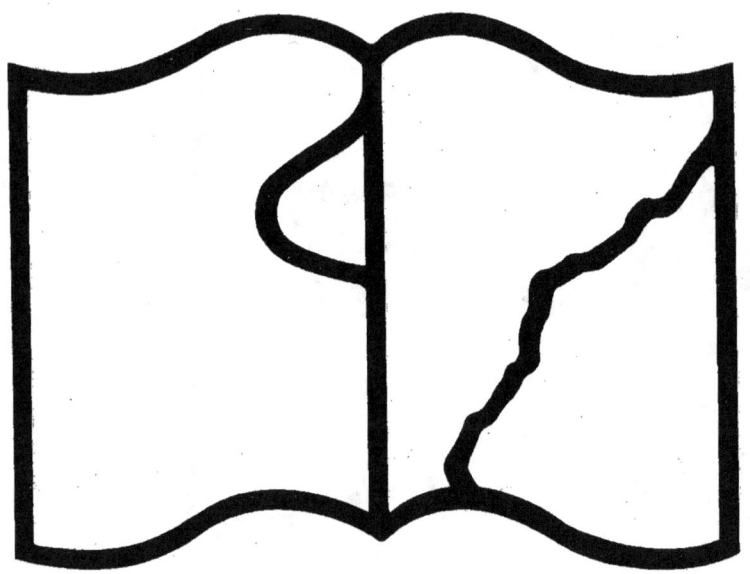

Texte détérioré — reliure défectueuse
NF Z 43-120-11

ALFRED DE MUSSET
ŒUVRES COMPLÈTES

COMÉDIES
ET PROVERBES

MÉLANGES

TOME II

PARIS
G. CHARPENTIER et E. FASQUELLE, Éditeurs
11, RUE DE GRENELLE, 11

1891

ŒUVRES COMPLÈTES

DE

ALFRED DE MUSSET

SCEAUX. — IMPRIMERIE CHARAIRE ET FILS

ŒUVRES COMPLÈTES

DE

ALFRED DE MUSSET

COMÉDIES ET PROVERBES

MÉLANGES

TOME II

PARIS
G. CHARPENTIER ET E. FASQUELLE, ÉDITEURS
11, RUE DE GRENELLE, 11

1891

ŒUVRES D'ALFRED DE MUSSET

Il faut qu'une porte... Page 8.

Bibl. Charpentier. Liv. 205.

IL FAUT
QU'UNE PORTE SOIT OUVERTE OU FERMÉE

PROVERBE EN UN ACTE

PUBLIÉ EN 1845, REPRÉSENTÉ EN 1848

PERSONNAGES :

LE COMTE. | LA MARQUISE.

La scène est à Paris.

Un petit salon.

LE COMTE, LA MARQUISE.

La marquise, assise sur un canapé, près de la cheminée, fait de la tapisserie. Le comte entre et salue.

LE COMTE.

Je ne sais pas quand je me guérirai de ma maladresse, mais je suis d'une cruelle étourderie. Il m'est impossible de prendre sur moi de me rappeler votre jour, et toutes les fois que j'ai envie de vous voir, cela ne manque jamais d'être un mardi.

LA MARQUISE.

Est-ce que vous avez quelque chose à me dire?

LE COMTE.

Non; mais en le supposant, je ne le pourrais pas, car c'est un hasard que vous soyez seule, et vous allez avoir, d'ici à un quart d'heure, une cohue d'amis intimes qui me fera sauver, je vous en avertis.

LA MARQUISE.

Il est vrai que c'est aujourd'hui mon jour, et je ne sais trop pourquoi j'en ai un. C'est une mode qui a pourtant sa raison. Nos mères laissaient leur porte ouverte; la bonne compagnie n'était pas nombreuse, et se bornait, pour chaque cercle, à une fournée d'ennuyeux qu'on avalait à la rigueur. Maintenant, dès qu'on reçoit, on reçoit tout Paris; et tout Paris, au temps où nous sommes, c'est bien réellement Paris tout entier, ville et faubourgs. Quand on est chez soi, on est dans la rue. Il fallait bien trouver un remède; de là vient que chacun a son jour. C'est le seul moyen de se voir le moins possible et, quand on dit : Je suis chez moi le mardi, il est clair que c'est comme si on disait : Le reste du temps, laissez-moi tranquille.

LE COMTE.

Je n'en ai que plus de tort de venir aujourd'hui, puisque vous me permettez de vous voir dans la semaine.

LA MARQUISE.

Prenez votre parti et mettez-vous là. Si vous êtes de bonne humeur, vous parlerez; sinon, chauffez-vous. Je ne compte pas sur grand monde aujourd'hui, vous regarderez défiler ma petite lanterne magique. Mais qu'avez-vous donc? vous me semblez...

LE COMTE.

Quoi?

LA MARQUISE.

Pour ma gloire, je ne veux pas le dire.

LE COMTE.

Ma foi, je vous l'avouerai, avant d'entrer ici, je l'étais un peu.

LA MARQUISE.

Quoi? je le demande à mon tour.

LE COMTE.

Vous fâcherez-vous si je vous le dis?

LA MARQUISE.

J'ai un bal ce soir où je veux être jolie : je ne me fâcherai pas de la journée.

LE COMTE.

Eh bien! j'étais un peu ennuyé. Je ne sais ce que j'ai; c'est un mal à la mode, comme vos réceptions. Je me désole depuis midi; j'ai fait quatre visites sans trouver personne. Je devais dîner quelque part; je me suis excusé sans raison. Il n'y a pas un spectacle ce soir. Je suis sorti par un temps glacé; je n'ai vu que des nez rouges et des joues violettes. Je ne sais que faire, je suis bête comme un feuilleton.

LA MARQUISE.

Je vous en offre autant; je m'ennuie à crier. C'est le temps qu'il fait, sans aucun doute.

LE COMTE.

Le fait est que le froid est odieux; l'hiver est une maladie. Les badauds voient le pavé propre, le ciel clair, et, quand un vent bien sec leur coupe les oreilles, ils appellent cela une belle gelée. C'est comme qui dirait une belle fluxion de poitrine. Bien obligé de ces beautés-là.

LA MARQUISE.

Je suis plus que de votre avis. Il me semble que mon ennui me vient moins de l'air du dehors, tout froid qu'il est, que de celui que les autres respirent. C'est peut-être que nous vieillissons. Je commence à avoir trente ans, et je perds le talent de vivre.

LE COMTE.

Je n'ai jamais eu ce talent-là, et ce qui m'épouvante, c'est que je le gagne. En prenant des années, on devient plat ou fou, et j'ai une peur atroce de mourir comme un sage.

LA MARQUISE.

Sonnez pour qu'on mette une bûche au feu; votre idée me gèle.
<small>On entend le bruit d'une sonnette au dehors.</small>

LE COMTE.

Ce n'est pas la peine; on sonne à la porte, et votre procession arrive.

LA MARQUISE.

Voyons quel sera la bannière, et surtout tâchez de rester.

LE COMTE.

Non; décidément je m'en vais.

LA MARQUISE.

Où allez-vous?

LE COMTE.

Je n'en sais rien.
<small>Il se lève, salue et ouvre la porte.</small>
Adieu, madame, à jeudi soir.

LA MARQUISE.

Pourquoi jeudi?

LE COMTE, <small>debout, tenant le bouton de la porte.</small>

N'est-ce pas votre jour aux Italiens? J'irai vous faire une petite visite.

LA MARQUISE.

Je ne veux pas de vous; vous êtes trop maussade. D'ailleurs, j'y mène M. Camus.

LE COMTE.

M. Camus, votre voisin de campagne?

LA MARQUISE.

Oui; il m'a vendu des pommes et du foin avec beaucoup de galanterie, et je veux lui rendre sa politesse.

LE COMTE.

C'est bien vous, par exemple! L'être le plus ennuyeux! on devrait le nourrir de sa marchandise. Et, à propos, savez-vous ce qu'on dit?

LA MARQUISE.

Non. Mais on ne vient pas : qui avait donc sonné?

LE COMTE, regardant par la fenêtre.

Personne, une petite fille, je crois, avec un carton, je ne sais quoi, une blanchisseuse. Elle est là, dans la cour, qui parle à vos gens.

LA MARQUISE.

Vous appelez cela je ne sais quoi ; vous êtes poli, c'est mon bonnet. Eh bien! qu'est-ce qu'on dit de moi et de M. Camus? — Fermez donc cette porte... il vient un vent horrible.

LE COMTE, fermant la porte.

On dit que vous pensez à vous remarier, que M. Camus est millionnaire, et qu'il vient chez vous bien souvent.

LA MARQUISE.

En vérité! pas plus que cela? Et vous me dites cela au nez tout bonnement.

LE COMTE.

Je vous le dis, parce qu'on en parle.

LE MARQUISE.

C'est une belle raison. Est-ce que je vous répète tout ce qu'on dit de vous aussi par le monde?

LE COMTE.

De moi, madame? Que peut-on dire, s'il vous plaît, qui ne puisse pas se répéter?

LA MARQUISE.

Mais vous voyez bien que tout peut se répéter, puisque vous m'apprenez que je suis à la veille d'être annoncée madame Camus. Ce qu'on dit de vous est au moins aussi grave, car il paraît malheureusement que c'est vrai.

LE COMTE.

Et quoi donc? Vous me feriez peur.

LA MARQUISE.

Preuve de plus qu'on ne se trompe pas.

LE COMTE.

Expliquez-vous, je vous en prie.

LA MARQUISE.

Ah! pas du tout; ce sont vos affaires.

LE COMTE, se rasseyant.

Je vous en supplie, marquise, je vous le demande en grâce. Vous êtes la personne du monde dont l'opinion a le plus de prix pour moi.

LA MARQUISE.

L'une des personnes, vous voulez dire.

LE COMTE.

Non, madame, je dis : la personne, celle dont l'estime, le sentiment, la...

LA MARQUISE.

Ah, ciel ! vous allez faire une phrase.

LE COMTE.

Pas du tout. Si vous ne voyez rien, c'est qu'apparemment vous ne voulez rien voir.

LA MARQUISE.

Voir quoi ?

LE COMTE.

Cela s'entend de reste.

LA MARQUISE.

Je n'entends que ce qu'on me dit, et encore pas des deux oreilles.

LE COMTE.

Vous riez de tout ; mais, sincèrement, serait-il possible que, depuis un an, vous voyant presque tous les jours, faite comme vous êtes, avec votre esprit, votre grâce et votre beauté...

LA MARQUISE.

Mais, mon Dieu ! c'est bien pis qu'une phrase, c'est une déclaration que vous me faites là. Avertissez au moins : est-ce une déclaration, ou un compliment de bonne année ?

LE COMTE.

Et si c'était une déclaration ?

LA MARQUISE.

Oh ! c'est que je n'en veux pas ce matin. Je vous ai dit que j'allais au bal, je suis exposée à en entendre ce soir ; ma santé ne me permet pas ces choses-là deux fois par jour.

LE COMTE.

En vérité, vous êtes décourageante, et je me réjouirai de bon cœur quand vous y serez prise à votre tour.

LA MARQUISE.

Moi aussi je m'en réjouirai. Je vous jure qu'il y a des instants où je donnerais de grosses sommes pour avoir seulement un petit chagrin. Tenez, j'étais comme cela pendant qu'on me coiffait, pas plus tard que tout à l'heure. Je poussais des soupirs à me fendre l'âme, de désespoir de ne penser à rien.

LE COMTE.

Raillez, raillez ! Vous y viendrez.

LA MARQUISE.

C'est bien possible ; nous sommes tous mortels. Si je suis raisonnable, à qui la faute ? Je vous assure que je ne me défends pas.

LE COMTE.

Vous ne voulez pas qu'on vous fasse la cour ?

LA MARQUISE.

Non. Je suis très bonne personne, mais quant à cela, c'est par trop bête. Dites-moi un peu, vous qui avez le sens commun, qu'est-ce que signifie cette chose-là : faire la cour à une femme ?

LE COMTE.

Cela signifie que cette femme vous plaît, et qu'on est bien aise de le lui dire.

LA MARQUISE.

A la bonne heure ; mais cette femme, cela lui plaît-il à elle, de vous plaire ? Vous me trouvez jolie, je suppose, et cela vous amuse de m'en faire part. Eh bien ! après ? Qu'est-ce que cela prouve ? Est-ce une raison pour que je vous aime ? J'imagine que, si quelqu'un me plaît, ce n'est pas parce que je suis jolie. Qu'y gagne-t-il à ces compliments ? La belle manière de se faire aimer que de venir se planter devant une femme avec un lorgnon, de la regarder des pieds à la tête, comme une poupée dans un étalage, et de lui dire bien agréablement : Madame, je vous trouve charmante ! Joignez à cela quelques phrases bien fades, un tour de valse et un bouquet, voilà pourtant ce qu'on appelle faire sa cour. Fi donc ! Comment un homme d'esprit peut-il prendre goût à ces niaiseries-là ? Cela me met en colère, quand j'y pense.

LE COMTE.

Il n'y a pourtant pas de quoi se fâcher.

LA MARQUISE.

Ma foi, si. Il faut supposer à une femme une tête bien vide et un grand fond de sottise, pour se figurer qu'on la charme avec de pareils ingrédients. Croyez-vous que ce soit bien divertissant de passer sa vie au milieu d'un déluge de fadaises, et d'avoir du matin au soir les oreilles pleines de balivernes ? Il me semble, en vérité, que, si j'étais homme et si je voyais une jolie femme, je me dirais : Voilà une pauvre créature qui doit être bien assommée de compliments. Je l'épargnerais, j'aurais pitié d'elle, et, si je voulais essayer de lui plaire, je lui ferais l'honneur de lui parler d'autre chose que de son malheureux visage. Mais non, toujours : Vous êtes jolie, et puis : Vous êtes jolie, et encore jolie. Eh, mon Dieu ! on le sait bien. Voulez-vous je que vous dise ? vous autres hommes à la mode, vous n'êtes que des confiseurs déguisés.

LE COMTE.

Eh bien! madame, vous êtes charmante, prenez-le comme vous voudrez.
On entend la sonnette.
On sonne de nouveau; adieu, je me sauve.
Il se lève et ouvre la porte.

LA MARQUISE.

Attendez donc, j'avais à dire... je ne sais plus ce que c'était... Ah! passez-vous par hasard du côté de Fossin, dans vos courses?

LE COMTE.

Ce ne sera pas par hasard, madame, si je puis vous être bon à quelque chose.

LA MARQUISE.

Encore un compliment! Mon Dieu, que vous m'ennuyez! C'est une bague que j'ai cassée; je pourrais bien l'envoyer tout bonnement, mais c'est qu'il faut que je vous explique...
Elle ôte la bague de son doigt.
Tenez, voyez-vous, c'est le chaton. Il y a là une petite pointe, vous voyez bien, n'est-ce pas? Ça s'ouvrait de côté, par là; je l'ai heurté ce matin je ne sais où, le ressort a été forcé.

LE COMTE.

Dites donc, marquise, sans indiscrétion, il y avait des cheveux là dedans?

LA MARQUISE.

Peut-être bien. Qu'avez-vous à rire?

LE COMTE.

Je ne ris pas le moins du monde.

LA MARQUISE.

Vous êtes un impertinent; ce sont des cheveux de mon mari. Mais je n'entends personne. Qui avait donc sonné encore?

LE COMTE, *regardant à la fenêtre.*

Une autre petite fille, et un autre carton. Encore un bonnet, je suppose. A propos, avec tout cela, vous me devez une confidence.

LA MARQUISE.

Fermez donc cette porte, vous me glacez.

LE COMTE.

Je m'en vais. Mais vous me promettez de me répéter ce qu'on vous a dit de moi, n'est-ce pas, marquise?

LA MARQUISE.

Venez ce soir au bal, nous causerons.

Il faut qu'une porte...   Page 12.

LE COMTE.

Ah, parbleu! oui, causer dans un bal! Joli endroit de conversation, avec accompagnement de trombones et un tintamarre de verres d'eau sucrée! L'un vous marche sur le pied, l'autre vous pousse le coude, pendant qu'un laquais tout poissé vous fourre une glace dans votre poche. Je vous demande un peu si c'est là...

LA MARQUISE.

Voulez-vous rester ou sortir? Je vous répète que vous m'enrhumez. Puisque personne ne vient, qu'est-ce qui vous chasse?

LE COMTE, fermant la porte et venant se rasseoir.

C'est que je me sens, malgré moi, de si mauvaise humeur, que je crains vraiment de vous excéder. Il faut décidément que je cesse de venir chez vous.

LA MARQUISE.

C'est honnête; et à propos de quoi?

LE COMTE.

Je ne sais pas, mais je vous ennuie, vous me le disiez vous-même tout à l'heure, et je le sens bien; c'est très naturel. C'est ce malheureux logement que j'ai là en face; je ne peux pas sortir sans regarder vos fenêtres, et j'entre ici machinalement, sans réfléchir à ce que j'y viens faire.

LA MARQUISE.

Si je vous ai dit que vous m'ennuyiez ce matin, c'est que ce n'est pas une habitude. Sérieusement, vous me feriez de la peine; j'ai beaucoup de plaisir à vous voir.

LE COMTE.

Vous? Pas du tout. Savez-vous ce que je vais faire? Je vais retourner en Italie.

LA MARQUISE.

Ah! qu'est-ce que dira mademoiselle...

LE COMTE.

Quelle demoiselle, s'il vous plaît?

LA MARQUISE.

Mademoiselle je ne sais qui, mademoiselle votre protégée. Est-ce que je sais le nom de vos danseuses?

LE COMTE.

Ah! c'est donc là ce beau propos qu'on vous a tenu sur mon compte?

LA MARQUISE.

Précisément. Est-ce que vous niez?

LE COMTE.

C'est un conte à dormir debout.

LA MARQUISE.

Il est fâcheux qu'on vous ait vu très distinctement au spectacle avec un certain chapeau rose à fleurs, comme il n'en fleurit qu'à l'Opéra. Vous êtes dans les chœurs, mon voisin; cela est connu de tout le monde.

LE COMTE.

Comme votre mariage avec M. Camus.

LA MARQUISE.

Vous y revenez? Eh bien! pourquoi pas? M. Camus est un fort honnête homme; il est plusieurs fois millionnaire; son âge, bien qu'assez respectable, est juste à point pour un mari. Je suis veuve, et il est garçon; il est très bien quand il a des gants.

LE COMTE.

Et un bonnet de nuit : cela doit lui aller.

LA MARQUISE.

Voulez-vous bien vous taire, s'il vous plaît! Est-ce qu'on parle de choses pareilles?

LE COMTE.

Dame! à quelqu'un qui peut les voir.

LA MARQUISE.

Ce sont apparemment ces demoiselles qui vous apprennent ces jolies façons-là.

LE COMTE, se levant et prenant son chapeau.

Tenez, marquise, je vous dis adieu. Vous me feriez dire quelque sottise.

LA MARQUISE.

Quel excès de délicatesse!

LE COMTE.

Non, mais, en vérité, vous êtes trop cruelle! C'est bien assez de défendre qu'on vous aime, sans m'accuser d'aimer ailleurs.

LA MARQUISE.

De mieux en mieux. Quel ton tragique! Moi, je vous ai défendu de m'aimer?

LE COMTE

Certainement, — de vous en parler, du moins.

LA MARQUISE.

Eh bien! je vous le permets; voyons votre éloquence.

LE COMTE.

Si vous le disiez sérieusement..

LA MARQUISE.

Que vous importe! pourvu que je le dise.

LE COMTE.

C'est que, tout en riant, il pourrait bien y avoir quelqu'un ici qui courût des risques.

LA MARQUISE.

Oh! oh! de grands périls, Monsieur?

LE COMTE.

Peut-être, Madame; mais, par malheur, le danger ne serait que pour moi.

LA MARQUISE.

Quand on a peur, on ne fait pas le brave. Eh bien! voyons. Vous ne dites rien? Vous me menacez, je m'expose, et vous ne bougez pas? Je m'attendais à vous voir au moins vous précipiter à mes pieds comme Rodrigue, ou M. Camus lui-même. Il y serait déjà, à votre place.

LE COMTE.

Cela vous divertit donc beaucoup de vous moquer du pauvre monde?

LA MARQUISE.

Et vous, cela vous surprend donc bien qu'on ose vous braver en face?

LE COMTE.

Prenez garde! Si vous êtes brave, j'ai été hussard, moi, Madame, je suis bien aise de vous le dire, et il n'y a pas encore si longtemps.

LA MARQUISE.

Vraiment! Eh bien! à la bonne heure. Une déclaration de hussard, cela doit être curieux; je n'ai jamais vu cela de ma vie. Voulez-vous que j'appelle ma femme de chambre? Je suppose qu'elle saura vous répondre. Vous me donnerez une représentation.

On entend la sonnette.

LE COMTE.

Encore cette sonnerie! Adieu donc, marquise. Je ne vous en tiens pas quitte, au moins.

Il ouvre la porte.

LA MARQUISE.

A ce soir, toujours, n'est-ce pas? Mais qu'est-ce donc que ce bruit que j'entends?

LE COMTE, regardant à la fenêtre.

C'est le temps qui vient de changer. Il pleut et il grêle à faire plaisir. On vous apporte un troisième bonnet, et je crains bien qu'il y n'ait un rhume dedans.

LA MARQUISE.

Mais ce tapage-là, est-ce que c'est le tonnerre? en plein mois de janvier! Et les almanachs?

LE COMTE.

Non; c'est seulement un ouragan, une espèce de trombe qui passe.

LA MARQUISE.

C'est effrayant. Mais fermez donc la porte; vous ne pouvez pas sortir de ce temps-là. Qu'est-ce qui peut produire une chose pareille?

LE COMTE, fermant la porte.

Madame, c'est la colère céleste qui châtie les carreaux de vitre, les parapluies, les mollets des dames et les tuyaux de cheminée.

LA MARQUISE.

Et mes chevaux qui sont sortis!

LE COMTE.

Il n'y a pas de danger pour eux, s'il ne leur tombe rien sur la tête.

LA MARQUISE.

Plaisantez donc à votre tour! Je suis très propre, moi, Monsieur, je n'aime pas à crotter mes chevaux. C'est inconcevable! Tout à l'heure il faisait le plus beau ciel du monde.

LE COMTE.

Vous pouvez bien compter, par exemple, qu'avec cette grêle vous n'aurez personne. Voilà un jour de moins parmi vos jours.

LA MARQUISE.

Non pas puisque vous êtes venu. Posez donc votre chapeau, qui m'impatiente.

LE COMTE.

Un compliment, Madame! Prenez garde. Vous qui faites profession de les haïr, on pourrait prendre les vôtres pour la vérité.

LA MARQUISE.

Mais je vous le dis et c'est très vrai. Vous me faites grand plaisir en venant me voir.

LE COMTE, se rasseyant près de la marquise.

Alors laissez-moi vous aimer.

LA MARQUISE.

Mais je vous le dis aussi, je le veux bien; cela ne me fâche pas le moins du monde.

LE COMTE.

Alors laissez-moi vous en parler.

LA MARQUISE.

A la hussarde, n'est-il pas vrai?

LE COMTE.

Non, Madame; soyez convaincue qu'à défaut de cœur, j'ai assez de bon sens pour vous respecter. Mais il me semble qu'on a bien le droit, sans offenser une personne qu'on respecte...

LA MARQUISE.

D'attendre que la pluie soit passée, n'est-ce pas? Vous êtes entré ici tout à l'heure sans savoir pourquoi, vous l'avez dit vous-même; vous étiez ennuyé, vous ne saviez que faire, vous pouviez même passer pour assez grognon. Si vous aviez trouvé ici trois personnes, les premières venues, là, au coin du feu, vous parleriez, à l'heure qu'il est, littérature ou chemins de fer, après quoi vous iriez dîner. C'est donc parce que je me suis trouvée seule que vous vous croyez tout à coup obligé, oui, obligé, pour votre honneur, de me faire cette même cour, cette éternelle, insupportable cour, qui est une chose si inutile, si ridicule, si rebattue. Mais qu'est-ce que je vous ai donc fait? Qu'il arrive ici une visite, vous allez peut-être avoir de l'esprit; mais je suis seule, vous voilà plus banal qu'un vieux couplet de vaudeville; et vite, vous abordez votre thème, et, si je voulais vous écouter, vous m'exhiberiez une déclaration, vous me réciteriez votre amour. Savez-vous de quoi les hommes ont l'air en pareil cas? De ces pauvres auteurs sifflés qui ont toujours un manuscrit dans leur poche, quelque tragédie inédite et injouable, et qui vous tirent cela pour vous en assommer, dès que vous êtes seul un quart d'heure avec eux.

LE COMTE.

Ainsi, vous me dites que je ne vous déplais pas, je vous réponds que je vous aime, et puis c'est tout, à votre avis.

LA MARQUISE.

Vous ne m'aimez pas plus que le Grand Turc.

LE COMTE.

Oh! par exemple, c'est trop fort. Écoutez-moi un seul instant, et si vous ne me croyez pas sincère...

LA MARQUISE.

Non, non, et non! mon Dieu! croyez-vous que je ne sache pas ce que vous pourriez me dire! J'ai très bonne opinion de vos études; mais, parce que vous avez de l'éducation, pensez-vous que je n'aie rien lu? Tenez, je connaissais un homme d'esprit qui avait acheté, je ne sais où, une collection de cinquante lettres, assez bien faites, très proprement écrites, des lettres d'amour bien entendu. Ces cinquante lettres étaient graduées de façon à composer une sorte de petit roman, où toutes les situations étaient prévues. Il y en avait pour les déclarations, pour les dépits, pour les espérances, pour les moments d'hypocrisie où l'on se rabat sur l'amitié, pour les brouilles, pour les désespoirs, pour les instants de jalousie, pour la mauvaise humeur, même pour les jours de pluie comme aujourd'hui. J'ai lu ces lettres. L'auteur prétendait, dans une sorte de préface, en avoir fait usage pour lui-même, et n'avoir jamais trouvé une femme qui résistât plus tard que le trente-troisième numéro. Eh bien! j'ai résisté, moi, à toute la collection. Je vous demande si j'ai de la littérature, et si vous pourriez vous flatter de m'apprendre quelque chose de nouveau.

LE COMTE.

Vous êtes bien blasée, marquise.

LA MARQUISE.

Des injures? J'aime mieux cela ; c'est moins fade que ces sucreries.

LE COMTE.

Oui, en vérité, vous êtes bien blasée.

LA MARQUISE.

Vous le croyez? Eh bien! pas du tout.

LE COMTE.

Comme une vieille Anglaise, mère de quatorze enfants.

LA MARQUISE.

Comme la plume qui danse sur mon chapeau. Vous vous figurez donc que c'est une science bien profonde que de vous savoir tous par cœur? Mais il n'y a pas besoin d'étudier pour apprendre; il n'y a qu'à vous laisser faire. Réfléchissez; c'est un calcul bien simple. Les hommes assez braves pour respecter nos pauvres oreilles, et pour ne pas tomber dans la sucrerie, sont extrêmement rares. D'un autre côté, il n'est pas contestable que, dans ces tristes instants, où vous tâchez de mentir pour essayer de plaire, vous vous ressemblez tous comme des capucins de cartes. Heureusement pour nous, la justice du ciel n'a pas mis à votre disposition un vocabulaire très varié. Vous n'avez tous, comme on dit, qu'une chanson, en sorte que le seul fait d'entendre les mêmes phrases, la seule répétition des mêmes mots, des mêmes gestes apprêtés, des mêmes regards tendres, le spectacle seul de ces figures diverses qui peuvent être plus ou moins bien par elles-mêmes, mais qui prennent toutes, dans ces moments funestes, la physionomie humblement conquérante, cela nous sauve par l'envie de rire, ou du moins par le simple ennui. Si j'avais une fille, et si je voulais la préserver de ces entreprises qu'on appelle dangereuses, je me garderais bien de lui défendre d'écouter les pastorales de ses valseurs. Je lui dirais seulement : N'en écoute pas un seul, écoute-les tous ; ne ferme pas le livre et ne marque pas la page ; laisse-le ouvert, laisse ces messieurs te raconter leurs petites drôleries. Si, par malheur, il y en a un qui te plaît, ne t'en défends pas, attends seulement ; il en viendra un autre tout pareil qui te dégoûtera de tous les deux. Tu as quinze ans, je suppose ; eh bien, mon enfant, cela ira ainsi jusqu'à trente, et ce sera toujours la même chose. Voilà mon histoire et ma science ; appelez-vous cela être blasée ?

LE COMTE.

Horriblement, si ce que vous dites est vrai ; et cela me semble si peu naturel, que le doute pourrait être permis.

LA MARQUISE.

Qu'est-ce que cela me fait que vous me croyiez ou non ?

LE COMTE.

Encore mieux. Est-ce bien possible ? Quoi ! à votre âge, vous méprisez l'amour ? Les paroles d'un homme qui vous aime vous font l'effet d'un méchant roman ? Ses regards, ses gestes, ses sentiments vous semblent une comédie ? Vous vous piquez de dire vrai, et vous ne voyez que mensonge dans les autres ? Mais d'où revenez-vous donc, marquise ? Qu'est-ce qui vous a donné ces maximes-là ?

LA MARQUISE.

Je reviens de loin, mon voisin.

LE COMTE.

Oui, de nourrice. Les femmes s'imaginent qu'elles savent toute chose au monde ; elles ne savent rien du tout. Je vous le demande à vous-même, quelle expérience pouvez-vous avoir ? Celle de ce voyageur qui, à l'auberge, avait vu une femme rousse, et qui écrivait sur son journal : « Les femmes sont rousses dans ce pays-ci. »

LA MARQUISE.

Je vous avais prié de mettre une bûche au feu.

LE COMTE, mettant la bûche.

Être prude, cela se conçoit : dire non, se boucher les oreilles, haïr l'amour, cela se peut ; mais le nier, quelle plaisanterie ! Vous découragez un pauvre diable en lui disant : Je sais ce que vous allez me dire. Mais n'est-il pas en droit de vous répondre : Oui, Madame, vous le savez peut-être ; et moi aussi, je sais ce qu'on dit quand on aime, mais je l'oublie en vous parlant ! Rien n'est nouveau sous le soleil ; mais je dis à mon tour : Qu'est-ce que cela prouve ?

Il faut qu'une porte... Page 21.

LA MARQUISE.

A la bonne heure, au moins! vous parlez très bien ; à peu de chose près, c'est comme un livre.

LE COMTE.

Oui, je parle, et je vous assure que si vous êtes telle qu'il vous plaît de le paraître, je vous plains très sincèrement.

LA MARQUISE.

A votre aise; faites comme chez vous.

LE COMTE.

Il n'y a rien là qui puisse vous blesser. Si vous avez le droit de nous attaquer, n'avons-nous pas raison de nous défendre? Quand vous nous comparez à des auteurs sifflés, quel reproche croyez-vous nous faire ? Eh ! mon Dieu! si l'amour est une comédie.

LA MARQUISE.

Le feu ne va pas ; la bûche est de travers.

LE COMTE, arrangeant le feu.

Si l'amour est une comédie, cette comédie, vieille comme le monde, sifflée ou non, est, au bout du compte, ce qu'on a encore trouvé de moins mauvais. Les rôles sont rebattus, j'y consens ; mais, si la pièce ne valait rien, tout l'univers ne la saurait pas par cœur ; — et je me trompe en disant qu'elle est vieille. Est-ce être vieux que d'être immortel ?

LA MARQUISE.

Monsieur, voilà de la poésie.

LE COMTE.

Non, Madame ; mais ces fadaises, ces balivernes qui vous ennuient, ces compliments, ces déclarations, tout ce radotage, sont de très bonnes anciennes choses, convenues, si vous voulez, fatigantes, ridicules parfois, mais qui en accompagnent une autre, laquelle est toujours jeune.

LA MARQUISE.

Vous vous embrouillez; qu'est-ce qui est toujours vieux, et qu'est-ce qui est toujours jeune ?

LE COMTE.

L'amour.

LA MARQUISE.

Monsieur, voilà de l'éloquence.

LE COMTE.

Non, Madame ; je veux dire ceci : que l'amour est immortellement jeune, et que les façons de l'exprimer sont et demeureront éternellement vieilles. Les formes usées, les redites, ces lambeaux de romans qui vous sortent du cœur on ne sait pas pourquoi, tout cet entourage, tout cet attirail, c'est un cortège de vieux chambellans, de vieux diplomates, de vieux ministres, c'est le caquet de l'antichambre d'un roi ; tout cela passe, mais ce roi-là ne meurt pas. L'amour est mort, vive l'amour !

LA MARQUISE.

L'amour ?

LE COMTE.

L'amour. Et quand même on ne ferait que s'imaginer...

LA MARQUISE.

Donnez-moi l'écran qui est là.

LE COMTE.

Celui-là ?

LA MARQUISE.

Non, celui de taffetas ; voilà votre feu qui m'aveugle.

LE COMTE, donnant l'écran à la marquise.

Quand même on ne ferait que s'imaginer qu'on aime, est-ce que ce n'est pas une chose charmante ?

LA MARQUISE.

Mais je vous dis, c'est toujours la même chose.

LE COMTE.

Et toujours nouveau, comme dit la chanson. Que voulez-vous donc qu'on invente ? Il faut apparemment qu'on vous aime en hébreu. Cette Vénus qui est là sur votre pendule, c'est aussi toujours la même chose ; en est-elle moins belle, s'il vous plaît ? Si vous ressemblez à votre grand'mère, est-ce que vous en êtes moins jolie ?

LA MARQUISE.

Bon, voilà le refrain : jolie. Donnez-moi le coussin qui est près de vous.

LE COMTE, prenant le coussin et le tenant à la main.

Cette Vénus est faite pour être belle, pour être aimée et admirée, cela ne l'ennuie pas du tout. Si le beau corps trouvé à Milo a jamais eu un modèle vivant, assurément cette grande gaillarde a eu plus d'amoureux qu'il ne lui en fallait, et elle s'est laissé aimer comme une autre, comme sa cousine Astarté, comme Aspasie et Manon Lescaut.

LA MARQUISE.

Monsieur, voilà de la mythologie.

LE COMTE, tenant toujours le coussin.

Non, Madame ; je ne puis dire combien cette indifférence à la mode, cette froideur qui raille et dédaigne, cet air d'expérience qui réduit tout à rien, me font peine à voir à une jeune femme. Vous n'êtes pas la première chez qui je les rencontre ; c'est une maladie qui court les salons. On se détourne, on bâille, comme vous en ce moment, on dit qu'on ne veut pas entendre parler d'amour. Alors, pourquoi mettez-vous de la dentelle? Qu'est-ce que ce pompon-là fait sur votre tête?

LA MARQUISE.

Et qu'est-ce que ce coussin fait dans votre main? Je vous l'avais demandé pour mettre sous mes pieds.

LE COMTE.

Eh bien! l'y voilà, et moi aussi ; et je vous ferai une déclaration, bon gré, mal gré, vieille comme les rues et bête comme une oie ; car je suis furieux contre vous.

Il pose le coussin à terre devant la marquise, et se met à genoux dessus.

LA MARQUISE.

Voulez-vous me faire la grâce de vous ôter de là, s'il vous plaît?

LE COMTE.

Non ; il faut d'abord que vous m'écoutiez.

LA MARQUISE.

Vous ne voulez pas vous lever?

LE COMTE.

Non, non, et non! comme vous le disiez tout à l'heure, à moins que vous ne consentiez à m'entendre.

LA MARQUISE.

J'ai bien l'honneur de vous saluer.

Elle se lève.

LE COMTE, toujours à genoux.

Marquise, au nom du ciel! cela est trop cruel. Vous me rendrez fou, vous me désespérez.

LA MARQUISE.

Cela vous passera au *Café de Paris.*

LE COMTE, de même.

Non, sur l'honneur, je parle du fond de l'âme. Je conviendrai, tant que vous voudrez, que j'étais entré ici sans dessein; je ne comptais que vous voir en passant, témoin cette porte que j'ai ouverte trois fois pour m'en aller. La conversation que nous venons d'avoir, vos railleries, votre froideur même, m'ont entraîné plus loin qu'il ne fallait peut-être; mais ce n'est pas d'aujourd'hui seulement, c'est du premier jour où je vous ai vue, que je vous aime, que je vous adore... Je n'exagère pas en m'exprimant ainsi;... oui depuis plus d'un an, je vous adore, je ne songe...

LA MARQUISE.

Adieu.
La marquise sort et laisse la porte ouverte.

LE COMTE, demeuré seul, reste un moment encore à genoux, puis il se lève et dit:

C'est la vérité que cette porte est glaciale.
Il va pour sortir et voit la marquise.

LE COMTE.

Ah! marquise, vous vous moquez de moi.

LA MARQUISE, appuyée sur la porte entr'ouverte.

Vous voilà debout?

LE COMTE.

Oui, et je m'en vais pour ne plus jamais vous revoir.

LA MARQUISE.

Venez ce soir au bal, je vous garde une valse.

LE COMTE.

Jamais, jamais je ne vous reverrai! je suis au désespoir, je suis perdu.

LA MARQUISE.

Qu'avez-vous.

LE COMTE.

Je suis perdu, je vous aime comme un enfant. Je vous jure sur ce qu'il y a de plus sacré au monde...

LA MARQUISE.

Adieu.
Elle veut sortir.

LE COMTE.

C'est moi qui sors, Madame; restez, je vous en supplie. Ah! je sens combien je vais souffrir!

LA MARQUISE, d'un ton sérieux.

Mais, enfin, Monsieur, qu'est-ce que vous me voulez?

LE COMTE.

Mais, Madame, je veux... je désirerais...

LA MARQUISE.

Quoi? car enfin vous m'impatientez. Vous imaginez-vous que je vais être votre maîtresse, et hériter de vos chapeaux roses? Je vous préviens qu'une pareille idée fait plus que me déplaire, elle me révolte.

LE COMTE.

Vous, marquise! grand Dieu! s'il était possible, ce serait ma vie entière que je mettrais à vos pieds; ce serait mon nom, mes biens, mon honneur même que je voudrais vous confier. Moi, vous confondre un seul instant, je ne dis pas seulement avec ces créatures dont vous ne parlez que pour me chagriner, mais avec aucune femme au monde! L'avez-vous bien pu supposer? me croyez-vous si dépourvu de sens? mon étourderie ou ma déraison a-t-elle donc été si loin que de vous faire douter de mon respect? Vous qui me disiez tantôt que vous aviez quelque plaisir à me voir, peut-être quelque amitié pour moi (n'est-il pas vrai, marquise?), pouvez-vous penser qu'un homme ainsi distingué par vous, que vous avez pu trouver digne d'une si précieuse, d'une si douce indulgence, ne saurait pas ce que vous valez? Suis-je donc aveugle ou insensé? Vous, ma maîtresse! non pas, mais ma femme!

LA MARQUISE.

Ah! — Eh bien! si vous m'aviez dit cela en arrivant, nous ne nous serions pas disputés. — Ainsi, vous voulez m'épouser?

LE COMTE.

Mais certainement, j'en meurs d'envie; je n'ai jamais osé vous le dire, mais je ne pense pas à autre chose depuis un an; je donnerais mon sang pour qu'il me fût permis d'avoir la plus légère espérance.

LA MARQUISE.

Attendez donc, vous êtes plus riche que moi.

LE COMTE.

Oh! mon Dieu! je ne crois pas, et qu'est-ce que cela vous fait? Je vous en supplie, ne parlons pas de ces choses-là! Votre sourire, en ce moment, me fait frémir d'espoir et de crainte. Un mot par grâce! ma vie est dans vos mains.

LA MARQUISE.

Je vais vous dire deux proverbes : le premier, c'est qu'il n'y a rien de tel que de s'entendre. Par conséquent, nous causerons de ceci.

LE COMTE.

Ce que j'ai osé vous dire ne vous déplaît donc pas?

LA MARQUISE.

Mais non. Voici mon second proverbe : c'est qu'il faut qu'une porte soit ouverte ou fermée. Or, voilà trois quarts d'heure que celle-ci, grâce à vous, n'est ni l'un ni l'autre, et cette chambre est parfaitement gelée. Par conséquent aussi, vous allez me donner le bras pour aller dîner chez ma mère. Après cela, vous irez chez Fossin.

LE COMTE.

Chez Fossin, Madame? pour quoi faire?

LA MARQUISE.

Ma bague.

LE COMTE.

Ah! c'est vrai, je n'y pensais plus. Eh bien! votre bague, marquise.

LA MARQUISE.

Marquise, dites-vous? Eh bien! à ma bague, il y a justement sur le chaton une petite couronne de marquise; et comme cela peut servir de cachet... Dites donc, comte, qu'en pensez-vous? Il faudra peut-être ôter les fleurons? Allons, je vais mettre un chapeau.

LE COMTE.

Vous me comblez de joie!... comment vous exprimer...

LA MARQUISE.

Mais fermez donc cette malheureuse porte! cette chambre ne sera plus habitable.

FIN DE IL FAUT QU'UNE PORTE SOIT OUVERTE OU FERMÉE.

LOUISON

COMÉDIE EN DEUX ACTES

1849

RONDEAU
A MADEMOISELLE ANAÏS

Que rien ne puisse en liberté
Passer sous le sacré portique
Sans être quelque peu heurté
Par les bornes de la critique,
C'est un axiome authentique.

Pourquoi tant de sévérité ?
Grétry disait avec gaîté :
« J'aime mieux un peu de musique
    Que rien. »

A ma Louison ce mot s'applique.
Sur le théâtre elle a jeté
Son petit bouquet poétique.
Pourvu que vous l'ayez porté,
Le reste est moins, en vérité,
    Que rien.

LOUISON, Page 28.

Bibl. Charpentier. LIV. 208.

LOUISON

PERSONNAGES

LE DUC.
BERTHAUD.
LA MARÉCHALE

LA DUCHESSE.
LISETTE.
VALETS, UNE FEMME.

Costumes du temps de Louis XVI

ACTE PREMIER

SCÈNE PREMIÈRE

LISETTE, seule.

Me voilà bien chanceuse; il n'en faut plus qu'autant.
Le sort est, quand, il veut bien impatient.
Que les honnêtes gens se mettent à ma place,
Et qu'on me dise un peu ce qu'il faut que je fasse.
Voici tantôt vingt ans que je vivais chez nous;
Dieu m'a faite pour rire et pour planter des choux.
J'avais pour précepteur le curé du village;
J'appris ce qu'il savait, même un peu davantage.
Je vivais sur parole, et je trouvais moyen
D'avoir des amoureux sans qu'il m'en coûtât rien.
Mon père était fermier; j'étais sa ménagère.
Je courais la maison, toujours brave et légère.
Et j'aurais de grand cœur, pour obliger nos gens,
Mené les vaches paître, ou les dindons aux champs.
Un beau jour on m'embarque, on me met dans un coche,
Un paquet sous les bras, dix écus dans ma poche,
On me promet fortune et la fleur des maris,
On m'expédie en poste, et je suis à Paris.
Aussitôt, de paniers largement affublée,
De taffetas vêtue et de poudre aveuglée,
On m'apprend que je suis gouvernante céans.

Gouvernante de quoi ? monsieur n'a pas d'enfants.
Il en fera plus tard. — On meuble une chambrette ;
On me dit : Désormais, tu t'appelles Lisette.
J'y consens, et mon rôle est de régner en paix
Sur trois filles de chambre et neuf ou dix laquais.
Jusque-là mon destin ne faisait pas grand'peine.
La maréchale m'aime ; au fait, c'est ma marraine.
Sa bru, notre duchesse, a l'air fort innocent.
Mais monseigneur le duc alors était absent ;
Où ? je ne sais pas trop, à la noce, à la guerre.
Enfin, ces jours derniers, comme on n'y pensait guère,
Il écrit qu'il revien, il arrive, et, ma foi,
Tout juste, en arrivant, tombe amoureux de moi.
Je vous demande un peu quelle étrange folie !
Sa femme est sage et douce autant qu'elle est jolie.
Elle l'aime, Dieu sait ! et ce libertin-là
Ne peut pas bonnement s'en tenir à cela ;
Il m'écrit des poulets, me conte des fredaines,
Me donne des rubans, des nœuds et des mitaines ;
Puis enfin, plus hardi, pas plus tard qu'à présent,
Du brillant que voici veut me faire présent.
Un diamant, à moi ! la chose est assez claire.
Hors de l'argent comptant, que diantre en puis-je faire ?
Je ne suis pas duchesse, et ne puis le porter.
Ainsi, tout simplement, monsieur veut m'acheter.
Voyons, me fâcherai-je ? — Il n'est pas très commode
De les heurter de front, ces tyrans à la mode,
Et la prison est là, pour un oui, pour un non,
Quand sur un talon rouge on glisse à Trianon.
Faut-il être sincère et tout dire à madame ?
C'est lui mettre, d'un mot, bien du chagrin dans l'âme,
Troubler une maison, peut-être pour toujours,
Et pour un pur caprice en chasser les amours.
Vaut-il pas mieux agir en personne discrète,
Et garder dans le cœur cette injure secrète ?
Oui, c'est le plus prudent. — Ah ! que j'ai de souci !
Ce brillant est gentil... et monseigneur aussi.
Je vais lui renvoyer sa bague à l'instant même,
Ici, dans ce papier. — Ma foi, tant pis s'il m'aime !

SCÈNE II

LISETTE, LE DUC.

LE DUC, à part.

Personne encore ici ? — L'on va souper, je croi.
C'est Lisette. — Elle écrit. Bon ! c'est sans doute à moi.
Les femmes ont vraiment un instinct que j'admire,
D'écrire bravement ce qu'elles n'osent dire.
Tu te défends, ma belle ? Oh ! j'en triompherai !
J'en ai fait la gageure, et je la gagnerai.
Haut.
Le souper est-il prêt ? Bonsoir, belle Lisette.

LISETTE, se levant.

Monseigneur...

LE DUC.

Qu'as-tu donc ? Tu sembles inquiète,
Troublée, oui, sur l'honneur. Qu'est-ce ? quoi ? tu rêvais.
Et que faisais-tu là ?

LISETTE.

Monseigneur, j'écrivais.

LE DUC.

A qui donc, par hasard ? à quelque amant, petite ?

LISETTE.

A vous-même ; tenez.
Elle lui donne la lettre et veut sortir.

LE DUC.

Et tu t'en vas si vite ?
Non, parbleu ! reste là. Que veut dire ceci ?
Que vois-je ? Mon anneau que tu me rends ainsi !
Il lit.
« Monseigneur, vous me dites que vous m'aimez... »
Oui, certes, je le dis, le fait est véritable.
Penses-tu que je trompe, et m'en crois-tu capable ?
Il lit.
« Vous me dites que vous m'aimez, mais cela est bien difficile à croire, car, pour aimer une personne, il faut, j'imagine, commencer par la connaître, et, toute servante que je suis... »
Servante ! que dis-tu ? Fi donc ! tu ne l'es point.
Servante ! ce mot-là me choque au dernier point.
Il lit.

« Toute servante que je suis, vous me connaissez assurément bien peu
si vous me croyez intéressée, et si vous avez pensé, Monseigneur, qu'on
pouvait payer un amour qui refuse de se donner. »
   Qu'est-ce à dire, payer? Moi, te payer, ma belle?
Quoi, pour un simple anneau, pour une bagatelle,
Pour un hochet d'enfant qui plaît à voir briller,
Tu me crois assez sot pour vouloir te payer?
Si tel était mon but, si j'osais l'entreprendre,
Si l'amour de Lisette était jamais à vendre,
Pour payer dignement de semblables appas,
Mes biens y passeraient et n'y suffiraient pas.
Est-ce donc une offense à la personne aimée,
Et s'en doit-elle au fond croire moins estimée,
Si l'on veut la parer, sans pouvoir l'embellir,
D'un pauvre diamant que ses yeux font pâlir?
Comment! mettre une bague aux plus beaux doigts du monde,
       Il lui remet la bague au doigt.
Poser quelques bijoux sur cette épaule ronde,
Sur ce cœur qui palpite un céladon changeant,
Serrer ce petit pied dans un réseau d'argent,
Entourer la beauté, dans sa fleur et sa grâce,
Des prestiges de l'art qu'elle égale et surpasse,
Ce serait donc, ma chère, un grand crime à tes yeux?
Payer! efface donc; ce mot est odieux.
Oublions ce billet, n'y songeons plus, Lisette.
On paye un intendant, un rustre, une grisette;
Mais, dans ce monde-ci, je ne sais pas encor
Qu'on se soit avisé de payer un trésor,
Et ton cœur est sans prix, quand tu serais moins belle.

LISETTE.

Mais, Monseigneur, pourtant…

LE DUC.

            Fi! tu fais la cruelle.
       On ouvre la porte du fond.
Deux mots : — on va souper; les gens ouvrent déjà.
Écoute : — nous allons au bal de l'Opéra;
Mais je reviendrai seul, et, grâce à la cohue,
A peine entré, je sors et regagne la rue.
Tu seras seule aussi, mes laquais ne voient rien;
Accorde-moi, de grâce, un moment d'entretien,
Un seul instant, pour moi, Lisette, et pour toi-même,

Ce n'est pas un amant, c'est un ami qui t'aime,
Songes-y.
LISETTE.

Mais vraiment...
LE DUC.

Je comprends ton souci.
Je voudrais de grand cœur te voir ailleurs qu'ici,
Et, dans quelque retraite aux bavards inconnue,
Tu me rendrais bien mieux ma liberté perdue.
Ce n'est assurément mon goût ni ma façon
De donner au plaisir cet air de trahison.
Mais, dans ce triste hôtel toujours emprisonnée,
Tu n'en saurais sortir sans être soupçonnée.
Chez moi, seuls, en secret, nous trompons tous les yeux.
A quatre pas d'ici nous serions odieux.
Telle est la loi du monde; il en faut être esclave.
Facile à qui s'en rit, sévère à qui le brave,
Débonnaire et terrible, il ne compte pour rien
Qu'on se moque de lui, si l'on s'en moque bien.
Tout s'excuse ici-bas, hormis la maladresse.
Bonsoir, Louison.

SCENE III

LISETTE, seule.

Bonsoir! Quelle étrange faiblesse!
Il me trompe, il me raille, il ment comme un païen;
Comment arrive-t-il que je ne dise rien?
Nous serons seuls, dit-il. Que c'est d'une belle âme
D'aller chez le voisin pour y laisser sa femme,
Et revenir gaîment sur la pointe du pié,
Sitôt que dans la foule il se croit oublié!
Ah! quand j'étais Louison avant d'être Lisette,
Au lieu d'un pouf en l'air quand j'avais ma cornette;
Si j'avais rencontré ces diseurs de grands mots,
Je leur aurais au nez jeté mes deux sabots.
— Mais, avec tout cela, je n'ai su que répondre.
Que faire s'il revient? Le laisser se morfondre?
M'enfermer dans ma chambre et sous deux bons verrous.

Ouais! il y faut songer; monseigneur n'est pas doux.
Avec ses airs badins et sa cajolerie,
Je ne sais trop comment il prend la raillerie.
Ne faut-il pas plutôt l'attendre bravement,
Lui donner mes raisons, l'écouter un moment?
N'est-il donc pas possible? Ah! Louison, malheureuse!
Est-ce qu'un grand seigneur va te rendre amoureuse?
Est-ce que?... Qui vient là?

SCÈNE IV

LISETTE, BERTHAUD.

BERTHAUD.

C'est moi.

LISETTE.

Qui, toi?

BERTHAUD.

Berthaud.

LISETTE.

Berthaud? Que nous veux-tu?

BERTHAUD.

Moi? Rien.

LISETTE.

Tu n'es qu'un sot.
On n'entre pas ainsi que l'on ne vous appelle.

BERTHAUD.

Oh! mam'selle Louison, comme vous êtes belle!
Comme vous voilà propre et de bonne façon!

LISETTE.

Que dis-tu donc, l'ami? — Je connais ce garçon.

BERTHAUD.

Quels beaux tire-bouchons vous avez aux oreilles!
Quelle robe! on dirait d'une ruche d'abeilles.

LISETTE.

Tu te nommes, dis-tu?

BERTHAUD.

Berthaud. Quel gros chignon!

Et ces souliers tout blancs, ça doit vous coûter bon ;
Pas moins, vous devez bien être un brin empêtrée.

LISETTE.

M'as-tu de pied en cap assez considérée ?
Hé ! mais, c'est toi, Lucas !

BERTHAUD.

Vous me reconnaissez ?

LISETTE.

Oui certes ; et d'où viens-tu ?

BERTHAUD.

Par ma foi, je ne sais.

LISETTE.

Bon !

BERTHAUD.

Pour venir ici, j'ai pris par tant de rues,
J'en ai l'esprit tout bête et les jambes fourbues.

LISETTE.

Assieds-toi.

BERTHAUD.

Que non pas ! je suis bien trop courtois.
Quand j'ai mon habit neuf, jamais je ne m'assois.

LISETTE.

Fort bien, cela pourrait gâter ta broderie.
Tu n'es donc plus berger dans notre métairie ?
Mais tu viens du pays ? Comment va-t-on chez nous ?

BERTHAUD.

Je n'en sais rien non plus ; moi, j'ai fait comme vous.
Oh ! je ne garde plus les vaches ! — Au contraire,
C'est Jean qui les conduit, et Suzon va les traire.
Oh ! ce n'est plus du tout comme de votre temps.
C'est la grande Nanon qui fait de l'herbe aux champs ;
Pierrot est sacristain et Thomas fait la guerre ;
Catherine est nourrice, et Nicole...

LISETTE.

Et mon père ?

BERTHAUD.

Votre père, pardine ! il ne lui manque rien.
On est sûr, celui-là, qu'il mange et qu'il dort bien.

LOUISON.   Page 37.

Bibl. Charpentier.   LIV. 209.

Ceux qui vivent chez lui n'ont pas la clavelée.

LISETTE.

Mais toi, par quel hasard as-tu pris ta volée?

BERTHAUD.

Voyez-vous, quand j'ai vu que vous étiez ici,
Et que votre départ vous avait réussi,
Je me suis dit: Paris, ça n'est pas dans la lune.
J'avais comme un instinct de faire ma fortune,
Et puis je m'ennuyais avec mes animaux;
Et puis je vous aimais, pour tout dire en trois mots.

LISETTE.

Toi, Lucas?

BERTHAUD.

Moi, Lucas. En êtes-vous fâchée?
Un chien regarde bien...

LISETTE.

Non, non, j'en suis touchée.
Tu te nommes Berthaud? d'où te vient ce nom-là?

BERTHAUD.

C'est mon nom de famille; à Paris, il faut ça.
Quand on va dans le monde...

LISETTE.

Et tu vis bien, j'espère?

BERTHAUD.

Vingt-six livres par mois, et presque rien à faire.
Quand on a de l'esprit, l'emploi ne manque pas.

LISETTE.

Sans doute; et ton chemin s'est donc fait à grands pas?

BERTHAUD.

Je crois bien, je suis clerc.

LISETTE.

Ah! ah! chez un notaire?

BERTHAUD.

Non.

LISETTE.

Chez un procureur?

BERTHAUD.

Chez un apothicaire.

LISETTE.

Peste! voilà de quoi mettre en jeu tes talents.
Eh bien! monsieur Berthaud, que voulez-vous céans?

BERTHAUD.

Ah! dame! en arrivant, j'avais bien une idée;
J'ai l'imaginative un tant soit peu bridée :
Je ne m'attendais pas à tous vos affiquets.
Jarni ! vos jupons courts étaient bien plus coquets;
Vous étiez bien plus leste, et bien plus féminine.
On ne vous voit plus rien, qu'un peu dans la poitrine.
Pourtant, malgré vos nœuds et vos mignons souliers,
Je vous épouserais encor, si vous vouliez.

LISETTE.

Toi?

BERTHAUD.

Mon père est fermier, pas si gros que le vôtre;
Mais enfin, dans ce monde, on vit l'un portant l'autre.

LISETTE.

Tu crois donc que ma main serait digne de toi!

BERTHAUD.

Dame! si vous vouliez, il ne tiendrait qu'à moi.
Écoutez, puisqu'enfin la parole est lâchée,
Et puisqu'à votre avis vous n'êtes point fâchée.
Vous êtes bien gentille, on le sait, on voit clair;
Mais, moi, je ne suis pas si laid que j'en ai l'air.
Si la grosse Margot n'était point tant fautive,
J'en aurais vu le tour, oui, sans crier qui-vive,
Et dans la rue aux Ours, où je loge à présent,
On ne remarque pas que je sois déplaisant.
Je sais signer moi-même, et je lis dans les livres.
Je viens de vous conter que j'avais vingt-six livres,
Mais il est des secrets qu'on peut vous confier;
Mon maître au jour de l'an va me gratifier.
C'est déjà quelque chose. A présent, autre idée :
Ma tante Labalue est presque décédée.
Elle a dans ses tiroirs, qu'il soit dit entre nous,
Pour plus de cent écus en joyaux et bijoux.
On ne sait pas les gains qu'elle amassait chez elle,
Ni les hardes qu'elle a, sans compter sa vaisselle.
Elle a mis trois quarts d'heure à faire un testament.

Et j'hérite de tout universellement.
Ça commence à sourire. Encore une autre histoire,
Thomas donc est soldat, embarqué pour la gloire.
Moi, j'aurais à sa place épousé Jeanneton ;
Mais il ne lui faudrait qu'un coup de mousqueton.
C'est mon cousin germain ; que le ciel le protège !
Ce métier-là, toujours, n'est pas blanc comme neige.
Vous voyez que je suis un assez bon parti ;
Nous pourrions faire un couple un peu bien assorti.
Contre la pharmacie avez-vous à reprendre !
On n'est point obligé d'y goûter pour en vendre.
Mon pourparler vous semble un peu risible et sot,
Vous avez l'esprit riche et vous visez de haut.
Mais, voyez-vous, le tout est d'être ou de paraître.
Vous portez du clinquant, mais c'est à votre maître.
Que l'on vous remercie, il ne vous reste rien ;
Moi, je n'ai qu'un habit, d'accord, mais c'est le mien.
J'ai lu dans les écrits de monsieur de Voltaire
Que les mortels entre eux sont égaux sur la terre.
Sur ce proverbe-là j'ai beaucoup médité,
Et j'ai vu de mes yeux que c'est la vérité.
Il ne faut mépriser personne dans la vie,
Car tout le monde peut mettre à la loterie.
Ce grand homme l'a dit, c'est son opinion,
Et c'est pourquoi, jarni ! j'ai de l'ambition.

LISETTE.

Je t'écoute, Lucas ; ta rhétorique est forte.
Changeras-tu d'avis ?

BERTHAUD.

Non, le diable m'emporte.

LISETTE.

Eh bien ! reste à l'hôtel, et ne t'éloigne pas,
Observe monseigneur, et suis bien tous ses pas.

BERTHAUD.

Oui.

LISETTE.

Si tu le vois seul, mets-toi sur son passage.

BERTHAUD.

Bien !

LISETTE.

Dis-lui tes projets pour notre mariage.

BERTHAUD.

Bon!

LISETTE.

Dis-lui que c'est moi qui le prie instamment
D'y prêter sa faveur et son consentement.

BERTHAUD.

Mais vous consentez donc?

LISETTE.

Sans doute. — Le temps presse;
Va-t'en.

BERTHAUD.

Vous consentez?

LISETTE.

On vient, c'est la duchesse;
Dépêche, — hors d'ici.

BERTHAUD.

Vous consentez, Louison!

LISETTE.

Va, ne bavarde pas surtout dans la maison.

SCÈNE V.

LA MARÉCHALE, LE DUC, LA DUCHESSE, LISETTE, dans le fond.

LE DUC.

Vous ne venez donc pas à l'Opéra, ma chère?

LA DUCHESSE.

Non, monsieur, pas ce soir.

LE DUC.

Pourquoi pas?

LA DUCHESSE.

Pour quoi faire?

LE DUC.

C'est une fête où va tout ce qui touche au roi.

LA DUCHESSE.

Une fête? pour qui?

LE DUC.
Pous nous.

LA DUCHESSE.
Non pas pour moi.

LA MARÉCHALE.
Vos querelles, mon fils, me font mourir de rire.
A Lisette qui veut sortir.
Lisette, demeurez; j'ai deux mots à vous dire.

LE DUC.
Riez, si vous voulez, Madame, à vous permis;
Vous ne me ferez pas du tout changer d'avis.
Non, je ne conçois pas, sur quoi que l'on se fonde,
Cette obstination à s'exiler du monde,
Cette rage de vivre au fond d'un vieil hôtel,
De bouder le plaisir comme un péché mortel,
Et de rester à coudre une tapisserie,
Quand tout Paris se masque, et quand je vous en prie.

LA DUCHESSE.
Je ne veux rien qui soit contre votre désir;
Monsieur, je suis souffrante, et je ne puis sortir.

LE DUC.
Bon! souffrante, c'est là votre excuse ordinaire.

LA MARÉCHALE.
Mais s'il est vrai, mon fils...

LE DUC.
Il n'en est rien, ma mère.
Souffrante! voilà bien le grand mot féminin.
Mais l'étiez-vous hier? le serez-vous demain?
Non, vous l'êtes ce soir, et qu'avez-vous, de grâce?
Un mal qui vous arrive aussi vite qu'il passe,
Des vapeurs, sûrement. La belle invention!

LA DUCHESSE.
L'exigez-vous, Monsieur? J'obéis.

LE DUC.
Mon Dieu, non.
Exiger? — Obéir! — Le bon Dieu vous bénisse!
Dirait-on pas vraiment qu'on vous traîne au supplice?

LA MARÉCHALE, au duc.

Ne la chagrinez pas. — Pour l'égayer un peu,
Nous ferons un piquet ce soir au coin du feu.

LA DUCHESSE.

Permettez-vous, Monsieur?

LE DUC.

Certainement.

A part.

J'enrage.

Voilà mes projets morts. Quel ennui? Quel dommage!
Lisette, j'en suis sûr, en a le cœur navré ;
Mais, avant de sortir, je la retrouverai.
Le diable est donc logé dans la tête des femmes?

Haut.

Allons! j'irai donc seul. — A votre jeu, Mesdames.
Holà! Jasmin! Lafleur! Des cartes, des flambeaux!
Vite! — Je vous souhaite un millier de capots,
De pics et de repics, et de quintes majeures.
Combien un si beau jeu doit abréger les heures!

LA MARÉCHALE.

Un bon piquet, mon fils, n'est point à dédaigner;
Le roi l'aime.

LE DUC.

Le roi... ferait mieux de régner.

LA DUCHESSE.

On joue aussi, Monsieur, quelquefois chez la reine.

LE DUC.

Jouez donc. Mais, morbleu! ce n'est guère la peine
D'avoir un nom, du bien, de l'esprit et vingt ans,
Et ce visage-là, pour perdre ainsi son temps.
Vraiment la patience en devient malaisée.
Pourquoi donc, s'il vous plaît, vous avoir épousée?
Pourquoi donc êtes-vous jeune et faite à ravir?
A quoi bon tout cela pour ne pas s'en servir?
Que faites-vous d'avoir cent mille écus de rente,
Et, comme Trissotin, un carrosse amarante,
Et quatre grands chevaux qui se meurent d'ennui,
Pour vivre hier, demain, toujours, comme aujourd'hui?
A quoi bon, dites-moi, cette taille élégante,
Cet air et ce regard?... car vous seriez charmante!

Je suis votre mari, mais quand c'est arrivé,
J'avais sur votre compte étrangement rêvé ;
Oui, ne vous en déplaise, et je vous le confesse.
Le feu roi dans sa cour montrait bien sa maîtresse,
Et de ses courtisans, un murmure flatteur
Parfois, n'en doutez pas, lui fit plaisir au cœur.
Moi, duc, et, votre époux, n'ai-je donc pu me croire,
En vous montrant aussi, le droit d'en tirer gloire ?
Quand de m'appartenir vous m'avez fait l'honneur,
Ne puis-je donc avoir l'orgueil de mon bonheur ?
Vous étiez belle et noble, et je vous tiens pour telle.
A quoi sert d'être noble, à quoi sert d'être belle,
Si vous ne savez pas marcher avec fierté
Et dans cette noblesse et dans cette beauté ?
Si vous ne savez pas monter dans votre chaise,
Dans un panier doré vous étendre à votre aise,
Et lorsque devant vous l'huissier crie un grand nom,
Le bonnet sur l'oreille entrer à Trianon ?
Ma foi, je vous croyais d'un autre caractère ;
Je croyais, sans déchoir, qu'on pouvait daigner plaire ;
Je vous jugeais moins sage, et ne m'attendais pas
Qu'en me donnant la main, vous compteriez vos pas.
Je m'en vais me vêtir ; adieu.

A sa mère.

Bonsoir, Madame

SCÈNE VI

LA MARÉCHALE, LA DUCHESSE, LISETTE

LA MARÉCHALE.

Lucile, vous souffrez.

LA DUCHESSE.

Jusques au fond de l'âme.

LA MARÉCHALE.

Qu'avez-vous, dites-moi ?

LA DUCHESSE.

Je suis triste à mourir.

LA MARÉCHALE.

On vous tourmente un peu.

LOUISON. Page 47.

LA DUCHESSE.

Je devrais obéir.
Je devrais, — pardonnez, — je ne sais pas moi-même.

LA MARÉCHALE.

Lisette, laissez-nous.

LISETTE, en sortant.

Mon Dieu, comme elle l'aime!

SCÈNE VII

LA MARÉCHALE, LA DUCHESSE.

LA MARÉCHALE.

Quoi! vous prenez au grave un propos si léger?
Faites-vous un chagrin d'un ennui passager?

LA DUCHESSE.

Madame, il a raison. — J'ai tort, je suis coupable...
Je devrais obéir... et j'en suis incapable.
Tout ce qu'il dit est vrai; la faute en est à moi.
Je le blesse, le fâche, et je ne sais pourquoi.

LA MARÉCHALE.

Vous sentez, dites-vous, qu'il faut qu'on obéisse,
Et vous ne savez pas d'où vous vient un caprice?

LA DUCHESSE.

Non; lorsque mon cœur parle, il raisonne bien mal.
Je ne sais quel effroi, quel sentiment fatal,
Né de ce triste cœur ou dans ma pauvre tête,
Près de lui par moments me saisit et m'arrête.
Je voudrais lui complaire et sortir avec lui,
Songer à ma parure, oublier mon ennui,
Puisqu'il le veut, enfin, essayer d'être belle,
Et tout cela me cause une frayeur mortelle.
Je sens trembler ma main quand je lui prends le bras...
Quelqu'un est entre nous, que je ne connais pas.

LA MARÉCHALE.

Ma belle, y songez-vous? qu'elle est votre pensée?
Parlez-vous, à votre âge, en femme délaissée?
Avez-vous un reproche à faire à votre époux?
Qu'est-ce donc?

LA DUCHESSE.

Je ne sais.

LA MARÉCHALE.

Quelqu'un est entre vous?
Une femme, à coup sûr; vous est-elle connue?
Parlez.

LA DUCHESSE.

Je n'en sais rien, mais j'en suis convaincue.

LA MARÉCHALE.

Ainsi, pour quatre mots, vous vous désespérez,
Et ce qui vous chagrine, au fond, vous l'ignorez.
Dirait-on pas vraiment, à voir votre tristesse,
Qu'un grand secret bien noir vous trouble et vous oppresse?
Et c'est un bal manqué qui produit tout cela !
J'en avais à vingt ans, de ces gros chagrins-là.
Ne vous en plaignez pas! Vos pleurs me font envie.
Quand vous saurez un jour ce que c'est que la vie,
Ces pleurs, si doucement et si tôt répandus,
Vous les regretterez, et n'en verserez plus.

LA DUCHESSE.

Oui, si cela vous plaît, vous en pouvez sourire;
Mais en sont-ils moins vrais, Madame, et peut on dire,
Quand la souffrance est là, qu'on souffre sans raison?

LA MARÉCHALE.

Tout aveu d'une peine aide à sa guérison.
Laissez-vous être vraie, et sachons ce mystère.

LA DUCHESSE.

Je n'ai point de secret. Que puis-je dire ou taire?

LA MARÉCHALE.

Bah ! quand ce ne serait qu'un caprice d'enfant,
Est-ce que près de moi votre cœur se défend?
Qui vous fait hésiter et manquer de courage?
Est-ce la défiance? est-ce mon rang, mon âge?
Est-ce mon amitié dont vous vous éloignez?
Est-ce la maréchale ou moi que vous craignez?
De grâce, allons.

LA DUCHESSE.

Je sais combien vous êtes bonne,
Mais je ne puis parler.

LA MARÉCHALE.
Alors, je vous l'ordonne.
Votre mère, Lucile, à son dernier soupir,
Vous a léguée à moi. — Vous devez obéir.

LA DUCHESSE.
J'obéirai toujours, et de toute mon âme;
Mais, encore une fois, je ne sais rien Madame,
Si ce n'est ma souffrance, et mon amour pour lui.

LA MARÉCHALE.
S'il est vrai, mon enfant...
A Lisette qui entre.
Qui vous amène ici?

SCÈNE VIII
LISETTE, LA MARÉCHALE, LA DUCHESSE.

LISETTE, à la duchesse.
Votre marchande est là, Madame, on m'a chargée...

LA DUCHESSE.
Pas ce soir, — qu'on revienne.

LA MARÉCHALE.
Allons, chère affligée,
Qu'est-ce qui vous arrive? une robe de bal?
Eh bien! essayez-la; — ce n'est pas un grand mal.
Tantôt, s'il m'en souvient, vous l'aviez demandée.
Rien qu'en changeant de robe, on peut changer d'idée.
— Comme vous pâlissez! Qu'avez-vous, mon enfant?

LA DUCHESSE.
Oui,... cette femme-là,... sa vue,... en ce moment...

LA MARÉCHALE.
Mais cette femme-là, ma belle, c'est Lisette.
Entrons chez vous. — Venez faire un peu de toilette.
Plaisons d'abord, petite, et le reste est à nous.
Allons, courage, allons.

LA DUCHESSE.
Je m'abandonne à vous;
Devant votre bonté ma volonté s'incline:
Vous m'avez rappelé que j'étais orpheline.
Je vous dirai mes maux, mes craintes, mon tourment,

Tout, et vous comprendrez, Madame, assurément,
Qu'un pauvre cœur blessé, cherchant qui le soutienne,
Ait besoin d'une mère ayant perdu la sienne.

ACTE SECOND

SCÈNE PREMIÈRE

BERTHAUD, seul.

Comme ces grands seigneurs sont longs à s'habiller!
Le monde est si lambin que ça m'en fait bâiller.
Louison m'a dit d'attendre et de guetter son maître.
Pour lui glisser mon mot sitôt qu'il va paraître.
Je suis depuis tantôt caché dans le grenier.
Il lui faut plus de temps, rien que pour un soulier,
Qu'à moi pour ma perruque. On le peigne, on le frise;
Ses bas sur ses talons, sa veste à moitié mise,
Un coiffeur par derrière, un tailleur par devant,
Une houppe à la main, il se mire en rêvant.
Et du blanc et du rouge, et du musc et de l'ambre,
Des tourbillons de poudre à ravager la chambre ;
Pouah ! — s'il faut pour un duc faire ce métier-là,
Autant vaut être femme, ou danseur d'Opéra.
Je voudrais bien savoir ce que dirait mon père
Si je m'enfarinais d'une telle manière,
Lui qui savait si bien me pousser par le dos
Lorsque je m'attardais derrière nos troupeaux.
Ce n'est pas moi, du moins, avec mon humeur leste,
Qu'on verrait perdre une heure à boutonner ma veste.
Être vif et gaillard fut toujours ma vertu ;
Il me semble pourtant que je suis bien vêtu
Voyons ; j'avais tantôt préparé ma harangue.
Il ne faut point ici s'entortiller la langue.
Que vais-je dire au duc ? — Je dirai : Monseigneur.
Oui, monseigneur, d'abord; c'est juste et c'est flatteur,
Or, mam'selle Louison... Non, je dirai : Lisette.
C'est son nom de gala ; respectons l'étiquette.
Lisette donc et moi, nous sommes résolus...
Non..., nous sommes enclins... Ce n'est pas ça non plus.

Reprenons : Monseigneur. C'est vexant quand j'y pense ;
Tantôt, dans le grenier, j'étais plein d'éloquence.
Et dire qu'un bon mot peut tout enjoliver !
Oui-da, j'ai vu la chose au théâtre arriver.
Si je me rappelais, dans quelque comédie ?
Une attitude heureuse, une phrase arrondie ?
— Monseigneur, si les dieux,... si le ciel,... les enfers...
J'y suis. — Si les héros qui purgeaient l'univers...
Est-ce bien ces gens-là qu'il convient que j'invoque ?
Non, pour un pharmacien, ça prête à l'équivoque.
— Monseigneur, si les rois, si les ducs ont aimé...
Je ne trouverai rien, je suis trop enrhumé.
On a sonné là-bas. — C'est Louison qu'on appelle.
On entend une sonnette.

SCÈNE II

BERTHAUD, LISETTE, portant une robe sur le bras.

LISETTE.

Que fais-tu là, Lucas ?

BERTHAUD.

Hé ! je fais sentinelle.
Ne m'avez-vous pas dit de rester aux aguets ?

LISETTE.

Oui, mais tu trouveras quelque honnête laquais
Qui, très discrètement, va te mettre à la porte.

BERTHAUD.

Ouais ! — qu'est-ce que cela ?

LISETTE.

Des hardes que j'apporte.

BERTHAUD.

Encor des ornements ! des objets féminins !
Mais vous en avez donc ici des magasins ?

LISETTE.

On vient de ce côté ; c'est monseigneur sans doute.

BERTHAUD.

Bon, je vais lui parler.

LISETTE.

Oui, pourvu qu'il t'écoute.

BERTHAUD.

Oh! j'ai dans le grenier préparé mon discours.

LISETTE.

Songe que les meilleurs sont toujours les plus courts.

BERTHAUD.

Le mien est admirable, et j'en fais mon affaire.
Il est vrai qu'à présent je ne m'en souviens guère...

LISETTE.

Je te quitte, on m'attend; mais je vais revenir.

SCÈNE III

LE DUC, LISETTE, BERTHAUD.

LE DUC, habillé.

Eh bien! Lisette, eh bien! mon aspect te fait fuir?
Suis-je à ton gré, dis-moi?
Il se mire dans une glace.

LISETTE.

Toujours.

LE DUC.

Quel est cet homme?

BERTHAUD, saluant à plusieurs reprises.

Monseigneur,... Monseigneur,... c'est Berthaud qu'on me nomme.
Je suis venu...

LE DUC.

Va-t'en.

BERTHAUD.

Monseigneur, je...

LE DUC.

Va-t'en.

BERTHAUD.

Monseigneur...
Il se retire en saluant.

SCÈNE IV

LE DUC, LISETTE.

LE DUC.

Toi, viens-çà.

LISETTE.

Ma maîtresse m'attend.

LE DUC.

Eh! qu'elle attende! Elle a ses femmes, je suppose.
Elle boude ce soir, mais, pour si peu de chose,
Crois-tu du rendez-vous l'espoir abandonné!

LISETTE.

Monseigneur, c'est vous seul qui vous l'étiez donné.

LE DUC.

Je te le donne encor.

LISETTE.

Permettez...

LE DUC.

Point d'affaire.
Écoute; la duchesse est là, près de ma mère;
Sur mon compte, sans doute, on jase en ce moment:
Vas-y. — Je sortirai par cet appartement.
Je serai rêveur, sombre, et d'une humeur atroce!
Mais, dès qu'on entendra le bruit de mon carrosse,
Compte qu'après avoir dûment délibéré,
Dit quelque mal de moi, peut-être un peu pleuré,
La duchesse pourra changer de fantaisie.
Ses caprices ne sont qu'un peu de jalousie.
Elle prétend, au vrai, détester l'Opéra;
Elle n'y viendrait pas, mais elle m'y suivra.

LISETTE.

De grâce, écoutez-moi.

LE DUC.

J'y gagerais ma tête!
Déjà dans ce dessein sans doute elle s'apprête.
Sois sûre qu'elle va demander ses chevaux,
Choisir le plus coquet parmi ses dominos,
Et, les yeux aveuglés sous un capuchon rose,
D'un petit mal bien clair chercher bien loin la cause.
Puisse-t-elle à ce bal trouver beaucoup d'appas!
Quant à moi, tu sais bien que je n'y reste pas.
Tu sais que je reviens. — Ainsi tu vois, ma belle,
Que lever tout obstacle est une bagatelle.
Je vais faire, au hasard, une visite ou deux,

ŒUVRES D'ALFRED DE MUSSET

LOUISON.   Page 55.

Perdre quelques louis, peut-être, à leurs sots jeux,
Dépenser ma soirée à parler sans rien dire ;
Le jour est aux ennuis, et le reste à Zaïre.
<small>On sonne.</small>
On t'appelle. — Au revoir.

SCÈNE V

BERTHAUD, seul.

Quelle horreur ! J'ai tout vu.
C'est dit, je suis berné, je suis presque... O vertu !
Aurait-on supposé tant de scélératesse ?
Le duc parle assez clair, — Louison est sa maîtresse.
Je ne l'ai pas rêvé ; — j'en suis sûr, — j'étais là ;
Traîtresse ! épousez donc des tendrons comme ça !
Cassez-vous donc la tête à chercher, pour lui plaire,
Des mots mieux compilés que dans une grammaire,
Pour trouver que l'objet de tous vos sentiments,
Même avant qu'on l'épouse, a déjà des amants !
Et tu crois que je vais, comme un mari crédule,
Avaler bonnement la malsaine pilule ?
Nenni, ma belle enfant, tu ne m'y prendras pas.
Je verrai la duchesse, et j'y vais de ce pas.
J'irai, je lui dirai... — Voyons que lui dirai-je ?
Madame, si jamais... — Non, il faut que j'abrège.
Madame... — O ciel ! je sens mon sang-froid s'altérer :
En l'état où je suis je crains de m'égarer ;
Je vais aller plutôt trouver la maréchale.
La voici justement qui traverse la salle ;
Je vais tout dévoiler. — Allons ! ferme ! du cœur !

SCÈNE VI

LA MARÉCHALE, BERTHAUD.

BERTHAUD.

Madame...

LA MARÉCHALE.

Que veut-on ?

BERTHAUD.

Madame, j'ai l'honneur...

LA MARÉCHALE.

Que voulez-vous, l'ami?

BERTHAUD.

Madame, je me nomme...

LA MARÉCHALE.

Eh bien! qu'est-ce?

BERTHAUD.

Berthaud.

LA MARÉCHALE.

Retirez-vous, brave homme.

BERTHAUD.

Madame, je venais...

LA MARÉCHALE.

Laissez-moi.

BERTHAUD, à part.

Grand merci!
Il paraît que l'on a l'oreille dure ici.
Haut.
S'il se pouvait pourtant, Madame...

LA MARÉCHALE.

Allez, vous dis-je,

BERTHAUD, saluant.

Je sors.

A part.
En vérité, cela tient du prodige.
Oh! mon heure viendra. — Je vais, dans mon grenier,
Retoucher mon discours pour me désennuyer.

SCÈNE VII

LA MARÉCHALE, seule.

Il n'en faut plus douter, la duchesse est jalouse,
Mon fils a méconnu sa bonne et tendre épouse;
Lisette a fait le mal, je le dois arrêter
Lucile doute encore et voudrait hésiter.
Faible contre elle-même et contre ses alarmes,
Ses regards indécis sont voilés par les larmes.

Elle ne saurait croire à cette cruauté,
Donnant si bien son cœur, de le voir rejeté ;
Elle croit aimer trop pour n'être point aimée.
Mais, bien qu'à tout soupçon son âme soit fermée,
La souffrance l'emporte, elle y résiste en vain ;
Je la sens me parler, rien qu'en pressant sa main.
Qui sait, tel qu'est mon fils, dans la folle jeunesse,
Où pourrait l'entraîner un instant de faiblesse ?
Le hasard, d'un seul pas, va si vite et si loin !
C'est à moi d'y songer ; — j'en veux prendre le soin.

SCÈNE VIII
LA MARÉCHALE, LISETTE.

LA MARÉCHALE.

Lisette, où courez-vous d'une telle vitesse ?

LISETTE.

Madame, on a coiffé madame la duchesse ;
Je vais chercher là-bas un de ses dominos.

LA MARÉCHALE.

Elle va donc se mettre en masque ? A quel propos ?
Veut-elle aller au bal ?

LISETTE.

Madame, je le pense.

LA MARÉCHALE.

C'est étrange. Et mon fils ?

LISETTE.

Il est parti d'avance.

LA MARÉCHALE.

Seul ?

LISETTE.

Tout seul.

LA MARÉCHALE.

Et ma bru va donc le retrouver ?

LISETTE.

Je ne sais ; sa toilette a peine à s'achever,
Telle robe lui plaît qui bientôt l'importune ;

Elle en regarde dix avant d'en choisir une.
Elle a presque grondé ses femmes, et je crois
Être grondée aussi pour la première fois.

LA MARÉCHALE.

Faites qu'en ce moment une autre vous remplace.

LISETTE, ouvrant la porte du fond.

Holà! quelqu'un! Marton!

LA MARÉCHALE.

Faites aussi qu'on passe
Par la grand'salle.

Une des femmes paraît; Lisette lui parle bas; la femme sort par le fond.

Eh bien?

LISETTE.

Madame, me voici.

LA MARÉCHALE.

Louison, c'est grâce à moi que vous êtes ici.
Votre père est chez nous fermier dans un domaine;
Vos parents sont à moi; je suis votre marraine.
J'ai pris grand soin de vous dès vos plus jeunes ans,
Et je vous ai reçue enfant chez mes enfants.
M'aimez-vous?

LISETTE.

Dieu merci, plus que je ne puis dire.

LA MARÉCHALE.

Votre cœur parle franc?

LISETTE.

Aussi vrai qu'il respire.

LA MARÉCHALE.

Si, par obéissance ou par nécessité,
Il fallait devant moi celer la vérité
(La crainte d'un péril ôte celle du blâme),
S'il vous fallait mentir?

LISETTE.

Je me tairais, Madame.

LA MARÉCHALE.

Mais si vous le deviez?

LISETTE.

Personne ne le doit.

LA MARÉCHALE.

D'où vous vient le brillant que vous avez au doigt?

LISETTE, à part.

Ah! malheureuse!

LA MARÉCHALE.

Eh bien! vous gardez le silence?
Songez que, me voyant avertie à l'avance,
Votre silence parle et peut en dire assez.

LISETTE.

Ce brillant... m'appartient.

LA MARÉCHALE.

D'où vient-il?

LISETTE.

Je ne sais.

LA MARÉCHALE.

Prenez garde, Louison!

LISETTE.

Madame, il se peut faire
Qu'on soit, je le répète, obligée à se taire.
Si ma bouche est muette et doit ainsi rester,
De mon respect pour vous est-ce donc m'écarter?

LA MARÉCHALE.

Lisette peut se taire alors que je commande,
Mais Louison doit parler si je le lui demande.

LISETTE.

On m'appelle Lisette.

LA MARÉCHALE.

Oui, dans cette maison.
A-t-on changé le cœur aussi bien que le nom?

LISETTE.

De grâce excusez-moi; je me sens si confuse...
Ce cœur voudrait s'ouvrir, mais...

LA MARÉCHALE.

Mais il s'y refuse?

LISETTE.

Non, Madame, hésiter quand vous parlez ainsi,
C'est trop souffrir pour moi; cette bague... est à lui.

Elle se met à genoux.

LA MARÉCHALE.

Mon fils? Je le savais. — Levez-vous donc, ma chère,
Vous avez, en tout cas, mieux fait que de vous taire.
Mais que prétendez-vous?

LISETTE, se levant.

Rien au monde.

LA MARÉCHALE.

Et pourquoi,
Puisque votre secret s'échappe devant moi,
Cette sorte d'audace avec cette imprudence?

LISETTE.

On parle comme on peut, on agit comme on pense.

LA MARÉCHALE.

Pensez-vous que le duc soit pour vous un amant,
Et qu'on puisse, à son gré, trahir impunément?
Vous croyez-vous assez pour être une maîtresse?...
Ma question vous choque et votre orgueil s'en blesse?

LISETTE.

Je viens de m'incliner, madame, devant vous.
Mon orgueil tout entier est encore à genoux.
Il peut, sans murmurer, souffrir qu'on m'humilie,
Mais non pas qu'on m'outrage ou qu'on me calomnie,
On ne doit m'accuser d'aucune trahison.

LA MARÉCHALE.

Oui, cela porte atteinte à l'honneur de Louison!

LISETTE.

A mon honneur, madame? et pourquoi non, de grâce?
Un brin d'herbe au soleil, comme on dit, a sa place.
Pourquoi n'aurais-je pas la mienne, s'il vous plaît?
Le monde est assez grand pour tout ce que Dieu fait.

LA MARÉCHALE.

Vous parlez haut, Lisette, et changez de langage.

LISETTE.

Ma foi, madame, c'est celui de mon village.
Mon père s'en servait, et je l'ai toujours pris
Lorsque sur mon chemin j'ai trouvé le mépris.
Certes, lorsque l'honneur s'unit à la noblesse,
C'est un bien beau hasard qu'il trouve la richesse;

Mais s'il est dans le cœur des gens qui ne sont rien,
On devrait le laisser à qui l'a pour tout bien.

LA MARÉCHALE.

Mais, dans cette maison, à jaser de la sorte,
Songez-vous qu'il se peut...

LISETTE.

Qu'il se peut que j'en sorte ?
Je ne le sais que trop, et c'est ce triste pas
Qui m'a fait hésiter, je ne m'en défends pas.
Dire adieu tout à coup, d'abord à vous, madame,
Puis, à tant de bienfaits, à tant de bonté d'âme,
Perdre tout d'un seul mot, le présent, l'avenir,
Oui, c'est là ce qui fait que j'ai failli mentir.
Mais je le dis encor, même étant accusée,
Je ne puis supporter de me voir méprisée.
Quand m'a-t-on jamais vue ou tromper ou trahir ?
Qu'on m'apprenne mon crime avant de m'en punir.

LA MARÉCHALE.

Vous venez à l'instant de l'avouer vous-même.

LISETTE.

Est-ce ma faute, à moi, si le duc dit qu'il m'aime ?
Si de tristes présents, à regret acceptés,
Ses discours importuns, son caprice...

LA MARÉCHALE.

Arrêtez.
Je ne saurais vouloir ni de vos confidences,
Ni certes, et moins encor, de vos impertinences.
Votre maîtresse est là ; pas un mot de ceci.
Mon fils dit qu'il vous aime, — éloignez-vous d'ici.
Puisque votre vertu se croit calomniée,
Vous la verrez sans peine ainsi justifiée.
Vous avez tant d'esprit ! trouvez quelque raison ;
Inventez un prétexte, et quittez la maison.

LISETTE.

Mais je ne l'aime pas, madame !

LA MARÉCHALE.

Toi, Lisette !

LISETTE.

Non, je l'écoute dire, et je reste muette

Louison

Page 61.

LA MARÉCHALE.

Je perdrais patience à voir ainsi mentir.

LISETTE.

Je perdrais patience à plus longtemps souffrir.
Ainsi vous me chassez? Est-il vraiment possible
Qu'un franc aveu vous trouve à tel point insensible?

La maréchale va pour sortir.

Eh quoi! sans un regret! sans laisser à mes yeux
Ce regard qu'on accorde aux plus tristes adieux!
Et mon père, madame? est-ce donc bien sa fille,
Louison, l'honnête enfant d'une honnête famille,
Louison, qui par votre ordre et contre son désir,
Est venue à Paris obéir et servir,
Et qu'on verra demain seule et désespérée,
Sous notre pauvre toit rentrer déshonorée?
Qu'ai-je fait? votre fils, riche, aimé, tout-puissant,
Me marchande au hasard et m'achète en passant;
Sûr qu'un peu d'or suffit, et qu'un mot fait qu'on aime,
Il s'écoute, il se plaît, se répond à lui-même.
Et moi, lorsque je parle à force de tourments,
Au lieu de m'écouter, on me dit que je mens!
Soit! — Il me souviendra d'avoir été sincère.
Justice des heureux et des grands de la terre!
Qu'importe un peu de mal, pourvu que dans un coin
La victime oubliée aille pleurer plus loin,
Et qu'en marchant sur nous, la vanité blasée
N'entende pas gémir la souffrance écrasée!

LA MARÉCHALE.

Ne te fais pas trop vite un chagrin sans raison
Nous en reparlerons demain; — bonsoir, Louison.

SCÈNE IX

LISETTE, seule.

Demain! elle est partie. — Un accent de colère
N'a point accompagné sa parole dernière.
Peut-être elle me plaint, tout en me condamnant.
Mais que me reste-t-il? que faire maintenant?
Demain, a-t-elle dit. — Jamais! c'est impossible.

Le mal est trop réel, le soupçon trop horrible.
Quand demain sa pitié voudrait me retenir,
Je suis de trop ici ; — mais comment en sortir?

SCÈNE X

LISETTE, LA DUCHESSE, habillée, en domino ouvert, un masque à la main.

LA DUCHESSE.

Ma mère n'est pas là? Que fais-tu donc, Lisette?

LISETTE.

Je savais que madame achevait sa toilette.
J'attendais, pour entrer, qu'on voulût bien de moi.

LA DUCHESSE.

Mais, ma chère, en effet, j'ai grand besoin de toi.
Tantôt j'étais souffrante, inquiète, et peut-être
J'ai laissé devant toi quelque souci paraître.
Un mot dit au hasard ne doit pas t'occuper;
Tu me connais assez pour ne t'y pas tromper.
Voici ma main; oublie un instant de caprice.

LISETTE, baisant la main à la duchesse.

Ah ! madame !

LA DUCHESSE.

Il s'agit de me rendre un service.
Le duc est cette nuit au bal de l'Opéra.
Je voudrais bien un peu voir ce qu'il y fera ;
Mais je suis malgré moi si triste et si maussade
Que je n'ai pas le cœur à cette mascarade.
Maintenant que les gens me viennent avertir,
Le courage me manque au moment de partir.
Vas-y, Louison ; veux-tu ?

LISETTE.

Moi, madame ?

LA DUCHESSE.

Oui, par grâce.
Prends ce domino-là, qui m'étouffe et me lasse.

Elle lui donne son domino et son masque.

Tâche d'entendre un peu, de beaucoup regarder.
Si tu vois le duc seul, tu pourras l'aborder,

L'intriguer au besoin, — sans qu'il te reconnaisse ;
Mais s'il est en conquête avec quelque déesse
Du ciel de l'Opéra descendue un moment,
Tu me comprends, ma chère? écoute seulement.

LISETTE.

Se peut-il qu'à ce point ce bal vous inquiète?

LA DUCHESSE.

Non, mais vas-y toujours. — Reviens bientôt, Lisette.

SCÈNE XI

LISETTE, seule.

Le sort prend-il plaisir à se jouer de moi?
Dois-je rester? partir? aller au bal? pourquoi?
— Et pourquoi pas? — Peut-être aurais-je dû tout dire.
Comment briser le cœur, quand la main vous attire?
Non, non, la maréchale est seule à m'accuser ;
C'est elle seule aussi qu'il faut désabuser,
Et jamais un seul mot.

SCÈNE XII

LISETTE, BERTHAUD.

BERTHAUD, d'un ton froid.

Bonsoir, mademoiselle.

LISETTE.

C'est encor toi, Lucas? Eh bien, quelle nouvelle?
Et qu'as-tu fait?

BERTHAUD.

Je viens prendre congé de vous.
Vous voyez un ami, mais non plus un époux.

LISETTE.

Vraiment? et d'où te vient ce visage tragique?

BERTHAUD.

Ne m'interrogez pas.

LISETTE.

Quand on part, on s'explique.

BERTHAUD.

Ce n'est pas malaisé. — Je sais tout.

LISETTE.

Que sais-tu?

BERTHAUD.

Vous l'osez demander? — J'ai tout vu.

LISETTE.

Qu'as-tu vu?

BERTHAUD.

Vos délits, vos horreurs, monstre affreux, crocodile,
Serpent Python!

LISETTE.

Hé quoi! jusqu'à cet imbécile;
Tout est donc aujourd'hui contre moi déclaré!
Ma foi, pour rire un peu j'ai bien assez pleuré.

Elle éclate de rire.

BERTHAUD.

Vous riez? vous joignez l'astuce à l'artifice?

LISETTE, *lui faisant tenir le domino.*

Tiens, nigaud, prends ceci.

BERTHAUD.

Que je me travestisse?

LISETTE.

Hé! non, c'est pour m'aider. Viens, marchons de ce pas.

BERTHAUD.

Où?

LISETTE.

Je te le dirai.

BERTHAUD.

Comment?

LISETTE.

Tu le sauras.

SCÈNE XIII

LA DUCHESSE, LA MARÉCHALE.

LA DUCHESSE.

Oui, madame, je reste, et Louison prend ma place.
Le chagrin me poursuit, quelque effort que je fasse.

Je lutte en vain, le cœur me manque à chaque pas.
Cette pauvre Louison, vous l'aimez, n'est-ce pas ?

LA MARÉCHALE.

Sans doute.

LA DUCHESSE.

Ai-je mal fait de lui dire ma peine ?
Puisque j'en souffre tant, j'en veux être certaine.
J'étais bien aise aussi de réparer mes torts,
Car j'ai failli tantôt mettre Louison dehors.
Oui, je ne sais pourquoi, cette méchante envie
M'a durant tout le jour malgré moi poursuivie.
Je prenais du dépit contre elle à tout moment ;
Je l'ai même grondée, et bien injustement.
Qu'il est cruel à nous, n'est-il pas vrai, madame,
De maltraiter ces gens, de les blesser dans l'âme,
Eux qui passent leur vie à nous servir ainsi,
Parce que nous avons un instant de souci !

LA MARÉCHALE.

Et Lisette, en partant, n'a rien dit, je suppose ?

LA DUCHESSE.

Non. — Est-ce qu'elle avait à dire quelque chose ?

LA MARÉCHALE.

Elle aurait pu d'abord vous demander pardon.

LA DUCHESSE.

A moi ? de quelle faute, hélas ! et pourquoi donc ?
C'est à moi bien plutôt qu'il faut que l'on pardonne.
Dès qu'aux soupçons jaloux mon esprit s'abandonne :
On ne croirait jamais, madame, à quel excès
Ils peuvent m'égarer, si je leur donne accès.
Mille rêves affreux s'offrent à ma pensée ;
J'ai beau me répéter que je suis insensée,
Rien ne peut m'en distraire, ils sont plus forts que moi.
Ma raison me trahit et se change en effroi.
Comme d'un voile épais je suis enveloppée ;
Je me vois méconnue, et je me vois trompée,
Fâcheuse à mon époux, inutile ici-bas...
Je me vois laide...

LA MARÉCHALE.

Au vrai, l'on ne vous croirait pas.

LA DUCHESSE.

Et lui, madame, hélas! c'est bien tout le contraire.
Le ciel a pris plaisir à le former pour plaire.
De son luxe élégant si l'œil est ébloui,
On croit voir sa parure, et l'on ne voit que lui,
Et cet esprit si fin, tant de délicatesse,
Cette grâce qui semble ignorer sa noblesse!...
Est-ce que j'y vois mal, madame, et sur ce point,
Me direz-vous encor qu'on ne me croirait point?

LA MARÉCHALE.

Je puis malaisément vous répondre, ma chère.
Si vous êtes sa femme...

LA DUCHESSE.

Eh bien?

LA MARÉCHALE.

Je suis sa mère.

LA DUCHESSE.

Si nous n'étions que deux à le trouver charmant!
Mais tout le monde l'aime, et c'est là mon tourment.
Puis-je, le croyez-vous, garder un cœur tranquille,
A le voir comme il est, par la cour et la ville,
Au milieu d'un fracas de jeunes étourdis,
Au jeu comme à cheval passant les plus hardis,
Poursuivre, en se jouant, de regards infidèles
Ces heureuses beautés qui savent être belles?
Ah! c'est là que je sens, à mon mortel ennui,
Combien je dois sembler peu de chose pour lui!
Combien de qualités ne me sont point données
Que peut-être à ma place une autre eût devinées,
Et combien il est vrai que, sur un tel chemin,
Il faudra tôt ou tard qu'il me quitte la main!

LA MARÉCHALE.

Je vous l'ai déjà dit, c'est une crainte folle [1].

LA DUCHESSE.

Oui, j'ai tort de pleurer, c'est ce qui me désole.
L'autre jour, par exemple, à ce bal chez le roi,
Madame de Versel a passé près de moi,

---

1. Ces vers et les dix-neuf suivants se suppriment au théâtre.
(*Note de l'auteur*).

Vous savez ses grands airs, et combien elle est belle,
Un flot d'admirateurs murmurait autour d'elle,
S'écartant toutefois, de peur de la toucher,
Sitôt que par hasard elle daignait marcher.

LA MARÉCHALE.

Oui, c'est une superbe et sotte créature.

LA DUCHESSE.

Un nœud qu'elle portait tomba de sa coiffure.
Ces messieurs l'ayant vu, je vous laisse à penser
Si chacun s'élança, prêt à le ramasser.
Le duc fut le plus prompt, mais au lieu de le rendre,
Il défia tout haut qu'on s'en vînt le lui prendre.
Sur quoi cette marquise, au lieu de s'étonner,
Le prit en souriant, mais pour le lui donner.
Je sais bien là-dessus ce que vous m'allez dire,
Mais je me suis senti pâlir de ce sourire.
C'est un jeu, j'en conviens, c'est un propos de bal,
Tout ce qu'il vous plaira, mais cela fait bien mal.

LA MARÉCHALE.

Je ne vous blâme pas d'être un peu trop sensible.
Prenez quelque repos, enfant, s'il est possible.
Laissez là vos chagrins, et la dame aux grands airs[1].

LA DUCHESSE.

Grâce pour mes chagrins, madame, ils me sont chers.
Au couvent, l'an passé, quand j'appris de l'abbesse
Que j'avais un époux et que j'étais duchesse,
Le cœur me battait bien un peu, mais pas bien fort,
On fit ce mariage, et je n'y vis d'abord
Qu'un jeune grand seigneur, plein de galanterie,
Qui me donnait gaîment son nom, son rang, sa vie.
Tous ces biens me semblaient si doux à partager,
Que je ne pensais pas qu'un tel sort pût changer.
Si c'est là le bonheur, disais-je, il est bizarre
Qu'à le voir si facile, on le trouve si rare.
Mais lorsqu'après un an de ce charmant sommeil,
Arriva par degrés le moment du réveil ;
Quand le duc, fatigué d'une paix importune,

---

1. Au lieu de ce vers, on dit au théâtre :
   Ce sont de doux chagrins qui vous semblent amers.
   (*Note de l'auteur.*)

LOUISON. Page 68.

Bibl. Charpentier. LIV. 213.

Rougissant tout à coup d'oublier sa fortune,
Voulut, en m'entraînant, la rejoindre à grands pas,
Je compris que si loin je ne le suivrais pas.
Alors, prenant pour moi son aspect véritable,
Apparut à mes yeux ce spectre redoutable,
Le monde... Ses plaisirs, ses attraits, ses dangers,
L'air enivrant des cours et leurs bruits passagers,
Il me fallut tout voir ; — alors la méfiance
M'enseigna lentement sa froide expérience.
Je vis le duc fêté, bienvenu près du roi,
Joyeux, heureux partout,... excepté près de moi.
Mon cœur, qui d'un soutien s'était fait l'habitude,
Pour la première fois connut la solitude.
Puis je devins jalouse, et je me dis un jour :
Ce n'est plus le bonheur que je sens, c'est l'amour !

LA MARÉCHALE.

Qu'est-ce à dire ?

LA DUCHESSE.

            Oui, l'amour ! — à l'âge où tout s'ignore,
En prononçant ce mot, sans le comprendre encore,
On ne voit qu'un beau rêve, une douce amitié,
Où d'un commun trésor chacun a la moitié ;
On croit qu'aimer, enfin, c'est le bonheur suprême...
Non. Aimer, c'est douter d'un autre et de soi-même,
C'est voir tour à tour dédaigner ou trahir,
Pleurer, veiller, attendre ;... avant tout, c'est souffrir !

Elle pleure.

LA MARÉCHALE.

Je ne vous blâme point, je vous l'ai dit, Lucile,
Vous voulez qu'on vous aime, et rien n'est plus facile.
Je vous en prie encor, prenez quelque repos.
Je veux, en vous quittant, vous répondre en deux mots
Vous vous imaginez que le duc vous délaisse :
Votre tort, c'est la crainte, et le sien, sa jeunesse.
Mon fils est vain, léger, frivole en ses discours ;
Mais, s'il aime jamais, il aimera toujours ;
Et c'est vous, j'en réponds, qu'il aimera, ma chère.
Rappelez-vous ceci, que vous dit une mère.

Elle l'embrasse.

Marton est là, je crois, je vais vous l'envoyer.

LA DUCHESSE.

Pas encore.

LA MARÉCHALE.

Adieu donc.

SCÈNE XIV

LA DUCHESSE, seule.

Rester seule à veiller !
C'est mon rôle à présent. —
Ah ! je me sens brisée.
Elle s'assoit sur un sofa.
Mon Dieu, quel triste jour ! ma force est épuisée.
Louison ne revient pas ; — que font-ils à ce bal ?
Singulier passe-temps que ce plaisir banal !
Déguiser son visage et sa voix, — pour quoi faire
Si ce qu'on dit est mal, autant vaudrait le taire.
S'il en est autrement, à quoi bon s'en cacher ?
Mais quoi ! c'est l'Inconnu qu'ils vont tous y chercher.
Le sommeil, malgré moi, m'accable ; — ma pensée
M'échappe, puis revient, puis s'arrête lassée.
Voyons, tâchons de lire un peu.
Elle prend un livre, l'ouvre, puis le remet sur la table.
C'est encor pis.
Un roman, juste ciel ! — mes yeux sont assoupis.
Quel ennui que l'attente !
Elle tire sa montre.
Hélas ! pauvre petite,
Je puis du bout du doigt te faire aller plus vite ;
Je puis briser aussi ton rouage léger ;
— Mais le temps ! — toi ni moi n'y pouvons rien changer.
Elle s'endort.

SCÈNE XV

LA DUCHESSE, endormie, LE DUC.

LE DUC.

Non, l'on ne vit jamais pareille extravagante.
Se voir apostropher au bal par sa servante !
C'est un peu plus qu'étrange. Était-ce bien Louison ?

Il faut que cette fille ait perdu la raison.
Je lui donne ici même un rendez-vous fort tendre ;
La chose est convenue : elle n'a qu'à m'attendre :
J'entre au bal par hasard, et qu'est-ce que je vois?
Mon rendez-vous qui passe, et va souper sans moi.
Et ce monsieur Berthaud, son chapeau sur la tête,
D'un air victorieux promenant sa conquête,
Devant un poulet froid en train de se griser,
M'annonçant bravement qu'il la veut épouser!
J'ai fait là, sur mon âme, une belle trouvaille!
Morbleu! si de mes jours jamais je m'encanaille,
Je consens... Qu'est-ce donc? — Ma femme seule ici?
Elle dort, sauvons-nous. —

Il va pour sortir et s'arrête.

                              Elle est gentille ainsi.
Que faisait-elle là? — Dort-elle en conscience?
Qui sait? J'en veux un peu faire l'expérience.
Hé, duchesse! Elle dort, et très profondément.
Je ne suis qu'un mari. — Si j'étais un amant!
En semblable rencontre on pourrait, sans mensonge,
Essayer, comme on dit, de passer pour un songe.
Je ne l'ai jamais vue ainsi; — mais c'est charmant.
Qu'a-t-elle dans sa main? Sa montre? Hé, oui vraiment.
Que fait-elle, en dormant, d'une chose pareille?
On sait l'heure qu'il est, tout au plus, quand on veille.
A-t-elle donc veillé ce soir? — par quel hasard?

Il regarde à la montre de la duchesse.

Une heure du matin! on prétend que c'est tard.
Veiller! Pourquoi veiller? pour moi! bon! quelle idée!
Elle avait de ce bal la tête possédée;
Son dessein n'était pas de rester à dormir, —
Mais peut-être était-il de me voir revenir?
Oui; pourquoi chercherais-je à me tromper moi-même?
Si ma femme est jalouse, il faut donc qu'elle m'aime.
Je ne lui vis jamais faux semblant ni détour.
C'est moi qu'elle attendait, c'est clair comme le jour.
Ma foi, je suis bien bon d'aller à l'aventure
Chercher, sous un sot masque, une sotte figure,
Pour rencontrer en somme, à ce triste Opéra,
Quoi? rien de ce qu'on veut, et tout ce qu'on voudra!
Beau métier d'écouter, au bruit des ritournelles,

Trois morceaux de carton jasant sous leurs dentelles!
De me faire berner par Javotte ou Louison,
Quand la grâce et l'amour sont là, dans ma maison!
Faut-il que nous ayons la cervelle assez folle
Pour fuir ce qui nous plaît, nous charme et nous console,
Pour chercher le bonheur où son ombre n'est pas,
Et lui tourner le dos quand il nous tend les bras!
Pauvre duchesse, hélas! si jeune et si jolie,
Avec sa patience et sa mélancolie,
Je devrais l'adorer; — mais non, je vais plutôt
Me faire obscurément le rival de Berthaud!
Quelle pitié, grand Dieu! quelle pauvreté d'âme!
Il est de mauvais goût d'oser aimer sa femme.
Les bavards sont fâchés si l'on ne vit comme eux,
Et l'on est ridicule à vouloir être heureux!

En ce moment, la duchesse s'éveille, puis écoute, en feignant de dormir.

Hé quoi! suis-je donc fait pour suivre leur méthode?
Je puis mettre un chiffon, une veste à la mode,
Pour une broderie on se règle sur moi,
Et, dans mon propre cœur, les sots me font la loi!
Si je voulais pourtant, quoi qu'ils en puissent dire,
En leur montrant ce cœur, les défier d'en rire?
Oui, l'on peut, quand on hait, cacher la vérité;
Renier ce qu'on aime est une lâcheté.
Si j'osais les braver et m'en passer l'envie?
Leur dire : je suis las de votre sotte vie;
J'ai, dans votre cohue, erré jusqu'à ce jour,
Mais la honte m'en chasse et me rend à l'amour!
Que me répondraient-ils, ces roués en peinture,
S'ils voyaient cette belle et noble créature
M'accompagner, et moi la couvrant en chemin
De mon manteau d'hermine, une épée à la main?
Et si je leur disais : Cette fière duchesse,
C'est ma sœur, mon enfant, ma femme, et ma maîtresse;
Ma vie est dans son cœur, ma place est à ses pieds.

Il se met à genoux; la maréchale paraît dans le fond de la scène.

LA DUCHESSE.

Dans mes bras, mon ami.

LE DUC.

Comment! vous m'écoutiez'

LA DUCHESSE

Valait-il mieux dormir?

LE DUC, à la maréchale.

Et vous aussi, ma mère?
J'ai donc parlé bien haut?

LA MARÉCHALE.

Valait-il mieux vous taire?

LE DUC.

Non. Je me croyais seul, et je rends grâce aux cieux
D'avoir eu pour témoin ce que j'aime le mieux.
On entend rire dans la coulisse.
Qu'est ceci?

LA DUCHESSE.

C'est Louison.

LE DUC.

Que Dieu la tienne en joie!
Vous savez qu'elle part?

LA DUCHESSE.

Non pas. Qui la renvoie?

LE DUC.

Elle-même. Elle vient, ce soir, à l'Opéra,
De me tout déclarer, jusqu'au mari qu'elle a.
Eh! tenez, les voici.

SCÈNE XVI

LA MARÉCHALE, LA DUCHESSE, LE DUC, LOUISON, BERTHAUD.

LA MARÉCHALE.

Que nous dit-on, Lisette?
Vous voulez nous quitter sans qu'on vous le permette?

LISETTE.

Je venais vous demander cette permission.

LA MARÉCHALE.

Vous épousez... monsieur?

LE DUC.

C'est une passion.

BERTHAUD.

Oh! oui.

LISETTE.

Non, monseigneur, ce n'est qu'un honnête homme,
Fils d'un de vos fermiers.

BERTHAUD, à la duchesse.

Oui, madame, on me nomme...

LISETTE.

Tais-toi.

BERTHAUD.

Pourquoi donc faire? on me parle.

LISETTE.

Tais-toi.

LA DUCHESSE, à Lisette.

Il n'est pas beau, Louison.

LISETTE, à la duchesse.

Il l'est assez pour moi.

LE DUC.

Parbleu! monsieur Berthaud, vous ne vous gênez guères
De venir à Paris braconner sur nos terres,
Et nous ravir ainsi les cœurs en un moment.
Vous êtes un fripon.

BERTHAUD, à Louison.

Ce seigneur est charmant.

LE DUC.

Et votre poulet froid, sans compter la bouteille,
Vous en trouvez-vous bien?

BERTHAUD.

Monseigneur, à merveille;
Je...

LISETTE.

Tais-toi donc.

BERTHAUD.

Encor? toujours se taire ici;
Je me rattraperai chez nous.

LISETTE, à la maréchale.

Et vous aussi,
Madame, riez-vous de mon futur ménage?

LA MARÉCHALE, *l'attirant à part.*

Non, Louise, j'ai compris, et je vois ton courage.
Si j'ai peine, à présent, à te laisser partir,
Tu n'auras pas du moins lieu de t'en repentir.
Ta dot, bien entendu, me regarde, et j'espère
Rendre aussi ton retour agréable à ton père.
Quant à ton prétendu...

LISETTE.

Vous m'avez dit tantôt
De trouver un prétexte.

LE DUC.

Allons, monsieur Berthaud,
Aimez bien votre femme; elle est bonne et jolie.
C'est encore ici-bas la plus sage folie.

FIN DE LOUISON

ON NE SAURAIT PENSER A TOUT.

Page 76.

Bibl. Charpentier.

LIV. 214.

ON NE SAURAIT PENSER A TOUT

PROVERBE EN UN ACTE

1849

PERSONNAGES :

LE MARQUIS DE VALBERG.
GERMAIN.
LE BARON.
LA COMTESSE DE VERNON.
VICTOIRE, femme de chambre de la comtesse.

La scène est à la campagne

SCÈNE Ire

LE BARON, GERMAIN.

LE BARON.

Mon neveu, dis-tu, n'est point ici ?

GERMAIN.

Non, monsieur, je l'ai cherché partout.

LE BARON.

C'est impossible; il est cinq heures précises. Ne sommes-nous pas chez la comtesse?

GERMAIN.

Oui, monsieur, voilà son piano.

LE BARON.

Est-ce que mon neveu n'est plus amoureux d'elle ?

GERMAIN.

Si fait, monsieur, comme d'habitude.

LE BARON.

Est-ce qu'il ne vient pas la voir tous les jours?

GERMAIN.

Monsieur, il ne fait pas autre chose.

LE BARON.

Est-ce qu'il n'a point reçu ma lettre?

GERMAIN

Pardonnez-moi, ce matin même.

LE BARON.

Il doit être dans ce château, puisque je ne l'ai pas trouvé chez lui. Je lui avais mandé que je quitterais Paris à une heure et quart, que je serais par conséquent à Montgeron à trois heures. De Montgeron ici il y a deux lieues et demie. Deux lieues et demie, mettons cinq quarts d'heure, en supposant les chemins mauvais, mais, à tout prendre, ils ne le sont point.

GERMAIN.

Bien au contraire, il sont fort bons.

LE BARON.

Partant à trois heures de Montgeron, je devais par conséquent être au tourne-bride positivement à quatre heures un quart. J'avais une visite à faire à M. Duplessis, qui devait durer tout au plus un quart d'heure. Donc, avec le temps de venir ensuite ici, cela ne pouvait me mener plus tard que cinq heures. Je lui avais mandé tout cela avec la plus grande exactitude. Or, il est cinq heures précisément, et quelques minutes maintenant. Mon calcul n'est-il pas exact?

GERMAIN.

Parfaitement, monsieur, mais mon maître n'y est point.

LE BARON.

Ses paquets, du moins, sont-ils faits?

GERMAIN.

Quels paquets, monsieur, s'il vous plaît?

LE BARON.

Ses malles sont-elles préparées, là-bas à son château?

GERMAIN.

Pas que je sache, monsieur, aucunement.

LE BARON.

Je lui avais cependant mandé que la grande-duchesse était accouchée, la duchesse de Saxe-Gotha, Germain; ce n'est pas une petite affaire.

GERMAIN.

Je le crois bien.

LE BARON.

Je lui avais écrit que M. Desprez, avant-hier soir, était venu me rendre visite, M. Desprez arrivait de Saint-Cloud. Il venait me prévenir que le ministre me priait de passer dans la matinée du lendemain, c'est-à-dire hier, à son cabinet. J'allais obéir à cet ordre, lorsque je reçus l'avertissement que le ministre était à Compiègne; il y avait accompagné le roi. Ce fut donc à Compiègne que je me rendis. Comme je savais de quoi il s'agissait, il n'y avait pas de temps à perdre, tu le comprends.

GERMAIN.

Sans aucun doute.

LE BARON.

Le ministre était à la chasse. On me dit d'aller chez M. de Gercourt, qui me conduisit en secret jusqu'aux petits appartements; le roi venait de partir pour Fontainebleau.

GERMAIN.

Cela était fâcheux.

LE BARON.

Point du tout. Je tiens seulement à te faire remarquer combien je suis ponctuel en toutes choses.

GERMAIN.

Oh! pour cela oui.

LE BARON.

La ponctualité est, en ce monde, la première des qualités. On peut même dire que c'est la base, la véritable clef de toutes les autres. Car de même que le plus bel air d'opéra ou le plus joli morceau d'éloquence ne sauraient plaire hors de leur lieu et place, de même les plus rares vertus et les plus gracieux procédés n'ont de prix qu'à la condition de se produire en un moment distinct et choisi. Retiens cela, Germain: rien n'est plus pitoyable que d'arriver mal à propos, eût-on d'ailleurs le plus grand mérite; témoin ce célèbre diplomate qui arriva trop tard à la mort de son prince, et vit la reine mettant ses papillotes. Ainsi se détruisent les plus beaux talents, et l'on a vu des gens couverts de gloire dans les armées et même dans le cabinet perdre leur fortune, faute d'une montre convenable et ponctuellement réglée. La tienne va-t-elle bien, mon ami?

GERMAIN.

Je la mets à l'heure continuellement, monsieur.

LE BARON.

Fort bien. Tu sauras donc enfin que, ayant rencontré à Compiègne le marquis de Morivaux, qui me donna une place dans sa voiture, j'appris que l'on m'avait trompé par des renseignements peu exacts, et que le ministre revenait à Paris. Son Excellence me reçut à deux heures et demie, et voulut bien m'annoncer elle-même que la grande-duchesse de Gotha était accouchée, comme je te le disais tout à l'heure, et que le roi avait fait choix de moi et de mon neveu pour aller la complimenter.

GERMAIN.

A Gotha, monsieur?

LE BARON.

A Gotha. C'est un grand honneur pour ton maître.

GERMAIN.

Oui, monsieur, mais il est sorti.

LE BARON.

Voilà ce que je ne puis comprendre. Il est donc toujours aussi étourdi, aussi distrait que de coutume? Toujours oubliant tout!

GERMAIN.

On ne peut pas trop dire, monsieur. Ce n'est pas qu'il oublie, c'est qu'il pense à autre chose.

LE BARON.

Il faut qu'il soit en route, sans faute, demain matin, pour l'Allemagne. Et il n'a donné aucun ordre pour son départ?

GERMAIN.

Non, monsieur. Ce matin seulement, avant de sortir, il a ouvert une grande caisse de voyage, et il s'est promené bien longtemps tout alentour.

LE BARON.

Et qu'a-t-il mis dedans?

GERMAIN.

Un papier de musique.

LE BARON.

Un papier de musique?

GERMAIN.

Oui, monsieur; après quoi il a fermé la caisse avec bien du soin, et il a mis la clef dans sa poche.

LE BARON.

Un papier de musique! toujours des folies! si le roi savait cette maladie-là, oserait-on lui confier une mission d'une si haute importance! heureusement il est sous ma garde. Enfin qu'a-t-il dit, qu'a-t-il fait?

GERMAIN.

Il a chanté, monsieur, toute la journée.

LE BARON.

Il a chanté?

GERMAIN.

A merveille, monsieur; c'était un plaisir de l'entendre.

LE BARON.

Le beau prélude pour un ambassadeur! Tu as quelque bon sens, Germain. Dis-moi, le crois-tu réellement capable de se conduire sainement dans une conjoncture si délicate?

GERMAIN.

Quoi, monsieur, d'aller à Gotha, faire la révérence à une accouchée? Il me semble que j'irais moi-même.

LE BARON.

Tu ne sais pas de quoi tu parles.

GERMAIN.

Dame! monsieur, de la grande-duchesse; c'est vous qui me dites qu'elle est accouchée.

LE BARON.

Il est vrai qu'elle a donné le jour à un nouveau rejeton d'une tige auguste. Mais qu'a fait encore mon neveu?

GERMAIN.

Il est venu ici, je ne sais combien de fois, frapper à la porte de madame la comtesse.

LE BARON.

Et où est-elle, la comtesse?

GERMAIN.

Monsieur, elle n'est pas levée.

LE BARON.

A cette heure-ci! c'est inconcevable. Elle ne dîne donc pas cette femme-là?

GERMAIN.

Non, monsieur, elle soupe.

LE BARON.

Autre cervelle fêlée! Beau voisinage pour un fou!

GERMAIN.

Mon maître serait bien fâché, monsieur, s'il s'entendait traiter de la sorte. Lorsqu'on se hasarde à lui faire remarquer la moindre distraction de sa part, il entre dans une colère affreuse. A telle enseigne que, l'autre jour, il a manqué de m'assommer parce qu'il avait, au lieu de sucre, versé son tabac sur ses fraises, et hier encore...

LE BARON.

Juste Dieu! Est-il croyable qu'un homme de mérite, et du plus haut mérite, Germain (car mon neveu est fort distingué), tombe d'une manière aussi puérile dans des égarements déplorables?

GERMAIN.

Cela est bien funeste, monsieur.

LE BARON.

Ne l'ai-je pas vu, de mes propres yeux, traverser, les mains dans ses poches, une contredanse royale, et se promener au milieu du quadrille, comme dans l'allée d'un jardin!

GERMAIN.

Parbleu! monsieur, il a fait la pareille, l'autre soir, chez madame la comtesse. Il y avait grande compagnie, et M. Vertigo, le poète d'à côté, lisait un mélodrame en vers. A l'endroit le plus touchant, monsieur, quand la jeune fille empoisonnée reconnaissait son père parmi les assassins, quand toutes ces dames fondaient en larmes, voilà mon maître qui se lève et s'en va boire le verre d'eau que l'auteur avait sur sa table. Tout l'effet de la scène a été manqué.

LE BARON.

Cela ne m'étonne pas. Il a bien mis un jour trente sous dans une tasse de thé que lui présentait une charmante personne, croyant qu'elle quêtait pour les pauvres.

GERMAIN.

L'hiver dernier, vous étiez absent, lors du mariage de monsieur son frère. Il devait, comme vous pensez, faire les honneurs au repas de noce. J'entre chez lui, vers le soir, pour l'aider à faire sa toilette. Il me renvoie, se déshabille lui-même, puis se promène une heure durant, sauf votre respect, en chemise; après quoi il s'arrête court, se regarde dans la glace avec étonnement : Que diable fais-je donc? se demanda-t-il; parbleu! il fait nuit, je me couche. Et là-dessus il se mettait au lit, oubliant la noce et le dîner, si nous n'étions venus l'avertir.

LE BARON.

Et tu crois qu'un pareil extravagant est capable d'aller à Gotha! Vois quelle tâche j'entreprends, Germain, car il faut bien, bon gré, mal gré, que la volonté du roi s'accomplisse. Il n'y a pas à dire, c'est mon neveu qui a le titre, je ne fais que l'accompagner; on lui donne ce titre parce qu'il porte un nom; celui de son père, qui est plus que le mien, et c'est moi qui suis responsable.

GERMAIN.

Puisque mon maître a du mérite.

LE BARON.

Sans doute, mais cela suffit-il? Il m'avait promis de se corriger.

GERMAIN.

Il s'y étudie, monsieur, tout doucement, mais il n'aime pas qu'on le contrarie, et si vous m'en croyez... Le voici.

SCÈNE II

LE BARON, GERMAIN, LE MARQUIS.

LE MARQUIS.

Ah çà! c'est donc une gageure? on me volera donc toujours mes papiers!

GERMAIN.

Monsieur, voilà monsieur le baron.

LE MARQUIS.

Qu'as-tu fait, drôle, d'un papier de musique que j'avais tantôt? Où l'as-tu mis? où est-il passé?

LE BARON.

Bonjour, Valberg; que vous arrive-t-il?

LE MARQUIS.

Je ferai maison nette un de ces jours; je vous mettrai tous à la porte.
Au baron qui rit.
Et vous, maraud, tout le premier.

GERMAIN.

Monsieur, c'est monsieur le baron.

LE MARQUIS.

Ah! pardon, mon cher oncle, vous venez donc de Paris? C'est que j'ai perdu un papier de musique.

GERMAIN.

C'est sûrement celui-là qu'il a si bien serré.

LE BARON.

Vous voyez, mon neveu, que je suis exact, je suis arrivé à l'heure dite. Et vous, êtes-vous disposé à partir?

LE MARQUIS.

A partir?

LE BARON.

Oui, demain matin.

LE MARQUIS.

Oui, je vous le jure, si j'éprouve un refus, je pars sur-le-champ, et vous ne me reverrez de ma vie.

LE BARON.

Quel refus? Que voulez-vous dire?

On ne saurait penser a tout. Page 87.

LE MARQUIS.

Oui, sur l'honneur, si je suis reçu avec froideur, si ma démarche est mal accueillie, mon parti est pris irrévocablement.

LE BARON.

Eh! quelle froideur, quel mauvais accueil avez-vous à craindre, venant de la part du roi?

LE MARQUIS.

Est-ce que le roi se mêle de tout ceci?

LE BARON.

Parbleu! apparemment, puisque vous serez porteur d'une lettre autographe de Sa Majesté.

LE MARQUIS.

Pour la comtesse?

LE BARON.

Pour la grande-duchesse. Oubliez-vous que vous êtes chargé?...

LE MARQUIS.

C'est que je confondais, parce que j'ai aussi une lettre à écrire à la comtesse. L'avez-vous vue?

LE BARON.

Non, elle dort.

LE MARQUIS.

Eh bien! que dites-vous de cette affaire-là? Ne fais-je pas bien?

LE BARON.

Quelle affaire?

LE MARQUIS.

Oh! mon Dieu! je sais bien ce que vous m'allez dire. Vous n'avez jamais pu la souffrir, vous vous êtes brouillé avec elle, vous lui avez fait un procès; eh bien! je vous le demande, qu'est-ce qu'on gagne à ces choses-là? Votre avocat a fait de belles phrases pour un méchant quartier de vigne : le voilà maintenant au parlement. Ses discours n'ont pas le sens commun. On dit que c'est de la grande politique, moi je prétends qu'il n'en a point du tout, et vous verrez que la loi sera rejetée.

LE BARON.

De quoi venez-vous me parler? Il s'agit ici de choses sérieuses et qui réclament toute votre attention.

LE MARQUIS.

S'il en est ainsi, vous n'avez qu'à dire. Parlez, monsieur, je vous écoute.

LE BARON.

Il s'agit de notre ambassade. Avez-vous lu ce que je vous ai mandé?

LE MARQUIS.

De notre ambassade? oui, sans doute; je suis toujours aux ordres du roi.

LE BARON.

Fort bien.

LE MARQUIS.

Sa Majesté connait mon dévouement.

LE BARON.

A merveille. Vous serez donc prêt...

LE MARQUIS.

En doutez-vous? mes ordres sont donnés; Germain, tout est-il préparé?

GERMAIN.

Monsieur, je n'ai pas reçu d'ordres.

LE MARQUIS.

Comment, coquin! Et cette grande malle que je t'ai fait mettre au milieu de ma chambre?

GERMAIN.

Ah! si monsieur veut chanter en route...

LE MARQUIS.

Chanter en route, impertinent!

GERMAIN.

Dame! monsieur, votre musique est dedans, et la clef est dans votre poche.

LE MARQUIS.

Dans ma... Ah! parbleu! c'est vrai. On me l'aura donnée sans doute avec mes gants et mon mouchoir. Ces gens-là ne font attention à rien.

GERMAIN.

Je puis vous assurer, monsieur...

LE BARON.

Laisse-nous, ne dis mot, et va tout préparer.

<small>Germain sort.</small>

Maintenant, Valberg, il faut que je vous quitte, pour retourner chez M. Duplessis prendre les lettres de la cour. Je n'ai que deux mots à vous dire : songez, mon neveu, que notre voyage n'est point une mission ordinaire, et que, selon l'habileté que vous y déploierez, votre avenir peut en dépendre.

LE MARQUIS.

Hélas! je ne le sais que trop.

LE BARON.

Il faut donc que vous me promettiez de tenter sur vous-même un effort salutaire, de vaincre ces petites distractions, ces faiblesses d'esprit parfois si fâcheuses afin de conduire sagement les choses.

LE MARQUIS.

Oh! pour cela, je vous le promets.

LE BARON.

Sérieusement?

LE MARQUIS.

Très sérieusement.

LE BARON.

Allez donc achever de donner vos ordres. Il est six heures moins vingt minutes; je vais chez M. Duplessis; ce n'est pas loin; je serai de retour pour le dîner. Allons, vous me promettez donc de suivre en tout point mes conseils? vous savez ce que c'est que ces messieurs de la cour.

LE MARQUIS.

Oh! ne vous mettez pas en peine. Je sais comment il faut s'y prendre vis-à-vis d'eux. Je me ferai écrire partout. Il faut que je sache seulement le nom de notre rapporteur, et j'irai moi-même.

LE BARON.

Je n'ai point de rapporteur; que voulez-vous donc dire?

LE MARQUIS.

Si vous n'avez pas de rapporteur, il n'est pas temps de solliciter vos juges.

LE BARON.

Mes juges? à propos de quoi?

LE MARQUIS.

Pour votre procès.

LE BARON.

Mais je n'ai point de procès.

LE MARQUIS.

Comment! vous ne m'avez pas dit de voir ces messieurs de la cour?

LE BARON.

Je vous parle de la cour de Saxe.

LE MARQUIS.

Ah! oui, c'est pour notre ambassade. — Je suis un peu préoccupé; c'est la comtesse qui a un procès, et je me suis chargé de le suivre. C'est une femme charmante!

LE BARON.

Oui, oui, nous savons que vous êtes coiffé d'elle, et que le voisinage est cause que vous vous enterrez dans votre château. Mais il ne faut pas que cette inclination traverse nos plans, s'il vous plaît.

LE MARQUIS.

Ne craignez rien, allez, soyez en paix. Quand je n'y songe pas, voyez-vous, je parais comme cela un peu insouciant; mais quand je me mêle de choses graves, personne n'est plus attentif que moi.

LE BARON.

A la bonne heure!

LE MARQUIS.

Allez chez M. Duplessis, soyez en paix, je me charge du reste.

LE BARON.

Nous verrons votre exactitude.

LE MARQUIS.

Je vais surveiller Germain, de peur qu'il ne fasse quelque méprise.

LE BARON.

Fort bien.

LE MARQUIS.

Je vais achever de mettre mes papiers en ordre. J'en ai beaucoup.

LE BARON.

Ne m'arrêtez donc pas, je vous prie.

LE MARQUIS.

Dieu m'en préserve! Allez, monsieur, allez prendre les lettres royales; de mon côté; j'écrirai à ma mère; — il est bien juste que je remercie le ministre; je laisserai mes chiens à Mme de Belleroche; j'avertirai tous nos parents, et à votre retour, je l'espère, le mariage sera décidé.

LE BARON, *s'arrêtant au moment de sortir.*

Comment, le mariage! quel mariage?

LE MARQUIS.

Hé! le mien, ne le savez-vous pas?

LE BARON.

Que signifie cette plaisanterie? votre mariage, dites-vous?

LE MARQUIS.

Oui, avec la comtesse; ne vous ai-je pas dit que je l'épousais?

LE BARON.

Non vraiment. En voici bien d'une autre!

LE MARQUIS.

Cela me donne beaucoup d'affaires, comme vous voyez.

LE BARON.

Mais on ne se marie pas la veille d'un départ. C'est apparemment pour votre retour.

LE MARQUIS.

Non pas; mon sort se décide aujourd'hui.

LE BARON.

Vous n'y pensez pas, mon ami.

LE MARQUIS.

J'y pense très fort, car je ne partirai qu'après et selon sa réponse.

LE BARON.

Mais que cette réponse soit bonne ou mauvaise, qu'a-t-elle à faire avec notre ambassade? Vous ne voulez pas, je suppose, emmener la comtesse.

LE MARQUIS.

Pourquoi non, si elle y consent?

LE BARON.

Miséricorde! une femme en voyage! Des chapeaux, des robes, des femmes de chambre, une pluie de cartons, des nuits d'auberge, des cris pour un carreau cassé.

LE MARQUIS.

Vous parlez là de bagatelles.

LE BARON.

Je parle de ce qui est convenable, et ceci ne l'est pas du tout. Il n'est point dit, dans les lettres que j'ai, que vous emmèneriez une femme, et je ne sais si on le trouverait bon.

LE MARQUIS.

C'est ce dont je me soucie fort peu.

LE BARON.

Mais je m'en soucie beaucoup, moi qui vous parle; et si vous insistez, je vous déclare...

Le marquis se met au piano et prélude. — A part.

En vérité ce garçon-là est fou; il est impossible qu'il aille à Gotha. Que faire? je ne puis partir seul, son nom est tout au long dans la lettre royale. Si je dis ce qui en est, voilà un scandale, et quand bien même j'obtiendrais que mon nom fût mis à la place du sien (ce qui serait de toute justice), voilà un retard considérable, et l'à-propos sera manqué.

On entend sonner.

Grand Dieu ! c'est la comtesse qui sonne... Je vais manquer M. Duplessis. Mon neveu, de grâce, écoutez-moi.

LE MARQUIS.

Monsieur, je vous croyais parti.

LE BARON.

Vous êtes amoureux de la comtesse ?

LE MARQUIS.

C'est mon secret.

LE BARON.

Vous venez de me le dire.

LE MARQUIS.

Si cela m'est échappé, je ne m'en cache pas.

LE BARON.

Ne plaisantons point, je vous prie. Je ne puis parler pour vous à la comtesse ; elle me déteste, et je suis pressé. Voici ce que je vous propose. Deux choses sont qu'il faut mener à bien, votre mariage et votre ambassade. Ne sacrifiez pas l'un à l'autre.

LE MARQUIS.

Je ne demande pas mieux.

LE BARON.

Voyez donc la comtesse, obtenez une réponse. Si elle accepte, je ne m'oppose pas à ce qu'elle vienne en Allemagne, mais ce ne saurait être du jour au lendemain ; cela se conçoit naturellement.

LE MARQUIS.

Naturellement.

LE BARON.

Ainsi elle pourrait nous rejoindre.

LE MARQUIS.

Vous avez là une excellente idée.

LE BARON.

N'est-il pas vrai ? Si elle refuse...

LE MARQUIS.

Si elle refuse, je la quitte pour jamais.

LE BARON.

C'est cela même ; vous fuyez une ingrate.

LE MARQUIS.

Ah! je l'adorerai toujours!

LE BARON.

Certainement.

A part.

Il n'est point méchant, et ses distractions mêmes, entre des mains habiles, peuvent tourner à son profit. On n'a pas su le guider jusqu'ici. Allons, il peut venir à Gotha.

Haut.

Voilà qui est convenu; je vous laisse. A mon retour, votre démarche sera faite, et le succès, je l'espère, sera favorable, car la comtesse, apparemment, s'attend à votre proposition.

LE MARQUIS.

Mais je ne sais pas trop, car voilà plusieurs fois que je viens ici pour lui en parler, et, je ne sais comment cela se fait, je l'oublie toujours ; mais cette fois-ci, j'ai mis un papier dans ma boîte pour m'en souvenir.

LE BARON.

Cela fait un mariage bien avancé!

LE MARQUIS.

Je ne sais pas si elle y consentira, car il est difficile de la fixer longtemps sur le même objet. Quand vous lui parlez, elle semble vous écouter, et elle est à cent lieues de là.

LE BARON.

Elle est peut-être distraite?

LE MARQUIS.

Oui, elle est distraite. C'est insupportable, cela.

LE BARON.

Oh! je vous en réponds. — Je vais chez M. Duplessis.

LE MARQUIS.

Oui, vous ferez bien, parce que ce mariage, le procès de la comtesse et cette ambassade, tout cela m'occupe beaucoup. On a mille lettres à répondre. Elle veut que je lise un roman nouveau... tout cela ne peut pas s'accorder ensemble... vous en conviendrez bien.

LE BARON.

Oui, oui, songez à votre mariage.

LE MARQUIS.

C'est vrai. Cette diable d'affaire-là me tourne la tête! je n'y pense jamais. Je ne vous reconduis pas.

ON NE SAURAIT PENSER A TOUT. Page 99.

LE BARON.

Hé! non, non. Vous vous moquez de moi.

A part en s'en allant.

Il voulait, disait-il, surveiller Germain, mais je vais le faire surveiller lui-même.

SCÈNE III

LE MARQUIS, VICTOIRE

LE MARQUIS.

Holà! ho! quelqu'un!

VICTOIRE.

Qu'est-ce que veut monsieur le marquis?

LE MARQUIS.

Donnez-moi ma robe de chambre.

VICTOIRE.

Vous badinez, monsieur le marquis.

LE MARQUIS.

Hé! ah!... oui, oui.

VICTOIRE.

On a dit à madame la comtesse que vous étiez ici, et elle va venir.

LE MARQUIS.

Pourquoi cela? Je m'en vais faire mettre mes chevaux, et j'irai chez elle.

VICTOIRE.

Mais, monsieur, vous y êtes, chez elle.

LE MARQUIS.

Vous avez raison... c'est que je pensais...

VICTOIRE.

Monsieur, voilà madame.

SCÈNE IV

LA COMTESSE, LE MARQUIS, VICTOIRE.

LA COMTESSE, *en entrant.*

François, dites à Victoire de venir.

VICTOIRE.

Me voilà, madame.

LA COMTESSE.

C'est bon. — Monsieur de Valberg, je suis enchantée de vous voir... Vous avez été hier de la distraction la plus divertissante du monde... Je vous aime à la folie comme cela.

LE MARQUIS.

Ce n'est pas là le moyen de m'en corriger, madame, au contraire ; cependant, comme on dit souvent, les contraires se rapprochent quelquefois.

LA COMTESSE.

Mademoiselle, je veux absolument avoir ma robe.

VICTOIRE.

Oui, madame.

LA COMTESSE.

Donnez-moi un autre collet.
Elle s'assied à sa toilette.
Celui-ci me va à faire horreur.
Au marquis.
Asseyez-vous donc.

VICTOIRE.

Mais, madame n'a qu'à le rendre si elle n'en veut pas; cependant il est bien fait. C'est qu'il y a là un pli... Attendez.
Elle l'arrange.

LA COMTESSE.

Oui, un pli, voyons.
Elle se mire.
Eh bien ! voilà ce que je veux dire. Il va à merveille comme cela. Ayez soin que Mlle Dufour m'en fasse un autre tout pareil, mais je dis tout de même, entendez-vous?

VICTOIRE.

Oui, madame. Et quand madame le veut-elle?

LA COMTESSE.

Quand? mais demain matin. Il n'y a qu'à envoyer François tout à l'heure, j'en suis très pressée.

VICTOIRE.

Il n'y aura peut-être pas assez de temps.

LA COMTESSE.

Oh ! sans doute, vous trouvez toujours ce que je désire impossible, et puis vous viendrez dire que vous m'êtes bien attachée.

VICTOIRE.

C'est que rien n'est plus vrai. — Madame me gronde.

LA COMTESSE.

C'est bon, c'est bon, donnez-moi du rouge. Eh bien ! monsieur de Valberg, vous ne dites rien ?

LE MARQUIS.

Mais vous ne m'écoutez pas, madame.

LA COMTESSE, mettant son ruban.

Pardonnez-moi, pardonnez-moi. Ne parliez-vous pas des contraires ?

LE MARQUIS.

Des contraires ? N'est-ce pas des contrats, plutôt ?

LA COMTESSE.

Cela peut bien être, Victoire !

VICTOIRE.

Madame.

LA COMTESSE.

Je ne sais plus ce que je voulais dire avec vos contrats.

LE MARQUIS.

Ah ! je vous le dirai, moi, quand vous voudrez m'entendre.

LA COMTESSE.

Je vous entends toujours avec plaisir.

LE MARQUIS.

Aurez-vous du monde aujourd'hui ?

LA COMTESSE.

Non, si vous voulez. C'est même ce que je voulais dire, car tous les ennuyeux de la ville prennent ce parc pour leur promenade. Victoire, qu'on ne laisse entrer personne.

VICTOIRE.

Je m'en vais le dire, madame.

LE MARQUIS.

Je vous suis obligé, parce que j'ai à vous parler très sérieusement.

LA COMTESSE, à Victoire.

Ma belle-sœur, pourtant.

VICTOIRE.

Oui, madame.

LA COMTESSE.

Elle raffole de vous, monsieur de Valberg.

LE MARQUIS.

Moi, je la trouve charmante ! Il y a des femmes comme cela, qui vous séduisent dès le premier moment qu'on les voit.

LA COMTESSE.

Victoire, dites qu'on laisse entrer aussi M. de Clairvaux.

VICTOIRE.

Est-ce là tout?

LE MARQUIS.

Ah! madame, M. de Latour aussi, je vous prie.

LA COMTESSE.

M. de Latour? Eh bien! oui, M. de Latour; je le veux bien.

VICTOIRE.

Je m'en vais le dire.

LA COMTESSE.

Attendez. La liste d'hier.

VICTOIRE.

Mais, madame a laissé entrer tout le monde.

LA COMTESSE.

Vous croyez?

VICTOIRE.

J'en suis sûre.

LA COMTESSE.

Eh bien! en ce cas-là, tout le monde.

VICTOIRE.

Madame aura-t-elle besoin de moi?

LA COMTESSE.

Non, non. — Cependant ne vous éloignez pas. Qu'on m'avertisse quand mes étoffes viendront.

SCÈNE V

LE MARQUIS, LA COMTESSE.

LE MARQUIS.

Vous faites des emplettes?

LA COMTESSE.

Oui, pour cet hiver.

LE MARQUIS.

Vous aimez beaucoup le monde, madame?

LA COMTESSE.

Sans doute, je ne connais que cela. Vous savez comme mon mari m'a rendue malheureuse pendant trois ans qu'il m'a tenue enfermée avec lui, dans une de ses terres.

LE MARQUIS.

Dans une de ses terres !

LA COMTESSE.

Oui, vraiment, excepté ce voyage que nous avons fait sur les bords du Rhin.

LE MARQUIS.

Sur les bords du Rhin !

LA COMTESSE.

Oui.

LE MARQUIS.

Est-ce un beau pays ?

LA COMTESSE.

Je ne peux pas trop vous dire, je ne m'y connais pas. On se donne beaucoup de fatigue pour visiter toutes sortes d'endroits, et je ne vois pas la différence. C'est une faculté qui m'est refusée. On me montre des châteaux, des bois, des rivières, des églises surtout... Ah ! Dieu ! les églises, les églises gothiques, il y fait un froid ! c'est un rhume de tous les jours. Je me souviens encore de mes réveils, quand j'étais dans un lit bien chaud, brisée par un voyage en poste, et que M. de Vernon entrait dans ma chambre avec la perspective d'une cathédrale !

LE MARQUIS.

Oui, cela doit être fort pénible.

LA COMTESSE.

A se faire Turc pour rester chez soi. Et notez bien que ce n'était pas assez d'essuyer des caveaux humides, de se tordre le cou pour voir des rosaces. Le triomphe de mon mari était de monter dans les flèches, et l'on me hissait après lui. Connaissez-vous ce travail-là ? On grimpe en rond autour d'un pilier, dans une tourelle qui vous suffoque, et l'on s'en va montant et tournant toujours, comme avec un tire-bouchon dans la tête, jusqu'à ce que le mal de mer vous prenne, et qu'on ferme les yeux pour ne pas tomber. C'est alors que votre cornac tire de sa poche une lorgnette pour vous faire admirer le pays. Voilà comme j'ai vu l'Allemagne.

LE MARQUIS.

C'est pourtant cette route-là, sans doute, que nous allons prendre avec le baron.

LA COMTESSE.

Est-ce qu'il est ici, le baron ?

LE MARQUIS.

Oui, madame, il vient d'arriver. Il est venu de Paris ce matin, par ce grand orage ; — c'est là ce qui a dérangé le temps, sûrement.

LA COMTESSE, riant.

L'arrivée du baron ! ah ! vous êtes délicieux !

LE MARQUIS.

Comment ! ne parliez-vous pas de lui ?

LA COMTESSE, riant.

Si fait, si fait, c'est à merveille.

LE MARQUIS.

Je le croyais. Je me trompe quelquefois, et c'est insupportable.

LA COMTESSE.

Non, non. Je vous trouve charmant comme cela.
Elle cherche quelque chose.

LE MARQUIS.

Qu'est-ce que vous voulez ? Du tabac ? j'en ai de fort bon.
Il ouvre sa tabatière.
Ah ! j'oubliais bien !

LA COMTESSE.

Quoi ?

LE MARQUIS.

Vous voyez ce papier-là. Devinez.

LA COMTESSE.

Je ne sais pas deviner, dites-moi tout de suite.

LE MARQUIS.

C'est que si vous voulez vous remarier...

LA COMTESSE, cherchant sur son piano.

Eh bien ?

LE MARQUIS.

Qu'est-ce que vous cherchez encore ?

LA COMTESSE, cherchant.

Parlez, parlez toujours.

LE MARQUIS.

Vous seriez la plus heureuse femme du monde avec moi.

LA COMTESSE, cherchant toujours.

Avec vous ?

LE MARQUIS.

Oh ! sûrement.

LA COMTESSE.

Je ne le trouve pas ; c'est inconcevable !

LE MARQUIS.

Qu'est-ce que vous cherchez donc là ?

LA COMTESSE.

Un papier que j'avais tout à l'heure.

LE MARQUIS.

Est-ce une chose de conséquence ?

LA COMTESSE.

Oui et non, c'est une chanson.

LE MARQUIS.

J'ai un recueil ; si vous voulez, je vous le prêterai. Il est très complet depuis 1650.

LA COMTESSE.

C'était une chanson nouvelle.

LE MARQUIS.

Il y en a beaucoup dedans.

LA COMTESSE.

Des chansons nouvelles ?

LE MARQUIS.

Oui, pour ce temps-là.

LA COMTESSE, riant.

De 1650 ! ah ! ah ! ah ! vous êtes toujours le même.

LE MARQUIS.

Oui ; je suis constant. Cela ne réussit pas toujours, comme vous savez, avec les femmes.

LA COMTESSE.

Est-ce que vous avez à vous plaindre des femmes ?

LE MARQUIS.

Ah ! si vous vouliez être la mienne !... Voici une visite.

LA COMTESSE.

Eh ! c'est votre domestique.

On ne saurait penser a tout. Page 103.

SCÈNE VI

LA COMTESSE, LE MARQUIS, GERMAIN.

GERMAIN.

Pardon, madame, c'est un papier que j'apporte à monsieur le marquis, de la part de monsieur le baron.

LE MARQUIS.

Eh! morbleu! il s'agit bien... Ah! ah! madame, c'est assez singulier; c'est une romance. Est-ce celle que vous cherchiez?

LA COMTESSE.

Voyons; mais il me semble que oui. Vous me l'aviez volée apparemment.

Elle se met au piano et joue.

GERMAIN, à part.

Justement, c'est celle de la malle.

Au marquis.

Monsieur, monsieur le baron m'a dit de vous demander...

LE MARQUIS.

Quoi? qu'est-ce que c'est?

GERMAIN.

Si vous songiez à vos affaires.

LE MARQUIS.

Eh! oui, tu viens nous déranger...

GERMAIN.

C'est que monsieur le baron tout à l'heure a reçu un exprès de Fontainebleau, et cela l'inquiète beaucoup. Il est retourné encore chez M. Duplessis; il paraissait tout bouleversé.

LE MARQUIS.

En vérité?

GERMAIN.

Oui, et je vous ai apporté cette musique, afin d'avoir une raison d'entrer et afin de pouvoir vous dire en même temps qu'il faut une réponse sur-le-champ.

LE MARQUIS, *réfléchit.*

Tu as bien fait. Mais il me semble... Ce n'est pas cela, madame, ce n'est pas cela, vous vous trompez.

Il va au piano.

LA COMTESSE.

Mais j'y vois clair apparemment. Tenez...
Elle joue.

GERMAIN.

Il ne me semble pas qu'ils parlent beaucoup d'affaires. Monsieur le baron m'a dit de saisir au vol quelques mots de leur entretien.
Il se retire lentement.

LA COMTESSE.

Vous voyez bien que c'est écrit ainsi.

LE MARQUIS.

Oui, pour la musique. Mais les paroles...

LA COMTESSE.

Les paroles, je ne les sais pas.

LE MARQUIS.

Comment! elles sont de...
Ichante.

Fanny, l'heureux mortel qui près de toi respire...

GERMAIN, *près de la porte.*

Cela ne prend pas le chemin de Gotha.

LE MARQUIS.

J'ai oublié le reste; c'est singulier.

LA COMTESSE.

Très singulier, avec votre mémoire !

LE MARQUIS.

Oui, ordinairement, je retiens tout ce que je veux.

SCÈNE VII

LA COMTESSE, LE MARQUIS, GERMAIN, VICTOIRE.

VICTOIRE.

Voilà vos étoffes, madame.

LA COMTESSE.

C'est bon.

LE MARQUIS.

On vous demande? je ne veux pas vous retenir plus longtemps.

LA COMTESSE.

Ne venez-vous pas avec moi? vous me donnerez votre avis.

LE MARQUIS.

Non, je ne sortirai pas aujourd'hui. J'attends quelqu'un à qui j'ai à parler.

LA COMTESSE.

Ici ? chez moi ?

LE MARQUIS.

Oui ; — et à propos. — C'est vous.

LA COMTESSE.

Moi ?

LE MARQUIS.

Oui, mais ne vous l'ai-je pas dit ?

LA COMTESSE.

Quoi ?

LE MARQUIS.

Que j'avais la plus grande envie de vous épouser.

LA COMTESSE.

Je ne sais pas quand.

LE MARQUIS.

Tout à l'heure. Je ne suis venu ici que pour cela.

LA COMTESSE.

Je ne m'en souviens pas.

LE MARQUIS.

Mais à quoi donc pensez-vous ? vos distractions, vraiment, ne sont pas concevables. Il me semble, pourtant...

LA COMTESSE.

Dites.

LE MARQUIS.

Que je vous ai parlé de mon voyage.

LA COMTESSE.

Quel voyage ?

LE MARQUIS.

En Allemagne.

LA COMTESSE.

Hé ! non, c'est moi qui vous ai parlé du mien.

LE MARQUIS.

Comment du vôtre ?

LA COMTESSE.

Oui, de ce voyage aux bords du Rhin, que j'ai fait avec mon mari.

LE MARQUIS.

Je vous demande pardon, je vous assure...

LA COMTESSE.

Vous extravaguez; venez voir mes étoffes. Je vous donnerai mon volume de je ne sais plus qui, et vous trouverez la fin de notre romance.

LE MARQUIS, s'en allant.

Mais c'est moi...

LA COMTESSE, de même.

Je vous dis que c'est moi...

SCÈNE VIII

GERMAIN, VICTOIRE.

GERMAIN.

Mam'selle Victoire, que dites-vous de cela? Vous savez que monsieur aime madame.

VICTOIRE.

Et je sais que madame aime monsieur.

GERMAIN.

Et que monsieur veut épouser madame.

VICTOIRE.

Et que madame ne demande pas mieux.

GERMAIN.

En êtes-vous sûre?

VICTOIRE.

Parfaitement.

GERMAIN.

Mais vous ne savez peut-être pas que nous allons en ambassade?

VICTOIRE.

Où?

GERMAIN.

A Gotha. Il paraît, d'après ce qu'on m'a dit, que la duchesse est accouchée, et nous allons lui faire compliment de la part de Sa Majesté.

VICTOIRE.

Qu'est-ce que cela signifie?

GERMAIN.

Cela signifie que mon maître veut que la comtesse dise oui ou non avant ce départ, afin d'en avoir la conscience nette; que nous partons demain matin avec le baron, qu'il ne faudrait qu'un mot pour arranger tout, et qu'au lieu de le dire, ils chantent.

VICTOIRE.

Il a pourtant parlé mariage et voyage.

GERMAIN.

Et elle lui a répondu chanson.

VICTOIRE.

Pourquoi votre baron ne vient-il pas au secours?

GERMAIN.

Par crainte de tout gâter, parce qu'il est brouillé, à ce qu'il croit, avec votre maîtresse.

VICTOIRE.

Monsieur Germain.

GERMAIN.

Mam'selle Victoire.

VICTOIRE.

Nos maîtres sont de grands enfants : il faut arranger cette affaire-là. Vous venez d'apporter un papier; n'est-ce pas cela qu'ils chantaient?

GERMAIN.

Oui, le voici.

VICTOIRE.

Donnez-le-moi, et maintenant...

Elle écrit sur la romance.

GERMAIN.

Qu'est-ce que vous écrivez là-dessus?

VICTOIRE.

Ne vous mettez pas en peine. Posons cela sur le piano.

GERMAIN, lisant.

Mais s'ils se fâchent?

VICTOIRE.

Est-ce que cela se peut? Elle rêve de lui en plein jour. A plus forte raison...

GERMAIN.

Les voici qui viennent! sauvons-nous.

VICTOIRE.

Et écoutons.

SCÈNE IX.

LA COMTESSE, LE MARQUIS.

LA COMTESSE.

Vous n'aimez pas ce pou-de-soie rose?

LE MARQUIS, un livre à la main.

Non, ce n'est pas ce que je choisirais.

Lisant.

Fanny, l'heureux mortel qui près de toi respire...

LA COMTESSE.

Vous voilà bien content. Avec votre livre en main vous êtes bien sûr de votre mémoire.

LE MARQUIS.

Oh, mon Dieu! je n'avais que faire du livre, cela me serait revenu tout de suite.

Lisant.

Fanny, l'heureux mortel qui près de toi respire
Sait, à te voir parler, et rougir, et sourire,
De quels hôtes divins le ciel est habité.

LA COMTESSE.

Vous y mettez une expression!...

LE MARQUIS.

Il n'est pas difficile, madame, d'exprimer ce qu'on sent du fond du cœur, et ces vers ne semblent-ils pas faits tout exprès pour qu'on vous les dise?

Fanny, l'heureux mortel...

LA COMTESSE.

Vous vous divertissez, je crois.

LE MARQUIS.

Non, je vous le jure sur mon âme, et par tout ce qu'il y a de plus sacré au monde, je... je trouve ces vers-là charmants.

LA COMTESSE.

Eh bien! venez les chanter, je vous accompagnerai.

Elle s'assied au piano.

LE MARQUIS, près d'elle.

Vous verrez que je me passerai de livre... A quoi pensez-vous donc, madame?

LA COMTESSE.

A ce pou-de-soie rose. Vous ne l'aimez pas?

LE MARQUIS.

Non, j'aime mieux ce taffetas feuille morte.

LA COMTESSE.

C'est une étoffe trop âgée.

LE MARQUIS.

Elle m'a paru toute neuve.

LA COMTESSE.

Laissez donc! Il y a de ces choses qui sont toujours de l'an passé.

LE MARQUIS.

Que c'est bien femme, ce que vous dites là!

LA COMTESSE.

Comment, bien femme? Que voulez-vous dire?

LE MARQUIS.

Eh! mon Dieu, oui. Toujours du nouveau, — voilà ce qu'il vous faut, à vous autres.

LA COMTESSE.

A vous autres! Vous êtes poli.

LE MARQUIS.

Hors le moment présent, vous ne connaissez rien. Vous ne vous souciez plus des choses de la veille, et celles du lendemain, vous n'y songez pas. Je vous réponds bien que, si j'étais marié, ma femme n'aurait pas tant de fantaisies.

LA COMTESSE.

Vous lui feriez porter une robe feuille morte?

LE MARQUIS.

Feuille morte, soit, si c'était mon goût.

LA COMTESSE.

Elle s'en moquerait, et ne la porterait pas.

LE MARQUIS.

Elle la porterait toute sa vie, madame, si elle m'aimait véritablement.

LA COMTESSE.

Eh bien! à ce compte-là, vous resterez garçon.

LE MARQUIS.

Parlez-vous sérieusement, madame?

LA COMTESSE.

Oui, je vous conseille de renoncer à trouver une victime de bonne volonté.

ON NE SAURAIT PENSER A TOUT. Page 115.

LE MARQUIS.

O ciel! mais c'est ma mort que vous m'annoncez là.

LA COMTESSE.

Comment, votre mort?

LE MARQUIS.

Assurément. Je ne suis pas comme vous, moi, madame. Il ne faut pas me dire deux fois les choses. Oh! je craignais cette cruelle parole, mais, en la prévoyant, je ne l'attendais pas. Elle me désespère, elle m'accable... au nom du ciel! ne la répétez pas.

LA COMTESSE.

Mais, bon Dieu! qu'elle mouche vous pique?

LE MARQUIS.

Croyez-vous donc que je puisse rester au monde loin de vous, loin de tout ce qui m'est cher? La vie me serait insupportable. Riez-en, madame, tant qu'il vous plaira. Je sais bien que vous me direz qu'un voyage à la hâte est toujours fâcheux; que, si j'ai mes projets, vous avez les vôtres; que sais-je? — Vous trouverez cent raisons, cent obstacles... mais en est-il un seul, en voit-on quand on aime? Est-ce votre procès qui vous retient? mais je vous ai dit qu'il était gagné. Je suis allé vingt fois chez votre avoué. Il demeure un peu loin, mais qu'importe! Ce n'est pas là ce qui vous occupe; — non, madame, vous ne m'aimez pas.

LA COMTESSE.

Je vous demande bien pardon ; mais quel galimatias me faites-vous là?

LE MARQUIS.

Je ne dis que l'exacte vérité; mais, puisque vous ne voulez pas l'entendre, je me retire. Adieu, madame.

LA COMTESSE.

Savez-vous une chose, marquis? c'est que les distractions ne plaisent qu'à la condition d'être plaisantes. Quand vous prenez le chapeau du voisin, ou quand vous appelez le curé « mademoiselle », personne ne songe à s'en fâcher; mais il ne faut pas que cela vous encourage jusqu'à perdre tout à fait le sens, et à parler, pour une robe feuille morte, comme un homme qui va se noyer; car vous comprenez que, dans ce cas-là, notre part à nous, qui voyons faire, ce n'est plus de la gaieté, c'est de la patience, et il n'est jamais bon d'avoir affaire à elle; c'est l'ennemie mortelle des femmes.

LA MARQUIS.

Cela veut dire que je vous importune. Raison de plus pour m'éloigner de vous.

LA COMTESSE.

En vérité, vous perdez l'esprit.

LE MARQUIS.

De mieux en mieux. — Que je suis malheureux !

LA COMTESSE.

Vous ne soupez pas avec moi ?

LE MARQUIS.

Non, je m'en vais. — Adieu, madame.
Il s'assied dans un coin.

LA COMTESSE.

Ma foi, faites ce que vous voudrez, vous êtes intolérable et incompréhensible. Tenez, laissez-moi à ma musique. Qu'est-ce que c'est que cela ?
Elle se retourne vers le piano, et lit tout bas ce qu'il y a sur la romance.

LE MARQUIS, assis.

Elle que j'aimais si tendrement ! faut-il que j'aie pu lui déplaire ! qu'ai-je fait qui l'ait offensée ? Quoi ! je viens ici, le cœur tout plein d'elle, mettre à ses pieds ma vie entière ; je lui fais en toute confiance l'aveu sincère de mon amour ; je lui demande sa main le plus clairement et le plus honnêtement du monde, et elle me repousse avec cette dureté ! C'est une chose inconvenable ; plus j'y réfléchis, moins je le comprends.
Il se lève et se promène à grands pas sans voir la comtesse.

Il faut sans doute que j'aie commis à mon insu quelque faute impardonnable.

LA COMTESSE, lui présentant le papier quand il passe devant elle.

Tenez, Valberg, lisez donc cela.

LE MARQUIS, de même.

Impardonnable ? ce n'est pas possible. Quant je la reverrai, elle me pardonnera. Allons, Germain, je veux sortir. Oui, sans doute, il faut que je la revoie. Elle est si bonne, si indulgente ! et si gracieuse et si belle ! pas une femme ne lui est comparable.

LA COMTESSE, à part.

Je laisse passer cette distraction-là.

LE MARQUIS, de même.

Il est bien vrai qu'elle est coquette en diable, et paresseuse... à faire pitié ! Son étourderie continuelle...

LA COMTESSE, présentant le papier.

Le portrait se gâte... Monsieur de Valberg !

LE MARQUIS, de même.

Son étourderie continuelle pourrait-elle véritablement convenir à un homme raisonnable ? Aurait-elle ce calme, cette présence d'esprit, cette égalité de caractère nécessaire dans un ménage ? — J'aurais fort affaire avec cette femme-là.

LA COMTESSE.

Ceci mé.ite d'être écouté.

LE MARQUIS.

Mais elle est si bonne musicienne ! — Germain ! — Ah ! que nous serions heureux, seuls, dans quelque retraite paisible, avec quelques amis, avec tout ce qu'elle aime, car je serais sûr de l'aimer aussi.

LA COMTESSE.

A la bonne heure.

LE MARQUIS.

Mais non, elle aime le monde, les fêtes ! — Germain ! — Eh bien ! Je ne serais pas jaloux. Qui pourrait l'être d'une pareille femme ? — Germain ! — Je la laisserai faire ; j'aimerais pour elle ces plaisirs qui m'ennuient ; je mettrais mon orgueil à la voir admirée ; je me fierais à elle comme à moi-même, et si jamais elle me trahissait... — Germain ! — je lui plongerais un poignard dans le cœur.

LA COMTESSE, lui prenant la main.

Oh ! que non, monsieur de Valberg.

LE MARQUIS.

C'est vous, comtesse ! grand Dieu ! je ne croyais pas...

LA COMTESSE.

Avant de me tuer, lisez cela.

LE MARQUIS.

Qu'est-ce que c'est donc ?

Il lit.

« Monsieur le marquis est prié de vouloir bien se souvenir d'épouser madame la comtesse avant de partir pour l'Allemagne. »

Eh bien ! madame, vous voyez bien que c'était moi, et non pas vous, qui avais parlé de ce voyage-là.

LA COMTESSE.

Mais c'est donc réel, ce départ ?

LE MARQUIS.

Vous le demandez ! voilà deux heures que je me tue à vous le répéter.

LA COMTESSE.

Vous aurez pris ma femme de chambre pour moi, car ces trois lignes sont de son écriture.

LE MARQUIS.

Vraiment ? elle n'écrit pas trop mal.

LA COMTESSE.

Non, mais elle écrit des impertinences.

LE MARQUIS.

Point du tout, c'était ma pensée.

LA COMTESSE.

Mais qu'allez-vous faire en Allemagne?

LE MARQUIS.

Des compliments, de la part du roi, à la grande-duchesse.

LA COMTESSE.

Et quand partez-vous?

LE MARQUIS.

Demain matin.

LA COMTESSE.

Vous vouliez donc m'épouser en poste?

LE MARQUIS.

Justement, je voulais vous emmener. Ce serait le plus délicieux voyage!

LA COMTESSE.

Un enlèvement?

LE MARQUIS.

Oui, dans les formes.

LA COMTESSE.

Elles seraient jolies.

LE MARQUIS.

Certainement, nous publierons nos bans...

LA COMTESSE.

A chaque relais, n'est-il pas vrai! Et les témoins?

LE MARQUIS.

Nous avons mon oncle.

LA COMTESSE.

Et nos parents?

LE MARQUIS.

Ils ne demandent pas mieux.

LA COMTESSE.

Et le monde?

LE MARQUIS.

Que pourrait-on dire? Nous sommes d'honnêtes gens, je suppose. Parce que nous montons dans une chaise de poste, on ne va pas nous prendre tout à coup pour des banqueroutiers.

LA COMTESSE.

Votre projet est si absurde, si extravagant, qu'il m'amuse.

LE MARQUIS.

Suivons-le, il sera tout simple.

LA COMTESSE.

J'en suis presque tentée.

LE MARQUIS.

J'en suis enchanté. Holà! Germain!
Entre Germain.

GERMAIN.

Vous avez appelé, monsieur?
A part.

Je crois que le danger est passé.

LE MARQUIS.

Va vite chercher cette grande malle, qui est là-bas au milieu de la chambre, et apporte-la tout de suite.

GERMAIN.

Ici, monsieur?

LE MARQUIS.

Oui; dépêche-toi.
Germain sort.

LA COMTESSE, riant.

Ah! mon Dieu, mais quelle folie! vous envoyez prendre votre malle?

LE MARQUIS.

Oui, il faut faire nos paquets sur-le-champ, parce que, voyez-vous, quand on a une bonne idée, il faut s'y tenir; je ne connais que cela.

LA COMTESSE.

Un instant, marquis; avant de s'embarquer, bride abattue, pour les Grandes-Indes, il faut prendre son passeport. Êtes-vous bien sûr que je sois douée de toutes les qualités requises pour faire convenablement votre ménage dans quelqu'un de ces grands châteaux que vous possédez en Espagne?

LE MARQUIS.

En Espagne? je ne vous comprends pas.

LA COMTESSE.

Ai-je bien ce calme, cette présence d'esprit, cette égalité de caractère si nécessaire dans une maison, surtout quand le maître en donne l'exemple?

LE MARQUIS.

Vous vous moquez. Est-il donc besoin que je vous répète ce que sait tout le monde, qu'on voit en vous toutes les qualités, comme tous les talents et toutes les grâces?

LA COMTESSE.

Mais vous oubliez que je suis coquette, paresseuse à faire pitié, et étourdie, surtout étourdie...

LE MARQUIS.

Qui a jamais dit cela, madame?

LA COMTESSE.

Un de mes amis.

LE MARQUIS.

Un impertinent.

LA COMTESSE.

Pas toujours. C'est un original qui fait des portraits devant son miroir, et qui les peint à son image. Devinez-le. C'est un diplomate qui est assez bon musicien; un poète connaisseur en étoffes; un chasseur très dangereux pour la haie du voisin; très redoutable au whist pour son partenaire; un homme d'esprit qui dit des bêtises; un fort galant homme qui en fait quelquefois; enfin, c'est un amant plein de délicatesse qui, pour gagner le cœur d'une femme, lui adresse des compliments par usage, et des injures par distraction.

LE MARQUIS.

Si j'ai commis celle-là, madame, se sera la dernière de ma vie, et vous verrez si dans ce voyage...

LA COMTESSE.

Mais ce voyage, est-ce que j'y consens?

LE MARQUIS.

Vous avez dit oui.

LA COMTESSE.

J'ai dit presque oui. Entre ces deux mots-là il y a tout un monde.

LE MARQUIS.

Consentez donc, madame, et ce portrait que vous venez de faire, ce portrait ne sera plus le mien. Oui, s'il est ressemblant aujourd'hui, c'est grâce à vous, je le proteste. C'est le doute, la crainte, l'espérance, l'inquiétude où j'étais sans cesse, qui m'empêchaient de voir et d'entendre, de comprendre ce qui n'était pas vous. Ne me faites pas l'injure de croire que j'aurais perdu la raison si je vous avais moins aimée; je l'avais laissée dans vos yeux; il ne vous faut qu'un mot pour me la rendre.

LA COMTESSE.

Ce que vous dites là me donne une idée plaisante, c'est qu'il pourrait se faire que, sans nous en douter, nous nous fussions volé notre raison l'un à l'autre. Vous êtes distrait, dites-vous, pour l'amour de moi, peut-être suis-je étourdie par amitié pour vous. Dites donc, marquis, si nous essayions de réparer mutuellement le dommage que nous nous sommes fait? Puisque j'ai pris votre bon sens et vous le mien, si nous nous conduisions tous deux d'après nos conseils réciproques? Ce serait peut-être un moyen excellent de parvenir à une grande sagesse.

LE MARQUIS.

Je ne demande pas mieux que de vous obéir.

LA COMTESSE.

Il ne s'agit pas de cela, mais d'un simple échange. Par exemple, je suis paresseuse, vous me l'avez dit...

LE MARQUIS.

Mais, madame...

LA COMTESSE.

Vous me l'avez dit et j'en conviens. Vous au contraire, vous remuez toujours; vous revenez de la chasse quand je me lève; vous avez sans cesse les doigts tachés d'encre, et c'est pour moi un chagrin d'écrire. Pour la lecture, c'est tout de même ; vous dévorez jusqu'à des tragédies avec un appétit féroce, pendant que je dors à leur doux murmure. Dans le monde, vous ne savez que faire, à moins que ce ne soit, comme M. de Brancas, d'accrocher votre perruque à un lustre ; vous ne dites mot, ou vous parlez tout seul, sans vous soucier de ce qui vous entoure; moi, je l'avoue, j'aime la causerie, j'irais volontiers jusqu'au bavardage si tant de gens ne s'en mêlaient pas, et pendant que vous êtes dans un coin, boudant d'un air sauvage, le bruit m'amuse, m'entraîne, un bal m'éblouit. Est-ce qu'avec toutes ces disparates on ne pourrait pas faire un tableau ? Trouvons un cadre où nous pourrions mettre, vous, votre feuille morte, moi, ma couleur de rose, nos qualités par-dessus nos défauts ; où nous serions, à tour de rôle, tantôt le chien, tantôt l'aveugle. Ne serait-ce pas un bel exemple à donner au monde, qu'un homme ayant assez d'amour pour renoncer à dire : Je veux, et une femme, sacrifiant plus encore, le plaisir de dire : Si je voulais ?

LE MARQUIS.

Vous me ravissez, vous me transportez. Ah ! madame, si vous me jugiez digne de vous confier ma vie entière, je mourrais de joie à vos pieds.

LA COMTESSE.

Non pas ; où seraient mes profits ?

Entre Germain avec la malle.

GERMAIN, entrant.

Voilà votre malle, monsieur le marquis.

CARMOSINE. Page 118.

Bibl Charpentier. LIV. 249.

LE MARQUIS.

Et mon oncle ?

GERMAIN.

Il n'est pas revenu de chez M. Duplessis.

LE MARQUIS.

Eh bien ! madame ?

LA COMTESSE.

Eh bien !... essayons.

LE MARQUIS.

Vite, Germain, François, Victoire, apportez tout ce qu'il y a ici.

LA COMTESSE.

C'est là votre manière de me remercier ?

LE MARQUIS.

Hé ! madame, j'aurai bien le temps.

LA COMTESSE.

Comment, bien le temps ? c'est honnête.

LE MARQUIS.

Certainement, puisqu'à compter de ce jour, je ne veux plus faire autre chose pendant tout le reste de ma vie.

Entre Victoire.

VICTOIRE.

Madame a besoin de moi ?

LA COMTESSE.

C'est donc vous, mademoiselle Victoire, qui vous êtes permis tantôt...

LE MARQUIS.

Ne la grondez pas. Si j'avais maintenant le diamant de Buckingham, au lieu de le jeter par la fenêtre, je le mettrais dans sa poche.

Il y met une bourse.

LA COMTESSE.

Est-ce là cet homme si raisonnable ?

LE MARQUIS.

Ah ! madame, grâce pour aujourd'hui. Plaçons d'abord ici toute votre musique.

LA COMTESSE.

Voilà un bon commencement.

LE MARQUIS, *arrangeant la musique.*

On l'aime beaucoup en Allemagne. Nous trouverons des connaisseurs là-bas. Je me fais une fête de vous voir chanter devant eux.

Il chante.

Fanny, l'heureux mortel...

Ils vous adoreront, ces braves gens. — Germain !

GERMAIN.

Monsieur?

LE MARQUIS.

Va me chercher mon violon.
<small>Germain sort.</small>

LA COMTESSE.

N'oubliez pas cette romance, au moins.

LE MARQUIS.

Elle me rappellera le plus beau jour de ma vie.

LA COMTESSE.

Et ma robe feuille morte ? Victoire !

VICTOIRE.

Oui, madame.
<small>Elle apporte la robe, Germain le violon un peu plus tard.</small>

LE MARQUIS.

Vous voulez la prendre ?

LA COMTESSE

Puisque c'est une de vos conditions.

LE MARQUIS.

Ah ! grand Dieu ! elle est cause que j'ai pu vous déplaire ! Apportez-en d'autres, mademoiselle.
<small>Il la jette sur un meuble.</small>

LA COMTESSE.

Savez-vous ce qu'il faut faire ? Emportons très peu de choses, rien que le plus important ; nous ferons toutes sortes d'emplettes dans le pays.

LE MARQUIS.

C'est cela même. — Germain !

GERMAIN.

Monsieur.

LE MARQUIS.

Mon fusil et mon cor de chasse ; oui ; nous achèterons le reste à Gotha.

LA COMTESSE.

Comment ? à Gotha ?

LE MARQUIS.

Eh ! oui, c'est là que nous allons.

LA COMTESSE.

Ah ! tenez, prenez ce petit coffre.

LE MARQUIS.

Qu'y a-t-il dedans ? des papiers de famille ?

Regardant.

Non, c'est du thé; mais on en trouve partout.

LA COMTESSE.

Oh! je ne peux pas en prendre d'autre.

LE MARQUIS.

Que d'heureux jours nous allons passer!

LA COMTESSE.

Nous achèterons là-bas des costumes allemands; ce sera ravissant pour un bal masqué.

LE MARQUIS.

Madame, si nous prenions mon cadran solaire? Il va très bien.

LA COMTESSE.

Êtes-vous fou, Valberg ? et vos belles promesses ?

LE MARQUIS.

Vous avez raison; ma montre suffit.

Il la met dans la malle.

LA COMTESSE.

Songez qu'il faut veiller sur vous, maintenant que vous voilà diplomate.

LE MARQUIS.

Oh! ne craignez rien, j'ai fait mes preuves.

Il prend divers objets au hasard dans la chambre et les met dans la malle. Tout en parlant, il y met aussi son portefeuille, ses gants, son mouchoir et son chapeau.

J'ai déjà été en Danemark et je m'en suis très bien tiré. Mon oncle, qui se croit un génie, voulait me faire la leçon, mais il n'a pas la tête parfaitement saine; entre nous, il radote un peu!

Fermant la malle.

LA COMTESSE.

Le voici.

SCÈNE X

LA COMTESSE, LE MARQUIS, LE BARON, GERMAIN, VICTOIRE.

LE BARON.

Madame, je vous demande pardon d'entrer ainsi à l'improviste sans en demander la permission; mais une circonstance imprévue...

LA COMTESSE.

Vous me faites grand plaisir, monsieur.

LE MARQUIS.

Oh! mon cher oncle, embrassez-moi. Il faut aussi que vous embrassiez madame. Tout est fini, tout est oublié!... Je veux dire tout est convenu. Vous devez comprendre mon bonheur.

LE BARON.

Hélas! mon neveu, tout est perdu. La grande-duchesse de Gotha est morte.

LE MARQUIS.

C'est malheureux, nos paquets étaient faits.

LE BARON.

C'est chez M. Duplessis, tout à l'heure, que je viens d'apprendre cette affreuse nouvelle.

LA COMTESSE.

Comment, Valberg, nous ne partons pas? Moi qui n'avais pas d'autre idée.

LE MARQUIS.

Juste ciel! m'abandonnez-vous?

LA COMTESSE.

Non, mais emmenez-moi quelque part.

LE MARQUIS.

En Italie, madame, en Turquie, en Norvège si vous voulez...

LE BARON.

Qui est-ce qui se serait jamais attendu à cette épouvantable catastrophe? toutes mes dispositions étaient prises, j'avais les lettres royales, les cadeaux à donner, j'avais tout préparé, tout prévu; il faut que la seule chance à laquelle on n'eût pas songé!...

LE MARQUIS.

Hé! oui, c'est ce que dit le proverbe: On ne saurait penser à tout.

FIN DE ON NE SAURAIT PENSER A TOUT.

CARMOSINE

COMÉDIE EN TROIS ACTES

PUBLIÉE EN 1850, REPRÉSENTÉE EN 1865

PERSONNAGES :

PIERRE D'ARAGON, roi de Sicile.
MAITRE BERNARD, médecin.
MINUCCIO, troubadour.
PERILLO, jeune avocat.
SER VESPASIANO, chevalier de fortune.
Un officier du palais.
MICHEL, domestique chez maître Bernard.

LA REINE CONSTANCE, femme du roi Pierre.
DAME PAQUE, femme de maître Bernard.
CARMOSINE, leur fille.
Pages, Écuyers, Demoiselles d'honneur, Suivantes de la reine.

La scène se passe à Palerme.

ACTE PREMIER

Une salle chez maître Bernard.

SCÈNE Ire

MAITRE BERNARD, DAME PAQUE.

DAME PAQUE.

Faites-moi le plaisir de laisser là vos drogues, et d'écouter un peu ce que je vous dis.

MAITRE BERNARD.

Faites-moi la grâce de ne pas me le dire du tout, ce sera aussi tôt fait.

DAME PAQUE.

Comme il vous plaira. Mélangez vos herbes empestées tout à votre aise. Le seul résultat de votre obstination sera de la voir mourir dans nos bras.

MAITRE BERNARD.

Si mes remèdes ne peuvent rien, que peut donc votre bavardage? Mais c'est votre unique passe-temps de nous inonder de discours inutiles, Dieu merci, la patience est une belle vertu.

DAME PAQUE.

Si vous aimiez votre pauvre fille, elle serait bientôt guérie.

MAITRE BERNARD.

Pourquoi me dites-vous cela? Êtes-vous folle? Ne voyez-vous pas ce que je fais du matin au soir? Pauvre chère âme! tout ce que j'aime! Dites-moi, n'est-ce donc pas assez de voir souffrir l'enfant de mon cœur, sans avoir sur le dos vos éternels reproches? car on dirait, à vous entendre, que je suis cause de tout le mal. Y a-t-il moyen de rien comprendre à cette mélancolie qui la tue? Maudites soient les fêtes de la reine, et que les tournois aillent à tous les diables!

DAME PAQUE.

Vous en revenez toujours à vos moutons.

MAITRE BERNARD.

Oui, on ne m'ôtera pas de la tête qu'elle est tombée malade un dimanche, précisément en revenant de la passe d'armes. Je la vois encore s'asseoir là sur cette chaise; comme elle était pâle et toute pensive! comme elle regardait tristement ses petits pieds couverts de poussière! Elle n'a dit mot de la journée, et le souper s'est passé sans elle.

DAME PAQUE.

Allez, vous n'êtes qu'un vieux rêveur. Le meilleur de tous les remèdes, je vous le dirai, malgré votre barbe : c'est un beau garçon et un anneau d'or.

MAITRE BERNARD.

Si cela était, pourquoi refuserait-elle tous les partis qu'on lui présente? Pourquoi ne veut-elle même pas entendre parler de Perillo, qui était son ami d'enfance?

DAME PAQUE.

Vraiment, elle s'en soucie bien! Laissez-moi faire. On lui proposera telle personne qu'elle ne refusera pas.

MAITRE BERNARD.

Je sais ce que vous voulez dire, et pour celui-là, c'est moi qui le refuse. Vous vous êtes coiffée d'un flandrin.

DAME PAQUE.

Vous verrez vous-même ce qui en est.

MAITRE BERNARD.

Ce qui en est? Mais, dame Pâque, il y a pourtant dans ce monde certaines choses à considérer. Je ne suis pas un grand seigneur, madame; mais je suis un honnête médecin assez riche, dame Pâque, et même fort riche pour cette ville; j'ai dans mon coffre quantité de sacs bien et dûment cachetés. Je ne donnerai pas plus ma fille pour rien, que je ne la vendrai, entendez-vous?

DAME PAQUE.

Vraiment, vous ferez bien, et votre fille mourra de votre sagesse, si elle ne meurt de vos potions. Laissez donc là ce flacon, je vous en prie, et n'empoisonnez pas davantage cette pauvre enfant. Ne voyez-vous donc pas, depuis deux mois, que vos drogueries ne servent à rien? Votre fille est malade d'amour, voilà ce que je sais, moi, de bonne part. Elle aime ser Vespasiano, et toutes les fioles de la terre n'y changeront pas un iota.

MAITRE BERNARD.

Ma fille n'est point une sotte, et ser Vespasiano est un sot. Qu'est-ce qu'un âne peut faire d'une rose?

DAME PAQUE.

Ce n'est pas vous qui l'épouserez. Essayez donc d'avoir le sens commun. Ne convenez-vous pas que c'est en revenant des fêtes de la reine que votre fille est tombée malade? N'en parle-t-elle pas sans cesse? N'amène-t-elle pas toujours les entretiens sur ce chapitre, sur l'habileté des cavaliers, sur les prouesses de celui-là, sur la belle tournure de celui-ci? Est-il rien de plus naturel à une jeune fille sans expérience que de sentir son cœur battre tout à coup pour la première fois, à la vue de tant d'armes resplendissantes, de tant de chevaux, de bannières, au son des clairons, au bruit des épées? Ah! quand j'avais son âge!...

MAITRE BERNARD.

Quand vous aviez son âge, dame Pâque, il me semble que vous m'avez épousé, et il n'y avait point là de trompettes.

DAME PAQUE.

Je le sais bien, mais ma fille est mon sang. Or, dans ces fêtes, je vous le demande, à qui peut-elle s'intéresser? Qui doit-elle chercher dans la foule, si ce n'est les gens qu'elle connaît? Et quel autre, parmi nos amis, quel autre que le beau, le galant, l'invincible ser Vespasiano?

MAITRE BERNARD.

A telle enseigne, qu'au premier coup de lance il est tombé les quatre fers en l'air.

DAME PAQUE.

Il se peut que son cheval ait fait un faux pas, que sa lance se soit détournée, je ne nie pas cela; il se peut qu'il soit tombé.

MAITRE BERNARD.

Cela se peut assurément; il a pirouetté en l'air comme un volant, et il est tombé, je vous le jure, autant qu'il est possible.

DAME PAQUE.

Mais de quel air il s'est relevé!

CARMOSINE.

Page 127.

Bibl. Charpentier.

Liv. 220.

MAITRE BERNARD.

Oui, de l'air d'un homme qui a son dîner sur le cœur, et une forte envie de rester par terre. Si un pareil spectacle a rendu ma fille malade, soyez persuadée que ce n'est pas d'amour. Allons, laissez-moi lui porter ceci.

DAME PAQUE.

Faites ce que vous voudrez. Je vous préviens que j'ai invité ce chevalier à souper. Que votre fille ait faim ou non, elle y viendra et vous jugerez par vous-même de ce qui se passe dans son cœur.

MAITRE BERNARD.

Et pourquoi ne parlerait-elle pas, si vous aviez raison? Suis-je donc un tyran, s'il vous plaît? Est-ce qu'il peut lui tomber une larme des yeux sans que tout mon cœur... juste ciel! plutôt que de la voir ainsi s'éteindre sans dire une parole, est-ce que je ne voudrais pas? Allons !... Vous me rendriez fou !

Ils sortent chacun d'un côté différent.

SCÈNE II

PERILLO, seul, entrant.

Personne ici! il me semblait avoir entendu parler dans cette chambre. Les clefs sont aux portes, la maison est déserte. D'où vient cela? En traversant la cour, un pressentiment m'a saisi... Rien ne ressemble tant au malheur que la solitude;... maintenant j'ose à peine avancer. — Hélas! je reviens de si loin, seul et presque au hasard; j'avais écrit pourtant, mais je vois bien qu'on ne m'attendait pas. Depuis combien d'années ai-je quitté ce pays? Six ans! Me reconnaîtra-t-elle? Juste ciel! comme le cœur me bat! Dans cette maison de notre enfance, à chaque pas un souvenir m'arrête. Cette salle, ces meubles, les murailles même, tout m'est si connu, tout m'était si cher! D'où vient que j'éprouve à cet aspect un charme plein d'inquiétude qui me ravit et me fait trembler? Voilà la porte du jardin, et celle-ci!... J'ai fait bien du chemin pour venir y frapper; à présent j'hésite sur le seuil. Hélas! là est ma destinée; là est le but de toute ma vie, le prix de mon travail, ma suprême espérance! Comment va-t-elle me recevoir? Que dira-t-elle? Suis-je oublié? Suis-je dans sa pensée? Ah! voilà pourquoi je frissonne;... tout est dans ces deux mots, l'amour ou l'oubli!... Eh bien! quoi? Elle est là sans doute. Je la verrai, elle me tendra la main : n'est-elle pas ma fiancée? n'ai-je pas la promesse de son père? n'est-ce pas sur cette promesse que je suis parti? n'ai-je pas rempli toutes les miennes? Serait-il possible?... Non, mes doutes sont injustes; elle ne peut être infidèle au passé.

L'honneur est dans son noble cœur, comme la beauté sur son visage, aussi pur que la clarté des cieux. Qui sait? elle m'attend peut-être; et tout à l'heure... O Carmosine!

SCÈNE III
PERILLO, MAITRE BERNARD.

MAITRE BERNARD.

Silence! elle dort. Quelques heures de bon sommeil et elle est sauvée.

PERILLO.

Qui, monsieur?

MAITRE BERNARD.

Oui, sauvée, je le crois, du moins.

PERILLO.

Qui, monsieur?

MAITRE BERNARD.

C'est toi, Perillo? ma pauvre fille est bien malade.

PERILLO.

Carmosine! Quel est son mal?

MAITRE BERNARD.

Je n'en sais rien. Eh bien, garçon, tu reviens de Padoue; j'ai reçu ta lettre l'autre jour; tu as terminé tes études, passé tes examens, tu es docteur en droit, tu vas recevoir et bien porter le bonnet carré; tu as tenu parole, mon ami; tu étais parti bon écolier et tu reviens savant comme un maître. Hé! hé! voilà une belle carrière devant toi. Ma pauvre fille est bien malade.

PERILLO.

Qu'a-t-elle donc, au nom du ciel?

MAITRE BERNARD.

Hé! je te dis que je n'en sais rien. C'est une joie pour moi de te revoir, mon brave Antoine, mais une triste joie; car pourquoi viens-tu? Il était convenu entre ton père et moi que tu épouserais ma fille dès que tu aurais un état solide; tu as bien travaillé, ton cœur n'a pas changé, j'en suis sûr, le mien non plus, et maintenant... O mon Dieu! Qu'à-t-elle donc fait?

PERILLO.

Vos paroles me font frémir. Quoi! sa vie est-elle en danger?

MAITRE BERNARD.

Veux-tu me faire mourir moi-même, à te répéter cent fois que je l'ignore? Elle est malade, Périllo, bien malade.

PERILLO.

Se pourrait-il qu'un homme aussi habile, aussi expérimenté que vous?...

MAITRE BERNARD.

Oui, expérimenté, habile! Voilà justement ce qu'ils disent tous. Ne croirait-on pas que j'ai dans ma boutique la panacée universelle et que la mort n'ose pas entrer dans la boutique d'un médecin? Je ne m'en suis pas fié à moi seul, j'ai appelé à mon aide tout ce que je connais, tout ce que j'ai pu trouver au monde de docteurs, d'érudits, d'empiriques même, et nous avons dix fois consulté. Habileté de rêveurs, expérience de routine! La nature, Perillo, qui mine et détruit, quand elle veut se cacher, est impénétrable. Qu'on nous montre une plaie, une blessure ouverte, une fièvre ardente, nous voilà savants. Nous avons vu cent fois pareille chose, et l'habitude indique le remède; mais quand la cause du mal ne se découvre point, lorsque la main, les yeux, les battements du cœur, l'enveloppe humaine tout entière est vainement interrogée; lorsqu'une jeune fille de dix-huit ans, belle comme un soleil et fraîche comme une fleur, pâlit tout à coup et chancelle, puis, quand on lui demande ce qu'elle souffre, répond seulement : Je me meurs... Antoine, combien de fois j'ai cherché d'un œil avide le secret de sa souffrance dans sa souffrance même! Rien ne me répondait, pas un signe, pas un indice clair et visible, rien devant moi que la douleur muette, car la pauvre enfant ne se plaint jamais; et moi, le cœur brisé de tristesse, plein de mon inutilité, je regarde les rayons poudreux où sont entassés depuis des années les misérables produits de la science. Peut-être, me dis-je, y a-t-il là dedans un remède qui la sauverait, une goutte de cordial, une plante salutaire; mais laquelle? comment deviner?

PERILLO, à part.

Mes pressentiments étaient donc fondés; je suis venu pour trouver cela.
Haut.
Ce que vous me dites, monsieur, est horrible. Me sera-t-il permis de voir Carmosine?

MAITRE BERNARD.

Sans doute, quand elle s'éveillera; mais elle est bien faible, Perillo. Peut-être nous faudra-t-il d'abord la préparer à ta venue, car la moindre émotion la fatigue beaucoup et suffit quelquefois pour la priver de sens. Elle t'a aimé, elle t'aime encore, tu devais l'épouser..., tu me comprends.

PERILLO.

J'agirai comme il vous plaira. Faut-il que je m'éloigne pour quelques jours, pour un aussi long temps que vous le jugerez nécessaire? Parlez, mon père, j'obéirai.

MAITRE BERNARD.

Non, mon ami, tu resteras. N'es-tu pas aussi de la famille?

PERILLO.

Il est bien vrai que j'espérais en être, et vous appeler toujours de ce nom de père que vous me permettiez quelquefois de vous donner.

MAITRE BERNARD.

Toujours, et tu ne nous quitteras plus.

PERILLO.

Mais vous me dites que ma présence peut être nuisible ou fâcheuse. Quand ma vue ne devrait causer qu'un moment de souffrance, la plus faible impression, la plus légère pâleur sur ces traits chéris, ô Dieu! plutôt que de lui coûter seulement une larme, j'aimerais mieux recommencer le long chemin que je viens de faire, et m'exiler à jamais de Palerme.

MAITRE BERNARD.

Ne crains rien, j'arrangerai cela.

PERILLO.

Aimez-vous mieux que j'aille loger dans un autre quartier de la ville? Je puis trouver quelque maison du faubourg (j'en avais une avant d'être orphelin). J'y demeurerais enfermé tout le jour, afin que mon retour fût ignoré; le soir seulement, n'est-ce pas, ou le matin de bonne heure, je viendrais frapper à votre porte et demander de ses nouvelles, car vous concevez que sans cela je ne saurais... Elle souffre donc beaucoup?

MAITRE BERNARD.

Tu pleures, garçon? Écoute donc, il ne faut pourtant pas nous désoler si vite. Cette incompréhensible maladie ne nous a pas encore dit son dernier mot. Elle dort dans ce moment-ci, et je te l'ai dit, cela est de bon augure. Qui sait? Prenons nos précautions tout doucement, avec ménagement. Évitons, avant tout, qu'elle ne te voie trop vite; dans l'état où elle est je n'oserais pas répondre...

SCÈNE IV

Les précédents, DAME PAQUE.

DAME PAQUE.

Votre fille vient de se réveiller; elle voudrait... Ah! c'est vous, seigneur Perillo? Je suis charmée de vous revoir.

Perillo salue. — A part.

Encore un amoureux transi! Nous nous serions bien passés de sa visite...

Haut, à son mari.

Votre fille voudrait aller au jardin.

MAITRE BERNARD.

Que me dites-vous là? Est-ce que cela est possible! à peine depuis trois jours peut-elle se soutenir.

DAME PAQUE.

Elle est debout, elle se sent beaucoup mieux, le sommeil lui a fait grand bien. Elle veut marcher et respirer un peu.

MAITRE BERNARD.

En vérité!
A Perillo.

Tu vois, mon cher Antoine, que je ne me trompais pas tout à l'heure. Voici un changement, un heureux changement! Elle va venir, retire-toi un instant.

PERILLO.

Elle va venir, et il faut que je m'éloigne! Si j'osais vous faire une demande...

MAITRE BERNARD.

Qu'est-ce que c'est?

PERILLO.

Laissez-moi la voir; je me cacherai derrière cette tapisserie; un seul moment, que je la voie passer !

MAITRE BERNARD.

Je le veux bien, mais ne te montre point que je ne t'appelle; je vais tenter en ta faveur tout ce qui me sera possible; — et vous, dame Pàque, ne soufflez mot, je vous prie.

DAME PAQUE.

Sur vos affaires? Je n'en suis pas pressée; je n'aime pas les mauvaises commissions. Voici votre fille; je vais au jardin porter mon grand fauteuil auprès de la fontaine.
Perillo se cache derrière une tapisserie.

SCÈNE V

MAITRE BERNARD, PERILLO, caché, CARMOSINE

CARMOSINE.

Eh bien, mon père, vous êtes inquiet, vous me regardez avec surprise? Vous ne vous attendiez pas, n'est-il pas vrai, à me voir debout comme une grande personne? C'est pourtant bien moi.
Elle l'embrasse.

Me reconnaissez-vous?

MAITRE BERNARD.

C'est de la joie que j'éprouve, et aussi de la crainte. Es-tu bien sûre de n'avoir pas trop de courage?

CARMOSINE.

Oh! je voulais vous surprendre bien davantage encore, mais je vois que ma mère m'a trahie. Je voulais aller au jardin toute seule, et vous faire dire en confidence qu'une belle dame de Palerme vous demandait. Vous auriez pris bien vite votre belle robe de velours noir, votre bonnet neuf, et comme j'avais un masque... Eh bien! qu'auriez-vous dit?

MAITRE BERNARD.

Qu'il n'y a rien d'aussi charmant que toi; ainsi ta ruse eût été inutile. Hélas! ma bonne Carmosine, qu'il y a longtemps que je ne t'ai vue sourire!

CARMOSINE.

Oui, je suis toute gaie, toute légère, je ne sais pourquoi... C'est que j'ai fait un rêve. Vous souvenez-vous de Perillo?

MAITRE BERNARD.

Assurément. Que veux-tu dire?
A part.
C'est singulier; jamais elle ne parlait de lui.

CARMOSINE.

J'ai rêvé que j'étais sur le pas de notre porte. On célébrait une grande fête. Je voyais les personnes de la ville passer devant moi vêtues de leurs plus beaux habits, les grandes dames, les cavaliers... Non, je me trompe, c'étaient des gens comme nous, tous nos voisins d'abord, et nos amis, puis une foule, une foule innombrable qui descendait par la Grand'Rue, et qui se renouvelait sans cesse; plus le flot s'écoulait, plus il grossissait, et tout ce monde se dirigeait vers l'église, qui resplendissait de lumière. J'entendais de loin le bruit des orgues, les chants sacrés, et une musique céleste formée de l'accord des harpes et de voix si douces, que jamais pareil son n'a frappé mon oreille. La foule paraissait impatiente d'arriver le plus tôt possible à l'église, comme si quelque grand mystère, unique, impossible à revoir une seconde fois, s'accomplissait. Pendant que je regardais tout cela, une inquiétude étrange me saisissait aussi, mais je n'avais point envie de suivre les passants. Au fond de l'horizon, dans une vaste plaine entourée de montagnes, j'apercevais un voyageur marchant péniblement dans la poussière. Il se hâtait de toutes ses forces; mais il n'avançait qu'à grand'-peine, et je voyais très clairement qu'il désirait venir à moi. De mon côté, je l'attendais; il me semblait que c'était lui qui devait me conduire à cette fête. Je sentais son désir et je le partageais ; j'ignorais quels obstacles l'arrêtaient ; mais, dans ma pensée, j'unissais mes efforts aux siens ; mon cœur battait avec violence, et pourtant je restais immobile, sans pouvoir faire un pas vers lui. Combien de temps dura cette vision, je n'en sais rien, peut-être une minute ; mais, dans mon rêve, c'étaient des années. Enfin, il approcha et me prit la main ; aussitôt la force irrésistible qui m'attachait à la même place cessa tout à coup, et je pus marcher. Une joie inexprimable s'empara de moi ; j'avais brisé mes liens, j'étais libre. Pendant que nous partions tous deux avec la rapidité d'une flèche, je me retournai vers mon fantôme, et je reconnus Perillo.

MAITRE BERNARD.

Et c'est là ce qui t'a donné cette gaieté inattendue ?

CARMOSINE.

Sans doute. Jugez de ma surprise lorsqu'en m'éveillant tout à coup, je trouvai que mon rêve était vrai dans ce qu'il avait d'heureux pour moi, c'est-à-dire que je pouvais me lever et marcher sans aucune peine. Ma première pensée a été tout de suite de venir vous sauter au cou ; après cela, j'ai voulu faire de l'esprit, mais j'ai échoué dans mon entreprise.

MAITRE BERNARD.

Eh bien ! ma chère, puisque ce songe t'a mise de si bonne humeur, et puisqu'il est vrai sur ce point, apprends qu'il l'est aussi sur un autre. J'hésitais à t'en informer, mais maintenant je n'ai plus de scrupule : Perillo est dans cette ville.

CARMOSINE.

Vraiment ! depuis quand ?

MAITRE BERNARD.

De ce matin même, et tu le verras quand tu voudras. Le pauvre garçon sera bien heureux, car il t'aime plus que jamais. Dis un mot et il sera ici.

CARMOSINE.

Vous m'effrayez. — Il y est peut-être !

MAITRE BERNARD.

Non, mon enfant, non, pas encore ; il attend qu'on l'avertisse pour se montrer. Est-ce que tu ne serais pas bien aise de le voir ? Il ne t'a pas déplu dans ton rêve ; il ne te déplaisait pas jadis. Il est docteur en droit à présent ; c'est un personnage que ce bambin, avec qui tu jouais à cligne-musette, et c'est pour toi qu'il a étudié, car tu sais qu'il a ma parole. Je ne voulais pas t'en parler, mais grâce à Dieu...

CARMOSINE.

Jamais ! jamais !

CARMOSINE. Page 131.

MAITRE BERNARD.

Est-il possible? ton compagnon d'enfance, ce digne et excellent garçon, le fils unique de mon meilleur ami, tu refuserais de le voir? A-t-il rien fait pour que tu le haïsses?

CARMOSINE.

Rien, non..., rien; je ne le hais pas; — qu'il vienne, si vous voulez... Ah! je me sens mourir!

MAITRE BERNARD.

Calme-toi, je t'en prie; on ne fera rien contre ta volonté. Ne sais-tu pas que je te laisse maîtresse absolue de toi-même? Ce que je t'en ai dit n'a rien de sérieux, c'était pour savoir seulement ce que tu en aurais pensé dans le cas où par hasard... Mais il n'est pas ici, il n'est pas revenu, il ne reviendra pas.
A part.

Malheureux que je suis, qu'ai-je fait?

CARMOSINE.

Je me sens bien faible.
Elle s'assoit.

MAITRE BERNARD.

Seigneur mon Dieu! il n'y a qu'un instant, tu te trouvais si bien, tu reprenais ta force! C'est moi qui ai détruit tout cela, c'est ma sotte langue que je n'ai pas su retenir! Hélas! pouvais-je croire que je t'affligerais? Ce pauvre Perillo était venu... Non, je veux dire... Enfin, c'était toi qui m'en avais parlé la première.

CARMOSINE.

Assez, assez, au nom du ciel! il n'y a point de votre faute. Vous ne saviez pas..., vous ne pouviez pas savoir... Ce songe qui me semblait heureux, j'y vois clair maintenant, il me fait horreur!

MAITRE BERNARD.

Carmosine, ma fille bien-aimée! par quelle fatalité inconcevable...
Perillo écarte la tapisserie sans être vu de Carmosine; il fait un signe d'adieu à Bernard, et sort doucement.

CARMOSINE.

Que regardez-vous donc, mon père?

MAITRE BERNARD.

Qu'as-tu, toi-même? tu pâlis, tu frissonnes, qu'éprouves-tu? Écoute-moi; il y a dans ta pensée un secret que je ne connais pas, et ce secret cause ta souffrance; je ne voudrais pas te le demander; mais, tant que je l'ignorerai, je ne puis te guérir, et je ne peux pas te laisser mourir. Qu'as-tu dans le cœur? explique-toi.

CARMOSINE.

Cela me fait beaucoup de mal, lorsque vous me parlez ainsi.

MAITRE BERNARD.

Que veux-tu? Je te le répète, je ne peux pas te laisser mourir. Toi si jeune, si forte, si belle! Doutes-tu de ton père? Ne diras-tu rien? T'en iras-tu comme cela? Nous sommes riches, mon enfant; si tu as quelques désirs..., les jeunes filles sont parfois bien folles, qu'importe? il te faut un mot, rien de plus, un mot dit à l'oreille de ton père. Le mal dont tu souffres n'est pas naturel; ces faux espoirs que tu nous donnes, ces moments de bien-être que tu ressens, pour nous rejeter ensuite dans des craintes plus graves; toutes ces contradictions dans tes paroles, tous ces changements inexplicables, sont un supplice! Tu te meurs, mon enfant, je deviendrai fou; — veux-tu faire mourir de douleur ton pauvre père qui te supplie?

Il se met à genoux.

CARMOSINE.

Vous me brisez, vous me brisez le cœur!

MAITRE BERNARD.

Je ne puis pas me taire, il faut que tu le saches. Ta mère dit que tu es malade d'amour,... elle a été jusqu'à nommer quelqu'un...

CARMOSINE.

Prenez pitié de moi!

Elle s'évanouit.

MAITRE BERNARD.

Ah! misérable, tu assassines ta fille! Ta fille unique, bourreau que tu es! Holà, Michel! holà, ma femme! Elle se meurt, je l'ai tuée, voilà mon enfant morte!

SCÈNE VI
Les précédents, DAME PAQUE

DAME PAQUE.

Que voulez-vous? Qu'est-il arrivé?

MAITRE BERNARD.

Vite du vinaigre, des sels, ce flacon, là, sur cette table!

DAME PAQUE, donnant le flacon.

J'étais bien sûre que votre Perillo nous ferait ici de mauvaise besogne.

MAITRE BERNARD.

Paix! sur le salut de votre âme! La voici qui rouvre les yeux.

DAME PAQUE.

Eh bien! mon pauvre ange, ma chère Carmosine, comment te sens-tu à présent?

CARMOSINE.

Très bien. Où allez-vous, mon père? Ne me quittez pas.

MAITRE BERNARD.

Laissez-moi! laissez-moi!

DAME PAQUE.

Que veux-tu?

CARMOSINE.

Je ne veux rien; pourquoi mon père s'en va-t-il?

MAITRE BERNARD.

Pourquoi? pourquoi? parce que tout est perdu. Que Dieu me juge!

CARMOSINE.

Restez, mon père, ne vous inquiétez pas; tout cela finira bientôt.

DAME PAQUE.

Ser Vespasiano vient souper avec nous; seras-tu assez forte pour te mettre à table?

CARMOSINE.

Certainement, j'essayerai.

DAME PAQUE, à son mari.

Voyez-vous cela! elle y consent.

MAITRE BERNARD, à sa femme.

Que le diable vous emporte, vous et votre marotte! Vous ne comprenez donc rien à rien?

CARMOSINE.

Me voilà tout à fait bien maintenant. Le souper est-il prêt? Venez, mon père; donnez-moi le bras pour descendre.

DAME PAQUE.

J'ai ordonné qu'on apportât la table ici. Ne te dérange pas, n'essaye pas de marcher. Voici le seigneur Vespasiano.

MAITRE BERNARD, à part.

La peste soit du sot empanaché!

SCÈNE VII

Les précédents, SER VESPASIANO.

SER VESPASIANO.

Bonsoir, chère dame. — Salut, maître Bernard.

MAITRE BERNARD.

Bonjour; ne parlez pas si haut.

SER VESPASIANO.

Que vois-je! la perle de mon âme à demi privée de sentiment! Ses yeux d'azur presque fermés à la lumière, et les lis remplaçant les roses!

DAME PAQUE.

C'est le troisième accès depuis deux jours.

SER VESPASIANO.

Père infortuné! tendre mère! combien je sympathise avec votre douleur!

CARMOSINE, à Bernard qui veut sortir.

Mon père, ne vous éloignez pas!

SER VESPASIANO, à Bernard.

Votre aimable fille vous rappelle, maître Bernard.

MAITRE BERNARD.

Allez au diable, monsieur, et laissez-nous en repos chez nous.
On apporte le souper.

CARMOSINE, à son père.

Ne soyez donc pas triste; venez près de moi. Je veux vous verser un verre de vin.

MAITRE BERNARD, assis près d'elle.

O mon enfant! que ne puis-je t'offrir ainsi tout le sang que la vieillesse a laissé dans mes veines, pour ajouter un jour à tes jours!
Il boit.

SER VESPASIANO, s'asseyant près de la dame Pâque.

Après ce que votre mari vient de me dire, je ne sais si je dois rester.

DAME PAQUE.

Plaisantez-vous? est-ce qu'un homme de votre mérite fait attention à de pareilles choses?

SER VESPASIANO.

Il est vrai. — Voilà un rôti qui a une terrible mine.

CARMOSINE, à son père.

Dites-moi, qu'est-ce qu'il faut que je mange? Conseillez-moi, donnez-moi votre avis.

MAITRE BERNARD.

Pas de cela, ma chère, prends ceci, oui, je crois du moins...; hélas! je ne sais pas.

SER VESPASIANO, à dame Pâque.

Elle détourne les yeux quand je la regarde. Croyez-vous que je réussisse?

DAME PAQUE.

Hélas! peut-on vous résister?

SER VESPASIANO.

Que ne m'est-il permis de fendre mon cœur en deux, avec ce poignard, et d'en offrir la moitié à une personne que je respecte... Il m'est impossible de m'expliquer.

DAME PAQUE.

Et il m'est défendu de vous entendre.

On entend chanter dans la rue.

CARMOSINE.

N'est-ce pas la voix de Minuccio?

SER VESPASIANO.

Oui, ma reine toute belle; c'est Minuccio d'Arezzo lui-même. Il sautille sous ces fenêtres, sa viole à la main.

CARMOSINE.

Priez-le de monter ici, mon père; il égayera notre souper.

MAITRE BERNARD, à la fenêtre.

Holà! Minuccio, mon ami, viens ici souper avec nous. Le voilà qui monte, il me fait signe de la tête.

SER VESPASIANO.

C'est un musicien remarquable, fort bon chanteur et joueur d'instruments. Le roi l'écoute volontiers, et il a su, avec ses aubades, s'attirer la protection des gens de cour. Il nous sonna fort doucement l'autre soir d'une guitare qu'il avait apportée, avec certaines amoureuses et tout à fait gracieuses ariettes; nous sommes là une demi-douzaine qui avons des bontés pour lui.

MAITRE BERNARD.

En vérité? Eh bien, à mes yeux, c'est là le moindre de ses mérites; non que je méprise une bonne chanson, il n'y a rien qui aille mieux à table avec un verre de cerigo; mais avant d'être un savant musicien, un troubadour, comme on dit, Minuccio, pour moi, est un honnête homme, un bon, loyal et ancien ami, tout jeune et frivole qu'il paraît, ami dévoué de notre famille, le meilleur peut-être qui nous reste depuis la mort du père d'Antoine, Voilà ce que je prise en lui, et j'aime mieux son cœur que sa viole.

SCÈNE VIII

Les précédents, MINUCCIO.

CARMOSINE.

Bonsoir, Minuccio. Puisque tu chantes pour le vent qui passe, ne veux-tu pas chanter pour nous?

MINUCCIO.

Belle Carmosine, je chantais tout à l'heure, mais maintenant j'ai envie de pleurer.

CARMOSINE.

D'où te vient cette tristesse?

MINUCCIO.

De vos yeux aux miens. Comment la gaieté oserait-elle rester sur mon pauvre visage, lorsqu'on la voit s'éteindre et mourir dans le sein même de la fleur où l'on devrait la respirer?

CARMOSINE.

Quelle est cette fleur merveilleuse?

MINUCCIO.

La beauté. Dieu l'a mise au monde dans trois excellentes intentions : premièrement, pour nous réjouir ; en second lieu, pour nous consoler, et enfin, pour être heureuse elle-même. Telle est la vraie loi de nature, et c'est pécher que de s'en écarter.

CARMOSINE.

Crois-tu cela?

MINUCCIO.

Il n'y a qu'à regarder. Trouvez sur terre une chose plus gaie et plus divertissante à voir qu'un sourire, quand c'est une belle fille qui sourit! Quel chagrin y résisterait? Donnez-moi un joueur à sec, un magistrat cassé, un amant disgracié, un chevalier fourbu, un politique hypocondriaque, les plus grands des infortunés. Antoine après Actium, Brutus après Philippes, que dis-je? un sbire rogneur d'écrits, un inquisiteur sans ouvrage ; montrez à ces gens-là seulement une fine joue couleur de pêche, relevée par le coin d'une lèvre de pourpre où le sourire voltige sur deux rangs de perles! Pas un ne s'en défendra, sinon je le déclare indigne de pitié, car son malheur est d'être un sot.

SER VESPASIANO, à dame Pâque.

Il a du jargon, il a du jargon ; on voit qu'il s'est frotté à nous.

MINUCCIO.

Si donc cette chose plus légère qu'une mouche, plus insaisissable que le vent, plus impalpable et plus délicate que la poussière de l'aile d'un papillon, cette chose qui s'appelle une jolie femme, réjouit tout, et console de tout, n'est-il pas juste qu'elle soit heureuse, puisque c'est d'elle que le bonheur nous vient? Le possesseur du plus riche trésor peut, il est vrai, n'être qu'un pauvre, s'il enfouit ses ducats en terre, ne donnant rien à soi ni aux autres; mais la beauté ne saurait être avare. Dès qu'elle se montre, elle se dépense, elle se prodigue sans se ruiner jamais; au moindre geste, au moindre mot, à chaque pas qu'elle fait, sa richesse lui échappe et s'envole autour d'elle sans qu'elle s'en aperçoive, dans sa grâce comme un parfum, dans sa voix comme une musique, dans son regard comme un rayon de soleil ! Il faut donc bien que celle qui donne tant se fasse un peu, comme dit le proverbe, la charité à elle-même, et prenne sa part du plaisir qu'elle cause... Ainsi, Carmosine, souriez.

CARMOSINE.

En vérité, ta folle éloquence mérite qu'on la paye un tel prix. C'est toi qui es heureux, Minuccio; ce précieux trésor dont tu parles, il est dans ton joyeux esprit. Nous as-tu fait quelques romances nouvelles?

Elle lui donne un verre qu'elle remplit.

SER VESPASIANO.

Hé! oui, l'ami, chante-nous donc un peu cette chanson que tu nous as dite là-bas.

MINUCCIO.

En quel endroit, magnanime seigneur?

SER VESPASIANO.

Hé, par Dieu! mon cher, au palais du roi.

MINUCCIO.

Il me semblait, vaillant chevalier, que le roi n'était pas là-bas, mais là-haut.

SER VESPASIANO.

Comment cela, rusé compère?

MINUCCIO.

N'avez-vous jamais vu les fantoccini? Et ne sait-on pas que celui qui tient les fils est plus haut placé que ses marionnettes? Ainsi s'en vont deçà delà les petites poupées qu'il fait mouvoir, les gros barons vêtus d'acier, les belles dames fourrées d'hermine, les courtisans en pourpoint de velours, puis la cohue des inutiles, qui sont toujours les plus empressés...; enfin les chevaliers de fortune ou de hasard, si vous voulez, ceux dont la lance branle dans le manche et le pied vacille dans l'étrier.

SER VESPASIANO.

Tu aimes, à ce qu'il paraît, les énumérations, mais tu oublies les baladins et les troubadours ambulants.

MINUCCIO.

Votre invincible Seigneurie sait bien que ces gens-là ne comptent pas; ils ne viennent jamais qu'au dessert. Le parasite doit passer avant eux.

DAME PAQUE, à ser Vespasiano.

Votre répartie l'a piqué au vif.

CARMOSINE.   Page 139.

Bibl. Charpentier.   LIV. 222.

SER VESPASIANO.

Elle était juste, mais un peu verte. Je ne sais si je ne devrais pas pousser encore plus loin les choses.

DAME PAQUE.

Vous vous moquez ! qu'y a-t-il d'offensant ?

SER VESPASIANO.

Il a parlé d'étriers peu solides et de lances mal emmanchées ; c'est une allusion détournée...

DAME PAQUE.

A votre chute de l'autre jour ? Ce sont les hasards des combats.

SER VESPASIANO.

Vous avez raison. — Je meurs de soif.
Il boit.

UN DOMESTIQUE, entrant.

On vient d'apporter cette lettre.
Il la place devant maître Bernard et sort.

CARMOSINE.

A quoi songez-vous donc, mon père ?

MAITRE BERNARD.

A quoi je songe ? — Que me veut-on ?

DAME PAQUE, qui a pris la lettre.

C'est un message de votre cher Antoine.

MAITRE BERNARD.

Donnez-moi cela. Peste soit des femmes et de leur fureur de bavarder !

CARMOSINE.

Si cette lettre...

MAITRE BERNARD.

Ce n'est rien, ma fille. C'est une lettre de Marc-Antoine, notre ami de Messine. Ta mère s'est trompée à cause de la ressemblance des noms.

CARMOSINE.

Si cette lettre est de Perillo, lisez-la-moi, je vous en prie.

MAITRE BERNARD.

Tranquillise-toi ; je te répète...

CARMOSINE.

Je suis très tranquille, donnez-la-moi. — Il n'y a personne de trop ici.
Elle lit.

« A MON SECOND PÈRE, MAITRE BERNARD.

« Je vais bientôt quitter Palerme. Je remercie Dieu qu'il m'ait été permis d'approcher une dernière fois des lieux où a commencé ma vie, et où je la laisse tout entière. Il est vrai que, depuis six ans, j'avais nourri une chère espérance, et que j'ai tâché de tirer de mon humble travail ce qui pouvait me rendre digne de la promesse que vous m'aviez faite. Pardonnez-moi, j'ai vu votre chagrin, et j'ai entendu Carmosine... » O ciel !

MAITRE BERNARD.

Je t'en supplie, rends-moi ce papier !

CARMOSINE.

Laissez-moi, j'irai jusqu'au bout.

Elle continue.

« Et j'ai entendu Carmosine dire que mon triste amour lui faisait horreur. Je me doutais depuis longtemps que cette application de ma pauvre intelligence à d'arides études ne porterait que des fruits stériles. Ne craignez plus qu'une seule parole échappée de mes lèvres tente de rappeler le passé, et de faire renaître le souvenir d'un rêve, le plus doux, le seul que j'aie fait, le seul que je ferai sur la terre. Il était trop beau pour être possible. Durant six ans, ce rêve fut ma vie, il fut aussi tout mon courage. Maintenant le malheur se montre à moi. C'était à lui que j'appartenais, il devait être mon maître ici-bas. — Je le salue, et je vais le suivre. Ne songez plus à moi, monsieur ; vous êtes délié de votre promesse. »

Un silence.

Si vous le voulez bien, mon père, je vous demanderai une grâce.

MAITRE BERNARD.

Tout ce qui te plaira, mon enfant. Que veux-tu ?

CARMOSINE.

Que vous me permettiez de rester seule un instant avec Minuccio, s'il y consent lui-même ; j'ai quelques mots à lui dire, et je vous le renverrai au jardin.

MAITRE BERNARD.

De tout mon cœur.

A part.

Est-ce que, par hasard, elle se confierait à lui plutôt qu'à moi-même ? Dieu le veuille ! car ce garçon-là ne manquerait pas de m'instruire à son tour. Allons, dame Pâque, venez çà.

CARMOSINE.

Ser Vespasiano, j'ai lu devant vous la lettre que vous venez d'entendre, afin que vous sachiez que je ne fais point mystère du dessein où je suis de ne me point marier, et pour vous montrer en même temps que les engagements pris et le mérite même ne sauraient changer ma résolution. Maintenant donc, excusez-moi.

SCÈNE IX
MINUCCIO, CARMOSINE.

MINUCCIO.

Vous êtes émue, Carmosine, cette lettre vous a troublée.

CARMOSINE.

Oui, je me sens faible. — Écoute-moi bien, car je ne puis parler longtemps. — Minuccio, je t'ai choisi pour te confier un secret. J'espère d'abord que tu ne le révéleras à aucune créature vivante, sinon à celui que je te dirai; ensuite, qu'autant qu'il te sera possible tu m'aideras, n'est-ce pas? je t'en prie. Tu te rappelles, mon ami, cette journée où notre roi Pierre fit la grande fête de son exaltation. Je l'ai vu à cheval au tournoi, et je me suis prise pour lui d'un amour qui m'a réduite à l'état où je suis. Je sais combien il me convient peu d'avoir cet amour pour un roi, et j'ai essayé de m'en guérir; mais comme je n'y saurais rien faire, j'ai résolu, pour moins de souffrance, d'en mourir, et je le ferai. Mais je m'en irais trop désolée s'il ne le savait auparavant, et, ne sachant comment lui faire connaître le dessein que j'ai pris, mieux que par toi (tu le vois souvent, Minuccio), je te supplie de le lui apprendre. Quand ce sera fait, tu me le diras, et je mourrai moins malheureuse.

MINUCCIO.

Carmosine, je vous engage ma foi, et soyez sûre qu'en y comptant vous ne serez jamais trompée. — Je vous estime d'aimer un si grand roi. Je vous offre mon aide, avec laquelle j'espère, si vous voulez prendre courage, faire de sorte qu'avant trois jours je vous apporterai des nouvelles qui vous seront extrêmement chères; et, pour ne point perdre le temps, j'y vais tâcher dès aujourd'hui.

CARMOSINE.

Je t'en supplie encore une fois.

MINUCCIO.

Jurez-moi d'avoir du courage.

CARMOSINE.

Je te le jure. Va avec Dieu.

ACTE DEUXIÈME

Au palais du roi. — Une salle. — Une galerie au fond.

SCÈNE Ire
PERILLO, UN OFFICIER DU PALAIS.

PERILLO.

Je puis attendre ici?

L'OFFICIER.

Oui, Monsieur. En rentrant au palais, le roi va s'arrêter dans cette galerie, et toutes les personnes qui s'y trouvent peuvent approcher de Sa Majesté.

Il sort.

PERILLO, seul.

On ne m'avait point trompé ; Pierre conserve ici cette noble coutume que pratiquait naguère en France le saint roi Louis de ne point celer la majesté royale, et de la montrer accessible à tous. Je vais donc lui parler, et un mot de sa bouche peut tout changer dans mon existence. N'aurais-je pas hésité hier, n'aurais-je pas été bien troublé, bien gêné dans la cour du roi conquérant, qui se fait craindre autant qu'on l'aime? Tout m'est indifférent aujourd'hui : ce palais où habite la puissance, où règnent toutes les passions, toutes les vanités et toutes les haines, est plus vide pour moi qu'un désert. Que pourrais-je redouter auprès de ce que j'ai souffert ? Le désespoir ne vit que d'une pensée, et anéantit tout le reste.

SCÈNE II
PERILLO, MINUCCIO.

MINUCCIO, marchant à grands pas.

Va dire, Amour, ce qui cause ma peine,
S'il ne me vient...

Ce n'est pas cela, — j'avais débuté autrement.

PERILLO, à part.

Voici un homme bien préoccupé ; il n'a pas l'air de m'apercevoir.

MINUCCIO, continuant.

S'il ne me vient ou me veut secourir,
Graignant, hélas!...

Voilà qui est plaisant. — En achevant mes derniers vers, j'ai oublié net les premiers. Faudra-t-il donc refaire mon commencement? J'oublierai à son tour ma fin pendant ce temps-là, et il ne tient qu'à moi d'aller ainsi de suite jusqu'à l'éternité, versant les eaux de Castalie dans la tonne des Danaïdes! Et point de crayon! point d'écritoire! Voyons un peu ce que chantait ce pédant... Eh bien! où diable l'ai-je fourré?

Il fouille dans ses poches et en tire un papier.

PERILLO, à part.

Ce personnage ne m'est point inconnu : est-ce l'absence où le chagrin qui me trouble ainsi la mémoire? Il me semble l'avoir vu quand j'étais enfant; en vérité, cela est étrange! j'ai oublié le nom de cet homme, et je me souviens de l'avoir aimé.

MINUCCIO, à lui-même.

Rien de tout cela ne peut m'être utile; pas un mot n'a le sens commun. Non, je ne crois pas qu'il y ait au monde une chose plus impatientante, plus plate, plus creuse, plus nauséabonde, plus inutilement boursouflée, qu'un imbécile qui vous plante un mot à la place d'une pensée, qui écrit à côté de ce qu'il voudrait dire, et qui fait de Pégase un cheval de bois comme aux courses de bagues pour s'y essouffler l'âme à accrocher ses rimes! Aussi, où avais-je la tête, d'aller demander à ce Cipolla de me composer une chanson sur les idées d'une jeune fille amoureuse? Mettre l'esprit d'un ange dans la cervelle d'un cuistre! Et point de crayon, bon Dieu! point de papier! Ah! voici un jeune homme qui porte une écritoire...

Il s'approche de Perillo.

Pardonnez-moi, monsieur, pourrais-je vous demander!... Je voudrais écrire deux mots, et je ne sais comment...

PERILLO, lui donnant l'écritoire qui est suspendue à sa ceinture.

Très volontiers, monsieur. Pourrais-je, à mon tour, vous adresser une question? oserais-je vous demander qui vous êtes?

MINUCCIO, tout en écrivant.

Je suis poète, Monsieur, je fais des vers, et dans ce moment-ci je suis furieux.

PERILLO.

Si je vous importune...

MINUCCIO.

Point du tout; c'est une chanson que je suis obligé de refaire, parce qu'un charlatan me l'a manquée. D'ordinaire, je ne me charge que de la musique, car je suis joueur de viole, Monsieur, et de guitare, à votre service; vous semblez nouveau à la cour, et vous aurez besoin de moi. Mon métier, à vrai dire, est d'ouvrir les cœurs; j'ai l'entreprise générale des bouquets et des sérénades, je tiens magasin de flammes et d'ardeurs, d'ivresses et de délires, de flèches et de dards, et autres locutions amoureuses, le tout sur des airs variés ; j'ai un grand fonds de soupirs languissants, de doux reproches, de tendres bouderies, selon les circonstances et le bon plaisir des dames ; j'ai un volume in-folio de brouilles (pour les raccommodements, ils se font sans moi); mais les promesses surtout sont innombrables, j'en possède une lieue de long sur parchemin vierge, les majuscules peintes et les oiseaux dorés; bref, on ne s'aime guère ici que je n'y sois, et on se marie encore moins; il n'est si mince et si leste écolier, si puissant ni si lourd seigneur qui ne s'appuie sur l'archet de ma viole ; et que l'amour monte au son des aubades les degrés de marche d'un palais, ou qu'il escalade sur un brin de corde le grenier d'une toppatelle, ma petite muse est au bas de l'échelle.

PERILLO.

Tu es Minuccio d'Arezzo ?

MINUCCIO.

Vous l'avez dit : vous me connaissez donc ?

PERILLO.

Et toi, tu ne me reconnais donc pas ? As-tu oublié aussi Perillo ?

MINUCCIO.

Antoine ! vive Dieu ! combien l'on a raison de dire qu'un poëte en travail ne sait plus le nom de son meilleur ami ! moi qui ne rimais que par occasion, je ne me suis pas souvenu du tien !

Il l'embrasse.

Et depuis quand dans cette ville ?

PERILLO.

Depuis peu de temps... et pour peu de temps.

MINUCCIO.

Qu'est-ce à dire ? Je supposais que tu allais me répondre : Pour toujours ! Est-ce que tu n'arrives pas de Padoue ?

PERILLO.

Laissons cela. — Tu viens donc à la cour ?

MINUCCIO, à part.

Sot que je suis ! j'oubliais la lettre que Carmosine nous a lue ! A quoi rêve donc mon esprit ? Décidément la raison m'abandonne ; je suis plus poëte que je ne croyais. Pauvre garçon ! il doit être bien triste, et en conscience je ne sais trop que lui dire...

Haut.

Oui, mon ami, le roi me permet de venir ici de temps en temps, ce qui fait que j'ai l'air d'y être quelqu'un; mais toute ma faveur consiste à me promener en long et en large. On me croit l'ami du roi, je ne suis qu'un de ses meubles, jusqu'à ce qu'il plaise à Sa Majesté de me dire en sortant de table : « Chante-moi quelque chose, que je m'endorme. » — Mais toi, qui t'amène en ce pays ?

PERILLO.

Je viens tâcher d'obtenir du service dans l'armée qui marche sur Naples.

MINUCCIO.

Tu plaisantes ! toi, te faire soldat, au sortir de l'école de droit ?

PERILLO.

Je t'assure, Minuccio, que je ne plaisante pas.

MINUCCIO, à part.

En vérité, son sang-froid me fait peur ; c'est celui du désespoir. Qu'y faire ? il l'aime, et elle ne l'aime pas.
Haut.
Mais, mon ami, as-tu bien réfléchi à cette résolution que tu prends si vite ? Songes-tu aux études que tu viens de faire, à la carrière qui s'ouvre devant toi ? Songes-tu à l'avenir, Perillo ?

PERILLO.

Oui, et je n'y vois de certain que la mort.

MINUCCIO.

Tu souffres d'un chagrin. — Je ne t'en demande pas la cause, — je ne cherche pas à la pénétrer. — Mais je me trompe fort, ou, dans ce moment-ci, tu cèdes à un conseil de ton mauvais génie. — Crois-moi, avant de te décider, attends encore quelques jours.

PERILLO.

Celui qui n'a plus rien à craindre ni à espérer n'attend pas.

MINUCCIO.

Mais si je t'en priais, si je te demandais comme une grâce de ne point te hâter.

PERILLO.

Que t'importe ?

MINUCCIO.

Tu me fais injure. Il me semblait que tout à l'heure tu m'avais pris pour un de tes amis. Écoute-moi, — le temps presse, — le roi va arriver. Je ne puis t'expliquer clairement ni librement ce que je pense... Encore une fois, ne fais rien aujourd'hui. Est-ce donc si long d'attendre à demain ?

PERILLO.

Aujourd'hui ou demain, ou un autre jour, ou dans dix ans, dans vingt

CARMOSINE.

Page 152.

Bibl. Charpentier.

LIV. 223.

ans, si tu veux, c'est la même chose pour moi; j'ai cessé de compter les heures.

MINUCCIO.

Par Dieu! tu me mettrais en colère! Ainsi donc, moi qui t'ai bercé lorsque j'étais un grand enfant et que tu en étais un petit, il faut que je te laisse aller à ta perte sans essayer de t'en empêcher, maintenant que tu es un grand garçon et moi un homme. Je ne puis rien obtenir? Que vas-tu faire? Tu as quelque blessure au cœur; qui n'a la sienne? Je ne te dis pas de combattre à présent ta tristesse, mais de ne pas t'attacher à elle et t'y enchaîner sans retour, car il viendra un temps où elle finira. Tu ne peux pas le croire, n'est-ce pas? Soit, mais retiens ce que je vais te dire : Souffre maintenant s'il le faut, pleure si tu veux, et ne rougis point de tes larmes; montre-toi le plus malheureux et le plus désolé des hommes; loin d'étouffer ce tourment qui t'oppresse, déchire ton sein pour lui ouvrir l'issue, laisse-le éclater en sanglots, en plaintes, en prières, en menaces; mais, je te le répète, n'engage pas l'avenir! Respecte ce temps que tu ne veux plus compter, mais qui en sait plus long que nous, et, pour une douleur qui doit être passagère, ne te prépare pas la plus durable de toutes, le regret, qui ravive la souffrance épuisée, et qui empoisonne le souvenir!

PERILLO.

Tu peux avoir raison. Dis-moi, vois-tu quelquefois maître Bernard?

MINUCCIO.

Mais oui... sans doute... comme par le passé...

PERILLO.

Quand tu le verras, Minuccio, tu lui diras...

SCÈNE III

Les précédents, SER VESPASIANO.

SER VESPASIANO, en entrant.

J'attendrai! c'est bon, j'attendrai! Messeigneurs, je vous annonce le roi.

A Minuccio.

Ah! c'est toi, bel oiseau de passage! Je t'ai mené hier un peu rudement, à souper chez cette petite; mais je ne veux pas que tu m'en veuilles. Que diable, aussi! tu t'attaques à moi, sous les regards de la beauté!

MINUCCIO.

Je vous assure, seigneur, que je n'ai point de rancune, et que, si vous m'aviez fâché, vous vous en seriez douté tout de suite.

SER VESPASIANO.

Je l'entends ainsi; il y a place pour tous. Si tu t'avisais, dans ce palais, de gouailler un homme de ma sorte, on ne laisserait point passer cela; mais tu conçois que je déroge un peu quand je vais chez la Carmosine, et qu'on n'est plus là sur ses grands chevaux.

MINUCCIO.

Vous êtes trop bon de n'y pas monter. S'il ne s'agissait que de vous en faire descendre...

SER VESPASIANO.

Ne te fâche pas, je te pardonne. En vérité, je joue depuis hier, en toute chose, d'un merveilleux guignon. Il faut que je t'en fasse le récit.

PERILLO, à part.

Quelle espèce d'homme est-ce là? Il a parlé de Carmosine.

SER VESPASIANO.

Je t'ai dit combien j'aurai à cœur de posséder ces champs de Ceffalù et de Calatabellotte; tu n'ignores pas où ils sont situés?

MINUCCIO.

Pardonnez-moi, illustrissime.

SER VESPASIANO.

Ce sont des terres à fruits, près de mes pâturages.

MINUCCIO.

Mais vos pâturages, où sont-ils?

SER VESPASIANO.

Hé, parbleu! près de Ceffalù et de Calata...

MINUCCIO.

J'entends bien, mais quand j'y ai été, autant qu'il peut m'en souvenir, il n'y avait là que des pierres et des moustiques.

SER VESPASIANO.

Calatabellotte est un lieu fertile.

MINUCCIO.

Oui, mais autour de ce lieu fertile je dis qu'il n'y a...

SER VESPASIANO.

Tu es un badin. Je souhaitais d'avoir ces terres, non pour le bien qu'elles rapportent, mais seulement pour m'arrondir; cela m'encadrait singulièrement. Le roi, à qui elles appartiennent, se refusait à me les céder, se réservant, à ce qu'il prétendait, de m'en faire don le jour de mes noces.

L'intention était galante. Hier, sur un avis que je reçus de cette bonne dame Pâque...

PERILLO.

Se pourrait-il?

SER VESPASIANO.

Vous la connaissez? Ce sont de petites gens, mais de bonnes gens, chez qui je vais le soir me débrider l'esprit et me débotter l'imagination. La fille a de beaux yeux, c'est vous en dire assez ; car si ce n'était cela...

MINUCCIO.

Et la dot?

SER VESPASIANO.

Eh bien! oui, si tu veux, la dot. Ces gens de peu, cela amasse, mais ce n'est point ce dont je me soucie. Il suffit que l'enfant me plaise; j'en avais touché un mot à la mère, et la bonne femme s'était prosternée. Hier donc, on m'invite à souper, et je m'attendais à une affaire conclue... Devines-tu, maintenant, beau trouvère?

MINUCCIO.

Un peu moins qu'avant de vous entendre.

SER VESPASIANO.

Ce bouffon-là goguenarde toujours. Eh, mordieu! au lieu d'un festin et d'une joyeuse fiancée, voilà des visages en pleurs, une créature à demi pâmée, et on me régale d'un écrit...

MINUCCIO, bas à Vespasiano.

Taisez-vous, pour l'amour de Dieu!

SER VESPASIANO.

Pourquoi donc en faire un mystère, quand la fillette elle-même m'a dit qu'elle n'en fait point? Quelle épître, mon Dieu! quelle lettre! quatre pages de lamentations...

MINUCCIO, bas.

Vous oubliez que j'étais là, et que j'en sais autant que vous.

SER VESPASIANO.

Mais non, pas du tout, c'est que tu ne sais rien, car tout le piquant de l'affaire, c'est que j'avais annoncé mon mariage au roi.

MINUCCIO.

Et vous comptiez sur Ceffalù?

SER VESPASIANO.

Et Calatabellotte, cela va sans dire. A présent, que vais-je répondre, quand le roi, rentrant au palais, va me crier d'abord du haut de son destrier : Eh bien! chevalier Vespasiano, où en êtes-vous de vos épousailles? Cela est fort embarrassant. Tu me diras qu'en fin de compte la belle ne saurait m'échapper, je le sais bien; mais pourquoi tant de façons? Ces airs de caprice, quand je consens à tout, sont blessants et hors de propos.

PERILLO, bas à Minuccio.

Minuccio, que veut dire tout ceci?

MINUCCIO, bas.

Ne vois-tu pas quel est le personnage?

SER VESPASIANO.

Du reste, ce n'est pas précisément à la Carmosine que j'en veux, mais à ses sots parents; car, pour ce qui la regarde, son intention était bien claire en me lisant cette lettre d'un rival dédaigné.

MINUCCIO.

Son intention était claire, en effet; elle vous a dit qu'elle voulait rester fille.

SER VESPASIANO.

Bon! ce sont de ces petits détours, de ces coquetteries aimables où l'amour ne se trompe point. Quand une belle vous déclare qu'elle ne saurait s'accommoder de personne, cela signifie : Je ne veux que de vous.

PERILLO.

Qui avait écrit, s'il vous plaît, cette lettre dont vous parlez?

SER VESPASIANO.

Je ne sais qui, un certain Antoine, un clerc, je crois, un homme de la basoche...

PERILLO.

J'ai l'honneur d'en être un, Monsieur, et je vous prie de parler autrement.

SER VESPASIANO.

Je suis gentilhomme et chevalier. Parlez vous-même d'autre sorte.

MINUCCIO, à ser Vespasiano.

Et moi, je vous conseille de ne pas parler du tout.

A Perillo.

Es-tu fou, Perillo, de provoquer un fou?

PERILLO, tandis que ser Vespasiano s'éloigne.

O Minuccio! ma pauvre lettre! mon pauvre adieu écrit avec mes larmes, le plus pur sanglot de mon cœur, la chose la plus sacrée du monde, le dernier serrement de main d'un ami qui nous quitte, elle a montré cela, elle l'a étalé aux regards de ce misérable! O ingrate! ingénéreuse fille! elle a souillé le sceau de l'amitié, elle a prostitué ma douleur! Ah! Dieu! je te disais tout à l'heure que je ne pouvais plus souffrir; je n'avais pas pensé à cela.

MINUCCIO.

Promets-moi du moins...

PERILLO.

Ne crains rien. Je n'ai pas été maître d'un mouvement d'impatience; mais tout est fini, je suis calme.

Regardant ser Vespasiano qui se promène sur la scène.

Pourquoi en voudrais-je à cet inconnu, à cet automate ridicule que Dieu fait passer sur ma route? Celui-là ou tout autre, qu'importe? Je ne vois en lui que la Destinée, dont il est l'aveugle instrument, je crois même qu'il en devait être ainsi. Oui, c'est une chose très ordinaire. Quand un homme sincère et loyal est frappé dans ce qu'il a de plus cher, lorsqu'un malheur irréparable brise sa force et tue son espérance, lorsqu'il est maltraité, trahi, repoussé par tout ce qui l'entoure, presque toujours, remarque-le, presque toujours c'est un faquin qui lui donne le coup de grâce, et qui, par hasard, sans le savoir, rencontrant l'homme tombé à terre, marche sur le poignard qu'il a dans le cœur.

MINUCCIO.

Il faut que je te parle, viens avec moi; il faut que tu renonces à ce projet que tu as...

PERILLO.

Il est trop tard.

SCÈNE IV

Les précédents, L'OFFICIER DU PALAIS.

La salle se remplit de monde.

L'OFFICIER.

Faites place, retirez-vous.

SER VESPASIANO, à Minuccio.

Tu es donc lié particulièrement avec ce jeune homme? Dis-moi donc, penses-tu que je ne doive pas me considérer comme offensé?

MINUCCIO.

Vous, magnifique chevalier?

SER VESPASIANO.

Oui, il m'a voulu imposer silence.

MINUCCIO.

Eh bien! ne l'avez-vous pas gardé?

SER VESPASIANO.

C'est juste. Voici Leurs Majestés. Le roi paraît un peu courroucé; il faut pourtant que je lui parle à tout prix; car tu comprends que je n'attendrai pas qu'il me somme de m'expliquer.

MINUCCIO.

Et sur quoi?

SER VESPASIANO.

Sur mon mariage.

SCÈNE V

LES PRÉCÉDENTS, LE ROI, LA REINE.

LE ROI.

Que je n'entende jamais pareille chose! Ce malheureux royaume est-il donc si maudit du ciel, si ennemi de son repos, qu'il ne puisse conserver la paix au dedans, tandis que je fais la guerre au dehors! Quoi! l'ennemi est à peine chassé, il se montre encore sur nos rivages, et lorsque je hasarde pour vous ma propre vie et celle de l'infant, je ne puis revenir un instant ici sans avoir à juger vos disputes!

LA REINE.

Pardonnez-leur au nom de votre gloire et du nouveau succès de vos armes.

LE ROI.

Non, par le ciel! car ce sont eux précisément qui me feraient perdre le fruit de ces combats, avec leurs discordes honteuses, avec leurs querelles de paysans! Celui-là, c'est l'orgueil qui le pousse, et celui-ci, c'est l'avarice. On se divise pour un privilège, pour une jalousie, pour une rancune; pendant que la Sicile tout entière réclame nos épées, on tire les couteaux pour un champ de blé. Est-ce pour cela que le sang français coule encore depuis les Vêpres? Quel fut alors votre cri de guerre? La liberté, n'est-ce pas, et la patrie! et tel est l'empire de ces deux grands mots, qu'ils ont sanctifié la vengeance. Mais de quel droit vous êtes-vous vengés, si vous déshonorez la victoire? Pourquoi avez-vous renversé un roi, si vous ne savez pas être un peuple?

LA REINE.

Sire, ont-ils mérité cela?

LE ROI.

Ils ont mérité pis encore, ceux qui troublent le repos de l'État, ceux qui ignorent ou feignent d'ignorer que, lorsqu'une nation s'est levée dans sa haine et dans sa colère, il faut qu'elle se rassoie, comme le lion, dans son calme et sa dignité.

LA REINE, à demi voix aux assistants.

Ne vous effrayez pas, bonnes gens. Vous savez combien il vous aime.

LE ROI.

Nous sommes tous solidaires, nous répondons tous des hécatombes du jour de Pâques. Il faut que nous soyons amis, sous peine d'avoir commis un crime. Je ne suis pas venu chez vous pour ramasser sous un échafaud la couronne de Conradin, mais pour léguer la mienne à une nouvelle Sicile. Je vous le répète, soyez unis ; plus de dissentiments, de rivalité, chez les grands comme chez les petits ; sinon, si vous ne voulez pas ; si, au lieu de vous entr'aider, comme la loi divine l'ordonne, vous manquez au respect de vos propres lois, par la croix-Dieu ! je vous les rappellerai, et le premier de vous qui franchit la haie du voisin pour lui dérober un fétu, je lui fais trancher la tête sur la borne qui sert de limite à son champ. — Jérôme, ôte-moi cette épée.

La foule se retire.

LA REINE.

Permettez-moi de vous aider.

LE ROI.

Vous, ma chère ! vous n'y pensez pas. Cette besogne est trop rude pour vos mains délicates.

LA REINE.

Oh ! je suis forte, quand vous êtes vainqueur. Tenez, don Pèdre, votre épée est plus légère que mon fuseau. — Le prince de Salerne est donc prisonnier ?

LE ROI.

Oui, et monseigneur d'Anjou payera cher pour la rançon de ce vilain boiteux. Pourquoi ces gens-là s'en vont-ils ?

Il s'assoit.

LA REINE.

Mais c'est que vous les avez grondés.

LE ROI.

Oui, je suis bien barbare, bien tyran, n'est-ce pas, ma chère Constance ?

LA REINE.

Ils savent que non.

LE ROI.

Je le crois bien ; vous ne manquez pas de le leur dire, justement quand je suis fâché.

LA REINE.

Aimez-vous mieux qu'ils vous haïssent ? Vous n'y réussirez pas facile-

CARMOSINE.   Page 156.

ment. Voyez pourtant, ils se sont tous enfuis; votre colère doit être satisfaite. Il ne reste plus dans la galerie qu'un jeune homme qui se promène là, d'un air bien triste et bien modeste. Il jette de temps en temps vers nous un regard qui semble vouloir dire : Si j'osais ! — Tenez, je gagerais qu'il a quelque chose de très intéressant, de très mystérieux à vous confier. Voyez cette contenance craintive et respectueuse en même temps; je suis sûre que celui-là n'a pas de querelle avec ses voisins... Il s'en va. — Faut-il l'appeler ?

LE ROI.

Si cela vous plaît.

La reine fait un signe à l'officier du palais, qui va avertir Perillo; celui-ci s'approche du roi et met un genou à terre. La reine s'assoit à quelque distance.

As-tu quelque chose à me dire ?

PERILLO.

Sire, je crains qu'on ne m'ait trompé.

LE ROI.

En quoi trompé ?

PERILLO.

On m'avait dit que le roi daignait permettre au plus humble de ses sujets d'approcher de sa personne sacrée, et de lui exposer...

LE ROI.

Que demandes-tu ?

PERILLO.

Une place dans votre armée.

LE ROI.

Adresse-toi à mes officiers.

Perillo se lève et s'incline.

Pourquoi es-tu venu à moi ?

PERILLO.

Sire, la demande que j'ose faire peut décider de toute ma vie. Nous ne voyons pas la Providence, mais la puissance des rois lui ressemble, et Dieu leur parle de plus près qu'à nous.

LE ROI.

Tu as bien fait, mais tu as un habit qui ne va guère avec une cuirasse.

PERILLO.

J'ai étudié pour être avocat, mais aujourd'hui j'ai d'autres pensées.

LE ROI.

D'où vient cela ?

PERILLO.

Je suis Sicilien, et Votre Majesté disait tout à l'heure...

LE ROI.

L'homme de loi sert son pays tout aussi bien que l'homme d'épée. Tu veux me flatter. — Ce n'est pas là ta raison.

PERILLO.

Que Votre Majesté me pardonne...

LE ROI.

Allons, voyons ! parle franchement. Tu as perdu au jeu, ou ta maîtresse est morte?

PERILLO.

Non, Sire, non, vous vous trompez.

LE ROI.

Je veux connaître le motif qui t'amène.

LA REINE.

Mais, Sire, s'il ne veut pas le dire?

PERILLO.

Madame, si j'avais un secret, je voudrais qu'il fût à moi seul et qu'il valût la peine de vous être dit.

LA REINE.

S'il ne t'appartient pas, garde-le. — Ce n'est pas la moins rare espèce de courage.

LE ROI.

Fort bien. — Sais-tu monter à cheval ?

PERILLO.

J'apprendrai, Sire.

LE ROI.

Tu t'imagines cela? Voilà de mes cavaliers en herbe qui s'embarqueraient pour la Palestine, et qu'un coup de lance jette à bas, comme ce pauvre ser Vespasiano !

LA REINE.

Mais, Sire, est-ce donc si difficile? Il me semble que moi, qui ne suis qu'une femme, j'ai appris en fort peu de temps, et je ne craindrais pas votre cheval de bataille.

LE ROI.

En vérité !

A Perillo.

Comment t'appelles-tu ?

PERILLO.

Perillo, Sire.

LE ROI.

Eh bien ! Perillo, en venant ici, tu as trouvé ton étoile. Tu vois que la reine te protège. — Remercie-la, et vends ton bonnet afin de t'acheter un casque.

<small>Perillo s'agenouille de nouveau devant la reine, qui lui donne sa main à baiser.</small>

LA REINE.

Perillo, tu as raison de vouloir être soldat plutôt qu'avocat. Laisse d'autres que toi faire leur fortune en débitant de longs discours. La première cause de la tienne aura été (souviens-toi de cela) la discrétion dont tu as fait preuve. Fais ton profit de l'avis que je te donne, car je suis femme et curieuse, et je puis te dire à bon escient, que la plus curieuse des femmes, si elle s'amuse de celui qui parle, n'estime que celui qui se tait.

LE ROI.

Je vous dis qu'il a un chagrin d'amour et cela ne vaut rien à la guerre.

PERILLO.

Pour quelle raison, sire?

LE ROI.

Parce que les amoureux se battent toujours trop ou trop peu, selon qu'un regard de leur belle leur fait éviter ou chercher la mort.

PERILLO.

Celui qui cherche la mort peut aussi la donner.

LE ROI.

Commence par là ; c'est le plus sage.

SCÈNE VI

LE ROI, LA REINE, MINUCCIO, SER VESPASIANO.
PLUSIEURS DEMOISELLES, PAGES, ETC.

<small>Perillo, en sortant, rencontre Minuccio, et échange quelques mots avec lui.</small>

LE ROI.

Qui vient là-bas? N'est-ce pas Minuccio avec ce troupeau de petites filles?

LA REINE.

C'est lui-même, et ce sont mes cameristes qui le tourmentent sans doute pour le faire chanter. Oh! je vous en conjure, appelez-le! je l'aime tant! personne à la cour ne me plaît autant que lui ; il fait de si jolies chansons!

LE ROI.

Je l'aime aussi, mais avec moins d'ardeur. — Holà! Minuccio, approche, approche, et qu'on apporte une coupe de vin de Chypre afin de le mettre en haleine. Il nous dira quelque chose de sa façon.

MINUCCIO, à Vespasiano.

Retirez-vous, le roi m'a appelé.

SER VESPASIANO.

Bon, bon, la reine m'a fait signe.

MINUCCIO, à part.

Je ne m'en débarrasserai jamais. Il est cause que Perillo s'est échappé tantôt dans cette foule.

Un valet apporte un flacon de vin ; l'officier remet en même temps un papier au roi qui le lit à l'écart.

LA REINE.

Eh bien ! petites indiscrètes, petites bavardes, vous voilà encore, selon votre habitude, importunant ce pauvre Minuccio !

PREMIÈRE DEMOISELLE.

Nous voulons qu'il nous dise une romance.

DEUXIÈME DEMOISELLE.

Et des tensons.

TROISIÈME DEMOISELLE.

Et des jeux-partis.

LA REINE, à Minuccio.

Sais-tu que j'ai à me plaindre de toi? On te voit paraître quand le roi arrive, mais dès que je suis seule, tu ne te montres plus.

SER VESPASIANO, s'avançant.

Votre Majesté est dans une grande erreur. Il ne se passe point de jour qu'on ne me voie en ce palais.

LA REINE.

Bonjour, Vespasiano, bonjour.

MINUCCIO, à part.

Que va-t-il devenir maintenant? Il est soldat, il faut qu'il parte.

LE ROI, lisant d'un air distrait, et s'adressant à Minuccio.

Je suis bien aise de te voir. Tu vas me conter les nouvelles. Allons, bois un verre de vin.

SER VESPASIANO, buvant.

Votre Majesté a bien de la bonté. Mon mariage n'est point encore fait.

LE ROI.

C'est toi, Vespasiano ? Eh bien un autre jour.

SER VESPASIANO.

Certainement, sire, certainement.

A part.

Il ne parle point de Calatabellotte.

Aux demoiselles

Qu'avez-vous à rire, vous autres?

PREMIÈRE DEMOISELLE.

Ah! vous autres!

SER VESPASIANO.

Oui, vous et les autres. Le roi m'interroge, et je réponds. Qu'y a-t-il là de si plaisant?

DEUXIÈME DEMOISELLE.

Beau sire chevalier, comment se porte votre cheval depuis que nous ne vous avons vu?

TROISIÈME DEMOISELLE.

Nous avons eu grand'peur pour lui.

PREMIÈRE DEMOISELLE.

Et votre casque?

DEUXIÈME DEMOISELLE.

Et votre lance?

TROISIÈME DEMOISELLE.

Les avez-vous fait rajuster?

SER VESPASIANO.

Je ne fais point cas des railleries des femmes.

PREMIÈRE DEMOISELLE.

Nous vous interrogeons, répondez; sinon, nous dirons que vous n'êtes pas plus habile à repartir un mot de courtoisie...

SER VESPASIANO.

Eh bien?

DEUXIÈME DEMOISELLE.

Qu'à parer une lance courtoise.

SER VESPASIANO, à part.

Petites perruches mal apprises!

LA REINE.

Minuccio est si préoccupé qu'il n'entend pas ce qu'on dit près de lui.

MINUCCIO.

Il est vrai, Madame, et j'en demande très humblement pardon à Votre Majesté. Je ne saurais penser depuis hier qu'à cette pauvre fille..., je veux dire à ce pauvre garçon..., non, je me trompe, c'est une romance que je tâche de me rappeler.

LA REINE.

Une romance? Tu nous la diras tout à l'heure. Mes bonnes amies veulent des jeux-partis. Fais-leur quelques demandes pour les divertir. — Ser Vespasiano.

SER VESPASIANO.

Majesté.

LA REINE.

Savez-vous trouver de bonnes réponses?

SER VESPASIANO, à part.

Encore la même plaisanterie!
Haut.
Il n'y a pas de ma faute, Madame, en vérité, il n'y en a pas.

LA REINE.

De quoi parlez-vous?

SER VESPASIANO.

De mon mariage. C'est bien malgré moi, je vous le jure, qu'il n'a pas été consommé.

LA REINE.

Une autre fois, une autre fois.

SER VESPASIANO.

Votre Majesté sera satisfaite.
A part.
Un autre jour, a dit le roi; une autre fois, a ajouté la reine, et quand j'ai salué, tous deux m'ont tutoyé; en sorte que je suis au comble de la faveur, en même temps que je suis soulagé d'un grand poids. Dès que je pourrai m'esquiver, je vais voler chez cette belle.

LE ROI, lisant toujours.

Voilà qui est bien. Charles le boiteux crie d'un côté, et Charles d'Anjou de l'autre. — Ne parliez-vous pas de jeux-partis?

LA REINE.

Oui, Sire, s'il vous plaît d'ordonner...

LE ROI.

Vous savez que je n'y entends rien; mais il n'importe. Allons, Minuccio, fais jaser un peu ces jeunes filles.
Tout le monde s'assoit en cercle.

MINUCCIO.

Lequel vaut mieux, mesdemoiselles, ou posséder ou espérer?

SER VESPASIANO.

Il vaut beaucoup mieux posséder.

MINUCCIO.

Pourquoi, magnifique seigneur?

SER VESPASIANO.

Mais parce que... Cela saute aux yeux.

PREMIÈRE DEMOISELLE.

Et si ce qu'on possède est une bourse vide, un nez trop long, ou un coup d'épée ?

SER VESPASIANO.

Alors l'espérance serait préférable.

DEUXIÈME DEMOISELLE.

Et si ce qu'on espère est la main d'une jeune fille, qui ne veut pas de vous et qui s'en moque ?

SER VESPASIANO.

Ah ! diantre ! dans ce cas-là je ne sais pas trop...

PREMIÈRE DEMOISELLE.

Il faut posséder beaucoup de patience.

DEUXIÈME DEMOISELLE.

Et espérer peu de plaisir.

MINUCCIO, à la troisième demoiselle.

Et vous, ma mie, vous ne dites rien ?

TROISIÈME DEMOISELLE.

C'est que votre question n'en est pas une, puisqu'on nous dit que l'espérance est le seul vrai bien qu'on puisse posséder.

LA REINE.

Ser Vespasiano est vaincu. Une autre demande, Minuccio.

MINUCCIO.

Lequel vaut mieux, ou l'amant qui meurt d'amour de ne plus voir sa maîtresse, ou l'amant qui meurt de plaisir de la revoir ?

LES DEMOISELLES, ensemble.

Celui qui meurt ! celui qui meurt !

SER VESPASIANO.

Mais puisqu'ils meurent tous les deux !

LES DEMOISELLES.

Celui qui meurt ! celui qui meurt !

SER VESPASIANO.

Mais on vous dit..., on vous demande...

PREMIÈRE DEMOISELLE.

Nous n'aimons que les amants qui meurent d'amour !

SER VESPASIANO.

Mais observez qu'il y a deux manières...

CARMOSINE. Page 164.

DEUXIÈME DEMOISELLE.

Il n'y a que ceux-là qui aiment véritablement.

SER VESPASIANO.

Cependant...

TROISIÈME DEMOISELLE.

Et nous n'en aurons jamais d'autres.

LE ROI.

Lequel vaut mieux, ou de jeunes filles sages, réservées et silencieuses, ou de petites écervelées qui crient et qui m'empêchent de finir ma lecture? Voyons, Minuccio, où est ta viole?

MINUCCIO.

Permettez, Sire, que je ne m'en serve pas. La musique de ma romance nouvelle n'est pas encore composée; j'en sais seulement les paroles.

LE ROI.

Eh bien! soit. — Et vous, mesdemoiselles...

PREMIÈRE DEMOISELLE.

Sire, nous ne dirons plus un mot.

SER VESPASIANO, à part.

Quant à moi, j'ai assez de tensons et de chansons comme cela. Leurs Majestés m'ont ordonné de presser le jour de mes noces... Qui me résisterait à présent? Je m'esquive donc et vole chez cette belle.

SCÈNE VII

LES PRÉCÉDENTS, excepté SER VESPASIANO.

LA REINE, à Minuccio.

Les paroles sont-elles de toi?

MINUCCIO.

Non, Madame.

LA REINE.

Est-ce de Cipolla?

MINUCCIO.

Encore moins.

LE ROI.

Commence toujours. Après un combat, mieux encore qu'après un festin, j'aime à écouter une chanson, et plus la poésie en est douce, tranquille, plus elle repose agréablement l'oreille fatiguée; car c'est un grand fracas qu'une bataille, et pour peu qu'un bon coup de masse sur la tête...

Les demoiselles poussent un cri.

Silence ! Récite d'abord ta chanson; tu nous diras ensuite quel est l'auteur. On porte ainsi un meilleur jugement.

MINUCCIO.

Votre Majesté se rit des principes. Que deviendrait la justice littéraire, si on lui mettait un bandeau comme à l'autre? L'auteur de ma romance est une jeune fille.

LA REINE.

En vérité !

MINUCCIO.

Une jeune fille charmante, belle et sage, aimable et modeste ; et ma romance est une plainte amoureuse

LA REINE.

Tout aimable qu'elle est, elle n'est donc pas aimée?

MINUCCIO.

Non, Madame, et elle aime jusqu'à en mourir. Le ciel lui a donné tout ce qu'il faut pour plaire, et en même temps pour être heureuse; son père, homme riche et savant, la chérit de toute son âme, ou plutôt l'idolâtre, et sacrifierait tout ce qu'il possède pour contenter le moindre des désirs de sa fille ; elle n'a qu'à dire un mot pour voir à ses pieds une foule d'adorateurs empressés, jeunes, beaux, brillants, gentilshommes même, bien qu'elle ne soit pas noble. Cependant, jusqu'à dix-huit ans, son cœur n'avait pas encore parlé. De tous ceux qu'attiraient ses charmes, un seul, fils d'un ancien ami, n'avait pas été repoussé. Dans l'espoir de faire fortune et de voir agréer ses soins, il s'était exilé volontairement, et durant de longues années il avait étudié pour être avocat.

LE ROI.

Encore un avocat !

MINUCCIO.

Oui, Sire ; et maintenant il est revenu plus heureux encore qu'il n'est fier d'avoir conquis son nouveau titre, comptant d'ailleurs sur la parole du père, et demandant pour toute réponse qu'il lui soit permis d'espérer; mais pendant qu'il était absent, l'indifférente et cruelle beauté a rencontré, pour son malheur, celui qui devait venger l'Amour. Un jour, étant à sa fenêtre avec quelques-unes de ses amies, elle vit passer un cavalier qui allait aux fêtes de la reine. Elle le suivit, ce cavalier; elle le vit au tournoi où il fut vainqueur... Un regard décida de sa vie.

LE ROI.

Voilà un singulier roman.

MINUCCIO.

Depuis ce jour, elle est tombée dans une mélancolie profonde, car celui qu'elle aime ne peut lui appartenir. Il est marié à une femme... la plus belle, la meilleure, la plus séduisante qui soit peut-être dans ce royaume, et il trouve une maîtresse dans une épouse fidèle. La pauvre dédaignée ne s'abuse pas, elle sait que sa folle passion doit rester cachée dans son cœur; elle s'étudie incessamment à ce que personne n'en pénètre le secret; elle évite toute occasion de revoir l'objet de son amour : elle se défend même de prononcer son nom; mais l'infortunée a perdu le sommeil, sa raison s'affaiblit, une langueur mortelle, la fait pâlir de jour en jour; elle ne veut pas parler de ce qu'elle aime, et elle ne peut penser à autre chose; elle refuse toute consolation, toute distraction; elle repousse les remèdes que lui offre un père désolé, elle se meurt, elle se consume, elle se fond comme la neige au soleil. Enfin, sur le bord de la tombe, la douleur l'oblige à rompre le silence. Son amant ne la connaît pas, il ne lui a jamais adressé la parole, peut-être même ne l'a-t-il jamais vue; elle ne veut pas mourir sans qu'il sache pourquoi, et elle se décide à lui écrire ainsi :

Il lit :

Va dire, Amour, ce qui cause ma peine,
A mon seigneur, que je m'en vais mourir,
Et, par pitié, venant me secourir,
Qu'il m'eût rendu la mort moins inhumaine.

A deux genoux je demande merci.
Par grâce, Amour, va-t-en vers sa demeure.
Dis-lui comment je prie et pleure ici,
Tant et si bien qu'il faudra que je meure
Tout enflammée, et ne sachant point l'heure
Où finira mon adoré souci.

La mort m'attend, et s'il ne me relève
De ce tombeau prêt à me recevoir,
J'y vais dormir, emportant mon doux rêve :
Hélas! Amour, fais-lui mon mal savoir.

Depuis le jour où, le voyant vainqueur,
D'être amoureuse, Amour, tu m'as forcée,
Fût-ce un instant, je n'ai pas eu le cœur
De lui montrer ma craintive pensée,
Dont je me sens à tel point oppressée.
Mourant ainsi, que la mort me fait peur!
Qui sait pourtant, sur mon pâle visage,
Si ma douleur lui déplairait à voir?
De l'avouer je n'ai pas le courage.
Hélas! Amour, fais-lui mon mal savoir.

Puis donc, Amour, que tu n'as pas voulu
A ma tristesse accorder cette joie,
Que dans mon cœur mon doux seigneur ait lu,
Ni vu les pleurs où mon chagrin se noie,

Dis-lui, du moins, et tâche qu'il le croie,
Que je vivrais si je ne l'avais vu;
Dis-lui qu'un jour une Sicilienne
Le vit combattre et faire son devoir.
Dans son pays, dis-lui qu'il s'en souvienne,
Et que j'en meurs, faisant mon mal savoir.

LA REINE.

Tu dis que cette romance est d'une jeune fille?

MINUCCIO.

Oui, Madame.

LA REINE.

Si cela est vrai, tu lui diras qu'elle a une amie, et tu lui donneras cette bague.

Elle ôte une bague de son doigt.

LE ROI.

Mais pour qui cette chanson a-t-elle été faite? Il semble, d'après les derniers mots, que ce doive être pour un étranger. Le connais-tu? quel est son nom?

MINUCCIO.

Je puis le dire à Votre Majesté, mais à elle seule.

LE ROI.

Bon! quel mystère!

MINUCCIO.

Sire, j'ai engagé ma parole.

LE ROI.

Éloignez-vous donc, mesdemoiselles. Je suis curieux de savoir ce secret. Quant à la reine, tu sais que je suis seul quand il n'y a qu'elle près de moi.

Les demoiselles se retirent au fond du théâtre.

MINUCCIO.

Sire, je le sais, et je suis prêt...

LA REINE.

Non, Minuccio. Je te remercie d'avoir assez bonne opinion de moi pour me confier ton honneur; mais puisque tu l'as engagé, je ne suis plus ta reine en ce moment, je ne suis qu'une femme, qui ne veut pas être cause qu'un galant homme puisse se faire un reproche.

Elle sort.

LE ROI.

Eh bien! à qui s'adressent ces vers?

MINUCCIO.

Votre Majesté a-t-elle oublié qui fut vainqueur au dernier tournoi?

LE ROI.

Hé, par la croix-Dieu ! c'est moi-même.

MINUCCIO.

C'est à vous-même aussi que ces vers sont adressés.

LE ROI.

A moi, dis-tu ?

MINUCCIO.

Oui, Sire. Dans ce que j'ai raconté, je n'ai rien dit qui ne fût véritable. Cette jeune fille que je vous ai dépeinte belle, jeune, charmante, et mourante d'amour, elle existe, elle demeure là, à deux pas de votre palais ; qu'un de vos officiers m'accompagne, et qu'il vous rende compte de ce qu'il aura vu. Cette pauvre enfant attend la mort, c'est à sa prière que je vous parle ; sa beauté, sa souffrance, sa résignation, sont aussi vraies que son amour. — Carmosine est son nom.

LE ROI.

Cela est étrange.

MINUCCIO.

Et ce jeune homme à qui son père l'avait promise, qui était allé étudier à Padoue, et qui comptait l'épouser au retour, Votre Majesté l'a vu ce matin même ; c'est lui qui est venu demander du service à l'armée de Naples ; celui-là mourra aussi, j'en réponds, et plus tôt qu'elle, car il se fera tuer.

LE ROI.

Je m'en suis douté. Cela ne doit pas être ; cela ne sera pas. Je veux voir cette jeune fille.

MINUCCIO.

L'extrême faiblesse où elle est...

LE ROI.

J'irai. Cela semble te surprendre ?

MINUCCIO.

Sire, je crains que votre présence...

LE ROI.

Ne disais-tu pas, tout à l'heure, que tu aurais parlé devant la reine?

MINUCCIO.

Oui, Sire.

LE ROI.

Viens chez elle avec moi.

ACTE TROISIÈME

Un jardin. — A gauche, une fontaine avec plusieurs sièges et un banc. A droite, la maison de maître Bernard. — Dans le fond, une terrasse et une grille.

SCÈNE Iʳᵉ

CARMOSINE, assise sur le banc; près d'elle PERILLO et MAITRE BERNARD, MINUCCIO, assis sur le bord de la fontaine, sa guitare à la main.

CARMOSINE.

« Va dire, Amour, ce qui cause ma peine... » Que cette chanson me plaît, mon cher Minuccio !

MINUCCIO.

Voulez-vous que je la recommence? Nous sommes à vos ordres, moi et mon bâton.

Il montre le manche de sa guitare.

CARMOSINE.

Ne te montre pas si complaisant, car je te la ferais répéter cent fois, et je voudrais l'entendre encore et toujours, jusqu'à ce que mon attention et ma force fussent épuisées, et que je pusse mourir en y rêvant! Comment la trouves-tu, Perillo?

PERILLO.

Charmante quand c'est vous qui la dites.

MAITRE BERNARD.

Je trouve cela trop sombre. Je ne sais ce que c'est qu'une chanson lugubre. Il me semble qu'en général on ne chante pas à moins d'être gai, moi, du moins, quand cela m'arrive,... mais cela ne m'arrive plus.

CARMOSINE.

Pourquoi donc, et que reprochez-vous à cette romance de notre ami? Elle n'est pas bouffonne, il est vrai, comme un refrain de table; mais qu'importe? ne saurait-on plaire autrement? Elle parle d'amour, mais ne savez-vous pas que c'est une fiction obligée, et qu'on ne saurait être poète sans faire semblant d'être amoureux? Elle parle aussi de douleurs et de regrets, mais n'est-il pas aussi convenu que les amoureux en vers sont toujours les plus heureuses gens du monde, ou les plus désolés? « Va dire, Amour, ce qui cause ma peine... » Comment dit-elle donc ensuite?

MAITRE BERNARD.

Rien de bon, je n'aime point cela.

CARMOSINE.

C'est une romance espagnole, et notre roi don Pèdre l'aime beaucoup; n'est-ce pas, Minuccio?

MINUCCIO.

Il me l'a dit, et la reine aussi l'a fort approuvée.

MAITRE BERNARD.

Grand bien leur fasse? Un air d'enterrement!

CARMOSINE.

Perillo est peut-être, quoiqu'il ne le dise pas, de l'avis de mon père, car je le vois triste.

PERILLO.

Non, je vous le jure.

CARMOSINE.

Ce serait bien mal; ce serait me faire croire que tu ne m'as pas entièrement pardonné.

PERILLO.

Pensez-vous cela?

CARMOSINE.

J'espère que non; cependant je me sens bien coupable. J'ai été bien folle, bien ingrate ; et toi, pauvre ami, tu venais de si loin, tu avais été absent si longtemps! Mais que veux-tu! je souffrais hier.

MAITRE BERNARD.

Et maintenant...

CARMOSINE.

Ne craignez plus rien ; cette fois mes maux vont finir.

MAITRE BERNARD.

Hier tu en disais autant.

CARMOSINE.

Oh! j'en suis bien sûre aujourd'hui. Hier, j'ai éprouvé un moment de bien-être, puis une souffrance... Ne parlons plus d'hier, à moins que ce ne soit, Perillo, pour que tu me répètes que tu ne t'en souviens plus.

PERILLO.

Puis-je songer un seul instant à moi quand je vous vois revenir à la vie? Je n'ai rien souffert si vous souriez.

CARMOSINE.

Oublie donc tes chagrins, comme moi ma tristesse. Minuccio, je voulais te demander...

MINUCCIO.

Que cherchez-vous?

CARMOSINE. Page 173.

CARMOSINE.

Où est donc ta romance ? Il me semble que j'en ai oublié un mot.
Minuccio lui donne sa romance écrite ; elle la relit tout bas.

SCÈNE II

Les précédents, SER VESPASIANO, DAME PAQUE, sortant de la maison.

SER VESPASIANO, à dame Pâque.

Que vous avais-je dit ? Cela ne pouvait manquer. Voyez quel délicieux tableau de famille !

DAME PAQUE.

Vous êtes un homme incomparable pour accommoder toute chose.

SER VESPASIANO.

Ce n'était rien ; un mot, belle dame, un mot a suffi. Je n'ai fait que répéter exactement à votre aimable fille ce que Leurs Majestés m'avaient dit à moi-même.

DAME PAQUE.

Et elle a consenti ?

SER VESPASIANO.

Pas précisément. Vous savez que la pudeur d'une jeune fille...

CARMOSINE, se levant.

Ser Vespasiano !

SER VESPASIANO.

Ma princesse.

CARMOSINE.

Vous faites la cour à ma mère, sans quoi j'allais vous demander votre bras.

SER VESPASIANO.

Mon bras et mon épée sont à votre service.

CARMOSINE.

Non, je ne veux pas être importune. Viens, Perillo, jusqu'à la terrasse.
Elle s'éloigne avec Perillo.

SER VESPASIANO, à dame Pâque.

Vous le voyez, elle me lance des œillades bien flatteuses. Mais qu'est-ce donc que ce petit Perillo ? — Je vous avoue qu'il me chagrine de le voir ; il se donne des airs d'amoureux, et si ce n'était le respect que je vous dois, je ne sais à quoi il tiendrait...

DAME PAQUE.

Y pensez-vous ? se hasarderait-on ?... Vous êtes trop bouillant, chevalier.

SER VESPASIANO.

Il est vrai. Vous me disiez donc que pour ce qui regarde la dot...
Il s'éloigne en se promenant.

SCÈNE III

MINUCCIO, MAITRE BERNARD.

MAITRE BERNARD.

Tu crois à tout cela, Minuccio ?

MINUCCIO.

Oui ; je l'écoute, je l'observe, et je crois que tout va pour le mieux.

MAITRE BERNARD.

Tu crois à cette espèce de gaieté ? Mais toi-même, es-tu bien sincère ? Pourquoi ne veux-tu pas me dire ce qu'elle t'a confié hier, seul à seul ?

MINUCCIO.

Je vous ai déjà répondu que je n'avais rien à vous répondre. Elle m'avait chargé, comme vous le voyez, de lui ramener Perillo. A peine avait-il essayé son casque que l'oiseau chaperonné est revenu au nid.

MAITRE BERNARD.

Tout cela est étrange, tout cela est obscur. Et ce refrain que tu vas lui chanter, afin d'entretenir sa tristesse !

MINUCCIO.

Vous voyez bien qu'il ne sert qu'à la chasser. Pensez-vous que je cherche à nuire ?

MAITRE BERNARD.

Non, certes, mais je ne puis me défendre...

MINUCCIO.

Tenez-vous en repos jusqu'à l'heure des vêpres.

MAITRE BERNARD.

Pourquoi cela ? Pourquoi jusqu'à cette heure ? C'est la troisième fois que tu me le répètes, sans jamais vouloir t'expliquer.

MINUCCIO.

Je ne puis vous en dire plus long, car je n'en sais pas moi-même davantage. La plus belle fille ne donne que ce qu'elle a, et l'ami le plus dévoué se tait sur ce qu'il ignore.

MAITRE BERNARD.

La peste soit de tes mystères! Que se prépare-t-il donc pour cette heure-là? Quel événement doit nous arriver! Est-ce donc le roi en personne qui va venir nous rendre visite?

MINUCCIO, à part.

Il ne croit pas être si près de la vérité.

Haut.

Mon vieil ami, ayez bon espoir. Si tout ne s'arrange pas à souhait, je casse le manche de ma guitare.

MAITRE BERNARD.

Beau profit! Enfin, nous verrons, puisqu'à toute force il faut prendre patience; mais je ne te pardonne point ces façons d'agir.

MINUCCIO.

Cela viendra plus tard, j'espère. Encore une fois, doutez-vous de moi?

MAITRE BERNARD.

Hé non, enragé que tu es, avec ta discrétion maussade! — Écoute; il faut que je te dise tout, bien que tu ne veuilles me rien dire. Une chose ici me fait plus que douter, me fait frémir, entends-tu bien? Cette nuit, poussé par l'inquiétude, je m'étais approché doucement de la chambre de Carmosine, pour écouter si elle dormait. A travers la fente de la porte, entre le gond et la muraille, je l'ai vue assise dans son lit, avec un flambeau tout près d'elle; elle écrivait, et, de temps en temps, elle semblait réfléchir très profondément, puis elle reprenait sa plume avec une rapidité effrayante, comme si elle eût obéi à quelque impression soudaine. Mon trouble en la voyant, ou ma curiosité, sont devenus trop forts. Je suis entré : tout aussitôt sa lumière s'est éteinte, et j'ai entendu le bruit d'un papier qui se froissait en glissant sous son chevet.

MINUCCIO.

C'est quelque adieu à ce pauvre Antoine, qui s'est fait soldat, à ce qu'il croit.

MAITRE BERNARD.

Ma fille l'ignorait.

MINUCCIO.

Oh! que non. Est-ce qu'un amant s'en va en silence? Il ne se noierait même pas sans le dire.

MAITRE BERNARD.

Je n'en sais rien, mais je croirais presque... Voilà cet imbécile qui revient avec ma femme. — Rentrons, je veux que tu saches tout.

MINUCCIO.

C'est encore votre fille qui a rappelé celui-là. Vous voyez bien qu'elle ne pense qu'à rire.
<small>Ils rentrent dans la maison.</small>

SCÈNE IV
SER VESPASIANO et DAME PAQUE <small>viennent du fond du jardin.</small>

SER VESPASIANO.

Pour la dot, je suis satisfait, et je vous quitte pour voler chez le tabellion, afin de hâter le contrat.

DAME PAQUE.

Et moi, chevalier, je suis ravie que vous soyez de si bonne composition.

SER VESPASIANO.

Comment donc! la dot est honnête, la fille aussi; mon but principal est de m'attacher à votre famille.

DAME PAQUE.

Mon mari fera quelques difficultés; entre nous, c'est une pauvre tête, un homme qui calcule, un homme besoigneux.

SER VESPASIANO.

Bah! cela me regarde. Nous ferons des noces, si vous m'en croyez, magnifiques. Le roi y viendra.

DAME PAQUE.

Est-ce possible!

SER VESPASIANO.

Il y dansera, mort-Dieu! il y dansera, et avec vous-même, dame Pâque. Vous serez la reine du bal.

DAME PAQUE.

Ah! ces plaisirs-là ne m'appartiennent plus.

SER VESPASIANO.

Vous les verrez renaître sous vos pas. Je vole chez le tabellion.

SCÈNE V
CARMOSINE et PERILLO <small>viennent du fond.</small>

CARMOSINE.

Il faut me le promettre, Antoine. Songez à ce que deviendrait mon père si Dieu me retirait de ce monde.

PERILLO.

Pourquoi ces cruelles pensées? vous ne parliez pas ainsi tout à l'heure.

CARMOSINE.

Songez que je suis ce qu'il aime le mieux, presque sa seule joie sur la terre. S'il venait à me perdre, je ne sais vraiment pas comment il supporterait ce malheur. Votre père fut son dernier ami, et quand vous êtes resté orphelin, vous vous souvenez, Perillo, que cette maison est devenue la vôtre. En nous voyant grandir ensemble, on disait dans le voisinage que maître Bernard avait deux enfants. S'il devait aujourd'hui n'en avoir plus qu'un seul...

PERILLO.

Mais vous nous disiez d'espérer.

CARMOSINE.

Oui, mon ami, mais il faut me promettre de prendre soin de lui, de ne pas l'abandonner... Je sais que vous avez fait une demande, et que vous pensez à quitter Palerme. Mais, écoutez-moi, vous pouvez encore... Il m'a semblé entendre du bruit.

PERILLO.

Ce n'est rien; je ne vois personne.

CARMOSINE.

Vous pouvez encore revenir sur votre détermination... j'en suis convaincue, je le sais. Je ne vous parle pas de cette démarche, ni du motif qui l'a dictée; mais, s'il est vrai que vous m'avez aimée, vous prendrez ma place après moi.

PERILLO.

Rien après vous!

CARMOSINE.

Vous la prendrez, si vous êtes honnête homme... Je vous lègue mon père.

PERILLO.

Carmosine !... Vous me parlez, en vérité, comme si vous aviez un pied dans la tombe. Cette romance que, tout à l'heure, vous vous plaisiez à répéter, je ne m'y suis pas trompé, j'en suis sûr, c'est votre histoire, c'est pour vous qu'elle est faite, c'est votre secret : vous voulez mourir.

CARMOSINE.

Prends garde! Ne parle pas si haut.

PERILLO.

Eh! qu'importe que l'on m'entende si ce que je dis est la vérité! Si vous avez dans l'âme cette affreuse idée de quitter volontairement la vie, et de nous cacher vos souffrances, jusqu'à ce qu'on vous voie tout à coup expirer au milieu de nous... Que dis-je, grand Dieu ! quel soupçon horrible ! S'il se pouvait que, lassée de souffrir, fidèle seulement à votre affreux silence, vous eussiez conçu la pensée. Vous me recommandiez votre père... Vous ne voudriez pas tuer sa fille !

CARMOSINE.

Ce n'est pas la peine, mon ami ; la mort n'a que faire d'une main si faible.

PERILLO.

Mais vous souhaitez donc qu'elle vienne ? Pourquoi trompez-vous votre père ? pourquoi affectez-vous devant lui ce repos, cet espoir que vous n'avez pas, cette sorte de joie qui est si loin de vous ?

CARMOSINE.

Non pas si loin que tu peux le croire. Lorsque Dieu nous appelle à lui, il nous envoie, n'en doute point, des messagers secrets qui nous avertissent. Je n'ai pas fait beaucoup de bien, mais je n'ai pas non plus fait grand mal. L'idée de paraître devant le juge suprême ne m'a jamais inspiré de crainte ; il le sait, je le lui ai dit ; il me pardonne et m'encourage. J'espère, j'espère être heureuse. J'ai déjà de charmants présages.

PERILLO.

Vous l'aimez beaucoup, Carmosine ?

CARMOSINE.

De qui parles-tu ?

PERILLO.

Je n'en sais rien ; mais la mort seule n'a point tant d'attraits.

CARMOSINE.

Écoute. Ne fais pas de vaines conjectures, et ne cherche pas à pénétrer un secret qui ne saurait être bon à personne ; tu l'apprendras quand je ne serai plus. Tu me demandes pourquoi je trompe mon père ? C'est précisément par cette raison que je ne ferais, en m'ouvrant à lui, qu'une chose cruelle et inutile. Je ne t'aurais point parlé comme je l'ai fait, si, en le faisant, je n'eusse rempli un devoir. Je te demande de ne point trahir la confiance que j'ai en toi.

PERILLO.

Soyez sans crainte ; mais, de votre côté, promettez-moi du moins...

CARMOSINE.

Il suffit. Songe, mon ami, qu'il y a des maux sans remède. Tu vas maintenant aller dans ma chambre ; voici une clef, tu ouvriras un coffre qui est derrière le chevet de mon lit, tu y trouveras une robe de fête ;... je ne la porterai plus, celle-là, je l'ai portée aux fêtes de la reine, lorsque pour la première fois... Il y a dessous un papier écrit, que tu prendras et que tu garderas ; je te le confie... à toi seul, n'est-ce pas ?

PERILLO.

Votre testament, Carmosine ?

CARMOSINE.

Oh ! cela ne mérite pas d'être appelé ainsi. De quoi puis-je disposer au monde ? C'est bien peu de chose que ces adieux qu'on laisse malgré soi à la vie, et qu'on nomme dernières volontés ! Tu y trouveras ta part, Perillo.

PERILLO.

Ma part ! Dieu juste, quelle horreur !... Et vous pensez qu'il soit possible...

CARMOSINE.

Épargne-moi, épargne-moi. Nous en reparlerons tout à l'heure, dans ma chambre, car je vais rentrer ; il se fait tard, voici l'heure des vêpres.

SCENE VI

CARMOSINE, seule.

Ta part ! pauvre et excellent cœur ! — elle eût été plus douce, et tu la méritais, si l'impitoyable hasard ne m'eût fait rencontrer... Dieu puissant ! quel blasphème sort donc de mes lèvres ! O ma douleur, ma chère douleur, j'oserais me plaindre de toi ? Toi mon seul bien, toi ma vie et ma mort, toi qu'il connaît maintenant ? O bon Minuccio, digne, loyal ami ! il t'a écouté, tu lui as tout dit, il a souri, il a été touché, il m'a envoyé une bague...
Elle la baise.
Tu reposeras avec moi ! Ah ! quelle joie, quel bonheur ce matin quand j'ai entendu ces mots : Il sait tout ! Qu'importent maintenant et mes larmes, et ma souffrance, et toutes les tortures de la mort ! Il sait que je pleure, il sait que je souffre. Oui, Perillo avait raison ; — cette joie devant mon père a été cruelle, mais pouvais-je la contenir ? Rien qu'en regardant Minuccio, le cœur me battait avec tant de force ! Il l'avait vu, lui, il lui avait parlé ! O mon amour, ô charme inconcevable ! délicieuse souffrance, tu es satisfaite ! je meurs tranquille, et mes vœux sont comblés. — L'a-t-il compris en m'envoyant cette bague ? A-t-il senti qu'en disant que j'aimais, je disais que j'allais mourir ? Oui, il m'a comprise, il m'a devinée. Il m'a mis au doigt cet anneau, qui restera seul dans ma tombe quand je ne serai plus qu'un peu de poussière... Grâces te soient rendues, ô mon Dieu ! je vais mourir, et je puis mourir !
On entend sonner à la grille du jardin.

CARMOSINE.

Page 183.

On sonne à la grille, je crois? — Holà, Michel! personne ici? Comment m'a-t-on laissée toute seule?
<small>Elle s'approche de la maison.</small>
Ah! ils sont tous là dans la salle basse, ils lisent quelque chose attentivement, et paraissent se consulter. Minuccio semble les retenir... Perillo m'aurait-il trahie?
<small>On sonne une seconde fois.</small>
Ce sont deux dames voilées qui sonnent. Michel, où es-tu? Ouvre donc.

SCÈNE VII

CARMOSINE, LA REINE, MICHEL, ouvrant la grille. Une femme, qui accompagne la reine, reste au fond du théâtre.

LA REINE.

N'est-ce pas ici que demeure maître Bernard, le médecin?

MICHEL.

Oui, Madame.

LA REINE.

Puis-je lui parler?

MICHEL.

Je vais l'avertir.

LA REINE.

Attends un instant. Qui est cette jeune fille?

MICHEL.

C'est mademoiselle Carmosine.

LA REINE.

La fille de ton maître?

MICHEL.

Oui, Madame.

LA REINE.

Cela suffit, c'est à elle que j'ai affaire.

SCÈNE VIII

CARMOSINE, LA REINE.

LA REINE.

Pardon, Mademoiselle...
<small>A part.</small>
Elle est bien jolie.
<small>Haut.</small>
Vous êtes la fille de maître Bernard?

CARMOSINE.

Oui, Madame.

LA REINE.

Puis-je, sans être indiscrète, vous demander un moment d'entretien?
Carmosine lui fait signe de s'asseoir.
Vous ne me connaissez pas?

CARMOSINE.

Je ne saurais dire...

LA REINE, *s'asseyant.*

Je suis parente... un peu éloignée... d'un jeune homme qui demeure ici, je crois, et qui se nomme Perillo.

CARMOSINE.

Il est à la maison, si vous le voulez voir.

LA REINE.

Tout à l'heure, si vous le permettez. — Je suis étrangère, Mademoiselle, et j'occupe à la cour d'Espagne une position assez élevée. Je porte à ce jeune homme beaucoup d'intérêt, et il serait possible qu'un jour le crédit dont je puis disposer devînt utile à sa fortune.

CARMOSINE.

Il le mérite à tous égards.
Maître Bernard et Minuccio paraissent sur le seuil de la maison.

MAITRE BERNARD, *bas à Minuccio.*

Qui donc est là avec ma fille?

MINUCCIO.

Ne dites mot, venez avec moi.
Il l'emmène.

LA REINE.

C'est précisément sur ce point que je désire être éclairée, et je vous demande encore une fois pardon de ce que ma démarche peut avoir d'étrange.

CARMOSINE.

Elle est toute simple, Madame, mais mon père serait plus en état de vous répondre que moi; je vais, s'il vous plaît...

LA REINE.

Non, je vous en prie, à moins que je ne vous importune. Vous êtes souffrante, m'a-t-on dit.

CARMOSINE.

Un peu, Madame.

LA REINE.

On ne le croirait pas.

CARMOSINE.

Le mal dont je souffre ne se voit pas toujours, bien qu'il ne me quitte jamais.

LA REINE.

Il ne saurait être bien sérieux, à votre âge.

CARMOSINE.

En tout temps, Dieu fait ce qu'il veut.

LA REINE.

Je suis sûre qu'il ne veut pas vous faire grand mal. — Mais la crainte que j'ai de vous fatiguer me force à préciser mes questions, car je ne veux point vous le cacher, c'est de vous, et de vous seulement, que je désirerais une réponse, et je suis persuadée, si vous me la faites, qu'elle sera sincère. Vous avez été élevée avec ce jeune homme; vous le connaissez depuis son enfance. — Est-ce un honnête homme? est-ce un homme de cœur?

CARMOSINE.

Je le crois ainsi; mais, Madame, je ne suis pas un assez bon juge...

LA REINE.

Je m'en rapporte entièrement à vous.

CARMOSINE.

D'où me vient l'honneur que vous me faites? Je ne comprends pas bien que, sans me connaître...

LA REINE.

Je vous connais plus que vous ne pensez, et la preuve que j'ai toute confiance en vous, c'est la question que je vais vous faire, en vous priant de l'excuser, mais d'y répondre avec franchise. Vous êtes belle, jeune et riche, dit-on. Si ce jeune homme dont nous parlons demandait votre main, l'épouseriez-vous?

CARMOSINE.

Mais, Madame...

LA REINE.

En supposant, bien entendu, que votre cœur fût libre, et qu'aucun engagement ne vînt s'opposer à cette alliance.

CARMOSINE.

Mais, Madame, dans quel but me demandez-vous cela?

LA REINE.

C'est que j'ai pour amie une jeune fille, belle comme vous, qui a votre âge, qui est, comme vous, un peu souffrante; c'est de la mélancolie ou peut-être quelque chagrin secret qu'elle dissimule, je ne sais trop, mais j'ai le projet, si cela se peut, de la marier, et de la mener à la cour, afin d'essayer de la distraire; car elle vit dans la solitude, et vous savez de quel danger cela est pour une jeune tête qui s'exalte, se nourrit de désirs, d'illusions; qui prend pour l'espérance tout ce qu'elle entrevoit, pour l'avenir tout ce qu'elle ne peut voir; qui s'attache à un rêve dont elle se fait un monde, innocemment, sans y réfléchir, par un penchant naturel du cœur, et qui, hélas! en cherchant l'impossible, passe bien souvent à côté du bonheur.

CARMOSINE.

Cela est cruel.

LA REINE.

Plus qu'on ne peut dire. Combien j'en ai vu, des plus belles, des plus nobles et des plus sages, perdre leur jeunesse et quelquefois la vie, pour avoir gardé de pareils secrets?

CARMOSINE.

On peut donc en mourir, Madame?

LA REINE.

Oui, on le peut, et ceux qui le nient ou qui s'en raillent, n'ont jamais su ce que c'est que l'amour, ni en rêve ni autrement. Un homme, sans doute, doit s'en défendre. La réflexion, le courage, la force, l'habitude de l'activité, le métier des armes, surtout, doivent le sauver, mais une femme! — Privée de ce qu'elle aime, où est son soutien? Si elle a du courage, où est sa force? Si elle a un métier, fût-ce le plus dur, celui qui exige le plus d'application, qui peut dire où est sa pensée pendant que ses yeux suivent l'aiguille, ou que son pied fait tourner le rouet?

CARMOSINE.

Que vous me charmez de parler ainsi!

LA REINE.

C'est que je dis ce que je pense. C'est pour n'être pas obligé de les plaindre qu'on ne veut pas croire à nos chagrins. Ils sont réels, et d'autant plus profonds, que ce monde qui en rit nous force à les cacher; notre résignation est une pudeur; nous ne voulons pas qu'on touche à ce voile, nous aimons mieux nous y ensevelir; de jour en jour on se fait à sa souffrance, on s'y livre, on s'y abandonne, on s'y dévoue, on l'aime, on aime la mort... Voilà pourquoi je voudrais tâcher d'en préserver ma jeune amie.

CARMOSINE.

Et vous songez à la marier; est-ce que c'est Perillo qu'elle aime?

LA REINE.

Non, mon enfant, ce n'est pas lui; mais s'il est tel qu'on me l'a dit, bon, brave, honnête (savant, peu importe), sa femme ne serait-elle pas heureuse?

CARMOSINE.

Heureuse, si elle en aime un autre?

LA REINE.

Vous ne répondez pas à ma question première. Je vous avais demandé de me dire si, à votre avis personnel, Perillo vous semble, en effet, digne d'être chargé du bonheur d'une femme. Répondez, je vous en conjure.

CARMOSINE.

Mais, si elle en aime un autre, Madame, il lui faudra donc l'oublier?

LA REINE, à part.

Je n'en obtiendrai pas davantage.
Haut.
Pourquoi l'oublier? Qui le lui demande?

CARMOSINE.

Dès qu'elle se marie, il me semble...

LA REINE.

Eh bien! achevez votre pensée.

CARMOSINE.

Ne commet-elle pas un crime, si elle ne peut donner tout son cœur, toute son âme?...

LA REINE.

Je ne vous ai pas tout dit. Mais je craindrais...

CARMOSINE.

Parlez, de grâce, je vous écoute; je m'intéresse aussi à votre amie.

LA REINE.

Eh bien! supposez que celui qu'elle aime, ou croit aimer, ne puisse être à elle; supposez qu'il soit marié lui-même.

CARMOSINE.

Que dites-vous?

LA REINE.

Supposez plus encore. Imaginez que c'est un très grand seigneur, un prince; que le rang qu'il occupe, que le nom seul qu'il porte, mettent à jamais entre elle et lui une barrière infranchissable... Imaginez que c'est le roi.

CARMOSINE.

Ah! Madame! qui êtes-vous?

LA REINE.

Imaginez que la sœur de ce prince, ou sa femme, si vous voulez, soit instruite de cet amour, qui est le secret de ma jeune amie, et que, loin de ressentir pour elle ni aversion ni jalousie, elle ait entrepris de la consoler, de la persuader, de lui servir d'appui, de l'arracher à sa retraite, pour lui donner une place auprès d'elle dans le palais même de son époux; imaginez qu'elle trouve tout simple que cet époux victorieux, le plus vaillant chevalier de son royaume, ait inspiré un sentiment que tout le monde comprendra sans peine; figurez-vous qu'elle n'a aucune défiance, aucune crainte de sa jeune rivale, non qu'elle fasse injure à sa beauté, mais parce qu'elle croit à son honneur; supposez qu'elle veuille enfin que cette enfant, qui a osé aimer un si grand prince, ose l'avouer, afin que cet amour, tristement caché dans la solitude, s'épure en se montrant au grand jour, et s'ennoblisse par sa cause même.

CARMOSINE, fléchissant le genoux.

Ah! Madame, vous êtes la reine!

LA REINE.

Vous voyez donc bien, mon enfant, que je ne vous dis pas d'oublier don Pèdre.

CARMOSINE.

Je l'oublierai, n'en doutez pas, Madame, si la mort peut faire oublier. Votre bonté est si grande, qu'elle ressemble à Dieu! Elle me pénètre d'admiration, de respect et de reconnaissance; mais elle m'accable, et me confond. Elle me fait trop vivement sentir combien je suis peu digne d'en être l'objet... Pardonnez-moi, je ne puis m'exprimer... Permettez que je me retire, que je me cache à tous les yeux.

LA REINE.

Remettez-vous, ma belle, calmez-vous. Ai-je rien dit qui vous effraye?

CARMOSINE.

Ce n'est pas de la frayeur que je ressens. O mon Dieu! vous ici! la reine! Comment avez-vous pu savoir?... Minuccio m'a trahie sans doute... Comment pouvez-vous jeter les yeux sur moi?... Vous me tendez la main, Madame! Ne me croyez-vous pas insensée?... Moi, la fille de maître Bernard, avoir osé élever mes regards!... Ne voyez-vous pas que ma démence est un crime, et que vous devez m'en punir?... Ah! sans nul doute, vous le voyez; mais vous avez pitié d'une infortunée dont la raison est égarée, et vous ne voulez pas que cette pauvre folle soit plongée au fond d'un cachot, ou livrée à la risée publique!

LA REINE.

A quoi songez-vous, juste ciel?

CARMOSINE.

Ah! je mériterais d'être ainsi traitée, si je m'étais abusée un moment, si mon amour avait été autre chose qu'une souffrance! Dieu m'est témoin,

Dieu qui voit tout, qu'à l'instant même où j'ai aimé, je me suis souvenue qu'il était le roi. Dieu sait aussi que j'ai tout essayé pour me sauver de ma faiblesse, et pour chasser de ma mémoire ce qui m'est plus cher que ma vie. Hélas! Madame, vous le savez sans doute, que personne ici-bas ne répond de son cœur, et qu'on ne choisit pas ce qu'on aime. Mais croyez-moi, je vous en supplie; puisque vous connaissez mon secret, connaissez-le du moins tout entier. Croyez, Madame, et soyez convaincue, je vous le demande les mains jointes, croyez qu'il n'est entré dans mon âme ni espoir, ni orgueil, ni la moindre illusion. C'est malgré mes efforts, malgré ma raison, malgré mon orgueil même, que j'ai été impitoyablement, misérablement accablée par une puissance invincible, qui a fait de moi son jouet et sa victime. Personne n'a compté mes nuits, personne n'a vu toutes mes larmes, pas même mon père. Ah! je ne croyais pas que j'en viendrais jamais à en parler moi-même. J'ai souhaité, il est vrai, quand j'ai senti la mort, de ne point partir sans adieu; je n'ai pas eu la force d'emporter dans la tombe ce secret qui me dévorait. Ce secret! c'était ma vie elle-même, et je la lui ai envoyée. Voilà mon histoire, Madame, je voulais qu'il la sût, et mourir.

LA REINE.

Eh bien! mon enfant, il la sait, car c'est lui qui me l'a racontée; Minuccio ne vous a point trahie.

CARMOSINE.

Quoi! Madame, c'est le roi lui-même...

LA REINE.

Qui m'a tout dit. Votre reconnaissance allait beaucoup trop loin pour moi. C'est le roi qui veut que vous repreniez courage, que vous guérissiez, que vous soyez heureuse. Je ne vous demandais, moi, qu'un peu d'amitié.

CARMOSINE, d'une voix faible.

C'est lui qui veut que je reprenne courage?

LA REINE.

Oui; je vous répète ses propres paroles.

CARMOSINE.

Ses propres paroles? Et que je guérisse?

LA REINE.

Il le désire.

CARMOSINE.

Il le désire? Et que je sois heureuse, n'est-ce pas?

LA REINE.

Oui, si nous y pouvons quelque chose.

CARMOSINE. Page 190.

Bibl. Charpentier. LIV. 228.

CARMOSINE.

Et que j'épouse Perillo? Vous me le proposiez tout à l'heure;... car je comprends tout à présent!... votre jeune amie, c'était moi.

LA REINE.

Oui, c'était vous, c'est à ce titre que je vous ai envoyé cette bague. Minuccio ne vous ne l'a-t-il pas dit?

CARMOSINE.

C'était vous?... Je vous remercie... et je suis prête à obéir.
Elle tombe sur le banc.

LA REINE.

Qu'avez-vous mon enfant? Grand Dieu! quelle pâleur! Vous ne me répondez pas? je vais appeler.

CARMOSINE.

Non, je vous en prie! ce n'est rien; pardonnez-moi.

LA REINE.

Je vous ai affligée? Vous me feriez croire que j'ai eu tort de venir ici, et de vous parler comme je l'ai fait.

CARMOSINE, se levant.

Tort de venir! ai-je dit cela, lorsque j'en suis encore à comprendre que la bonté humaine puisse inspirer une générosité pareille à la vôtre! Tort de venir, vous, ma souveraine, quand je devrais vous parler à genoux? lorsqu'en vous voyant devant moi, je me demande si ce n'est point un rêve? Ah! Madame, je serais plus qu'ingrate en manquant de reconnaissance. Que puis-je faire pour vous remercier dignement! je n'ai que la ressource d'obéir. Il veut que je l'oublie, n'est-ce pas?... Dites-lui que je l'oublierai.

LA REINE.

Vous m'avez donc bien mal comprise, ou je me suis bien mal exprimée. Je suis votre reine, il est vrai, mais si je ne voulais qu'être obéie, enfant que vous êtes, je ne serais pas venue. Voulez-vous m'écouter pour une dernière fois?

CARMOSINE.

Oui, Madame; je vois maintenant que ce secret qui était ma souffrance, et qui était aussi mon seul bien, tout le monde le connaît. Le roi me méprise, et je pensais bien qu'il devait en être ainsi, mais je n'en étais pas certaine. Ma triste histoire, il l'a racontée; ma romance, on la chante à table, devant ses chevaliers et ses barons. Cette bague, elle ne vient pas de lui; Minuccio me l'avait laissé croire. A présent, il ne me reste rien; ma douleur même ne m'appartient plus. Parlez, Madame, tout ce que je puis dire, c'est que vous me voyez résignée à obéir, ou à mourir.

LA REINE.

Et c'est précisément ce que nous ne voulons pas, et je vais vous dire ce que nous voulons. Écoutez donc. Oui c'est le roi qui veut d'abord que vous guérissiez, et que vous reveniez à la vie; c'est lui qui trouve que ce serait grand dommage qu'une si belle créature vînt à mourir d'un si vaillant amour; — ce sont là ses propres paroles. — Appelez-vous cela du mépris? — Et c'est moi qui veux vous emmener, que vous restiez près de moi, que vous ayez une place parmi mes filles d'honneur, qui, elles aussi, sont mes bonnes amies; c'est moi qui veux que, loin d'oublier don Pèdre, vous puissiez le voir tous les jours; qu'au lieu de combattre un penchant dont vous n'avez pas à vous défendre, vous cédiez à cette franche impulsion de votre âme vers ce qui est beau, noble et généreux, car on devient meilleur avec un tel amour; c'est moi, Carmosine, qui veux vous apprendre que l'on peut aimer sans souffrir, lorsque l'on aime sans rougir, qu'il n'y a que la honte ou le remords qui doivent donner de la tristesse, car elle est faite pour le coupable, et, à coup sûr votre pensée ne l'est pas.

CARMOSINE.

Bonté du ciel!

LA REINE.

C'est encore moi qui veux qu'un époux digne de vous, qu'un homme loyal, honnête et brave, vous donne la main pour entrer chez moi; qu'il sache comme moi, comme tout le monde, le secret de votre souffrance passée; qu'il vous croie fidèle sur ma parole, que je vous croie heureuse sur la sienne, et que votre cœur puisse guérir ainsi, par l'amitié de votre reine, et par l'estime de votre époux... Prêtez l'oreille, n'est-ce pas le bruit du clairon?

CARMOSINE.

C'est le roi qui sort du palais.

LA REINE.

Vous savez cela, jeune fille?

CARMOSINE.

Oui, Madame; nous demeurons si près! nous sommes habitués à entendre ce bruit.

LA REINE.

C'est le roi qui vient, en effet, et il vient ici.

CARMOSINE.

Est-ce possible?

LA REINE.

Il vient nous chercher toutes deux. Entendez-vous aussi ces cloches?

CARMOSINE.

Oui, et j'aperçois derrière la grille une foule immense qui se rend à l'église. Aujourd'hui... je me rappelle... n'est-ce pas un jour de fête! Comme ils accourent de tous côtés! Ah! mon rêve! je vois mon rêve!

LA REINE.

C'est l'heure de la bénédiction.

CARMOSINE.

Oui, en ce moment le prêtre est à l'autel, et tous s'inclinent devant lui. Il se retourne vers la foule, il tient entre ses mains l'image du Sauveur, il l'élève... Pardonnez-moi !
Elle s'agenouille.

LA REINE.

Prions ensemble, mon enfant; demandons à Dieu quelle réponse vous allez faire à votre roi.

On entend de nouveau le son des clairons. Des écuyers et des hommes d'armes s'arrêtent à la grille, et le roi paraît bientôt après.

SCÈNE IX

Les précédents, LE ROI, PERILLO près de lui, MAITRE BERNARD, DAME PAQUE, SER VESPASIANO, MINUCCIO.

LE ROI.

Vous avez là un grand jardin, cela est commode et agréable.

MAITRE BERNARD.

Oui, Sire, cela est commode, et, en effet...

LE ROI.

Où est votre fille?

MAITRE BERNARD.

La voilà, Sire, devant Votre Majesté...

LE ROI.

Est-elle mariée?

MAITRE BERNARD.

Non, Sire, pas encore,... c'est-à-dire,... si Votre Majesté...

LE ROI, à Carmosine.

C'est donc vous, gentille demoiselle, qui êtes souffrante et en danger, dit-on? Vous n'avez pas le visage à cela.

MAITRE BERNARD.

Elle a été, Sire, et elle est encore gravement malade. Il est vrai que, depuis ce matin à peu près, l'amélioration est notable.

LE ROI.

Je m'en réjouis. En bonne foi, il serait fâcheux que le monde fût si tôt privé d'une si belle enfant.

A Carmosine.

Approchez un peu, je vous prie.

SER VESPASIANO, à Minuccio.

Voyez-vous ce que je vous ai dit? Il va arranger toute l'affaire. Calatabellotte est à moi.

MINUCCIO.

Point, c'est une simple consultation qu'ils vont faire en particulier. Les Espagnols tiennent cela des Arabes. Le roi est un grand médecin ; c'est la méthode d'Albucasis.

LE ROI, à Carmosine.

Vous tremblez, je crois. Vous défiez-vous de moi?

CARMOSINE.

Non, Sire.

LE ROI.

Eh bien! donc, donnez-moi la main. Que veut dire ceci, la belle fille? Vous qui êtes jeune et qui êtes faite pour réjouir le cœur des autres, vous vous laissez avoir du chagrin? Nous vous prions, pour l'amour de nous, qu'il vous plaise de prendre courage, et que vous soyez bientôt guérie.

CARMOSINE.

Sire, c'est mon trop peu de force à supporter une trop grande peine qui est la cause de ma souffrance. Puisque vous avez pu m'en plaindre, j'espère que Dieu m'en délivrera.

LE ROI.

Voilà qui est bien, mais ce n'est pas tout. Il faut m'obéir sur un autre point. Quelqu'un vous en a-t-il parlé?

CARMOSINE.

Sire, on m'a dit toute la bonté, toute la pitié qu'on daignait avoir. .

LE ROI.

Pas autre chose ?

A la reine.

Est-ce vrai, Constance?

LA REINE.

Pas tout à fait.

LE ROI.

Belle Carmosine, je parlerai en roi et en ami. Le grand amour que vous nous avez porté vous a, près de nous, mise en grand honneur; et celui qu'on retour nous voulons vous rendre, c'est de vous donner de notre main, en vous priant de l'accepter, l'époux que nous vous avons choisi.

<small>Il fait signe à Perillo, qui s'avance et s'incline.</small>

Après quoi, nous voulons toujours nous appeler votre chevalier, et porter dans nos passes d'armes votre devise et vos couleurs, sans demander autre chose de vous, pour cette promesse, qu'un seul baiser.

<small>LA REINE, à Carmosine.</small>

Donne-le, mon enfant, je ne suis pas jalouse.

<small>CARMOSINE, donnant son front à baiser au roi.</small>

Sire, la reine a répondu pour moi.

FIN DE CARMOSINE.

BETTINE
COMÉDIE EN UN ACTE
1851

PERSONNAGES

LE MARQUIS STÉFANI.
LE BARON DE STEINBERG.
CALABRE, valet de chambre du baron.

LE NOTAIRE.
UN DOMESTIQUE.
BETTINE, cantatrice italienne.

La scène est en Italie.

SCÈNE Ire

Un salon de campagne.

CALABRE, LE NOTAIRE.

CALABRE.

Venez par ici, monsieur le notaire; venez, monsieur Capsucefalo. Veuillez entrer là, dans le pavillon.

LE NOTAIRE.

Les futurs conjoints, où sont-ils?

CALABRE.

Il faut que vous ayez la bonté d'attendre quelques instants, s'il vous plaît. Désirez-vous vous rafraîchir? Il n'y a pas loin d'ici à la ville, mais il fait chaud.

LE NOTAIRE.

Oui, et je suis venu à pied par un soleil bien incommode. Mais je ne vois pas les futurs conjoints.

CALABRE.

Madame n'est pas encore levée.

LE NOTAIRE.

Comment! il est midi passé.

CALABRE.

Alors elle ne tardera guère.

LE NOTAIRE.

Et M. de Steinberg, est-il levé, lui?

CALABRE.

Il est à la chasse.

LE NOTAIRE.

A la chasse! Voilà, en vérité, une plaisante manière de se marier. On me fait dresser un contrat, on me fait venir à une heure expresse, et quand j'arrive, madame dort et monsieur court les champs. Vous conviendrez, mon cher monsieur Calabre...

CALABRE.

C'est qu'il faut vous imaginer, mon cher monsieur Capsucefalo, que nous ne vivons pas comme tout le monde. Madame est une artiste, vous savez.

LE NOTAIRE.

Oui, une grande artiste; elle chante fort bien. Je ne l'ai jamais entendue elle-même, mais je l'ai ouï dire, vous comprenez.

CALABRE.

Justement, c'est qu'elle a chanté cette nuit jusqu'à trois heures du matin. Aimez-vous la musique, monsieur Capsucefalo?

LE NOTAIRE.

Certainement, monsieur Calabre, autant que mes fonctions me le permettent. Il y avait donc chez vous grande soirée, beaucoup de monde?

CALABRE.

Non, ils étaient tous deux tout seuls, madame et monsieur le baron, et ils se sont donné ainsi un grand concert en tête-à-tête. Ce n'est pas la première fois. C'est une habitude que madame a prise depuis qu'elle a quitté le théâtre. Elle ne peut pas dormir si elle n'a pas chanté. Au point du jour, elle s'est couchée et monsieur a pris son fusil.

LE NOTAIRE.

Vous en direz ce qu'il vous plaira, cela me paraît de l'extravagance. La chasse et la musique sont deux forts bonnes choses; mais quand on se marie, monsieur Calabre, on se marie. Et les témoins?

CALABRE.

Monsieur a dit qu'il les amènerait. Un peu de patience. Que me veut-on?

UN DOMESTIQUE, entrant.

Monsieur, c'est une lettre de la princesse.

CALABRE, prenant la lettre.

C'est bon. Vous savez bien que monsieur n'y est pas.

BETTINE. Page 205.

Bibl. Charpentier. LIV. 229.

LE DOMESTIQUE.

Il y a là un homme à cheval.

CALABRE.

Qu'il attende. Ah! voici monsieur le baron.

SCÈNE II
Les précédents, STEINBERG.

STEINBERG.

Pas encore levée! C'est bien de la paresse. Bonjour, Céfalo, vous êtes exact, et moi aussi, comme vous voyez; mais la signora ne l'est guère.

LE NOTAIRE.

Voici le contrat, monsieur le baron, dans ce portefeuille. Si vous vouliez, en attendant, jeter un coup d'œil.

STEINBERG.

Tout à l'heure. Qu'est-ce que c'est que cette lettre?

CALABRE.

C'est de la part de la princesse, monsieur.

STEINBERG, ouvrant la lettre.

Voyons.

LE NOTAIRE.

Je me retire, Monsieur, j'attendrai vos ordres.

SCÈNE III
STEINBERG, CALABRE.

CALABRE, à part.

Si c'est encore quelque invitation, quelque partie de plaisir en l'air, nous allons avoir un orage.

STEINBERG, lisant.

Qu'est-ce que tu marmottes entre tes dents?

CALABRE.

Moi, Monsieur, je n'ai pas dit un mot.

STEINBERG.

Vous vous mêlez de bien des choses, monsieur Calabre; vous vous donnez des airs d'importance, sous prétexte de discrétion, qui ne me conviennent pas du tout, je vous en avertis.

CALABRE.

Si la discrétion est un tort...

STEINBERG.

Assurément, lorsqu'elle est affectée, lorsqu'en se taisant, on laisse croire qu'on pourrait avoir quelque chose à dire.

CALABRE.

Hé! de qui parlerais-je, Monsieur? Est-ce ma faute si la princesse...

STEINBERG.

Eh bien! qu'est-ce? que voulez-vous dire? Toujours cette princesse! Qu'est-ce donc? Nous habitons cette maison depuis un mois. La princesse est notre voisine de campagne, et son palais est à deux pas de nous. Qu'y a-t-il d'étonnant, qu'y a-t-il d'étrange à ce qu'il existe entre nous des relations de bon voisinage et même d'amitié, si l'on veut? Nous ne sommes pas ici en France, où l'on vit dix ans sur le même palier sans se saluer quand on se rencontre, ni en Angleterre, où l'on n'avertirait pas le voisin que sa bourse est tombée de sa poche si on ne lui est pas présenté dans les règles. Nous sommes en Italie, où les mœurs sont franches, libres, exemptes de cette morgue inventée par l'orgueil timide à la plus grande gloire de l'ennui; nous sommes dans ce pays de liberté charmante, brave, honnête et hospitalière, sous ce beau soleil où l'ombre d'un homme, quoi qu'on en dise, n'en a jamais gêné un autre, où on se fait un ami en demandant son chemin, où enfin la mauvaise humeur est aussi inconnue que le mauvais temps.

CALABRE.

Monsieur le baron prend bien chaudement les choses. Je demande pardon à Monsieur, mais les réflexions d'un pauvre diable comme moi ne valent pas la peine qu'on s'en occupe.

STEINBERG.

Quelles sont ces réflexions? Je veux le savoir. Dites votre pensée, je le veux.

CALABRE.

Oh! mon Dieu! c'est bien peu de chose. Seulement, quand monsieur le baron s'en va comme cela pendant toute une journée chez la princesse, il m'a semblé quelquefois que madame était triste.

STEINBERG.

Est-ce là tout?

CALABRE.

Je n'en sais pas plus long, mais je vous avoue...

STEINBERG.

Quoi ?

CALABRE.

Rien, Monsieur, je n'ai rien à dire.

STEINBERG.

Parlerez-vous quand je l'ordonne ?

CALABRE.

Eh bien! Monsieur, à vous dire vrai, cela me fait de la peine. Elle vous aime tant !

STEINBERG.

Elle m'aime tant !

CALABRE.

Oh! oui, Monsieur, presque autant que je vous aime. Si vous saviez, quand vous n'êtes pas là, que de questions elle me fait, et que de petits cadeaux de temps en temps, pour tâcher de savoir ce que vous dites, ce que vous pensez au fond du cœur, si vous l'aimez toujours, si vous lui êtes fidèle... Vous m'accusez d'être bavard... Eh bien! Monsieur, demandez-lui comment je parle de mon maître, et si jamais la moindre indiscrétion... Voilà pourquoi j'ose dire que cela me fait de la peine, quand je sais qu'elle en a, oui, Monsieur, et quand elle pleure... Mais enfin, puisque vous allez l'épouser...

STEINBERG.

Calabre! mon pauvre vieux Calabre !

CALABRE.

Plaît-il, Monsieur ?

STEINBERG.

Ce mariage...

CALABRE.

Eh bien ?

STEINBERG.

Eh bien! je sais que je suis engagé. Je n'ai pas réfléchi, je n'ai pas voulu me donner le temps de réfléchir, je me suis laissé entraîner, ou, pour mieux dire, je me suis trompé moi-même. J'ai cédé, je me suis aveuglé, je me suis étourdi de ma passion pour elle.

CALABRE.

Pardonnez-moi encore, Monsieur, mais...

STEINBERG, se levant.

Écoute-moi. Bettine est charmante; avec son talent, sa brillante renommée, au milieu de tous les plaisirs, de toutes les séductions qui entourent et assiègent une actrice à la mode, elle a su vivre de telle sorte que la calomnie elle-même n'a jamais osé approcher d'elle, et l'honnêteté de son cœur est aussi visible que la pure clarté de ses yeux. Assurément, si rien ne s'y opposait, personne plus qu'elle ne serait capable de faire le bonheur d'un mari ; mais...

CALABRE.

Eh bien ! Monsieur, s'il en est ainsi,... pourquoi alors?...

STEINBERG.

Tu le demandes ? Eh ! sais-tu ce que c'est que d'épouser une cantatrice?

CALABRE.

Non, par moi-même, je ne m'en doute pas. Il me semble pourtant...

STEINBERG.

Quoi?

CALABRE.

Que si Monsieur épousait madame, il ne pourrait y avoir grand mal. Il me semble qu'il y a bien des exemples... Elle est jeune et jolie ; sa réputation, comme vous le disiez, est excellente. Elle est riche,... vous l'êtes aussi.

STEINBERG.

En es-tu sûr ?

CALABRE.

Vous êtes si généreux !...

STEINBERG.

Preuve de plus que je ne suis pas riche. Je l'ai été, mais je ne le suis plus.

CALABRE.

Est-il possible, Monsieur?

STEINBERG.

Oui, Calabre. Quand je n'aimais que le plaisir, ce que m'ont coûté mes folies, je ne le regrette pas, je n'en sais rien ; mais depuis que j'ai l'amour au cœur, c'est une ruine. Rien ne coûte si cher que les femmes qui ne coûtent rien, — et par là-dessus le lansquenet...

CALABRE.

Vous jouez donc toujours, Monsieur ?

STEINBERG.

Eh ! pas plus tard qu'hier cela m'est arrivé.

CALABRE.

Chez la princesse? Et vous avez perdu...

STEINBERG.

Cinq cents louis. Ce n'est pas là ce qui me ruine, je vais les payer ce matin, et je compte bien prendre ma revanche; mais je te le dis, je suis ruiné, je n'ai plus le sou, je n'ai plus de quoi vivre.

CALABRE.

Si une pareille chose pouvait être vraie, et si Monsieur le baron se trouvait gêné, j'ai quelques petites économies...

STEINBERG.

Je te remercie, je n'en suis pas encore là. Tu n'as pas compris ce que je voulais dire. Ma fortune étant à moitié perdue...

CALABRE.

Il me semble alors que ce serait le cas...

STEINBERG.

De me marier, n'est-il pas vrai? D'autres que toi pourraient me donner ce conseil, d'autres que moi pourraient le suivre. Voilà justement le motif, la raison impossible à dire, mais impossible à oublier, qui me force à quitter Bettine.

CALABRE.

Quitter madame? est-ce vrai?

STEINBERG.

Eh! que veux-tu donc que je fasse? J'avais le dessein, en l'épousant, de lui faire abandonner le théâtre; mais, si je ne suis plus assez riche pour cela, ne veux-tu pas que je l'y suive, quitte à rester dans la coulisse? — Que me veut-on? qu'est-ce que c'est?

SCÈNE IV

Les précédents, UN DOMESTIQUE.

LE DOMESTIQUE.

Monsieur le baron, c'est une carte que je porte à madame.

STEINBERG.

Elle n'est pas levée.

LE DOMESTIQUE.

Pardon, Monsieur le baron.

On entend chanter dans la coulisse.

STEINBERG.

Tu as raison, voyons cette carte. Le marquis Stéfani? Qu'est-ce que c'est que cela.

LE DOMESTIQUE.

Monsieur le baron, c'est un monsieur qui se promène dans le jardin.

STEINBERG.

Dans le jardin?

LE DOMESTIQUE.

Monsieur, voyez plutôt ; le voilà auprès du bassin, qui regarde les poissons rouges. Il dit qu'il revient d'un grand voyage.

STEINBERG.

Eh bien ! qu'est-ce qu'il veut?

LE DOMESTIQUE.

Il veut voir madame, et il attend qu'elle soit visible.

STEINBERG, à part.

Stéfani! Je connais ce nom-là,

Haut.

Calabre, n'est-ce pas ce Stéfani dont on parlait tant à Florence?

CALABRE.

Mais... oui, Monsieur,... je le crois du moins.

STEINBERG, regardant au balcon.

C'est lui-même, je le reconnais. C'est un vrai pilier de coulisses, soi-disant grand connaisseur, et grand admirateur de la signora Bettina.

CALABRE.

C'est un homme riche, Monsieur, un grand personnage.

STEINBERG.

Oui, c'est un patricien qui a fait du commerce, à l'ancienne mode de Venise ; mais il n'est pas prouvé que son engouement pour la signora s'en soit tenu à l'admiration. Tu me feras le plaisir, Calabre, de dire à Bettine que je la prie de ne pas recevoir cet homme-là. Je sors ; je reviendrai tantôt.

CALABRE.

Vous allez encore jouer, Monsieur?

STEINBERG.

Fais ce que je te dis ; tu m'as entendu?

Il sort.

CALABRE.

Oui, Monsieur.

SCÈNE V

CALABRE, LE NOTAIRE, puis BETTINE.

CALABRE, à part.

Cela va mal, cela va bien mal. Pauvre jeune dame, si bonne, si jolie!

LE NOTAIRE.

Monsieur Calabre, voici quelque temps que je suis dans le pavillon, et je ne vois pas les futurs conjoints.

CALABRE.

Tout à l'heure, monsieur Capsucefalo.

LE NOTAIRE.

Et les témoins?

CALABRE.

Je vous ai dit que monsieur le baron les amènerait.

BETTINE, arrivant en chantant.

Ah! te voilà, notaire, ô cher notaire, mon cher ami! As-tu tes paperasses?

LE NOTAIRE.

Oui, Madame, le contrat est prêt. J'ai seulement laissé en blanc les sommes qui ne sont point stipulées.

BETTINE.

Tu ne stipuleras pas grand'chose, quand ce seraient tous mes trésors. — Est-ce que tu n'as pas vu Filippo Valle, mon chargé d'affaires? il a dû t'instruire là-dessus.

LE NOTAIRE.

Madame veut plaisanter, mais monsieur le baron est connu pour puissamment riche.

BETTINE.

Je n'en sais rien. Où est-il donc?

CALABRE.

Il est sorti, Madame, pour un instant.

BETTINE.

Sorti maintenant? Est-ce que tu rêves?

CALABRE.

C'est-à-dire... je ne sais pas trop...

BETTINE.   Page 200.

BETTINE.

Va donc le chercher. — Capsucefalo, attendez-nous dans le pavillon.

LE NOTAIRE.

J'en sors, Madame, je suis à vos ordres.

A Calabre.

Que ces grandes artistes sont charmantes! Avez-vous observé qu'elle m'a tutoyé?

CALABRE.

C'est sa manière quand elle est contente.

LE NOTAIRE.

Hum! vous m'aviez promis quelques rafraîchissements.

BETTINE.

Mais certainement.

A Calabre.

A quoi penses-tu donc?

CALABRE.

Je l'avais oublié, Madame.

BETTINE.

Vite, des citrons, du sucre, de l'eau bien fraîche, ou du café, du chocolat, ce qu'il voudra. Non, il a peut-être faim; vite, un flacon de moscatelle et un grand plat de macaroni.

LE NOTAIRE.

Madame, je suis bien reconnaissant.

Il se retire avec de grandes salutations.

BETTINE, à Calabre.

Eh bien! toi, qu'est-ce que tu fais là? Tu as l'air d'un âne qu'on étrille. Je t'avais dit d'aller chercher Steinberg. Tiens, le voilà dans le jardin.

CALABRE.

Pardon, Madame, ce n'est pas lui.

BETTINE.

Qui est-ce donc? Ah! jour heureux! c'est Stéfani, mon cher Stéfani. Est-ce qu'il y a longtemps qu'il est là?... Dis-lui qu'il vienne, dépêche-toi.

CALABRE.

Il vous a sans doute aperçue, Madame, car le voilà qui monte le perron; mais je dois vous dire que monsieur le baron...

BETTINE.

Que je suis contente! Eh bien, le baron, le perron, qu'est-ce que tu chantes? Est-ce que tu fais des vers?

CALABRE.

Non, Madame, pas si bête! Je dis seulement que M. de Steinberg m'a recommandé...

BETTINE.

Parle donc.

CALABRE.

Monsieur le baron m'a chargé de vous prier...

BETTINE.

Tu me feras mourir avec tes phrases.

CALABRE.

De ne pas recevoir ce seigneur.

BETTINE.

Qui? Stéfani? tu perds la tête.

CALABRE.

Non, Madame; monsieur le baron m'a ordonné expressément...

BETTINE, riant.

Ah! tu es fou... Ah! le pauvre homme! il ne sait ce qu'il dit, c'est clair, il radote... Ne pas recevoir Stéfani! un vieil ami que j'aime de tout mon cœur!... Ah! le voici... Va-t'en vite, va chercher Steinberg.

CALABRE, à part, en sortant.

Qu'est-ce que j'y peux? Je n'y peux rien... Cela va bien mal.

SCÈNE VI

BETTINE, LE MARQUIS.

BETTINE, allant au-devant du marquis.

Et depuis quand dans ce pays? et par quel hasard, cher marquis?... Comment vous portez-vous? que faites-vous? que devenez-vous?... Vous avez bon visage... Que je suis ravie de vous voir!

LE MARQUIS.

Et moi aussi, belle dame, et moi aussi je suis ravi, je suis enchanté; mais, dès qu'on vous voit, c'est tout simple.

BETTINE.

Des compliments! Vous êtes toujours le même.

LE MARQUIS.

Je ne vous en dirai pas autant, car vous voilà plus charmante que jamais;

et savez-vous qu'il y a quelque chose comme deux ou trois ans que je ne vous ai vue?

BETTINE.

Cher Stéfani, si vous saviez dans quel moment vous arrivez!... Je vais me marier!... Avez-vous déjeuné?

LE MARQUIS.

Oui, certes; vous me connaissez trop pour me croire capable de m'embarquer sans avoir pris...

BETTINE.

Vos précautions. D'où venez-vous donc?

LE MARQUIS.

Là, d'à côté, de chez la princesse, votre voisine.

BETTINE.

Ah! vous êtes lié avec elle? On dit qu'elle est très séduisante.

LE MARQUIS.

Mais oui, elle est fort bien. C'est elle qui, par hasard, en causant, m'a appris que vous étiez ici. Je ne m'en doutais pas, je suis accouru... Et vous allez vous marier?

BETTINE.

Oui, mon ami, aujourd'hui même.

LE MARQUIS.

Aujourd'hui même?

BETTINE.

Le notaire est là.

LE MARQUIS.

Eh bien! tant mieux, voilà une bonne nouvelle. C'est bien de votre part, cela, c'est très bien. Je ne m'y attendais pas, je suis enchanté.

BETTINE.

Vous ne vous y attendiez pas? Voilà un beau compliment, cette fois? Est-ce que vous êtes venu ici pour me dire des injures, monsieur le marquis?

LE MARQUIS.

Non pas, non pas, ma belle, Dieu m'en garde! Oh! comme je vous retrouve bien là! Voilà déjà vos beaux yeux qui s'enflamment. Calmez-vous; je sais que vous êtes sage, très sage, je vous estime autant que je vous aime, c'est assez dire que je vous connais. Mais vous avez une certaine tête...

BETTINE.

Comment, une tête?

LE MARQUIS.

Eh! oui, une tête?
Il la regarde.
Une tête charmante, pleine de grâce et de finesse, d'esprit et d'imagination, qui comprend tout, à qui rien n'échappe, et qui porterait une couronne au besoin, témoin le dernier acte de *Cendrillon*.

BETTINE.

Oui, vous aimiez à me voir dans ma gloire.

LE MARQUIS.

C'est vrai; avec votre blouse grise, vous aviez beau chanter comme un ange, quand je vous voyais courbée dans les cendres, j'avais toujours envie de sauter sur la scène, de rosser monsieur votre père, et de vous enlever dans mon carrosse.

BETTINE.

Miséricorde, marquis! quelle vivacité!

LE MARQUIS.

Aussi, quand je vous voyais revenir dans votre grande robe lamée d'or, avec vos trois diadèmes l'un sur l'autre, étincelante de diamants...

BETTINE.

Je chantais bien mieux, n'est-ce pas?

LE MARQUIS.

Je n'en sais rien, mais c'était charmant, Tra, tra, comment était-ce donc?

BETTINE *chante les premières mesures de l'air final de la Cenerentola, puis s'arrête tout à coup et dit :*
Ah! que tout cela est loin maintenant!

LE MARQUIS.

Que dites-vous donc là? Renoncez-vous au théâtre?

BETTINE.

Il le faut bien. Est-ce que mon mari (je dis mon mari, il le sera tout à l'heure) me laisserait remonter sur la scène? Cela ne se pourrait pas, marquis. Songez-y donc sérieusement.

LE MARQUIS.

C'est selon le goût et les idées des gens. Mais vous ne renoncez pas, du moins, à la musique?

BETTINE.

Ah! je crois bien. Est-ce que je pourrais? Nous en vivons ici, cher marquis, et quand vous nous ferez l'honneur de venir manger la soupe, nous vous en ferons tant que vous voudrez,... plus que vous n'en voudrez.

LE MARQUIS.

Oh! pour cela, j'en défie... Mais c'est égal, cela me fend le cœur de penser que je ne pourrai plus, après le dîner, m'aller blottir dans ce cher petit coin où j'étais à demeure pour me délecter à vous entendre.

BETTINE.

Oui, vous étiez un de mes fidèles.

LE MARQUIS.

Pour cela, je m'en vante. L'allumeur de chandelles me faisait chaque soir un petit salut en accrochant son dernier quinquet, car je ne manquais pas d'arriver dans ce moment-là. Ma foi, j'étais de la maison.

BETTINE.

Mieux que cela, marquis; je me souviens très bien que vous avez été mon chevalier.

LE MARQUIS.

C'est vrai. Contre ce grand benêt d'officier.

BETTINE.

Qui m'avait sifflée dans *Tancrède*.

LE MARQUIS.

Justement. Je le provoquai en Orbassan, et j'en reçus le plus rude coup d'épée... Ah! c'était le bon temps, celui-là!

BETTINE.

Oui. Ah, Dieu! que tout cela est loin!

LE MARQUIS.

C'est votre refrain, à ce qu'il paraît? Que dirai-je donc, moi qui suis vieux?

BETTINE.

Vous, marquis? Est-ce que vous pouvez? Victor Hugo a fait son vers pour vous, lorsqu'il a dit que le cœur n'a pas de rides.

LE MARQUIS.

Si fait, si fait, je m'en aperçois. Et savez-vous pourquoi, Bettine? C'est que je commence à aimer mes souvenirs plus qu'il ne faudrait; c'est un grand tort. Je m'étais promis toute ma vie de ne jamais tomber dans ce travers-là. J'ai vu tant de bons esprits devenir injustes, tant de connaisseurs incurables, par ce triste effet des années, que je m'étais juré de rester impartial pour les choses nouvelles comme pour les anciennes. Je ne voulais pas être de ces bonnes gens qui ressemblent aux cloches de Boileau :

Pour honorer les morts, font mourir les vivants.

Eh bien! j'ai beau faire, j'aime mieux maintenant ce que j'ai aimé que ce que j'aime. Je ne dis point de mal de vos auteurs nouveaux; mais Rossini est toujours mon homme. Ici marchait la grande Pasta avec ses gestes de statue antique; là gazouillait ce rossignol que Rubini avait dans la gorge; je vois le vieux Garcia avec sa fière tournure, escorté du long nez de Pellegrini; Lablache m'a fait rire, la Malibran pleurer. Eh! que diantre voulez-vous que j'y fasse?

BETTINE.

Je ne vois pas que vous ayez si grand tort. Et moi aussi, j'aime mes souvenirs.

LE MARQUIS.

Est-ce qu'on peut en avoir à votre âge?

BETTINE.

Pourquoi donc pas, monsieur le marquis? Si vos souvenirs sont les aînés des miens, cela n'empêche pas qu'ils ne se ressemblent.

LE MARQUIS.

Bah! les vôtres sont nés d'hier; ce sont des enfants qui grandissent. Vous reviendrez tôt ou tard au théâtre.

BETTINE.

Jamais, cher Stéfani, jamais.

LE MARQUIS.

Mais, voyons, dans ce temps-là n'étiez-vous pas heureuse?

BETTINE.

C'est-à-dire que je ne pensais à rien. Ah! c'est que je n'avais pas aimé.

LE MARQUIS.

Qu'est-ce que vous voulez dire par là?

BETTINE.

Ce que je dis. J'ai été un peu folle, c'est vrai, insouciante, coquette, si vous voulez. Est-ce que ce n'est pas notre droit, par hasard? Mais je ne suis plus rien de tout cela, depuis que j'ai senti mon cœur.

LE MARQUIS.

L'amour vous a rendu la raison! Ah, morbleu! prouvez-nous cela! Mais ce serait à en devenir fou, rien que pour tâcher de se guérir de la sorte. Vous l'aimez donc beaucoup, ce monsieur de... de..., vous ne m'avez pas dit...

BETTINE.

Si je l'aime! ah! mon cher ami, que les mots sont froids, insignifiants, que la parole est misérable quand on veut essayer de dire combien l'on aime! Vous n'avez pas l'idée de notre bonheur, vous ne pouvez pas vous en douter.

LE MARQUIS.

Si fait, si fait, pardonnez-moi.

BETTINE.

C'est tout un roman que ma vie. Ne disiez-vous pas tout à l'heure que vous aviez eu quelquefois l'envie de m'enlever?

LE MARQUIS.

Oui, le diable m'emporte!

BETTINE.

Eh bien! il l'a fait, lui. Figurez-vous, mon cher, quel charme inexprimable! Nous avons tout quitté, nous sommes partis ensemble, en chaise de poste, comme deux oiseaux dans l'air, sans regarder à rien, sans songer à rien; j'ai rompu tous mes engagements, et lui m'a sacrifié toute sa carrière; j'ai désespéré tous mes directeurs...

LE MARQUIS.

Peste! vous disiez bien, en effet, que l'amour vous avait rendue sage.

BETTINE.

Eh! que voulez-vous! quand on s'aime! Nous avons fait le plus délicieux voyage! Imaginez, marquis, que nous n'avons rien vu, ni une ville, ni une montagne, ni un palais, pas la plus petite cathédrale, pas un monument, pas la moindre statue, pas seulement le plus petit tableau!

LE MARQUIS.

Voilà une manière nouvelle de faire le voyage d'Italie.

BETTINE.

N'est-ce pas, marquis? quand on s'aime! Qu'est-ce que cela nous faisait, vos curiosités? Si vous saviez comme il est bon, aimable! Que de soins il prenait de moi! Ah! quel voyage, bonté divine! Moi qui bâillais en chemin de fer, rien que pour aller à Saint-Denis, j'ai fait quatre cents lieues comme un rêve. — Votre Italie! qui veut peut la voir, mais je défie qu'on la traverse comme nous! Nous avons passé comme une flèche, et nous sommes venus droit ici.

LE MARQUIS.

Pourquoi ici, dans cette province?

BETTINE.

Pourquoi?... mais je ne sais trop;... parce qu'il l'a voulu,... parce qu'il avait loué cette campagne... Que vous dirai-je?... Je n'en sais rien... Je serais aussi bien allée autre part,... au bout du monde,... que m'importait? Je me suis arrêtée ici, parce qu'en descendant devant la grille, il m'a dit: Nous sommes arrivés.

LE MARQUIS.

Que ne vous épousait-il à Paris?

BETTINE. Page 215.

Bibl. Charpentier. LIV, 231.

BETTINE.

Sa famille s'y opposait. C'est encore là un des cent mille obstacles...

LE MARQUIS.

Vous ne m'avez pas encore dit son nom.

BETTINE.

Ah, bah! je ne vous l'ai pas dit? C'est qu'il me semble que tout le monde le sait. Il se nomme Steinberg.

LE MARQUIS.

Mais ce n'est pas un nom français, cela.

BETTINE.

Non, mais sa famille habite la France.

LE MARQUIS.

En êtes-vous sûre?

BETTINE.

Oh! il me l'a dit.

LE MARQUIS.

Steinberg! je connais cela. Il me semble même me rappeler certaines circonstances... assez peu gracieuses... Eh, parbleu! c'est lui que je viens de voir ce matin.

BETTINE.

Où cela? Dites. Chez la princesse?

LE MARQUIS.

Précisément, chez la princesse!

BETTINE.

Ah! malheureuse! il y est encore!

LE MARQUIS.

Eh! qu'avez-vous, ma bonne amie?

BETTINE.

Il y est encore, c'est évident; c'est pour cela qu'il ne vient pas. Il y est encore, un jour comme celui-ci! quand tout est prêt, quand le notaire est là, quand je l'attends!... Ah! quel outrage!

LE MARQUIS.

Vous vous fâchez pour peu de chose.

BETTINE.

Pour peu de chose? Où avez-vous donc le cœur? Vous ne ressentez pas l'insulte qu'on me fait? Et cet impertinent valet qui me répond d'un air embarrassé. Calabre! Calabre! où es-tu?

SCÈNE VII

LES PRÉCÉDENTS, CALABRE.

CALABRE.

Me voilà, Madame, me voilà. Vous m'avez appelé?

BETTINE.

Oui, réponds. Pourquoi tout à l'heure as-tu fait l'ignorant quand je t'ai demandé où était ton maître?

CALABRE.

Moi, Madame?

BETTINE.

Oui; essaye donc de me mentir encore, lorsque tu sais qu'il est chez la princesse.

CALABRE.

Ma foi, Madame, je ne savais pas...

BETTINE.

Tu ne savais pas!

CALABRE.

Pardon, je ne savais pas si je devais en instruire madame.

BETTINE.

Ah! on te l'avait donc défendu? Parleras-tu?

CALABRE.

Eh bien! Madame, puisque vous le voulez, je ne vous cacherai rien. Monsieur le baron avait joué hier, il avait perdu sur parole. Il s'était engagé à payer ce matin. Il a voulu, avant toute autre affaire, tenir sa promesse.

BETTINE.

Il avait perdu, mon ami? Ah! mon Dieu! je n'en savais rien. Vous le voyez, marquis, c'était là son secret, c'était là tout ce qu'il me cachait. Et il l'avait dit à Calabre? N'est-ce pas que c'est mal de ne m'en avoir rien dit?

LE MARQUIS.

Je ne vois de sa part, dans tout cela, qu'un excès de délicatesse.

BETTINE.

N'est-ce pas? Oh! c'est que mon Steinberg n'a pas l'âme faite comme tout le monde... Il pourrait pourtant revenir plus vite.

LE MARQUIS.

Une femme qui joue et qui gagne au jeu, et qu'on paye dans les vingt-quatre heures, comme un huissier, croyez-moi, ma chère, ce n'est pas celle-là qu'on aime.

BETTINE.

Mais j'y pense, je me trompe encore. Dis-moi, Calabre, que ne t'envoyait-il porter cet argent?

CALABRE.

Madame, c'est qu'il ne l'avait pas. Il lui fallait aller à la ville le demander à son correspondant.

BETTINE.

Mais j'en avais, moi, de l'argent. Ah! que c'est mal! que c'est cruel! C'est donc une somme considérable?

CALABRE.

Non, Madame, je ne sais pas au juste; mais il m'a dit que cela ne le gênait point.

LE MARQUIS.

Allons, Madame et charmante amie, je vous quitte, je reprends ma course. Je suis heureux de vous voir heureuse. Adieu.

BETTINE.

Mais vous nous reviendrez! Oh! je veux que vous soyez notre ami, d'abord, entendez-vous? notre ami à tous deux! Je prétends vous voir tous les jours, à la mode de notre pays. Où demeurez-vous?

LE MARQUIS.

A trois pas d'ici, à cette maison blanche, là, derrière les arbres.

BETTINE.

C'est délicieux! nous voisinerons.

LE MARQUIS.

Je le voudrais, mais c'est que je pars demain.

BETTINE.

Ah! bah! si vite, c'est impossible! nous ne permettrons jamais cela. Et où allez-vous?

LE MARQUIS.

Je vais à Parme. Vous savez que j'ai là ma famille, et, dans ce moment-ci, je suis absolument forcé...

BETTINE.

Ah, mon Dieu! quel ennui! Vous êtes forcé, dites-vous? Eh bien! tenez, j'aimerais mieux ne pas vous avoir revu du tout. Oui, en vérité, car ce n'est qu'un regret de plus que vous êtes venu m'apporter, et Dieu sait maintenant quand vous reviendrez! Allez! vous êtes un méchant homme! — Mais au moins restez à dîner. Je veux que vous signiez mon contrat.

LE MARQUIS.

Je ne le peux pas, je suis engagé; mais je reviendrai vous faire ma visite d'adieu; et, puisque je ne puis signer votre contrat, je vous enverrai un bouquet de noce.

BETTINE.

Un bouquet?

LE MARQUIS.

Oui.

BETTINE.

Va pour un bouquet.

LE MARQUIS.

Où allez-vous donc, s'il vous plaît?

BETTINE.

Je vous reconduis jusqu'à la grille. Je veux vous garder le plus longtemps possible. Dieu ! que vous êtes ennuyeux! que vous êtes insupportable!

SCÈNE VIII

CALABRE, seul, puis LE NOTAIRE.

CALABRE.

Allons, cela va un peu mieux. Je pense que monsieur le baron rendra cette fois quelque justice à mon intelligence. Ah! mon Dieu! le voilà qui rentre ; il va rencontrer madame avec le marquis ;... et la défense qu'il m'a faite !

Il regarde au balcon.

Non, non! il prend une autre allée; il va du côté du petit bois, comme s'il faisait exprès de les éviter. Serait-il possible? Oui, c'est bien clair; il les a vus, il fait un détour.

LE NOTAIRE.

Monsieur Calabre, les futurs conjoints sont-ils disposés?...

CALABRE.

Non, monsieur Capsucefalo, non, pas encore; dans un instant, dans une minute.

LE NOTAIRE.

Fort bien, Monsieur, je suis tout prêt.

CALABRE.

Plaît-il?

LE NOTAIRE.

Comment?

CALABRE, regardant toujours.

Je croyais que vous disiez quelque chose.

LE NOTAIRE.

Oui, je disais que je suis tout prêt.

CALABRE.

Fort bien. Vous avez encore de la moscatelle?

LE NOTAIRE.

Oui, Monsieur, plus qu'il ne m'en faut.

CALABRE.

A merveille, Monsieur, à merveille. Il est inutile de vous déranger. Je vous avertirai quand il sera temps.

LE NOTAIRE.

Je ne bougerai point, Monsieur, je ne bougerai point d'ici.

SCÈNE IX

CALABRE, STEINBERG

STEINBERG.

C'est donc ainsi qu'on suit mes ordres?

CALABRE.

Monsieur, je puis vous assurer...

STEINBERG.

Quoi! Ne vous avais-je pas dit que je ne voulais pas voir cet homme ici?

CALABRE.

Monsieur, j'ai fait votre commission; mais madame n'en a pas tenu compte.

STEINBERG.

Ce n'est pas possible. Lui avez-vous répété?...

CALABRE.

Tout ce que monsieur m'avait ordonné. J'ai même trouvé une excuse pour justifier l'absence de Monsieur.

STEINBERG.

Quelle excuse as-tu trouvée?

CALABRE.

Monsieur, j'ai dit que vous aviez joué.

STEINBERG.

Comment, malheureux! Et qu'en savais-tu?

CALABRE.

Voilà encore que j'ai eu tort! Je n'avais pas d'autre ressource, Monsieur; vous me l'aviez dit ce matin, et j'ai eu bien soin d'ajouter que c'était peu de chose.

STEINBERG.

Oui, peu de chose! C'était peu ce matin, mais maintenant... Mort et furies! c'est une maison de jeu, c'est un enfer que ce palais!

CALABRE.

Vous avez encore joué, Monsieur? Hélas! je vous l'avais bien dit.

STEINBERG.

Tu me l'avais bien dit, animal! Répète-le donc encore une fois! Y a-t-il au monde une phrase plus sotte et plus inepte que celle-là? et dès qu'il vous arrive malheur, elle est dans la bouche de tout le monde. Mon cheval trébuche en sautant un fossé, je tombe, je me casse la jambe : Nous vous l'avions bien dit, s'écrient ceux qui vous relèvent. Quel doux effort de l'amitié!

CALABRE.

Monsieur, j'ai déjà essayé de prendre la liberté de vous dire que si mes petites économies...

STEINBERG.

Eh, morbleu! tes économies, que diantre veux-tu que j'en fasse?

CALABRE.

J'ai quinze mille francs à moi, Monsieur. Il me semble...

STEINBERG.

Quinze mille francs! La belle avance! Écoute-moi; mais sur ta vie, garde pour toi ce que je vais te dire. Il faut que je parte.

CALABRE.

Vous, Monsieur! Est-ce bien possible?

STEINBERG.

Je n'ai pas autre chose à faire. Cet argent perdu, je ne l'ai pas; il faut que je le trouve, et, pour le trouver, il faut que j'aille à Rome ou à Naples. Je connais là quelques banquiers. Je partirai secrètement, je trouverai un prétexte.

CALABRE.

Et madame, Monsieur, madame ? Elle en mourra.

STEINBERG.

Elle en souffrira. Crois-tu donc que je ne souffre pas moi-même ? C'est avec le désespoir dans l'âme que je m'éloigne de ces lieux ; mais, je le répète, il faut que je parte... ou que je me donne la mort. Ainsi, que veux-tu ? Va dans ma chambre, appelle Pietro et Giovanni, prépare tout... et pas un mot de trop. Tu enverras ensuite à la poste demander des chevaux pour ce soir.

CALABRE.

Et vous ne voulez pas de mes quinze mille francs, Monsieur ?

STEINBERG.

Quinze mille francs ! Il m'en faut cent mille !

SCÈNE X
LES PRÉCÉDENTS, BETTINE.

BETTINE.

Cent mille francs, Steinberg ! Il vous faut cent mille francs ?

STEINBERG.

Qui dit cela, ma chère Bettine ?
Il lui baise la main.
Comment vous portez-vous ce matin ? Vous êtes fraîche comme une rose.

BETTINE.

Il ne s'agit pas de moi, mais de vous. Parlez franchement. Vous avez joué ?

STEINBERG.

Vous avez mal entendu, ma chère.

BETTINE.

Mal entendu, est-ce vrai, Calabre ?

CALABRE.

Moi, Madame ! je ne sais pas...

STEINBERG.

Allez à votre besogne, Calabre. Pour aujourd'hui, c'est assez bavarder.

CALABRE, à part, en sortant.

Bon ! encore une gourmade en passant. Mon Dieu ! tout cela va de mal en pis.

BETTINE. Page 220.

SCÈNE XI
STEINBERG, BETTINE.

BETTINE.

Vous n'êtes pas sincère, mon ami.

STEINBERG.

Je vous dis que vous vous méprenez. Cette somme dont je parlais, c'était dans l'idée d'un changement, d'une fantaisie.

BETTINE.

D'un changement?

STEINBERG.

Oui, à propos d'une terre, d'une terre assez belle avec un palais, qui est à vendre, qui est pour rien, et que vous trouveriez peut-être à votre goût. Nous en causerons plus tard, s'il vous plaît. J'ai quelques ordres à donner.

BETTINE.

Steinberg, vous n'êtes pas sincère.

STEINBERG.

Pourquoi me dites-vous cela?

BETTINE.

Parce que je le vois.

STEINBERG.

Que puis-je vous dire, du moment que vous ne me croyez pas?

BETTINE.

Vous pouvez me dire pourquoi, lorsque je vous ai vu venir de loin dans le jardin, vous étiez pâle, pourquoi vous parliez tout seul, pourquoi vous avez pris l'allée pour nous éviter.

STEINBERG.

J'ai pris l'allée couverte, parce que je ne me souciais pas de vous rencontrer dans la compagnie où je vous voyais.

BETTINE.

Comment! Stéfani! Vous ne le connaissez pas! C'est un ancien ami. Quel motif pourriez-vous avoir?

STEINBERG.

Je n'aime pas les méchants propos. Je ne puis pas toujours m'empêcher d'en entendre; mais je ne les répète jamais.

BETTINE.

Des propos sur quoi? Sur mon compte et sur celui de ce bon marquis?

— Ah! cela n'est pas sérieux... Mais, maintenant je me rappelle... vous l'avez vu chez moi, à Florence....Est-ce là qu'on tenait des *propos?*

STEINBERG.

Peut-être bien.

BETTINE.

Quoi? à Florence! Mais Stéfani venait comme tout le monde. Souvenez-vous donc, j'avais une cour, j'étais reine alors, mon ami; j'avais mes flatteurs et mes courtisans, voire mes soldats et mon peuple, ce brave parterre qui m'aimait tant, et à qui je le rendais si bien... Ingrat! qui, seul dans cette foule, m'étiez plus cher que mes triomphes, et que j'ai appelé entre tous pour mettre ma couronne à vos pieds... vous, Steinberg, jaloux d'un propos, fâché d'une visite que je reçois par hasard! Allons, voyons, c'est une plaisanterie, convenez-en, un pur caprice, ou plutôt, tenez, je vous devine, c'est un prétexte, un biais que vous prenez pour me faire oublier ce que je voulais savoir et vous délivrer de mes questions.

STEINBERG, s'asseyant.

Oh! ma chère Bettine, vous êtes bien charmante, et moi je suis... bien malheureux.

BETTINE.

Malheureux, vous! près de moi! Qu'est-ce que c'est? Vite, dites-moi, de quoi s'agit-il?

STEINBERG.

J'ai tort, je me suis mal exprimé. Vous savez ce que c'est qu'un joueur... eh bien! Bettine, c'est vrai, j'ai joué, et je suis rentré de mauvaise humeur; mais ce n'est rien, rien qui en vaille la peine; n'y pensons plus, pardonnez-moi.

BETTINE.

Ce n'est pas encore bien vrai ce que vous dites là.

STEINBERG.

Je vous demande en grâce d'y croire.

BETTINE.

Vous le voulez?

STEINBERG.

Je vous en supplie.

BETTINE.

Eh bien! j'y crois, puisque cela vous plaît. Calmez-vous, voyons, trêve aux noirs soucis. Éclaircissez-nous ce front plein d'orages. Vous souvenez-vous de cette chanson?

Elle se met au piano et joue la ritournelle d'une romance

STEINBERG, se levant.

Bettine, pas cette chanson-là.

BETTINE.

Pourquoi? vous l'avez faite pour moi en passant à Sorrente, après une promenade en mer. Est-ce parce qu'elle se rattache à ces souvenirs qu'elle a déjà cessé de vous plaire? Elle vous ôtait jadis vos ennuis.

Elle chante.

> Nina ton sourire,
> Ta voix qui soupire,
> Tes yeux qui font dire
> Qu'on croit au bonheur, —
> Ces belles années,
> Ces douces journées,
> Ces roses fanées,
> Mortes sur ton cœur...

STEINBERG, à part, tandis que Bettine joue sans chanter.

Pourrais-je jamais l'abandonner? et pour qui? grand Dieu! par quelle infernale puissance me suis-je laissé subjuguer?

BETTINE.

A quoi rêvez-vous donc, Monsieur? est-ce que c'est poli, ce que vous faites-là?... il me semble que je me trompe,... je ne me rappelle pas bien,... venez donc...

STEINBERG, se rapprochant du piano et chantant.

> Nina, ma charmante,
> Pendant la tourmente,
> La mer écumante
> Grondait à nos yeux :
> Riante et fertile,
> La plage tranquille
> Nous montrait l'asile
> Qu'appelaient nos vœux!

ENSEMBLE.

> Aimable Italie,
> Sagesse ou folie,
> Jamais, jamais ne t'oublie
> Qui t'a vue un jour!
> Toujours plus chérie,
> Ta rive fleurie
> Toujours sera la patrie
> Que cherche l'amour.

STEINBERG.

Mon amie, écoutez-moi. Cette chanson, ces paroles du cœur, ces souvenirs me pénètrent l'âme, me rendent à moi-même... Non, tant d'amour ne sera point un rêve! tant d'espoir de bonheur ne sera point un mensonge! j'en fais le serment à vos pieds.

Il se met à genoux.

Je viens de me montrer jaloux sans motif, mais je vous ai donné souvent trop de raisons de l'être...

BETTINE.

Ne parlons pas de cela, Steinberg.

STEINBERG, se levant.

J'en veux parler, je suis las de feindre, de me contraindre, de me sentir indigne de vous. Mes visites chez la princesse vous ont coûté des larmes, je le sais...

BETTINE.

Charles !

STEINBERG.

Je ne veux plus la voir, je ne veux plus entendre parler d'elle. Vivons chez nous, en nous, pour nous, et que l'univers nous oublie à son tour ! Le notaire est là, n'est-ce pas ? Eh bien ! Bettine, signons à l'instant même. Les témoins ne sont pas arrivés ? Je sais bien pourquoi, et je vous le dirai. Prenez la première voisine venue, et moi, morbleu ! je prendrai Calabre. Que je sois votre mari, et advienne que pourra ! Je répète, avec le vieux proverbe : Celui qui aime et qui est aimé est à l'abri des coups du sort !

SCÈNE XII

LES PRÉCÉDENTS, CALABRE.

CALABRE, entrant avec une lettre et une boîte.

On apporte cette lettre pour monsieur le baron.

STEINBERG.

Eh, que diantre ! est-ce donc si pressé ?

CALABRE.

Oui, Monsieur ; l'homme qu'on envoie a dit qu'on attendait la réponse.

STEINBERG.

Voyons ce que c'est.

Il prend la lettre.

CALABRE, donnant la boîte à Bettine.

Ceci est pour Madame.

STEINBERG, après avoir lu précipitamment la lettre.

Calabre !

CALABRE.

Monsieur.

STEINBERG.

Qui est-ce qui est là ?

CALABRE.

Monsieur, c'est un homme... de là-bas...

STEINBERG.

De chez la princesse ? Où est-il cet homme.

CALABRE.

Là, dans l'antichambre.

STEINBERG.

Je vais lui parler.

SCÈNE XIII

BETTINE, CALABRE.

BETTINE.

Qu'arrive-t-il encore, mon ami ? As-tu remarqué, en ouvrant cette lettre, comme il a changé de visage ? Est-ce encore un nouveau malheur ? Ah ! cette femme nous fait bien du mal.

CALABRE.

La lettre n'est pas d'elle, Madame; c'est un de ses gens qui l'a apportée, mais ce n'est pas son écriture.

BETTINE.

Son écriture, hélas ! excepté moi, tout le monde la connaît donc dans cette maison ?

CALABRE, *désignant la boîte.*

Ceci, Madame, vient de la part du marquis.

BETTINE.

Ah ! je n'y pensais plus.
Elle ouvre la boîte.
Des diamants !

CALABRE.

Il y a un petit billet.

BETTINE.

Elle lit :
« Vous m'avez permis, belle dame, de vous envoyer un bouquet de noce... »
Ah ! ciel ! j'entends la voix de Steinberg; il parle avec une violence ! L'entends-tu, Calabre ? Il revient ici... Garde cet écrin, il ne faut pas qu'il

le voie, pas maintenant, et dis-moi vite, avant qu'il vienne, combien a-t-il perdu?

CALABRE.

Ah! Madame, il m'est impossible...

BETTINE.

Il faut que je le sache, il faut que tu parles, quand tu serais lié par mille serments! Faut-il te le demander à genoux?

CALABRE.

Ah! ma chère dame!

BETTINE.

Est-ce cent mille francs?

CALABRE, à voix basse.

Eh bien! oui.

SCÈNE XIV

LES PRÉCÉDENTS, STEINBERG.

STEINBERG, à Calabre.

Que faites-vous là? retirez-vous.
Calabre sort.

BETTINE.

Vous paraissez ému, Steinberg; cette lettre semble vous avoir... contrarié.

STEINBERG.

Pas le moins du monde. — Qu'est-ce donc que cette boîte que l'on vient de vous envoyer?

BETTINE,

Une bagatelle. — Dites-moi, mon ami, tout à l'heure...

STEINBERG.

Une bagatelle! mais enfin quoi?

BETTINE.

Mon Dieu, ce n'est pas un mystère... c'est un cadeau de Stéfani.

STEINBERG.

Ah! un cadeau? et à quel propos?

BETTINE.

A propos... de notre mariage.

STEINBERG.

Un cadeau de noce!... Est-il votre parent?

BETTINE.

Non, mais, je vous l'ai dit, c'est un ancien ami.

STEINBERG.

Et les anciens amis font aussi des présents? Je ne connaissais pas cet usage. Voyons cette boîte, si vous le voulez bien.

BETTINE.

Elle n'est pas là, on l'a portée chez moi. Mais, mon ami, ne me ferez-vous pas la grâce de me dire ce que cette lettre...

STEINBERG.

Voulez-vous que j'appelle votre femme de chambre?

BETTINE.

Pourquoi?

STEINBERG.

Pour voir ce cadeau. Vous savez que je suis un connaisseur.

BETTINE.

Je me trompais... Cet écrin n'est pas chez moi... Calabre, je crois, l'a gardé.

STEINBERG.

Ah! si c'est un objet de prix, la précaution est fort sage.
Appelant.
Calabre! holà! Calabre! où êtes-vous donc?

SCÈNE XV

LES PRÉCÉDENTS, CALABRE.

CALABRE.

Monsieur...

STEINBERG.

Où êtes-vous donc quand j'appelle?

CALABRE.

Monsieur, j'étais dans votre appartement. Vous vous rappelez sans doute les ordres...

STEINBERG.

Il n'est pas question de cela.

BETTINE.

Calabre, avez-vous l'écrin que je viens de vous confier?

BETTINE. Page 231.

CALABRE.

Oui, Madame.

BETTINE.

Donnez-le-moi
Elle le remet à Steinberg.

STEINBERG, ouvrant l'écrin.

Ce sont de fort beaux diamants. Peste! un bouquet de fleurs en brillants, mêlés de rubis et d'émeraudes! c'est tout à fait galant! — Il y a un mot d'écrit.

BETTINE.

Vous pouvez le lire.

STEINBERG.

A Dieu ne plaise! ma curiosité ne va pas jusque-là.

BETTINE.

Je vous en prie; je ne l'ai pas lu.

STEINBERG.

Vraiment? Puisque vous le voulez...
Il lit :

« Vous m'avez permis, belle dame, de vous envoyer un bouquet de noce. Si je devais rester longtemps dans ce pays, je vous enverrais des fleurs qui lorsqu'elles seraient fanées, se remplaceraient aisément; mais, puisque ma mauvaise étoile me défend de vivre près de vous, laissez-moi vous offrir, je vous le demande en grâce, quelques brins d'herbe un peu moins fragiles. Puisse ce souvenir d'une vieille amitié vous en rappeler parfois quelques autres que pour ma part je n'oublierai jamais. — J'aurai l'honneur de vous voir ce soir. »

C'est à merveille! Monsieur Calabre, avez-vous fait demander des chevaux?
Il pose l'écrin sur une table.

CALABRE.

Pas encore, Monsieur; je pensais...

STEINBERG.

Combien de fois faut-il donc que je parle pour qu'on m'entende? Que Pietro parte sur-le-champ.

BETTINE.

Des chevaux, Steinberg! pourquoi faire?

STEINBERG.

Il faut que j'aille à la ville. Hâtez-vous, Calabre.

BETTINE.

Un instant encore! Ne se pourrait-il?...

STEINBERG.

A qui obéit-on ici?
Calabre s'incline et va pour sortir.

BETTINE.

Charles, je sais votre secret! Je ne voulais vous en rien dire. J'aurais désiré que la confidence m'en vînt de votre part; mais vous voulez partir... Pourquoi?

STEINBERG.

Vous savez tout, dites-vous, et vous le demandez! Il paraît qu'il y a ici une inquisition dans les règles, et qu'on s'inquiète fort de mes intérêts; mais il semble aussi que M. Calabre conserve plus discrètement ce que vous lui confiez qu'il ne sait respecter mes ordres.

CALABRE.

Monsieur, je vous jure sur mon âme...

STEINBERG.

Je ne vous interroge pas. — Et moi aussi je voulais garder le silence; mais puisque vous avez voulu tout savoir, eh bien! Madame, soyez satisfaite! Oui, j'ai agi imprudemment; oui, ma parole est engagée; ma fortune, déjà compromise, est aujourd'hui à peu près perdue. Cette lettre vient d'un créancier qui m'annonce tout d'un coup un voyage, qui prétexte un départ subit pour me demander de l'or, comme votre marquis pour vous en donner.

BETTINE.

Bonté divine! perdez-vous la raison?

STEINBERG.

Non, pas. Croyez-vous, s'il vous plaît, que je ne sache pas par cœur ces finesses, ces artifices de comédie, ces petites ruses de coulisse? Supposer qu'on s'en va pour se faire retenir! accompagner cela d'un présent bien solide, afin qu'on sente tout ce qu'on va perdre! voilà qui est nouveau, voilà qui est merveilleux! Mais il faudrait, pour n'y pas voir clair, n'avoir jamais mis le pied dans le foyer d'un théâtre, n'avoir jamais connu vos pareilles!

BETTINE.

Mes pareilles, Steinberg? — Vous voulez m'offenser. Vous n'y parviendrez pas, je vous en avertis, car ce n'est pas vous qui parlez. Si vos ennuis vous rendent injuste, le plus simple est d'en détruire la cause. Écoutez-moi. Je n'ai pas, bien entendu, cent mille francs dans mon tiroir; mais Filippo Valle, notre correspondant, les a pour moi. Il n'y a qu'à les faire prendre à la ville, et vous les aurez dans une heure.

STEINBERG.

Je n'en veux pas.

BETTINE.

Signons notre contrat; dès cet instant, vous êtes mon mari.

STEINBERG.

Jamais !

BETTINE.

Vous le vouliez tout à l'heure.

STEINBERG.

Jamais, jamais à un tel prix !

BETTINE.

A un tel prix !... Ah ! vous ne m'aimez plus.

STEINBERG.

Il ne s'agit pas d'amour dans une question d'argent. Et qu'arriverait-il si je cédais ? Vous seriez ridicule, et moi méprisable.

BETTINE.

Ce ridicule me ferait rire, et ce mépris me ferait pitié.

STEINBERG.

Ririez-vous aussi de votre ruine ?

BETTINE.

Je ne la crains pas. Si la pauvreté ne vous est pas insupportable, elle n'a rien que je redoute. Si elle vous effraye, eh bien ! je ne suis pas morte et ce que j'ai fait peut se recommencer.

STEINBERG.

Remonter sur la scène, n'est-il pas vrai ? C'est là votre secret désir, d'autant plus vif que vous savez bien que je n'y saurais consentir.

BETTINE.

Mon ami...

STEINBERG.

Brisons là, je vous en prie... Je n'ajouterai qu'un seul mot : j'étais prêt à vous épouser lorsque je croyais pouvoir vous assurer une existence honorable et libre ; maintenant je ne le puis plus.

BETTINE.

Pourquoi cela ? où est le motif ?

STEINBERG.

Où est le motif ? Et mon nom ? et ma famille ? et mes amis ? et le monde...

BETTINE.

Ah! voilà l'obstacle.

STEINBERG.

Oui, le voilà, comprenez-le donc; oui, c'est le monde qui nous sépare, le monde, dont personne ne peut se passer, qui est mon élément, qui est ma vie, dont je n'attends rien, dont j'ai tout à craindre, mais que j'aime par-dessus tout; le monde, l'impitoyable monde, qui nous laisse faire, nous regarde en souriant, qui ne nous préviendrait pas d'un danger, mais qui, le lendemain d'une faute, se ferme devant nous comme un tombeau.

BETTINE.

Je ne croyais pas le monde si méchant.

STEINBERG.

Il ne l'est pas du tout, Madame. Il a raison dans tout ce qu'il fait. C'est incroyable ce qu'il pardonne, et comme il vous soutient, comme il vous défend, par respect pour lui-même, dès l'instant qu'on en est, tant que vous vous conformez à ses lois, les plus douces, les plus praticables et les plus indulgentes qu'on puisse imaginer; mais malheur à qui les transgresse! Malheur à qui brave cette impunité, à qui abuse de cette indulgence! Il est perdu, il n'a rien à dire, et cette affable cruauté, cette sévère patience, qui ne frappe que lorsqu'on l'y force, n'est que justice.

BETTINE.

Ainsi, vous partez?

STEINBERG.

Et que voulez-vous donc? De quel front, de quel visage irais-je subir ce rôle d'un mari qui vit d'une fortune qui n'est pas la sienne, et promener par toute l'Italie une femme que je ne ferais que suivre, avec mon nom sur son passeport et mes armes sur sa voiture? Encore faudrait-il, si, par impossible, on consentait à pareille chose, encore faudrait-il que cette femme fût digne d'un tel sacrifice!

BETTINE.

Est-ce bien là le motif, Steinberg?

STEINBERG.

Je sais donc bien mal me faire comprendre.
Montrant l'écrin.
Eh bien! le motif, le voilà.
Il sort.

SCÈNE XVI
BETTINE, CALABRE.

BETTINE.

Calabre.

CALABRE.

Madame.

BETTINE.

Je suis perdue.

CALABRE.

Patience, Madame, il ne faut pas croire...

BETTINE.

Je suis perdue, perdue à jamais.

CALABRE.

Non, madame, je vous le répète, il ne faut pas croire que monsieur le baron vous ait dit là son dernier mot, ni même qu'il ait parlé sincèrement ; non, c'est impossible. Il changera de langage quand son dépit sera calmé, car ce n'est pas contre vous qu'il peut être irrité ; il reviendra, Madame, il va revenir.

BETTINE, *regardant au balcon.*

Le voilà qui part.

CALABRE.

Est-ce possible ?

BETTINE.

Tu ne le vois pas ? Il part seul, à pied. Où va-t-il ? Sans doute à la ville. Cours après lui, Calabre, retiens-le... Ah! le cœur me manque.

CALABRE.

J'y vais, Madame, je vous obéis... Mais permettez du moins...

BETTINE.

Non! arrête! laisse-le partir; mais il faut que tu partes aussi. Il faut que tu sois avant lui à la ville. Te sens-tu la force de prendre la traverse par le chemin de la montagne?

Elle va à la table et écrit.

CALABRE.

Pour vous, Madame, je monterais au Vésuve.

BETTINE.

Il n'y a que toi qui puisses faire ma commission. Filippo Valle te connaît. — Et toi, connais-tu la personne à qui Steinberg doit ce qu'il a perdu ?

CALABRE.

L'homme qui a apporté la lettre m'a dit que c'était le comte Alfani.

BETTINE.

Voici un mot pour Valle. Il doit avoir à moi, chez lui, la somme nécessaire. Il faut qu'il l'envoie sur-le-champ à cet Alfani, et qu'il fasse dire que c'est la princesse qui prête cet argent à Steinberg,

CALABRE.

Comment, Madame, vous voulez...

BETTINE.

Oui. Il ne m'aime plus assez pour accepter de moi un service ; mais, croyant qu'il vient d'elle, il n'osera pas refuser. Allons, Calabre, dépêche-toi ; nous n'avons pas de temps à perdre.

CALABRE.

Mais, Madame, pensez donc que cette somme est considérable, et que vous disiez ce matin même au notaire que votre fortune ne l'était guère...

BETTINE.

C'est bon, c'est bon. Ne t'inquiète pas.

UN DOMESTIQUE, entrant.

Monsieur le marquis Stéfani demande si Madame veut le recevoir.

BETTINE.

Stéfani !

Après un silence.

Oui, sans doute, qu'il vienne. Allons, Calabre, tu n'es pas parti ?

CALABRE.

Hélas ! Madame...

BETTINE.

Ne t'inquiète pas, te dis-je. Je t'ai entendu tantôt, il me semble, offrir quinze mille francs à ton maître ?

CALABRE.

Oui, Madame, et s'il se pouvait....

BETTINE.

En possèdes-tu beaucoup davantage ?

CALABRE.

Je ne dis pas ; mais dans un cas pareil...

BETTINE.

Et tu ne veux pas que je fasse ce que tu voulais faire ? Va, Calabre, va, mon vieil ami, — et quand je serai ruinée, tu me feras tes offres, à moi, et j'accepterai.

CALABRE.

Je vais prendre le vieux cheval de chasse. Il a encore le jarret ferme, et moi aussi, quoi qu'on en dise. Je serai bientôt parti et revenu. Ah! si M. de Steinberg a du cœur, il sera dans un quart d'heure à vos pieds!

BETTINE.

Va, ne me fais pas penser à cela.

SCÈNE XVII

BETTINE, LE MARQUIS, entrant à droite pendant que Calabre sort à gauche.

BETTINE, à part.

C'est pourtant bien là ce que j'espère!

LE MARQUIS.

Voilà une action généreuse, ma chère, digne en tout point de vous, mais elle a son danger.

BETTINE.

C'est vous, Stéfani? De quoi parlez-vous?

LE MARQUIS.

Eh! de ce que vous venez de faire.

BETTINE.

Étiez-vous là? M'auriez-vous écoutée?

LE MARQUIS.

Non, Dieu m'en garde! mais j'ai entendu.

BETTINE.

Marquis!

LE MARQUIS.

Ne vous fâchez pas, de grâce, ne vous défendez pas non plus. Je venais vous voir tout bonnement, comme je vous l'avais dit, pour vous faire mes adieux. Il n'y avait personne à la salle basse, ni personne dans la galerie. J'attendais, devant vos tableaux, qu'il vînt à passer quelqu'un de vos gens, lorsque votre voix est venue jusqu'à moi. Je n'ai pas tout saisi au juste, mais j'ai bien compris à peu près. Vous payez une petite dette et vous ne voulez pas qu'on le sache. Vous vous cachez même sous le nom d'une autre; — c'est bien vous, cela, Élisabeth. Seriez-vous blessée de ce qu'une fois de plus j'ai eu la preuve de tout ce que votre âme renferme de délicatesse et de générosité?

BETTINE. Page 240.

BETTINE.

Mais... est-ce qu'il y a longtemps que vous êtes là ?

LE MARQUIS.

Non, il n'y a pas plus de deux minutes, et je vous le dis, j'ai compris vaguement. Comme je mettais le pied sur l'escalier, j'ai aperçu votre monsieur de... Steinberg, qui s'en allait par le jardin. Il ne m'a pas rendu mon salut. Est-ce que je lui ai fait quelque chose ?

BETTINE.

Plaisantez-vous ? Il vous connaît à peine.

LE MARQUIS.

Vous pourriez même dire pas du tout.

BETTINE.

Il ne vous aura sûrement pas vu. Il était très préoccupé.

LE MARQUIS.

Oui,... je comprends bien ;... cet argent perdu, pas vrai ? ce jeune homme-là joue trop gros jeu.

BETTINE.

Oui.

LE MARQUIS.

Oui, et il ne sait pas jouer.

Bettine s'assied pensive.

Il ne faut pas croire que le lansquenet, tout bête qu'il est, soit du pur hasard. Il y a manière de perdre son argent. Je sais bien qu'à tout prendre, c'est un jeu aussi savant que pile ou face ou la bataille. L'indifférent qui regarde n'en voit pas davantage ; mais demandez à celui qui touche aux cartes si elles ne lui représentent que cela. Ces petits morceaux de carton point ne sont pas seulement pour lui rouges ou noirs ; ils veulent dire heur ou malheur. La fortune, dès qu'on l'appelle, peu importe par quel moyen, accourt et voltige autour de la table, tantôt souriante, tantôt sévère ; ce qu'il faut étudier pour lui plaire, ce n'est pas le carton peint ni les dés, ce sont ses caprices, ce sont ses boutades, qu'il faut pressentir, qu'il faut deviner, qu'il faut savoir saisir au vol... Il y a plus de science au fond d'un cornet que n'en a rêvé d'Alembert.

BETTINE.

Vous parlez en vrai joueur, marquis. — Est-ce que vous l'avez été ?

LE MARQUIS.

Oui, et joueur assez heureux, parce que j'étais très hardi quand je gagnais, et, dès que la fortune me tournait le dos, cela m'ennuyait.

BETTINE.

On dit que cette passion-là ne se corrige jamais.

LE MARQUIS.

Bon ! comme les autres. Mais je suis là à bavarder... Je ne voulais que vous baiser la main, et je me sauve, car j'importunerais...

BETTINE.

Non, Stéfani, restez, je vous en prie. Puisque vous savez à peu près mes secrets, nous n'en dirons rien, n'est-ce pas ? Et vous me pardonnerez si je suis distraite. — Le chagrin n'est jamais aimable.

LE MARQUIS.

Celui que vous avez est bien mieux que cela : il est estimable, et il vous honore. Je connais des gens qui rendent service comme l'ours de la fable avec son pavé. Ils se font prier, ils vous marchandent, et, lorsqu'ils vous croient suffisamment plein d'une reconnaissance éternelle, ils vous assomment d'un affreux bienfait. Ils détruisent ainsi tout le vrai prix des choses, la bonne grâce d'une bonne action. Vous n'avez pas de ces façons-là, ma chère, et votre main est plus légère encore lorsqu'elle obéit à votre cœur que lorsqu'elle court sur ce piano pour exprimer votre pensée.

BETTINE.

Asseyez-vous donc, je vous en supplie.

LE MARQUIS, s'asseyant.

A la bonne heure, pourvu que vous me promettiez, une minute avant que je sois de trop, d'être assez de mes amis pour me mettre à la porte.

BETTINE.

De vos amis, marquis ? A propos, savez-vous bien que vous m'avez envoyé un bouquet magnifique, mais à tel point que je ne l'accepterais certainement de personne au monde, excepté vous.

LE MARQUIS.

Il n'y a ni perle ni diamant qui vaille une telle parole échappée de vos lèvres. — Mais il y a quelque chose qui me tracasse. — Laissez-moi vous faire une seule question. Est-ce que, dans ces affaires-là, vous ne prenez pas vos précautions ?

BETTINE.

Quelles précautions ?

LE MARQUIS.

Mais, dame ! une signature, une hypothèque, une garantie.

BETTINE.

Je n'entends rien à tout cela.

LE MARQUIS.

Vous avez tort, morbleu ! vous avez tort.

BETTINE.

C'était donc là ce qui vous faisait dire, en entrant, qu'il y avait un danger pour moi?

LE MARQUIS.

Précisément.

BETTINE.

Expliquez-vous donc.

LE MARQUIS.

C'est que cela est fort délicat, et puis j'augmenterais vos inquiétudes.

BETTINE.

Le vrai moyen de les augmenter, c'est de ne parler qu'à demi.

LE MARQUIS.

Vous avez raison, et j'ai tort. N'en parlons plus; prenez que je n'ai rien dit.

Il se lève.

BETTINE.

Non pas, car je comprends vos craintes... Vous connaissez la princesse?

LE MARQUIS.

Eh! oui, eh oui! je la connais.

BETTINE.

La croyez-vous capable d'une mauvaise action?

LE MARQUIS.

Eh! je n'en sais rien.

BETTINE.

Mais je dis,... d'une perfidie,... d'une noirceur...

LE MARQUIS.

Eh! qui en répondrait?

BETTINE.

Stéfani, vous m'épouvantez. Écoutez-moi : vous m'avez vue ce matin presque jalouse de cette femme.

LE MARQUIS.

Vous l'étiez bien un peu tout à fait.

BETTINE.

Oui, par instants; mais vous savez ce que c'est, mon ami : — on croit douter des gens qu'on aime, on les accable de reproches, on les appelle parjures, infidèles;... au fond de l'âme on n'en croit pas un mot, et pendant que la bouche accuse, le cœur absout. N'est-ce pas vrai?

LE MARQUIS.

Sans doute. Eh bien? ma chère Bettine...

BETTINE.

Eh bien, marquis, sincèrement, je n'ai jamais pensé, je n'ai jamais cru possible qu'il aimât cette femme. Cette horrible idée me vient maintenant. Vous l'avez vu chez elle, qu'en pensez-vous?

LE MARQUIS.

Bon Dieu, ma belle, que demandez-vous là? On ne voit pas les cœurs, comme dit Molière. Franchement, d'ailleurs, je n'en crois rien.

BETTINE.

Que voulait dire alors ce danger dont vous me parliez ?

LE MARQUIS.

Ah! c'est qu'il y a princesse et princesse, comme il y a fagot et fagot.

BETTINE.

Et vous croyez que celle-ci...

LE MARQUIS.

Elle me fait tant soit peu l'effet de n'être pas de bien bonne fabrique, et d'avoir été achetée de hasard.

BETTINE.

S'il en est ainsi...

LE MARQUIS.

Je n'en suis pas sûr ; mais je conviens qu'il m'est pénible de voir le sort d'une personne comme vous entre les mains d'une femme comme elle.

BETTINE.

Je ne saurais croire que Steinberg...

LE MARQUIS.

Puisse vous tromper? Je suis de votre avis. Eh! palsambleu! s'il ne vous adore pas, je le plains bien sincèrement. Tenez, on vient, c'est lui, je me retire. Non, ce n'est pas lui, c'est son valet de chambre.

SCÈNE XVIII
LES PRÉCÉDENTS, CALABRE.

BETTINE.

Eh bien ! Calabre, qu'as-tu fait?

CALABRE.

Tout ce que vous m'aviez dit, Madame.

BETTINE.

L'argent est payé?

CALABRE.

Oui, Madame.

BETTINE.

As-tu vu Steinberg?

CALABRE.

Hélas! oui.

BETTINE.

Que t'a-t-il dit?

CALABRE.

Voici une lettre.

BETTINE, après avoir lu vite.

Ah! c'est très bien,... parfaitement bien,... c'est à merveille.
Elle tombe évanouie sur un fauteuil.

CALABRE.

Madame! Madame!...

LE MARQUIS.

Qu'y a-t-il donc?

CALABRE.

Veillez sur elle, Monsieur, je vais chercher ce qu'il faut.

LE MARQUIS, tirant un flacon.

Ce flacon suffira. Qu'êtes-vous donc venu lui annoncer?

CALABRE.

Ah! Monsieur, c'est horrible à dire!... Il est parti avec la princesse.

LE MARQUIS.

Parti! — La voici qui rouvre les yeux. Il faut lui ôter cette lettre...
Il va pour prendre la lettre que Bettine tient à la main.

BETTINE.

Non, non!... oh! ne m'ôtez pas cela... Où suis-je donc? J'ai fait un rêve. C'est vous, marquis? Je vous demande pardon.

LE MARQUIS.

Restez en repos; ne vous levez pas.

BETTINE.

Ah! malheureuse! je me souviens. Il est parti; n'est-ce pas, Calabre? Savez-vous cela, Stéfani? — Il est parti avec cette femme! Tenez, lisez cette lettre, lisez-la tout haut.

LE MARQUIS.

Je sais tout, ma chère.

BETTINE.

Ah! vraiment? Cette nouvelle est-elle déjà connue? Suis-je déjà la fable de la ville? Sans doute il y a du plaisant dans cette aventure, elle fournira matière à la gaieté publique ; mais comment oseraient-ils rire de moi, avant de savoir ce que je vais faire? Tout n'est pas fini, et apparemment j'ai aussi le droit de dire mon mot dans cette comédie.

LE MARQUIS.

Personne ne se rira de vous. Il n'y a rien de moins plaisant que de voler l'argent du prochain.

BETTINE, s'animant par degrés.

Voler! qui parle d'une chose pareille? Cette somme dont j'ai disposé, je l'ai donnée volontairement, j'ai supplié qu'on l'acceptât. J'ai été obligée d'employer la ruse pour vaincre un refus obstiné. Il est vrai que mon stratagème n'a pas tourné à mon avantage ; mais qui peut dire que je m'en repente? Si c'est de cela que vous me plaignez, vous me supposez un singulier chagrin.
Elle se lève.

LE MARQUIS.

Je ne sais pas quelle est la somme, mais il paraît que ce n'est pas peu de chose.

BETTINE.

Eh! que m'importe? Quelle étrange idée vous faites-vous donc des personnes mêmes que vous prétendez estimer, si vous ne voyez ici qu'une affaire d'intérêt? Ah! que Steinberg fût revenu à moi, est-ce que le reste comptait pour quelque chose? Mais c'est ainsi que juge le monde. — Un amour trompé, qu'est-ce que cela? Une femme qu'on abandonne, un serment qu'on trahit, un lien sacré qu'on brise, ce ne sont que des bagatelles! cela se voit tous les jours, cela se raconte, cela égaye la bonne compagnie ! mais qu'il s'agisse de quelques écus de moins, de quelques misérables poignées de jetons qu'on aura perdus par hasard, oh ! alors chacun vous plaindra, et votre souffrance pécuniaire sera l'objet d'une pitié sordide, à faire monter la rougeur au front.

LE MARQUIS.

Votre chagrin est cause, Bettine, que vous adressez mal vos reproches.

BETTINE.

Oui, mon ami, vous avez raison. Je sais qui vous êtes, je vous offense ; mais ce que j'éprouve est si affreux, qu'il faut me pardonner ce que je puis dire, car je n'en sais rien, je suis au fond d'un abîme. Tenez, Stéfani, lisez-moi cela. Lisez tout haut, je vous en prie.

LE MARQUIS, lisant.

« Ma chère Bettine,

« Bien que vous ayez agi sans mon consentement, je suis obligé de vous remercier de ce que vous venez de faire pour moi... »

BETTINE.

Obligé de me remercier!

LE MARQUIS, continuant.

« Mais vous comprenez que mon premier soin doit être de chercher les moyens de vous rendre la somme que vous avez bien voulu m'avancer... »

BETTINE.

On n'écrirait pas mieux à un homme d'affaires.

LE MARQUIS, de même.

« Le projet que nous avions formé ne pouvant plus se réaliser, les convenances mêmes semblent s'opposer à ce que je demeure plus longtemps près de vous... »

BETTINE.

Que dites-vous de cela, marquis?

LE MARQUIS, de même.

« Je vais donc quitter ce pays. Une personne de nos amies... »

BETTINE.

Quelle audace!

LE MARQUIS, de même.

« ... De nos amies part maintenant pour Rome, et m'offre de l'accompagner. Je sais, du reste, que je ne vous laisse pas seule... »

BETTINE.

Continuez, continuez.

LE MARQUIS, de même.

« Et que je puisse revenir ou non, vous pouvez compter, chère Bettine, que vous recevrez bientôt de mes nouvelles.

« STEINBERG. »

BETTINE.

Steinberg! Que le monde prononce ton nom quand il voudra parler d'un ingrat!

LE MARQUIS.

Il est certain que tout cela n'est pas beau. En vérité, cela demanderait vengeance.

BETTINE.

Vengeance! ah! oui, n'en doutez pas. Mais quelle vengeance puis-je

BETTINE. Page 247.

trouver? Vous parlez en homme, Stéfani, et vous ressentez en homme un affront. Vous-même, cependant, que pouvez-vous faire quand vous avez un ennemi? Que pouvez-vous de plus que de le tuer? Vous croyez vous venger ainsi... Ah! mon ami, pour un cœur honnête, il y a des maux plus affreux que la mort; mais pour un lâche, ce qu'il y a de plus terrible, c'est la mort, qui n'est rien.

LE MARQUIS.

Je gagerais que cette lettre impertinente n'est pas entièrement du fait de votre baron. Il y a de la femme là dedans, — c'est un monstre à deux têtes, — car enfin quelle nécessité de vous avertir qu'il ne s'en va pas seul? La lâcheté est de lui, l'insulte est féminine.

BETTINE.

Je l'ai senti comme vous. Il le sait bien aussi, et il a voulu mettre entre nous une barrière infranchissable. Il craignait que je voulusse le suivre, il avait peur de mon pardon, et il a pris ce moyen de l'éviter; il savait que, lorsqu'une femme frappe le cœur d'une autre, elle rend toute espèce de retour impossible, et que la blessure ne se guérit pas. O perfide! le jour même qui était fixé, qu'il avait choisi pour notre mariage!... Hier au soir, il fallait voir comme il savait dissimuler! Il semblait, dans son impatience, souffrir d'attendre qu'il fît jour. O ciel! c'est moi qu'on joue ainsi! mon âme loyale ainsi traitée! Vous me connaissez, marquis, n'est-ce pas? Eh bien! j'ai combattu mon caractère trop vif, j'ai plié mon orgueil, afin de supporter ce qui me révoltait souvent, mais du moins ce que je croyais fait sans fausseté, sans dessein de nuire. Maintenant, je te vois tel que tu es, traître, et tu déchires mon cœur et mon honneur!

LE MARQUIS.

Ah çà! je pense à un mot de cette lettre. Lorsqu'il vous dit qu'il ne vous laisse pas seule, qu'est-ce qu'il entend par ces paroles? Est-ce donc que Calabre reste auprès de vous?

CALABRE.

Oh! non, Monsieur, cela signifie autre chose.

BETTINE.

Tais-toi, Calabre!

LE MARQUIS.

Pourquoi donc? — Est-ce une indiscrétion que je viens de commettre?
<small>Bettine ne répond pas. Calabre fait un signe au marquis, et lui montre l'écrin qui est sur la table.</small>

LE MARQUIS.

Je ne comprends pas. Que veux-tu dire à ton tour?

CALABRE.

Madame me défend de parler.

BETTINE.

Parle si tu veux.

LE MARQUIS, se levant et allant à la table.

Ceci pique fort ma curiosité. Qu'y a-t-il donc, monsieur Calabre?

CALABRE.

Eh bien! Monsieur, puisqu'on me permet de le dire, c'est que cet écrin est cause en partie de tout ce qui arrive.

LE MARQUIS.

Vous voulez badiner, sans doute?

CALABRE.

Pas le moins du monde. Monsieur le baron a fait des reproches horribles à madame d'avoir accepté ces bijoux.

LE MARQUIS.

Mais cela n'a pas le sens commun!

CALABRE.

Et ce matin, Monsieur, s'il faut ne vous rien taire, j'étais chargé moi-même de dire à Madame qu'elle eût à ne vous point recevoir.

LE MARQUIS.

Ah çà! cela a l'air d'un rêve... Est-ce que c'est vrai, Bettine, ce qu'on me raconte là?

BETTINE.

Très vrai.

LE MARQUIS.

Mais cela tient du prodige. A propos de quoi cette querelle d'Allemand? ce ne pouvait être qu'un méchant prétexte dont il avait besoin pour se fâcher.

CALABRE.

Oh! mon Dieu oui, Monsieur, pas autre chose.

LE MARQUIS.

J'entends. Mais quelle bizarre idée!

CALABRE.

C'est que monsieur le marquis venait voir souvent Madame, du temps qu'elle était à Florence, et monsieur le baron s'est imaginé...

LE MARQUIS.

Quelque sottise.

CALABRE.

Il s'est persuadé, en vous voyant arriver ici, que vous allez recommencer à faire votre cour à Madame.

LE MARQUIS.

Eh bien!

CALABRE.

Et cela l'a fâché.

LE MARQUIS.

C'est malheureux. Quoi! il va l'épouser, et voilà le cas qu'il sait faire d'elle? Mais c'est un drôle que ce monsieur.

BETTINE.

Stéfani! songez que je l'ai aimé.

LE MARQUIS.

C'est juste, je vous demande pardon. Je n'ai pas les mêmes raisons que vous pour le ménager. Ainsi donc, cher monsieur Calabre, vous dites qu'on est jaloux de moi?

BETTINE.

Oui, monsieur.

LE MARQUIS.

En vérité? Eh bien! cela me fait plaisir, cela me rajeunit. — Ah! on est jaloux de moi!

Après un silence.

Eh bien! morbleu! il a raison. — Bettine, écoutez-moi. Vous avez aimé, vous vous êtes trompée, vous avez fait un mauvais choix, vous en portez la peine; cela est fâcheux, mais cela arrive aux plus honnêtes gens, c'est même à eux que cela ne manque guère. Si maintenant vous avez quelque rancune, et la moindre disposition à courir en poste après le passé, je suis tout prêt et je vous aiderai très volontiers à prendre une revanche qui vous est bien due. Si je n'ai plus le pied assez leste pour me jeter dans une valse, je l'ai encore, Dieu merci, assez ferme pour soutenir un coup d'épée, et je serais ravi de rendre à ce monsieur celui que j'ai reçu autrefois pour vous.

BETTINE.

Mon ami...

LE MARQUIS.

Si, au contraire (ce qui, à mon avis, serait infiniment préférable), vous pouviez avoir la patience, je dirai même le bon sens, de laisser faire le médecin qui guérit toute chose, le temps, connu depuis que le monde existe, je m'offre à vous.

BETTINE.

Vous, Stéfani?

LE MARQUIS.

Moi, non pas aujourd'hui, non pas demain, non pas dans un mois ni dans six, mais quand vous voudrez, quand cela vous plaira, si jamais cela peut vous plaire, quand vous serez calmée, guérie, redevenue tout à fait vous-même, c'est-à-dire gaie, aimable et charmante; quand la blessure qu'un ingrat vous a faite s'effacera avec les jours d'oubli, oui, je le répète, je m'offre à vous. On dit que je veux vous faire la cour, on a raison; que je vous ai aimée, on a raison; que je vous aime encore, on a raison; et ce que je vous dis là, il y a trois ans que j'aurais dû vous le dire, et je vous le dirai toute ma vie.

BETTINE.

Puisque vous me parlez avec cette franchise, je ne veux pas être moins sincère que vous. Répondre sur-le-champ à ce que vous me proposez, vous comprenez que c'est impossible...

LE MARQUIS.

Quand vous voudrez.

BETTINE.

Mais ce que je puis et ce que je veux vous dire, tout de suite et sans hésiter, c'est qu'au milieu des chagrins que j'éprouve et de toute l'horreur qui m'accable, à cet instant où mon cœur est brisé par un abandon si cruel et une trahison si basse, vos paroles viennent d'y exciter une émotion qui m'est bien douce. Et pourquoi vous le cacherais-je? oui, Stéfani, je suis heureuse de voir que ce monde n'est pas encore désert, et que, si le mensonge et la perfidie peuvent quelquefois s'y rencontrer, on y peut aussi trouver sur sa route la main fidèle d'un ami. Je le savais, mais j'allais l'oublier. Vous m'en avez fait souvenir... voilà ce dont je vous remercie.

LE MARQUIS.

Et vous pourriez douter qu'on vous aime !

BETTINE.

Non, je crois ce que vous me dites; mais il y a une réflexion que vous n'avez pas faite. Savez-vous bien à qui vous parlez?

LE MARQUIS.

A la plus charmante femme que je connaisse.

BETTINE.

Considérez ceci, marquis : je suis tout à fait désespérée. Le coup que je viens de recevoir est si imprévu, si inconcevable, qu'il m'a d'abord anéantie. Maintenant que ma raison se réveille peu à peu, je cherche comment je pourrais continuer de vivre, et, en vérité, je ne le vois pas.

LE MARQUIS.

Prenez courage.

BETTINE.

Non, je ne le vois pas. A examiner froidement, raisonnablement ce qui m'arrive, je ne vois nul remède, nul espoir. Je perds l'homme que j'aimais, et, ce qu'il y a de plus affreux encore, je suis forcée de le mépriser : que voulez-vous que je devienne? Es-tu de mon avis, Calabre? Plus je réfléchis, et plus je vois qu'il n'y a plus pour moi d'existence possible. Je ne peux plus rien faire que prier et pleurer. Est-ce à ce reste de moi-même, à ce fantôme de votre amie que vous voulez donner la main? est-ce à un masque couvert de larmes?

<small>Elle pleure.</small>

LE MARQUIS.

Oui, morbleu! et ces larmes-là, je ne vous demanderai jamais de les essuyer. Je respecte trop votre douleur pour tâcher de vous en distraire, mais je vous dis : le temps s'en chargera, — et laissez-moi aussi achever ma pensée, dût-elle vous choquer en ce moment. Vous n'avez plus, dites-vous, d'existence possible? Vous en avez une toute faite, la seule qui vous convienne, celle que vous aimez, que vous avez choisie, qui est notre plaisir et votre gloire... Vous retournerez au théâtre.

BETTINE.

Y pensez-vous?

LE MARQUIS.

Pourquoi donc pas? Cela vous paraît-il si étrange, qu'en vous offrant d'être votre époux, je vous parle de remonter sur la scène? Oui, je me souviens que, ce matin, vous me disiez qu'une fois mariée vous y comptiez renoncer pour toujours; mais je vous ai répondu, ce me semble, que ce n'était point mon avis, ni de mon goût, je vous assure. Est-ce qu'on résiste à son talent? En a-t-on la force, en a-t-on le droit, surtout quand ce talent heureux vous a portée sur cette jolie montagne où les Muses dansent autour d'Apollon, et les abeilles autour des Muses?... Croyez-vous donc que l'on puisse être tout bonnement baronne ou marquise en revenant de ce pays-là? Oh! que non pas! La nature parle : bon gré, mal gré, il faut qu'on l'écoute. Eh! palsambleu! un poète fait des vers et un musicien des chansons, tout comme un pommier fait des pommes. Lorsqu'on me raconte que Rossini se tait, je déclare que je n'en crois rien. Et vous non plus, Bettine, vous ne vous tairez pas. Vous retrouverez force et vaillance, vous reprendrez la harpe de Desdémone, et moi ma place dans mon petit coin, à côté de mon cher quinquet. Vous reverrez cette foule émue, attentive, qui suit vos moindres gestes, qui respire avec vous, ce parterre qui vous aime tant, ces vieux dilettanti qui frappent de leurs cannes, ces jeunes dandies qui, parés pour le bal, déchirent leurs gants en vous applaudissant, ces belles dames dans leurs loges dorées, qui, lorsque le cœur leur bat aux accents du génie, lui jettent si noblement leurs bouquets parfumés! Tout cela vous attend, vous regrette et vous appelle... Ah! je jouissais jadis de vos triomphes!

votre amitié m'en donnait une part. — Que serait-ce donc, si vous étiez à moi ?

BETTINE.

Ah ! Stéfani... Mais c'est impossible.

LE MARQUIS.

Ne le dites pas trop vite, ne vous hâtez pas. C'est là tout ce que je vous demande.

Il lui baise la main.

LE NOTAIRE, sortant du pavillon.

Monsieur Calabre !

CALABRE.

Ah ! c'est vous ?

LE NOTAIRE.

Oui, il n'y a plus de moscatelle, et je ne vois toujours pas les futurs conjoints. Je vais retourner à la ville.

CALABRE, lui montrant Bettine, qui a laissé sa main dans celle du marquis.

Attendez, attendez un peu.

FIN DE BETTINE

Tableau d'église. Page 253

MÉLANGES

DE LITTÉRATURE ET DE CRITIQUE

LE TABLEAU D'ÉGLISE

La ville était au pillage.

Je pénétrai dans une église au coucher du soleil, le jour où le canon cessa de se faire entendre. Je cherchais un endroit où je pusse me délasser, me sentant très abattu; ainsi, jugeant, par le silence qui régnait dans la nef, que l'église était déserte, je m'avançai précipitamment.

Tu le sais, Henri, ce n'est pas pour moi que sont faites les lâches terreurs dont au premier abord sont saisis ces hommes... Mais pourquoi te parler d'eux? Ni la triste solennité des monuments, ni l'obscurité de la nuit n'agissent sur ton âme; ce monde invisible que le vulgaire entrevoit dans les ténèbres n'est qu'un songe à tes yeux, ô mon ami! — Je marchai sous les profondeurs des voûtes et ne m'arrêtai qu'à une petite chapelle qui me semblait favorable à mon dessein; car, dans ce moment, le besoin de repos se faisait sentir avec force. A tout instant je fermais les yeux malgré moi. Toutefois mon sang se ralluma à la vue d'une certaine toile que j'aperçus.

« Périssez, périssez, misérables ornements, fils des temps qui ne sont plus! Écroule-toi, édifice vermoulu des superstitions; le soleil qui meurt t'emporte avec lui, celui qui naîtra demain refusera de t'éclairer. » Ainsi, m'écriai-je dans ma fureur, tandis qu'au moyen d'une épée que j'avais à la main, je précipitais à terre un tableau à demi brisé! Les signes consacrés étaient épars sur les dalles; mais la colère qui me transportait était parvenue à son comble.

Cependant, lorsque le démon fut apaisé, je demeurai frappé d'étonnement d'avoir ainsi agi, seul et sans aucun motif. Le jour, qui pénétrait faiblement à travers les vitraux peints de diverses couleurs, s'enfuyait avec rapidité. Appuyé sur un pilier qui servait de soutien à la voûte, je résolus d'attendre le sommeil.

Peu à peu le sang se calma; cette espèce d'engourdissement qui précède la perte de la réflexion s'empara de mon être; les objets, déjà incertains, parurent flotter dans l'espace. En ce moment, ma tête s'abaissa naturellement vers la terre, et mes regards à demi voilés, se portèrent sur le tableau étendu devant moi... J'ignore combien de temps je demeurai les yeux ainsi fixés sur cette toile où je ne distinguais rien; comment l'attention se réveilla peu à peu avant de s'éteindre entièrement, c'est ce que je ne puis non plus m'expliquer.

Une large ouverture avait séparé la toile du cadre, et plusieurs coups d'épée l'avaient fendue. Cependant un dernier rayon de soleil qui glissa sur la surface, et qui fut peut-être cause de la réflexion que je fis, me montra que le sujet traité par l'artiste était un *Noli me tangere*. C'était évidemment l'ouvrage d'un Romain; mais je crus reconnaître qu'il n'était pas du bon temps, bien qu'il fût assez ancien, à en juger par la manière dont les parties obscures s'étaient rembrunies. Une certaine affectation de vigueur, et comme une recherche apprêtée du grandiose, annonçait en même temps que le peintre n'était pas éloigné de cette école qui voulut puiser aux deux sources. La tête du Christ attira d'abord mes regards, et je ne fus pas longtemps à me convaincre qu'elle était l'œuvre d'un génie original et novateur. Les linéaments n'en étaient pas très déliés et ne cherchaient même pas à imiter sous ce rapport les compositions délicates de Raphaël; mais un sentiment de tristesse profonde me parut y dominer. Comme je te l'ai dit, le peintre avait puisé aux deux sources; ainsi les draperies annonçaient le style de Rome, tandis que sur les traits du visage il avait fait flotter les ombres du Vinci; et tout le reste dans ce goût... Mais pourquoi t'en dirais-je davantage sur ce sujet? il te suffira de savoir qu'insensiblement le sommeil reprit son empire, et que je tombai tout à fait sans connaissance. Mais, chose assez singulière, il me semblait en dormant que j'étais resté les yeux ouverts, et que je n'avais pas cessé de les fixer sur le tableau, en sorte que, par une réflexion machinale, je continuai de l'examiner. Rien ne se fit sentir pendant les premiers moments; mais peu à peu (probablement le sommeil devenant plus profond) je crus voir de nouveau la lumière éclairer la surface polie de la toile. Alors je pus plonger avidement jusque dans l'âme des personnages: de grandes beautés se révélèrent à moi, et un certain regard que l'artiste avait su donner à son Christ me ravit par-dessus tout. Il était debout et étendait une main de mon côté, tandis que de l'autre il retenait les plis de son manteau; la suppliante était immobile à ses pieds. Il me sembla tout à coup que les traits de son visage s'éclairaient bien plus que tout le reste du tableau, qui demeurait dans les ténèbres; et bientôt toute sa personne devint si lumineuse que je crus qu'elle était sortie de sa prison de bois. Poussé par une force invisible, je m'avançai vers lui et je touchai sa main; elle saisit doucement la mienne, et aussitôt une mélancolie profonde, semblable à celle qu'il éprouvait, me pénétra jusqu'au cœur. Quel sentiment de pitié et de douleur m'inspiraient les blessures terribles dont son corps était diapré! Il me les fit toucher avec un sourire, et le sang vermeil qui en dégouttait sur ses membres plus blancs que l'ivoire, commença à rougir la terre. Alors une partie de mon propre sang voulut s'élancer de mon cœur et se mêler au sien; un second mouvement me rapprocha de lui. « Jésus! Jésus! m'écriai-je, sommes-nous frères ? Oui, tu es sorti comme moi des entrailles d'une femme... » Un sourire plus doux et plus triste encore que le premier fut sa seule réponse; un inexprimable regret me saisit. « T'aurais-je méconnu ? » Une étincelle électrique qui s'échappa de sa main me traversa rapidement. Ainsi consterné, je retombai dans les ténèbres; alors sa voix se fit entendre à mon oreille : « Méconnu!.... non pas par toi... Si le prix des souffrances est éternel... si la vie de l'homme est le sang de ses veines... songe à la nuit du Golgotha...

— Oui! m'écriai-je d'une voix étouffée; ô nuit! ô nuit terrible où tu vis qu'il fallait mourir! Et s'il est vrai que le doute... »

Je m'éveillai en prononçant ces paroles. Elles retentissaient encore de tous côtés sous les voûtes profondes qui m'entouraient; ainsi le souvenir de cette vision resta gravé dans mon esprit.

« Hommes, méprisables créatures, pensai-je, tandis qu'enveloppant sous mon manteau l'image terrible, je m'éloignais lentement, c'est votre souffle empoisonné qui a détruit et annulé l'ouvrage de cette créature céleste. Même en voulant le servir, c'est vous qui l'avez renversé. Du trône radieux où il s'était assis à la droite de son père, vous l'avez précipité sur la fange où s'agitent les ombres humaines. Comment le plus précieux des métaux est-il devenu plus vil que le plomb? Des milliers d'anges tombent des plaines célestes; c'en est fait, ô Christ! ton ouvrage est détruit.

« Ainsi le sang des martyrs qui s'est séché dans les flammes, tant de soupirs, tant de plaintes, tant de larmes, tout est perdu! Qui oserait placer la première pierre d'un autre édifice sur les ruines de celui-ci? Tout est perdu pour l'éternité!

« La superstition, cette vieille chaîne si souvent redorée qui traînait les peuples derrière le char des souverains, s'est brisée tout à coup. L'homme ne veut plus pour guide que ces lois indestructibles jetées dans le monde comme des semences divines, et plus vieilles que lui. O Christ! ô Christ!

quelle main cependant, même après avoir détruit tes œuvres, osera s'avancer jusqu'à toi ? Qui t'arrachera l'auréole de feu achetée au prix de la couronne d'épines ? Lorsque, debout sur les confins de deux siècles, et rejetant les débris corrompus du vieil univers, tu rajeunissais la face du monde, as-tu jamais pensé qu'un jour... O céleste imposteur ! quand on cessera de t'appeler le premier des dieux, quel rang te restera parmi les hommes ? »

Ainsi réfléchissant, je regagnai ma demeure ; mais la même pensée ne cessa point de me poursuivre.

Méconnu !... murmurait à mon oreille la voix harmonieuse... Lorsque je revis cette toile, mes larmes coulèrent malgré moi !

« Que l'être dont la raison se révolta le plus souvent contre la superstition humaine pleure donc sur ta chute, ô Christ ! que ses larmes se mêlent à celles de ta mère au pied de la croix sanglante !

« Ta mère !... Elle ne voulut point croire à ta divinité ; elle rejetait le dieu qui la privait de son fils. N'est-ce pas le fils du charpentier Joseph ? disait-elle, et voilà ses frères... Et cependant tu marchais, tu t'avançais sur le sable des mers ; et les pêcheurs suivaient la trace de tes pas.

« Mais, lorsque tu t'arrêtas sur la montagne, et que tu vis qu'un peuple te suivait, quelles paroles sortirent de ta bouche ? La foule y répondit en t'appelant roi. — Roi ? pensas-tu, non pas, mais Dieu. — Il en fallait un au monde ; et jusqu'à toi que d'insensés avaient essayé de mettre des idoles sur les autels déserts. Pieds nus tu montas sur les trépieds d'or, et tu donnas un dieu pauvre à cet univers gorgé de richesses. O Christ ! le vieil Olympe en tressaillit au Capitole ; tu vis que ton manteau de bure ne te garantissait pas des pierres de Jérusalem ; tu découvris ta poitrine, et lorsque de larges blessures l'eurent ouverte, tu montas sur la croix....

« Mais là... mais là... oh ! si au fond de ton âme, si dans les derniers et secrets replis de ta pensée, le Doute, le Doute terrible... si toi-même tu ne croyais pas à cette immortalité que tu prêchais ; si l'homme, l'homme criait alors en toi !... Et pas un être au monde ne savait ta pensée... Jamais, lorsque tu marchais sur cette terre, ignorant si tu serais tout ou rien, tu ne versas dans une âme humaine ce qui accablait ton âme divine... Et dans cette nuit terrible des Oliviers, oh ! devant qui t'agenouillas-tu ? Qui l'a su ? qui le saura jamais ?... quoi ! pas un être !... »

A cette parole je m'arrêtai. La voix harmonieuse avait glissé dans les airs ; une douce mélodie se fit sentir à mon oreille, et j'entendis chuchoter : *Maria Magdalena !*

1830.

ARTICLES

PUBLIÉS DANS LE JOURNAL « LE TEMPS »

En 1830 et 1831

I

EXPOSITION DU LUXEMBOURG AU PROFIT DES BLESSÉS

Dans un siècle comme le nôtre, ou plutôt comme tous les siècles possibles, où chacun vise à l'originalité ; où, dans la clameur universelle qui proclame à tout moment ce qu'elle appelle les besoins du temps, chacun s'écrie : « C'est moi ! c'est moi qui l'ai trouvé » ; et tandis que l'esprit humain s'en va tombant d'une ornière dans une autre, bien digne d'être comparé par Luther à un paysan ivre qu'on ne peut placer d'équilibre sur son cheval et qui chavire de droite si on le relève de gauche ; il est bien doux, bien précieux pour le petit nombre de gens tranquilles qui ne voient les choses ni à travers des verres de couleur, ni en fermant les yeux à moitié et en jurant sur l'*autodafé*; il est bien doux, disons-nous, de voir tout d'un coup revenir et reparaître de vieux chefs-d'œuvre enfouis, et pour ainsi dire mûris dans l'ombre ; ouvrages aussi étrangers aux idées et aux systèmes du jour qu'un homme débarqué hier de l'Amérique ; faits non avec de l'*art*, comme on dit à présent, mais avec le cœur ; ouvrages simples, sans modèles, non sans imitateur il est vrai, mais du moins sans affectation de style ni d'originalité.

Qu'est M. Gros ? est-ce un classique, un romantique, un Florentin comme celui-ci, un raphaélien comme celui-là, un Vénitien comme tel autre ? Qu'est son tableau ? est-ce une prétention, un système, une compilation ?

LES PESTIFÉRÉS DE JAPHA.

Page 258.

C'est Bonaparte et les pestiférés, rien de plus ; c'est la nature, vivante, terrible, majestueuse, superbe. Il a vu son héros, il a emporté dans sa pensée cette tête sévère jusqu'au pied de sa toile ; il a trempé son pinceau dans les couleurs ardentes d'un ciel empoisonné ; il a peint comme Homère chantait.

Nous ne craignons pas d'être accusé de partialité, en disant qu'aucun ouvrage de l'école française n'est supérieur à ces trois toiles magnifiques. Comme autrefois Voltaire, comme Gœthe maintenant, le peintre qui les a produites peut se vanter d'assister vivant au jugement de la postérité. Ce qu'elle considère, c'est l'œuvre, non l'ouvrier ; et les tableaux dont nous parlons sont contemporains d'un siècle déjà bien loin de nous. Il était beau de voir, au premier jour de cette exposition faite dans un si noble but, l'écrivain de ces trois sublimes pages de notre vieille histoire, jouissant, sans orgueil ni modestie affectée, du plaisir qu'il éprouvait à revoir ces ouvrages de sa jeunesse et de son beau temps ; entouré de ses vieux et de ses jeunes amis, parlant de lui et des autres sans envie, sans haine, sans exagération, comme pour prouver qu'il était aussi peu de ce siècle que ses tableaux.

Aboukir représente la fierté et le courage d'un vainqueur superbe ; le pied de son cheval est posé sur les corps des vaincus ; l'œil étincelant, mais toujours aussi ferme sur la selle qu'un jour de parade, Murat regarde la fuite de l'armée qu'il a combattue, et les derniers efforts du pacha. Quelle misérable agonie ! comme il saisit avec fureur un fuyard par son turban, tandis que son jeune fils présente avec grâce au héros français la poignée de son sabre.

Parlerons-nous de Japha ? Regardez cette vaste et admirable composition ; regardez Eylau ; quelle expression dans son personnage de l'empereur ! quelle tristesse ! Son geste a tout dit. Si vous êtes artiste d'ailleurs et que vous aimiez les remarques d'artiste, considérez attentivement ces blessés couverts de plaies, de fange et de neige ; ces Cosaques avec des bandeaux sanglants ; ces pestiférés accroupis, livides, se traînant aux murailles, se roulant par terre pour chercher un coin d'ombre... et rappelez-vous Géricault. La Méduse n'est-elle pas sortie de là ?

Croirait-on que c'est un reproche que nous adressons à Géricault ? A Dieu ne plaise ! Pourquoi désavouer l'imitation si elle est belle ? bien plus, si elle est originale elle-même ? Virgile est fils d'Homère, et le Tasse est fils de Virgile. Il y a une imitation sale, indigne d'un esprit relevé ; c'est celle qui se cache et renie, vrai métier de voleur ; mais l'inspiration, quelle que soit sa source, est sacrée. Et d'ailleurs, depuis quand avons-nous perdu ce droit du bon vieux temps? Gloire en soit rendue à ces tristes critiques dont l'impuissance se consume et s'use à décourager les jeunes gens, en se raillant des vieillards! Noble et digne mission, qui pourtant est plus à la mode qu'on ne croit!

Mercredi, 27 octobre 1830.

II

PROJET D'UNE REVUE FANTASTIQUE

Il faudrait que deux hommes montassent en chaise de poste pour parcourir le monde, c'est-à-dire l'Europe et un petit coin de l'Amérique, car il ne s'agirait que du monde politique et littéraire. Ces deux hommes seraient d'un caractère différent : l'un, froid et compassé comme une fugue de Bach, aurait toute la science nécessaire pour faire une présentation convenable et porter un toast ; il saurait gravement baiser la mule papale, disserter gravement avec tous les *bas-bleus* de tout sexe qu'il pourrait rencontrer chemin faisant; ce serait un personnage tout nourri de respect humain, tout pétri de concessions.

Prenant toujours au sérieux cette comédie qu'on appelle la vie, et ne cessant jamais d'y jouer avec prudence et retenue le rôle qui lui serait confié, chargé de quelque grande inutilité cérémonieuse, il aurait une mission qui lui donnerait accès dans les plus hauts rangs de l'échelle humaine; sérieux comme une prude, incapable d'un sourire moqueur, il jugerait les choses de ce monde sur l'apparence et les êtres sur l'écorce; il saluerait en conscience un habit brodé sans s'inquiéter de celui qui le porte, et consignerait un fait matériel sans y ajouter une réflexion. L'autre, espèce de casse-cou à la manière de Figaro, porterait sur les tempes le signe que Spurzheim attribue à la ruse. Tandis que son compagnon glisserait à la surface des mers, il en visiterait les profondeurs en y plongeant, en s'y agitant en tous sens. Celui-là aurait affaire à l'évêque, au consul, au ministre, celui-ci au valet de chambre, à la maîtresse, au perroquet; l'un écouterait, l'autre ferait jaser ; l'un, vertueux et sensible comme Werther, promènerait autour de lui des regards innocents; l'autre, damné comme Valmont, aurait cet œil dont l'éclair est comparable à une flèche aiguë.

Qu'en arriverait-il? L'un verrait les effets, l'autre apercevrait les causes. Celui-là ferait le texte, celui-ci les commentaires. Quelle plaisante histoire écrite de ces deux mains!

Mais le premier chapitre des Mémoires de ces chercheurs de vérité pourrait porter pour titre : *Des influences*. Quel abîme immense présente à l'esprit ce seul mot! A côté des faits habillés, la réalité se montrerait par ce moyen, s'il est possible; car, avant de trouver la vérité toute nue, que d'oripeaux il faut lui ôter! les parures dont elle se couvre avec coquetterie ou avec imprudence, sont sept fois plus nombreuses que les bandes interminables qui cachent la momie à l'œil du savant.

Les mobiles imperceptibles de tout ce qui se dit et ce qui se fait, voilà ce que rechercherait assidûment le rusé voyageur. Triste et plaisant travail! Il ne croirait à rien comme tous ceux qui savent quelque chose. Où l'histoire finit, il dirait : Commençons; mais qui sait quand il achèverait lui-même? Cependant les axiomes, ces ennemis jurés des maximes, ont quelquefois raison. Prenez dix doubles de soie, mettez-les sur une planche, tirez dessus un pistolet de combat à bout portant, la balle n'entamera pas plus les doubles qu'un coup de pouce dans un oreiller. Oh! qu'il est décourageant de penser combien d'invulnérables n'ont été par ce moyen que des porteurs de douillette! Sans compter l'influence du magnétisme, celle des hommes sur les animaux, des femmes sur les hommes, de la lune sur les femmes, du soleil sur la lune, quels anneaux infinis se déroulent de toutes parts dans la création! Plus petits, mais aussi bizarres, ils se retrouveraient dans la société, cette création secondaire, à l'œil de l'observateur.

Voilà une question qu'on a posée : si les 27, 28, 29 juillet dernier, il avait fait une pluie battante ou un verglas terrible, que serait-il arrivé? les attroupements auraient-ils eu lieu? les amorces auraient-elles pris feu? les oisifs auraient-ils couru par la ville et se seraient-ils mêlés aux braves que le nombre encourage toujours, quelle que soit la cause qui les entraîne? Les hommes résolus, se voyant ainsi tout seuls, et se comptant, n'auraient-ils pas senti l'amour de la liberté et le dévouement à la patrie défaillir? les passants... y aurait-il eu des passants? O Charles X, peut-être si ta funeste et dernière détermination t'était venue pendant le dégel, peut-être aujourd'hui Louis-Antoine de France ne frapperait pas ses bottes molles à l'écuyère, en disant : « Il n'y a qu'en Angleterre qu'on fasse des bottes pareilles[1]. »

[1]. Historique. (*Note de l'auteur.*)

Mais les rudes chaleurs d'août, qui faisaient mûrir la vengeance publique, échauffèrent sans doute la royale colère; et voilà comment on est conduit au fatalisme.

A quelles influences obéissent toutes les puissances qui depuis une année ont gouverné l'Europe? Ici la Russie, ce grand empire valétudinaire, qui ne s'en appuie pas moins, parce qu'il s'appuie d'un côté sur la mer de l'Archipel et de l'autre côté sur la grande muraille, là l'Angleterre, cette terre d'égoïstes; la France, cette terre parfois trop généreuse, et tant d'autres, au nombre desquelles comptera peut-être la Pologne, qui jadis se trouva mangée tout entière, lorsque M. de Metternich rapiéça la Sainte-Alliance avec des lambeaux du système continental, et du manteau de César fit un habit d'Arlequin.

Maintenant les cardinaux sont en travail d'un pape : Dieu veuille qu'ils ne l'attendent pas si longtemps que les saints-simoniens une papesse !

Le conclave s'empourpre; les partis s'organisent; celui-là est bien puissant et le plus capable de s'enfler; mais la nièce du cardinal *** se penche un beau soir sur le rabat de l'Éminence écarlate; elle lui dit à l'oreille : — « Qui devinera? »

La vérité seule se connaît elle-même; les influences secrètes se révèlent les unes aux autres dans le silence de la nuit; *Manfred* et *Lara*, ces deux chefs-d'œuvre de la mélancolie humaine, existeraient-ils si le descendant des Byron n'avait pas reçu en héritage le pied bot et la pairie? Il est cruel de sentir que Don Juan boite comme Méphistophélès.

Il a été plaisant jadis de dire que les rois se laissaient gouverner comme les enfants; cela le redeviendra peut-être à force d'être usé. L'inspiration poétique, cette étincelle tant recherchée, se trouve la plupart du temps dans une bouteille bien cachetée. Gœthe buvait du vin du Rhin; Byron, du rhum; Hoffmann, du punch; M. de Buffon mettait des gants blancs; Shakspeare menait une vie de Falstaff; il appartenait au seul Bonaparte de se réconforter avec des haricots à l'huile.

Mille réflexions semblables nous portent à croire que le chapitre des influences pourrait être curieux; une année vient de mourir, on peut lui faire son procès; que de choses elle a vues! que de choses elle peut faire croire! Mais on s'attend à tout, depuis qu'on a trouvé un bonnet de coton sur la statue du vainqueur de Waterloo.

Si par la suite le sujet que nous indiquons est traité, ce peu de lignes pourra servir de préface à une série d'observations qui porteraient ce titre : *Revue fantastique*.

Lundi, 10 janvier 1831.

III

REVUE FANTASTIQUE
DE L'INDIFFÉRENCE EN MATIÈRES PUBLIQUES ET PRIVÉES

On ne saurait se dissimuler qu'un Parisien qui arrive en province et qui trouve que toutes les femmes ont des maris ou des amants, n'est pas plus cruellement désappointé qu'un écrivain qui s'aperçoit, en prenant sa plume, que tous les sujets ont été traités, et, comme on dit, que tout a été fait. Nous croyons donc nous rendre utile en indiquant ici un titre convenable qui pourrait figurer sur un tome in-8°.

Il y a de jeunes Werther qui lisent tout un roman dans un regard; il doit y avoir de vieux roués qui lisent tout un volume dans un titre; que diraient-ils de celui-ci?

Il faut nous dépêcher de proclamer d'abord qu'aucune mauvaise intention ne se mêle à ces mots d'*indifférence publique ou particulière;* et encore, contre l'usage de cette douce obscurité que le romantisme importa d'Allemagne, nous allons de notre mieux nous expliquer.

Lorsqu'un événement quelconque se manifeste, il ne saurait produire que trois effets; c'est-à-dire que sur trois hommes, il peut y en avoir un qui dise : « J'en suis bien aise; » un autre qui dise : « J'en suis fâché; » et le dernier : « Ça m'est égal. »

Il s'agirait de démontrer que ces trois sentiments représentent trois classes d'individus, lesquels composent toute cette espèce que nous nommons *humaine*. Ces trois classes se grossissant de toute éternité, au détriment les unes des autres; celle-ci diminuant quand les deux autres augmentent; ou celle-là quelquefois s'accroissant toute seule au désavantage des deux autres.

L'écrivain, frappé de ces vérités que M. de la Palice eût notées scrupuleusement dans son *memorandum*, pourrait en venir ensuite à prétendre que jamais siècle ne produisit deux moindres masses de *j'en suis bien aise* et de *j'en suis fâché*, ni une aussi grande de *ça m'est égal*, que le bon et paisible siècle dans lequel nous vivons par la grâce de Dieu. Il n'y aurait qu'une âme perverse qui pourrait trouver à cela le moindre mal, car tous les vœux, tous les désirs, toutes les intentions étant en ce moment tournés autant que possible vers la tranquillité, et les partisans du *ça m'est égal* étant de toute éternité amoureux du repos et du bien-être, tandis que les sectateurs du *j'en suis bien aise* et du *j'en suis fâché* ont toujours été et seront des brouilleurs d'affaires, des entameurs de procès, des déchireurs de traités et des tueurs de bourgeois, ne doit-on pas être regardé comme coupable de ne point préférer à tout la première de ces opinions? Ah! sans doute, si le *j'en suis bien aise* pouvait dominer tout seul, et mettre à mort son ennemi, nous en serions cent fois plus heureux; mais ne voyez-vous pas que, dès qu'il se montre et qu'il promène un instant au dehors son visage réjoui et bienveillant, dès qu'il pousse un cri de joie, dès qu'il allume un lampion, le *j'en suis fâché* sort des entrailles de la terre avec sa physionomie boudeuse et rechignée, et se met incontinent en route pour barbouiller de noir ceux qui rient, crier aux nues qu'on le moleste, et faire avorter les feux d'artifice.

Que dis-je? n'y eût-il plus un médecin *tant pis* sur la terre; quand la plus solide des chartes et le meilleur des rois nous auraient donné le plus sage, le plus doux des gouvernements possibles; quand les abus seraient noyés; quand le vin serait gratis; quand toutes les sangsues auraient lâché prise; quand toute honnête fille serait assurée d'un mari, et tout honnête homme d'un dîner; quand l'Océan, la terre et le soleil seraient d'accord avec le centre gauche pour faire prospérer et fleurir une tranquillité tant désirable, hélas! et tant de fois désirée! quand tout cela serait (ce que chacun peut souhaiter sans se compromettre), même dans ce bienheureux état de choses, il suffirait, oui, il suffirait qu'une seule voix laissât échapper, je ne dis pas un *j'en suis bien aise*, mais simplement un *je n'en suis pas fâché*, pour qu'aussitôt mille voix s'écriassent avec amertume et avec rage : *J'en suis fâché! j'en suis mille fois désespéré!*

Puisque Dieu l'a voulu ainsi, et qu'il le veut encore, quoi de préférable à un médium tempéré, à un *mezzo termine* convenable? Entre ces deux physionomies si diverses, l'une radieuse, l'autre déconfite, le *ça m'est égal* s'avance d'un pas nonchalant, les bras croisés; il n'est ni trop gras, ni trop maigre; il est bien plus savant que ceux qui se contentent d'adopter pour règle de conduite de tout approuver; il approuve avec ceux qui louent, il blâme avec ceux qui blâment; mais, il sait où est le bien et il tourne constamment vers cette étoile polaire sa face impassible.

C'est un homme qui a tout vu; il a pour lui l'expérience du passé; il pense à l'avenir, il jouit du présent; il ne fait pas de dettes, sans être sûr de les payer; il ne bat pas son voisin; mais il a pour ferme principe que son voisin ne le batte pas non plus. Il sait que ceux qui jouent à croix ou pile sont bien heureux s'ils gagnent; mais il ajoute immédiatement qu'ils sont bien à plaindre s'ils perdent. Il connaît les douceurs de l'aristocratie, les charmes de la gloire; mais il a entendu dire à des hommes qui le savaient, que la misère du peuple et la ruine de l'État sont un pitoyable spectacle. Je crois qu'il voterait pour l'abolition de la peine de mort; en un mot, c'est ce qu'on appelait jadis un enragé modéré.

Ce ne serait pas être de bonne foi que de ne point vouloir convenir que notre siècle ait de ces idées-là. M. de Lamennais a fait un beau titre de livre; c'est *de l'indifférence en religion* : il aurait dû ajouter comme ce savant : *de omnibus rebus et quibusdam aliis.*

Du temps de Charlemagne, les forts disaient : « Tant mieux; » les faibles disaient : « Tant pis; » personne ne disait : « Ça m'est égal. »

Sous Charles VI, les nobles disaient : « Tant pis; » « Tant mieux », murmuraient les vilains; il y avait quelques bons gros moines qui disaient : « Ça m'est égal. »

Sous Louis XI, les nobles disaient : « Tant pis; » les vilains : « Tant mieux; » le roi : « Ça m'est égal. »

Sous Louis XIV, les nobles disaient : « Ça m'est égal; » le roi disait : « Tant mieux; » les vilains disaient : « Tant pis, tant pis. »

Le jour où tout le peuple à son tour en vint à dire : « Tant mieux », il n'y eut plus qu'une voix qui lui répondit : « Hélas! »

Maintenant que la fièvre est passée, quand l'univers s'ébranlerait autour de lui, qu'on dise · *tant mieux, tant pis*, il a ce qu'il lui faut, il aura ce qu'il lui faudra, il répondra toujours : « Ça m'est égal. »

Tel est notre siècle, ce fils blasé d'un père fiévreux, cet enfant réservé d'un père un tant soit peu rodomont. Si c'est un bonheur d'être désabusé, il est heureux. Où va-t-il? Chaque homme est-il une fibre, chaque peuple un membre d'un être organisé, vivant, qu'on nomme *l'humanité?* ou l'humanité n'est-elle qu'un cadavre dont les membres et les fibres sont livrés à la corruption, en attendant qu'ils le soient au néant? C'est ce que décideront ceux qui ont les poumons assez pourvus de vent pour raisonner sur la perfectibilité.

Que ce soit une autopsie ou une revue, nous avons indiqué aux gens oisifs un oisif sujet. Quel est le fou qui nie l'indifférence? Les jeunes gens ne dansent plus; Napoléon ne fait plus d'argent; vous-même, ô Wellington,

LES BALS DE L'OPÉRA. Page 266.

lorsque votre voiture traverse les rues de Londres, c'est à peine si vous entendez frapper dans vos glaces quelques pommes cuites !

Quelqu'un disait que l'Europe était une femme de quarante-cinq ans. Si cela était vrai, il serait temps que la comète de 1832 vînt réchauffer nos vins et nos têtes ; mais elle passera à quelques millions de lieues trop loin.

Lundi, 7 février 1831.

IV

CHUTE DES BALS DE L'OPÉRA

Il faut être bien oisif ou bien futile, lorsque personne ne sait qui vit ou qui meurt, qui est roi ou sujet, qui est sujet ou serf, lorsque Petit-Jean lui-même trouverait à enchérir sur ses *quand je vois*, pour prendre, en dépit de tout, le bon côté des choses, et soutenir, par exemple, que cette semaine on a beaucoup dansé !

Cependant, si chaque semaine devait être personnifiée ; si, comme le spectre de Macbeth, chacune devait, en passant devant les yeux du spectateur, lui montrer ses ornements et ses attributs particuliers, je maintiens que la semaine morte hier dimanche n'aurait pas, comme la plupart de ses sœurs de 1831, et même de 1830, une face blême et perplexe, plaquée sur une rame de papier, et s'efforçant de s'expliquer quelques-unes des prédictions qu'une feuille très constitutionnelle, nouveau Nostradamus, présente à ses abonnés. O prodige ! elle ne serait ni triste ni économique ; elle porterait même, en dépit de ce qu'on peut dire, la moitié d'un masque de velours usé, et quelques grelots enroués. Oui, un reste de gaieté, un reste de ces bruyantes et délicieuses nuits qui se succédaient jadis, et qui se sont envolées comme des ombres ; un dernier soupir du dieu Momus, qui va rendre l'âme au printemps très prochain ; un suprême effort, en un mot, des divinités oubliées et perdues s'est manifesté cette semaine ; pauvre semaine ! qui autrefois fut appelée grasse, et qui ne sait comment on l'appellera aujourd'hui qu'on ne fait plus maigre. Mais, si jamais la ruine d'un siècle, la mort d'un peuple, la destruction d'une ville, la perdition d'un royaume, ont pu inspirer des triolets mélancoliques à un observateur bénévole, si jamais les changements et l'inconstance de la déesse Fortune ont pu faire éclater en sanglots et en harmonieux commentaires un barde soucieusement suspendu sur la pointe d'un décombre pittoresque, quel sujet plus grave de méditations put être donné à l'homme que le pitoyable spectacle du bal de l'Opéra d'avant-hier? Bien avisés ceux qui, après avoir dit : « Irai-je ou non? » se sont vaguement écriés comme Paul Courier, de bourgeoise mémoire : « O Nicole! ô mes pantoufles! » et se sont ainsi épargné d'amères réflexions!

Poppée, la belle Poppée, la maîtresse de Néron, un jour que le vent du Midi avait hâlé son visage, prit des mains d'un historien un masque de cire, et défendit à la brise enflammée de porter atteinte aux plaisirs de César. Aussitôt toutes les jeunes Romaines l'imitèrent à l'envi ; les fraîches nuits d'été eurent seules la permission de contempler à découvert les patriciennes ; Rome prit un masque, et l'univers lui obéit.

De ce jour naquit, dans le sein d'une femme, une pensée qui devait plaire à toutes les femmes ; cette pensée, dont Venise hérita, donnait à la faiblesse du sexe l'arme la plus terrible contre la force de l'autre : la certitude du secret. De ce jour, les yeux noirs et bien fendus bravèrent les regards de la foule, et un masque de velours noir apprit à faire ressortir la fraîcheur d'une bouche, sans la trahir, même par le son de la voix. Le bon et consciencieux Brantôme nous apprend que ce fut vers la fin du xvie siècle qu'on vit pénétrer en France cette mode charmante. Quelle fut la première femme, jalouse ou amoureuse, qui imagina d'introduire dans les fêtes cette arme protectrice, et de se défendre de la curiosité publique comme on se défendait du *contact de la nuit ?* On l'ignore, c'est-à-dire je n'en sais rien. Rien, selon saint Chrysostome, n'est plus pernicieux que ces réunions diaboliques et pleines d'impuretés, où les femmes se masquent comme de misérables bouffons. Saint François de Sales convient qu'on ne saurait trouver de mal dans la danse elle-même, mais que les circonstances qui l'accompagnent infailliblement sont la perte de l'âme, et les plus abominables du monde ; Bussy-Rabutin est du même avis.

Eh bien, aujourd'hui nous sommes de l'avis de Bussy-Rabutin. Tous les plaisirs du bal masqué, ceux de l'intrigue, ceux de la promenade, l'occasion de dire quelque chose, la permission de tout dire, l'imbroglio, les charmes du cœur et de l'esprit, ceux de la folie et du mystère, tout est mort ; tout devait le paraître aux yeux d'un homme clairvoyant assis avant-hier à l'avant-scène de la lugubre salle de l'Opéra. Tous les jeunes gens pourtant y étaient venus comme de coutume, et on s'était souvenu qu'autrefois ce jour était le seul de l'année où l'on tentât d'oublier les bienheureuses idées qui nous mènent au *Kant*. Oui, au *Kant*, et aux orgies solitaires des Anglo-Américains. Dans ce désert où tout le monde se trouvait, de tristes regards l'annonçaient. Les questions politiques sont sans doute de graves questions ; ce sont, la plupart du temps, des généralités. Croit-on que les questions de vie intérieure, de relations privées, soient totalement dénuées d'importance? Ce sont des regrets à faire pitié que des regrets de bals d'Opéra, sans doute.

Aussi, ce qu'il faut regretter, déplorer même, ce n'est pas un bal, ce n'est pas l'Opéra, ce ne sont pas tous les lieux de réjouissances publiques de France, ce sont les idées qui tueront la gaieté en France, en respectant les lieux de réjouissances, les bals et l'Opéra. Qu'est-ce que c'est qu'un dandy anglais? C'est un jeune homme qui a appris à se passer du monde entier : c'est un amateur de chiens, de chevaux, de coqs et de punch; c'est un être qui n'en connaît qu'un seul, qui est lui-même; il attend que l'âge lui permette de porter dans la société les idées d'égoïsme et de solitude qui s'amassent dans son cœur et le dessèchent durant sa jeunesse. Est-ce là que nous voulons en venir?

Cependant hier quiconque était à l'Opéra n'avait qu'à dormir ou à faire le dandy; c'est-à-dire qu'il y avait absence totale de femmes; que la bêtise seule épargnait les quolibets et sauvait du bavardage; que de misérables dominos, décrochés de la boutique d'un fripier, se promenaient autour de quelques *provinciaux*, assez primitifs pour s'y prendre ; qu'en un mot les jeunes gens, réduits à eux-mêmes, devaient sentir que les mœurs changent, que la société s'attriste, qu'il faut de nouveaux plaisirs, et quels plaisirs! Des plaisirs solitaires!

Que faire donc? Parler de chevaux, de chiens et de punch, et puis de punch, de chiens et de chevaux. Le siècle où les marquis parfilaient, où les favoris jouaient au bilboquet, étaient des siècles absurdes. En viendrons-nous à les regretter? Quand il n'y aura plus une femme dans les *routs*, comme il n'y en a plus à l'Opéra; quand la délicieuse *fashion* nous défendra de tirer une parole de nos gosiers serrés par une cravate bien empesée; quand nous en serons à ce point de perfection où tout le monde marche, c'est-à-dire quand les hommes resteront à boire, pendant que les femmes resteront à bâiller, que faire? Cependant on ne peut pas monter la garde toutes les nuits.

L'humanité est vieille, c'est vrai; mais les hommes sont jeunes. La France, jadis, avait jugé que des relations libres et exemptes d'entraves, que des mœurs faciles et simples, sans hypocrisie et sans morgue, étaient le meilleur et le plus salutaire moyen de donner aux jeunes gens des idées de société convenables, et d'en faire des *hommes* véritables. L'Europe alors la prenait pour modèle. La brutalité orientale, la bégueulerie anglaise, la jalousie espagnole, commençaient presque à convenir que nous avions raison : comment se fait-il que nous changions tout à coup? Voilà bien des réflexions pour un bal d'Opéra. Je demande à ceux qui les trouvent trop longues d'y aller ce soir; ils y verront quelque chose de plus long encore; il y aurait de quoi se faire saint-simonien.

Lundi, 14 février 1831.

V

REVUE FANTASTIQUE

Il y avait hier un homme dans une cruelle position; cet homme est une sorte de table des matières vivante; il a l'habitude, en un mot, de régler non seulement ses actions comme la note d'un fournisseur, mais encore de tenir un compte succinct de tout ce qui a été dit et fait d'intéressant durant le cours de la semaine; il est clair que ce personnage mystérieux n'est autre chose qu'un *memorandum* revêtu d'une redingote et d'une cravate, bien qu'il ait de loin l'apparence d'un individu de l'espèce humaine, et qu'à dix ou vingt pas vous puissiez le prendre pour un pédant ou tout autre chose.

Cependant il était hier dans une bizarre perplexité; ne sachant quoi noter il se désespérait et se lamentait, comme un aveugle sans bâton. Les affaires des Polonais lui paraissaient douteuses, et bien qu'il fît des vœux ardents pour leur entreprise, et même qu'il eût déjà manqué deux fois de prendre les grandes messageries pour aller à leur secours, il n'osait se fier trop tôt aux heureuses nouvelles qu'on répandait hier, ni croire trop aveuglément ceux qui en répétaient de fâcheuses. Les chambres, sans lui paraître sans intérêt, lui semblaient fades et sans nerf; les Belges tranquilles, ou peu s'en faut; l'Angleterre trop peu déterminée dans ses résolutions libérales, et, pour comble de misère, ô ciel! pas une révolution à Paris, pas même une pièce nouvelle!

C'est alors que cet homme comprit qu'un vide affreux allait se glisser entre le folio 6 et le folio 7 de son agenda : durant toute l'éternité, il verrait cette lacune terrible lui rappeler des jours d'incertitude et d'oisiveté; le cours de la Bourse seul s'y trouvait relégué, et combien il était loin de présenter aux yeux un spectacle satisfaisant! Dans cette perplexité, il alla jusqu'à s'écrier, comme Titus : « Voilà une semaine perdue! — Comment! s'écria à son tour un de ses anciens et fidèles amis qui lui avait saisi le bras et qui l'entraînait sous les galeries de Rivoli; tenez, ô respectable preneur de notes, quand vous voudrez savoir ce qu'il y a de nouveau, d'important, regardez ici autour de vous.

« — Hélas! repartit l'homme-mémorandum, je ne vois qu'une misérable proclamation du préfet de police, une maison à vendre, et un bonhomme sur le mur avec une pipe!

« — Ne voyez-vous pas, reprit l'autre, ce cabinet de lecture? la table est surchargée des gazettes de la semaine; d'assidus abonnés y promènent avec ardeur leurs lunettes de diverses couleurs; sur les carreaux dansent plus de caricatures grotesques qu'il n'y en avait sur la table d'Hoffmann; et sur le coin du mur, ne voyez-vous pas ces bandes innombrables d'affiches? O mon ami! tout est là, non seulement tout le passé, mais tout l'avenir.

« Eh quoi! serait-ce avec indifférence que vous apprendriez, par exemple, que le soleil se lève, cette semaine, à 6 heures 24 minutes, c'est-à-dire six heures avant une petite maîtresse qui a été au bal, deux heures avant un chef de division, et une heure après le ministre de la Guerre?

« Collez, ô mon ami, votre nez sur ces vitres; si vous êtes de la nature de ceux qui passent une moitié de leur journée à voir couler la Seine, et l'autre devant le thermomètre de M. Chevalier; si vous êtes pétri d'une pâte parisienne, regardez attentivement l'histoire de M. Mayeux le bossu.

« M. Mayeux est un type; et c'est lui qui, cette semaine, est en train de faire rire les badauds : voyez cette tête monstrueuse, ces bosses approuvées par Lavater.

« Comme la Vénus de Cléomène fut formée de toutes les beautés des jeunes Athéniennes, ainsi ce type difforme et hideux est composé de toutes les aberrations de la nature.

« L'œil lubrique du crapaud, les longues mains du singe, les jambes frêles du crétin, tous les vices ignobles, toutes les monstruosités morales ou physiques, voilà Mayeux.

« C'est le Diogène des temps modernes; c'est la corruption idéalisée, accroupie au coin des murs, roulant sur une table en désordre, un pied sur les genoux d'une fille de joie, l'autre dans la sauce d'une dinde aux truffes; c'est un père de famille sortant avec une figure hâve et plombée d'un mauvais lieu ; c'est un misérable reptile, que les hommes écrasent sans l'apercevoir, qui vit au cabaret pour mourir sur la borne.

« Voyez-vous la pâle figure de ce commerçant qui lit dans les nouvelles de Paris qu'un banquier s'est noyé hier?

« Voyez-vous la radieuse contenance de ce vaudevilliste qui découvre dans un coin du *Temps* que Scribe a été sifflé l'autre soir au Gymnase? L'immense confrérie des gobe-mouches s'abat comme un essaim de frelons paresseux sur les gasconnades privées dont les feuilles publiques abreuvent leur tampon. Quelqu'un disait l'autre jour que Paganini jouait le *Misanthrope* sur son violon ; pourquoi pas la pantomime?

« Aujourd'hui que tout est à la vapeur, pourquoi ne ferait-on pas un gouvernement à la vapeur? Il y aurait des fourneaux au lieu de ministères, et du charbon de terre au lieu d'employés. Hélas! il ne sortirait pas plus de fumée des tuyaux de fonte qu'il n'en sort tous les jours des cerveaux tout-puissants qui nous dirigent!

« Il y aurait, au moyen d'une vaste machine dûment huilée, des ressorts armés de plumes qui couvriraient d'expéditions des rames de papier timbré. Ce serait une manufacture de rapports, comme une fabrique de cuirs de Hongrie.

« Qu'est-ce qu'un ministère? C'est une immense chaudière d'eau de savon où chacun trempe une paille pour essayer de faire une bulle, mais la bulle crève toujours. Quelquefois elle demeure un certain temps et prend une certaine assiette. Alors les villes et les campagnes, les hommes et les choses commencent à se réfléchir à sa surface; elle paraît un petit abrégé de la vie, un petit raccourci de la boule du monde qui reposait dans la main de Charlemagne. Mais Charlemagne, pour la soutenir, avait la main longue comme un pied de roi. Courte espérance, la bulle se gonfle peu à peu; elle s'arrondit, elle s'embellit de la plus douce teinte dont le regard de l'homme puisse être flatté, celle du soleil couchant, celle de l'or (pourquoi en a-t-on fait la livrée de George Dandin?); mais cette couleur charmante est le plus souvent un signe que la mort approche, et la bulle se résout en une fumée imperceptible, comme ces balles officieuses qui imitent le plomb, et qu'il est du devoir d'un témoin rempli d'humanité de glisser artistement dans le pistolet d'un poltron que la politesse oblige de se battre. O mon ami! si vous aimez les nouvelles, je puis vous en raconter une toute fraîche, un tant soit peu bizarre.

« Je me félicite de l'avoir apprise par l'intermédiaire de mon papetier.

« Avant-hier, je m'en fus donc chez mon papetier dans l'innocente et bourgeoise intention d'acheter des pains à cacheter ; mais il y avait dans la boutique absence totale de cette denrée. Désolé de ce désappointement, j'eus recours à une seconde boutique ; même réponse. — O ciel! m'écriai-je, j'ai oublié de dire que je demeure au faubourg Saint-Germain.

« — Monsieur, me dit en souriant mon papetier, moi, ni mes confrères, ne pouvons suffire aux demandes exorbitantes de pains à cacheter qui nous sont faites en ce moment.

« — Il est clair, dis-je tout bas en prenant un air capable, qu'il se trouve dans le noble faubourg quelque correspondance moscovite ; voici un manque de pains à cacheter qui nous vient d'Holyrood. Moi qui puis, une fois par semaine, insérer dans un journal ma façon de penser, je me promets de dévoiler cette trahison lundi prochain.

« — Point du tout, monsieur, me dit le marchand souriant à son tour. C'est la mode dans ce moment-ci au faubourg Saint-Germain de faire avec des pains à cacheter de petites roses découpées, que l'on colle les unes contre les autres, en taillant les feuilles de manière que chaque pain en fasse une ; de ces roses de différentes couleurs, qu'on rapproche au moyen d'un rond de carton, on fait de charmantes bobèches.

« — Bobèches! m'écriai-je, en oubliant malgré moi ma propre dignité ; je crus un instant que ce damné papetier n'avait d'autre intention que de se railler de moi et de mon besoin de pains à cacheter ; j'étais déjà semblable à Roméo devant l'infernal apothicaire.

« Mais, me dis-je, comment deux marchands pourraient-ils s'entendre ? Je ne saurais être la fable du quartier à ce point d'être raillé par deux papetiers dans l'espace d'une demi-heure. Ce fut alors que l'idée d'entrer chez la comtesse*** me vint à l'esprit. Sur la table était renversé pêle-mêle un tas prodigieux de pains à cacheter ; il y en avait de rouges, de verts, de jaunes, de blancs ; il n'y en avait pas de bleus ; ç'aurait été courir le risque d'une bobèche tricolore. Assise à côté de sa mère, la jeune fille de la comtesse composait des fleurs charmantes, et plongeait sa main blanche dans la corbeille de mille couleurs. Je vis sur des chandeliers d'or des bobèches déjà faites. Dieu puissant! m'écriai-je, n'y a-t-il plus de bobèches chez les marchands? d'où nous vient cette rage de bobèches ? faut-il qu'aujourd'hui nous en arrivions aux stupides oisivetés du siècle où l'on parfilait? ou s'il faut à tout prix des bobèches de pains à cacheter, est-il nécessaire de les coller avec des doigts de marquis?

« Ce que je dis ici, ô mon ami, est exact et historique. Il n'y a pas un salon au noble faubourg, aujourd'hui 7 mars, où l'on ne fasse des bobèches.

Monsieur Cagnard   Page 274

Bibl. Charpentier.   LIV. 239.

« Parfilage absurde ! Ainsi, quand l'Europe est en feu, quand Paris est en rumeur, quand la propriété chancelle, quand le droit divin trébuche, quand on perd l'esprit en courant après le bon sens, quand il n'y a plus rien de stable, plus rien de certain au monde, quand tout est remis en question, les lois, les mœurs, les richesses et les gloires, tout un quartier s'obstine à parfiler ? c'est-à-dire à un amusement plus stupide encore et plus digne du siècle poudré. Ah ! quand nous en serons, comme les Polonais, à voir nos femmes porter des poignards à leur ceinture, et venir dans les hôpitaux panser les plaies dont nous serons couverts, ce sera autre chose ! Elles feront alors du parfilage, comme jadis, mais ce sera pour arrêter le sang qui coulera de larges blessures. »

Lundi 7 mars 1831.

VI

REVUE FANTASTIQUE

Ce fut jeudi dernier, jour de la mi-carême, que M. Cagnard, le plus illustre des trembleurs de ce siècle, fut livré à un affreux embarras.

Il était assis devant sa table dans sa salle à manger ; sa femme était devant lui, il avait posé son front dans sa main, comme Agamemnon quand il condamne sa fille ; près de lui étaient deux billets soigneusement pliés que son farouche portier venait de déposer en souriant d'un air fin. Il les lisait tour à tour et soupirait : « Hélas ! que ferai-je ? s'écria-t-il. Voilà un billet de garde et une invitation à dîner pour aujourd'hui. Hélas !

« Si je vais à mon dîner, il est clair qu'on dira dans tout le quartier que je suis un mauvais citoyen ; précisément la patrie se trouve en danger ; quelle fatalité ! Comment empêcherai-je mon sergent-major, qui est en même temps mon apothicaire, de répandre des bruits outrageants pour ma famille et pour moi !

« Si je vais à mon corps de garde, le conseiller versera sans moi son thé parfumé, le vin mousseux sera bu en mon absence, et je ne pourrai appuyer mes deux coudes sur la table bien fournie du comte Walter Puck ! O conseiller privé, je serai dans l'impossibilité de t'égayer par mes facéties, et de tendre mon verre en récompense de mon humeur enjouée ! »

En disant ces paroles, il avait ouvert une porte et il tenait suspendus un habit bleu garni d'épaulettes rouges et un habit vert pomme décoré de boutons d'argent à la mode. Il hésita longtemps, regarda trois fois à sa montre, autant à la fenêtre, puis il passa avec un profond soupir une manche de l'habit bleu.

Dans son désespoir, il faillit imiter ce mathématicien célèbre à qui les choses célestes faisaient oublier les affaires d'ici-bas, et qui, s'étant dépouillé un jour de ses vêtements afin de se parer d'une manière convenable et d'aller dîner en ville, oublia le monde entier au milieu de sa toilette, et, ne pouvant se rendre compte du motif qui l'avait porté à quitter ses habits, finit par croire qu'il se couchait et se mit au lit.

« Non! » s'écria tout d'un coup M. Cagnard; et d'un coup de main il repoussa dans sa prison de bois l'accoutrement patriotique; il serra autour de ses jambes les cordons de son pantalon à demi juste, et, s'élançant hors de sa maison d'un pas leste et déterminé, il fit sauter sur ses mollets les basques joyeuses de son habit neuf.

M. Cagnard demeure au Marais; il était forcé d'aller chercher son dîner derrière la place Beauvau, rue des Saussaies; il se dandinait sur la pointe du pied, résolu de ne point prendre de voiture.

Il rencontra, rue Saint-Antoine, une bande formidable de polissons de douze ou treize ans, qui avaient embrassé au nombre de vingt la cause du duc de Reichstadt, et qui en conséquence cassaient les vitres des confiseurs et les lanternes des marchandes d'oranges. M. Cagnard vit le péril qui le menaçait; en vain il crut y échapper en se rangeant avec soin sous l'eau de la gouttière; on l'arrêta avec fureur en lui enjoignant de crier : *Vive Napoléon II!* Quiconque connaît un peu notre homme doit se faire sur-le-champ une idée de la promptitude serviable avec laquelle il poussa les vociférations les plus horribles, dès qu'il s'en vit prié de la sorte.

« Au fait, se disait-il, ces jeunes gens descendent la rue Saint-Antoine; si je puis parvenir à marcher au milieu d'eux sans être éclaboussé, il sera toujours temps de reprendre ma route. »

En ce moment deux pompiers qui venaient d'éteindre un feu de cheminée tournaient le coin de la rue en traînant une pompe. C'étaient, à ce qu'il parut, des pompiers bien intentionnés et amis de l'ordre public, car, en voyant se diriger vers eux l'attroupement des polissons furieux, ils s'arrêtèrent, et, ayant braqué leur infernale machine avec une adresse vraiment redoutable, ils mirent en déroute complète le bataillon qui s'avançait. Les jets d'eau qui inondèrent le visage des perturbateurs de la tranquillité les réduisirent au plus fâcheux état. Pour M. Cagnard, jaloux de conserver à son habit de gala la virginité de son lustre, il se consumait en vains efforts pour entrer dans une boutique, lorsque l'un des vainqueurs le prit rudement par son jabot fraîchement plissé.

« Messieurs, dit-il, je suis un vieillard; les polissons qui m'entouraient ne sauraient me reconnaître; laissez-moi aller dîner chez le conseiller; je ne suis bon à rien. »

Sur le témoignage d'un marchand d'amadou qui passait, on lui rendit la liberté. Comme le fiancé de Lénor, il rasait la terre avec la vitesse d'un oiseau; déjà l'Hôtel de Ville, la rue Saint-Martin et la fontaine des Innocents avaient passé comme des songes.

Hélas! il tombe rue Saint-Honoré au milieu d'un groupe d'ouvriers qui, n'ayant pas d'ouvrage, et se trouvant malhonnêtement renvoyés par des imprimeurs ruinés, s'étaient déclarés le matin même pour Henri V; d'un côté à l'autre de la rue ils s'élançaient les uns sur les autres et empêchaient les fiacres de passer, afin de se venger.

Un nouveau cri, plein de condescendance, sortit aussitôt des poumons de notre voyageur. Se conformer en tout aux circonstances, et ne jamais contrarier personne, était chez lui un principe invariable; mais douze gardes nationaux qui allaient en voiture à un bal pour les pauvres étant descendus en cet instant, l'un d'eux s'avança, et prouva poliment à ces braves gens qu'ils ne savaient ce qu'ils faisaient, qu'il n'était pas convenable de crier si fort, et qu'on leur avait donné quarante sous pour cela.

« Quarante sous, s'écria l'un des meneurs, pour qui nous prenez-vous?

— Eh bien! répliqua le garde, mettons trois francs et n'en parlons plus. »

Au moment où tout le monde se retirait paisiblement par la rue de l'Arbre-Sec, l'orateur, avisant M. Cagnard, lui demanda tout d'un coup :

« Pourquoi vous démener ainsi, monsieur? qui êtes-vous?

— Messieurs, dit-il, je n'aurais pas la force de vous aider, tant je suis affaibli par des nuits passées au corps de garde; comment voulez-vous que je vous nuise? Les ouvriers qui m'ont surpris ne sauraient dire que je suis leur semblable; je ne suis bon à rien; laissez-moi aller dîner chez le conseiller, rue des Saussaies. »

Le garde sourit, et, semblable à une flèche aiguë décochée d'un arc mogol, notre homme fendit de nouveau les airs en rasant les boutiques. Les breloques de sa montre retentissaient à chaque pas.

Le voilà parvenu heureusement jusqu'au faubourg Saint-Honoré; déjà, le cœur plein d'une mâle assurance, il se représente la vaste salle à manger du comte Walter Puck, ses laquais en grande tenue, et il voyait trembler dans les plats de vermeil les châteaux de crème au rhum; le vin pétillait dans les verres, et la charmante comtesse avançait sa blanche main pour lui offrir une aile de faisan.

Préoccupé de ces pensées, il avance à grands pas dans la foule : ô ciel! il est au milieu d'un groupe d'étudiants qui, au cours de M. Ducaurroy, se sont donné rendez-vous pour cinq heures et demie au ministère de la Marine. Ils sont déterminés et en grand nombre; M. Cagnard entend des paroles qui lui sèchent la moelle des os jusqu'à la cheville; que criera-t-il afin qu'on l'épargne? On ne crie point. Il se hasarde : « Vive la République! »

Au moment même, un soldat de ligne le saisit par les basques joyeuses de son habit vert pomme, comme un oiseau par la queue; il se retourne, et voit la tête des chevaux d'un détachement de garde nationale.

« Hélas! dit-il, je suis un bourgeois paisible qui ne saurais faire de mal à personne. Demandez à ces messieurs s'ils me reconnaissent. »

Les étudiants dirent qu'ils ne l'avouaient pas pour un des leurs; ainsi surpris une troisième fois, que de peine il eut à se faire répudier par tout le monde! Que de tourments il lui fallut pour prouver qu'il n'était bon à rien, pas même à conspirer.

Dans cette fatale position, il pensait à son habit bleu à épaulettes rouges, qu'il avait repoussé dans sa prison de bois; il songeait qu'il aurait bien agi, oh! mille fois bien et sagement! en passant soigneusement la seconde manche, au lieu de se débarrasser de la première!

Néanmoins, n'étant connu de personne, et désavoué par tous comme les deux autres fois, il eut bientôt la permission de reprendre son vol affamé vers la salle à manger spacieuse et les vins bien cachetés du conseiller.

« O Dieu! s'écria-t-il, au moment où il frottait ses souliers à boucles sur le tapis de la porte, et où il posait son gant glacé sur le cordon de la sonnette; ô Dieu! bienheureux, dans ces temps de trouble et de désordre, celui qui n'est d'aucun parti, et peut se faire habilement, ainsi que moi, désavouer par tous! Je ne suis même pas saint-simonien! Bienheureux celui qui peut se glisser comme une fausse pièce que chacun se rejette, et qui ne saurait figurer dans aucune pile d'argent! »

Cette réflexion lui remit en tête une petite anecdote qu'il se promit de servir au dessert au gracieux conseiller, le respectable comte Walter Puck.

Aussi, lorsqu'il eut appuyé sur la table ses deux coudes d'un air facétieux, il souleva son verre à moitié vide en clignant de l'œil, et dit :

« Je me souviens que, dans mon voyage d'Italie, je rencontrai à Turin un bon muletier à qui je donnai pour boire une pièce de trente sous ; une année après, me promenant à Naples, je vis venir à moi le même muletier, que je reconnus avec peine. — Ah ! monsieur, me dit ce brave homme, que de reconnaissance je vous dois ! — Pourquoi ? lui dis-je. — Ne vous souvient-il pas, monsieur, que vous m'avez donné à Turin, il y a un an, une pièce de trente sous pour boire ? — Oui ; eh bien ? — Elle était fausse, monsieur, et j'ai traversé toute l'Italie au moyen de cette pièce, en buvant gratis à tous les cabarets. — Comment cela ? — Je payais avec cette pièce, et quand on me disait qu'elle était fausse, je répondais que je n'en avais pas d'autre ; alors le cabaretier me mettait à la porte en m'accablant d'injures. Vous voyez donc, monsieur, que cette pièce m'a valu cent écus pour le moins, et que je suis en droit de vous remercier. »

14 mars 1831.

VII

MÉMOIRES DE CASANOVA

Vous êtes-vous quelquefois arrêté à regarder par un temps de pluie le cheval d'une voiture de louage à l'heure, lorsqu'en dépit de la fureur des vents cet être piteux, résigné, attend patiemment à la porte d'une maison ? Le coup de fouet du maître peut seul le déterminer à reprendre son pas tardif, jusque-là il est immobile. La tête basse, il subit tristement l'injure des gouttières ; peut-être, à ce spectacle, vous vous êtes rappelé malgré vous le cheval de course, superbe, l'œil de feu, qu'on ne peut retenir et qui se balance sur ses jambes flexibles comme le roseau, jusque sur la paille de sa litière. Ces deux animaux sont-ils les mêmes ? Un sang différent anime en eux les muscles de structure pareille.

L'un ressemble à un moine qui souffre et gémit en silence pendant quarante ans sur la même pierre, laquelle est celle de sa tombe ; l'autre est pareil à l'aventurier, au spadassin qui porte moustache et épée, et qui livre sa vie au hasard, comme son plumet au vent. Lequel des deux a raison? C'est ce que personne ne décidera. Pourquoi?

Chacun d'eux peut servir le type à une classe énorme d'individus dans l'espèce humaine. La première, formée d'éléments timides, effrayée de ce qui l'entoure, laisse ses rames oisives sur la mer de cette vie; la seconde, au contraire, les agite d'un bras audacieux, et fend l'onde; mais souvent elle néglige le gouvernail pour regarder sa voile s'enfler au souffle des vents propices. Dans l'une naissent les savants, les hommes de robe, les gens de plume, les prêtres, les femmes de ménage, les poètes médiocres; dans l'autre, les gens d'épée, les roués, les aventurières, les artistes sublimes : qu'on fasse l'application.

Jacques Casanova, Vénitien, vécut en Europe dans le xviii⁰ siècle. Le docteur Gall eût trouvé sur son crâne quelques-unes des bosses qui distinguaient le cerveau de l'empereur. L'activité, la vigueur, l'invention, l'intrépidité, étaient ses éléments. Non seulement jamais il n'hésita, mais jamais il ne pensa qu'il pût hésiter. Malheureusement, né sur un échelon trop bas, il ne lutta avec la fortune que dans des circonstances trop petites, et ne fut jamais qu'un particulier. Une qualité qui lui manqua en fut peut-être l'unique cause, l'esprit de conduite. D'ailleurs, sans dignité, aujourd'hui officier, demain séminariste, après-demain joueur de violon, qu'aurait-il fait, s'il avait su résister à sa fantaisie? Malgré tout, c'est le premier des aventuriers.

Vouloir analyser son livre, ce serait vouloir analyser sa vie, et elle échappe au scalpel. Jamais un grain de raison, peu de religion, de conscience encore moins. Dupant les sots avec délices; trompant les femmes avec bonne foi; un peu trop heureux au jeu; racontant divinement; promenant sur toute la terre ses caprices et sa folie, mais revenant toujours à sa chère Venise. Là, courant les filles en masque; ici, se promenant gravement en abbé musqué dans les jardins du pape; rimant pour une belle marquise, se battant pour une danseuse; mousquetaire terrible (il avait près de six pieds), grand seigneur généreux et probe au milieu de tout cela. Ceux qui aiment Benvenuto Cellini aimeront bien son livre; il y a entre eux ce rapport que tous deux font des contes incroyables, avec cette différence que Cellini ment les trois quarts du temps, et que Casanova ment si peu qu'il dit du mal de lui.

Tous ceux qui l'ont lu en disent la même chose; c'est qu'il a produit sur eux une impression ineffaçable; quoi qu'en disent les individualités du jour, elles la subiraient elles-mêmes.

Ce n'est pas qu'on ne trouve assurément par le monde des gravités poudrées à qui le nom de Casanova ferait hausser les épaules de cette manière qui signifie : « Bah ! un homme de rien ! » Je ne conseillerais même pas à ceux qui ont du goût pour le *sentimentalisme* allemand, d'ouvrir son livre; c'est un homme du Midi. L'amour, cette plante que le soleil fait naître si différente suivant l'obliquité de ses rayons, prend un aspect étrange dans le cœur de notre aventurier.

« Puisque vous savez que j'ai de l'amitié pour vous, dit-il à une Henriette, vous devez deviner aussi qu'il ne m'est pas possible de vous laisser seule, sans argent, au milieu d'une ville où vous ne pouvez même pas vous faire entendre. Je ne sais de quelle espèce est l'amitié que le brave homme qui vous accompagne peut avoir pour vous ; mais je sais que, s'il peut vous laisser, elle est d'une tout autre nature que la mienne. Car je me crois obligé de vous dire que non seulement il ne m'est pas possible de vous faire avec facilité le singulier plaisir de vous abandonner ainsi, mais même que l'exécution de ce que vous désirez m'est impossible, si je vais à Parme ; car je vous aime d'une manière telle, qu'il faut ou que vous me promettiez d'être à moi, ou que je reste ici. Alors vous irez à Parme seule avec le capitaine ; car je sens que, si je vous accompagnais plus loin, je deviendrais le plus malheureux des hommes, soit que je vous visse avec un autre amant, avec un mari, ou au sein de votre famille, enfin si je ne pouvais pas vous voir et vivre avec vous. Oubliez-moi, sont deux mots faciles à prononcer ; mais sachez, belle Henriette, que si l'oubli est possible à un Français, un Italien, si j'en juge par moi, n'a pas ce singulier pouvoir. Enfin, madame, mon parti est pris ; il faut que vous ayez la bonté de vous expliquer maintenant, et de me dire si je dois vous accompagner à Parme ou si je dois rester ici : répondez oui ou non. Si je reste ici, tout est dit. Je pars demain pour Naples, et je suis certain de me guérir de la passion que vous m'avez inspirée. »

Que dirait ce bon Werther d'une déclaration aussi furieuse ? J'ai entendu dire que seul il savait la véritable passion. Que sera donc celle-ci ? une passion sans ordre, sans bon goût, sans politesse ? Oui, et sans timidité, plus qu'une passion italienne, une rage espagnole. Mais il est certain que les tartines de beurre sont loin de là, et qu'il serait bien difficile que Charlotte s'appelât dona Lolotta.

Ceux que de telles manières effrayent peuvent fermer le livre ; car tout y est de cette trempe. Vous voyez comme il entend l'amour ; voulez-vous voir comme il comprend la haine ?

Son valet de chambre, sot Picard, a imaginé de se donner à Corfou pour un prince de la Rochefoucauld. On le dit à Casanova, qui en rit.

PANTAGRUEL ET LA GARDE NATIONALE.

« Parle-t-il de sa famille?

— Beaucoup de sa mère qu'il aimait tendrement ; elle est du Plessis.

— Si elle vit encore, elle doit avoir environ cent cinquante ans.

— Quelle folie!

— Oui, madame ; car elle fut mariée du temps de Marie de Médicis. Sait-il quelles armes son écusson porte?

« On se lève de table, et voilà qu'on annonce le prétendu prince ; il entre, et Mme Sagredo vite de lui dire : Mon prince, voilà M. Casanova qui dit que vous ne connaissez pas vos armes. A ces mots, il s'avance vers moi (Casanova) en ricanant, m'appelle poltron, et me donne un soufflet qui m'étourdit. Je prends la porte à pas lents, ayant soin de prendre mon chapeau et ma canne.

« Je sors de l'hôtel et vais me poster à l'esplanade pour l'attendre. Dès que je le vois, je cours à sa rencontre et je lui assène des coups si violents que j'aurais dû le tuer d'un seul. En reculant, il se trouva entre deux murs, où, pour éviter d'être assommé, il ne lui restait d'autre moyen que de tirer son épée ; le lâche n'y pensa pas, et je le laissai étendu sur le carreau et nageant dans son sang. La foule des spectateurs me fit haie, et je la traversai pour aller au café, où je pris un verre de limonade sans sucre pour précipiter la salive amère que la rage avait soulevée. En moins de rien je me vis entouré de tous les jeunes officiers de la garnison qui faisaient chorus pour me dire que j'aurais dû l'achever. Ils finirent par m'ennuyer, car, si je ne l'avais pas tué, ce n'était pas ma faute. »

Un volume presque entier, consacré au récit de l'évasion de cet homme extraordinaire de la fameuse prison des Plombs de Venise, offre un intérêt presque sans égal, et dont il est impossible de donner une idée. Son séjour à Paris, où il a introduit la loterie, deux ou trois amours bien vénitiens, autant de vengeances plus vénitiennes encore, fournissent matière à des chapitres charmants.

M. Aubry de Vitry avait, il y a quelque temps déjà, donné de ces Mémoires une sorte d'abrégé où la fin de toutes les histoires était décemment coupée. Plusieurs mots extrêmement techniques avaient disparu :

Le latin dans ses vers brave l'honnêteté
Mais le lecteur français veut être respecté.

Et par quelle raison? Le sage législateur du Parnasse aurait dû l'expliquer. Cette grande pruderie de l'œil et de l'oreille, qui, sous la périphrase hypocrite, n'en apporte pas moins à l'esprit la pensée toute nue, sera peut-être un jour expliquée. Elle ne l'est pas encore; car si l'esprit devine le mot, c'est donc l'organe qui en a peur ?

L'édition nouvelle que nous annonçons ici a rendu (autant que possible) à ces Mémoires leur verdeur et leur naïveté dignes d'un temps qui touchait au grand siècle. Nous engageons ceux qui se sentiraient rougir en les parcourant, à penser à Louis XIV, et même à Louis XV, qui s'entendait quelquefois en dignité.

20 mars 1831.

VIII

REVUE FANTASTIQUE

« Sommes-nous bientôt arrivés? dit l'homme au manteau vert.

— Nous y voici, répliqua le libraire en sautant sur l'esplanade; il accrocha son chapeau au télégraphe et jeta autour de lui un regard satisfait.

— Quelle belle chose que Notre-Dame! dit en grelottant l'homme au manteau, qui, en sa qualité de romantique, se croyait obligé d'aller le long des balustrades, lorgnant les piliers et flairant les ogives. — Eh bien! ajouta-t-il, commençons. »

Le libraire tira de ses poches vastes et vides une lorgnette d'approche, il la posa sur l'épaule de son compagnon, et la dirigea de droite et de gauche en cherchant son point.

« Je crois, mon cher éditeur, reprit l'autre avec transe, que nous ne viendrons jamais à bout de notre entreprise. Publier quelque chose dans ce moment-ci! lorsque toute l'Europe est assez folle pour s'occuper de politique! On ne lit plus, ô mon cher imprimeur-libraire! on ne lit plus que les journaux. C'est en vain qu'armés d'un courage invincible et d'une intrépidité à toute épreuve, nous sommes montés sur cette cathédrale, et, que, muni d'une lorgnette, vous prétendez découvrir le moment où la ville sera le moins activement préoccupée, afin de lui lancer favorablement mes opuscules! Voyez quelle agitation règne dans ces quartiers! Hélas! faut-il que je vous aie signé en 1829 un dédit funeste! Sans cela, ô mon cher éditeur! jamais l'inspiration ne me serait venue en 1831.

— Au lieu de vous lamenter, reprit le libraire, servez-vous de votre côté, de cette autre lunette. Si la ville de Paris est tranquille un quart d'heure, si les nouvelles manquent pendant l'espace d'une minute, si je vois deux oisifs se promener les bras croisés, c'en est fait, ô mon cher auteur! je lance vos opuscules. Songez que ceux de mes confrères qui ne sont pas à Sainte-Pélagie ont été trouvés aux filets de Saint-Cloud; il nous faut trouver de quoi vivre quand nous devrions mourir à la peine.

— Beau ciel, s'écria le poète qui s'était retourné, ma poitrine s'élargit en te voyant! Quel panorama se déroule à mes pieds! que tu es belle, ô ma chère ville! quel aspect magnifique offrent, de ces hauteurs, tes ponts, tes quais, tes palais, ô Paris, toi dont les fées avaient élevé les murailles dans la plus belle vallée du plus doux pays de l'Europe! Comment ton enceinte, jadis réservée aux plaisirs et à toutes les jouissances de la paix, est-elle devenue l'ardent foyer de toutes les passions? Hélas! lorsque jadis une voiture attelée de huit chevaux traversait le Pont-Royal, tous les curieux accouraient, et l'on parlait comme d'un événement du passage du roi qui allait à la messe. Lorsqu'un abbé allait faire un sonnet, on s'en occupait pendant quinze jours dans tous les salons; c'étaient alors d'heureux oisifs qui peuplaient les promenades! Aujourd'hui le roi va en char à bancs; et douze volumes in-octavo ne sauraient attirer l'attention de trois personnes!

— Il me semble, dit le libraire, que je ne vois rien, et que nous pourrions lancer vos opuscules.

— O ciel! répliqua l'auteur, ne voyez-vous donc point cette foule innombrable qui se presse dans la rue du Coq? on va attaquer le Louvre. O malheureuse patrie!

— Ce sont, mon cher auteur, des gens qui regardent les caricatures de Martinet.

— Des oisifs! s'écria l'homme au manteau, est-il possible? Mais, hélas! je me trompe; ce sont des caricatures politiques qu'ils regardent. C'est le dernier roi tenant un moineau dans sa main, ou le défunt ministère travesti sur des tréteaux. O France! riras-tu donc toujours de ceux qui te gouvernent, semblable à un malade de joviale complexion qui se raille des médecins qui le tuent? Celui-là te met au régime, celui-ci veut des dissolvants; tous introduisent la sonde dans la plaie, l'examinent au risque de l'élargir; puis ils s'efforcent de la remplir avec de l'onguent. Pauvres charlatans! C'est en vain qu'ils ont couché l'athlète sur le lit de douleur, qu'ils attachent et lient ses membres vigoureux, qu'ils le torturent et l'épuisent, lui, le lutteur invincible, dont les forces se dévorent elles-mêmes, que le sang étouffera si on ne le laisse descendre dans l'arène et frotter ses muscles huilés de la poussière olympique.

— Mon cher, dit le libraire, voici assurément un moment de calme; vos opuscules ne sauraient être lancés dans un instant plus favorable.

— O éditeur imprudent, ne voyez-vous donc pas sur la rive gauche du fleuve cette baraque encombrée? ils hurlent, ils se démènent, ils montent et descendent, ils sonnent, ils s'interpellent, ils phrasent et votent, ils décrètent et gesticulent! c'est un sabbat.

— Bon! reprit le libraire, ce sont, mon cher auteur, les représentants de la France.

— Peste! je suis donc de l'avis de cet homme spirituel qui prétendait, l'autre jour, dans un dîner, qu'ils dévident leurs phrases comme dans les filatures on dévide le coton. Voyez quels écheveaux interminables celui-ci s'efforce de tirer! De quelle couleur est sa robe! elle n'est ni blanche ni rouge, elle est rose, c'est un homme impossible à noyer quand il nage entre deux eaux. Mais leur filandreuse éloquence boite et tergiverse tortueusement. Que disent-ils?

— Vous le lirez demain dans le journal.

— J'aperçois dans l'ancienne enceinte du palais des Condé une seconde halle aux paroles. Mais quelle majestueuse gravité! autrefois c'étaient les vieillards dont la tête tremblait, est-ce le tour de la jeunesse d'aujourd'hui?

— Mon cher auteur, ne vous effrayez nullement de tout cela. Si vous m'en croyez, nous ne laisserons pas de lancer vos opuscules.

— Qu'est ceci, ô mon ami? interrompit l'auteur. Pour le coup, une véritable assemblée de fous vient de tomber indubitablement dans ma lorgnette. Ouf! leur physionomie me donne la fièvre, et leurs contorsions le vertige. C'est auprès du boulevard de Gand qu'ils sont rassemblés. O ciel! serait-il nécessaire, pour fonder une religion, de porter du bleu-barbeau et de se laisser croître les cheveux comme Paganini? Quoi! Jésus-Christ a-t-il donc imité Charles X? et quelles raisons a-t-on pour le renvoyer s'il n'a point publié d'ordonnance? Est-ce donc lui qui est responsable, et non ses ministres? Croyez-moi, messieurs de Saint-Simon, c'est un Dieu représentatif qu'il nous faut; vous vous trompez; vous êtes venus au monde quelque deux mille ans trop tard. Le genre humain est comme les femmes, elles sont dévotes à douze ans et à soixante ans. L'Europe a été à la messe dans son enfance; le bon temps reviendra peut-être pour les moines; attendez qu'elle radote.

— Mon ami, dit le libraire, tandis que vous philosophez, tout s'est évaporé autour de nous. Nous voici seuls suspendus dans les airs. Paris s'endort, la Seine a posé sur son cou sa brillante chaîne de falots. N'attendons pas la nuit, et lançons vos opuscules.

— Paix! répliqua le poète, ne voyez-vous pas, à la lueur incertaine de la lune, rayonner les pointes d'un grand nombre de baïonnettes? Voici décidément une révolution qui passe sur le quai de la Ferraille.

— Ce sont des gardes nationaux.

— O soldats-citoyens! s'écria l'autre, oubliant les convenances dans un moment d'exaltation, il serait beau de voir vos colonnes tricolores à la frontière; mais il est triste de piquer les chiens à la porte des Tuileries. Dites-nous quel but vous rassemble. Ne vous trompez-vous pas? Rentrez en paix; les rebelles ont écrit à M. le préfet de police que leur insurrection était remise à huitaine; rentrez en paix, et puissiez-vous ne point trouver Hernani aux pieds de votre fille, et don Carlos dans votre armoire! Hélas! le véritable danger que court un garde national, ce n'est pas où il est, c'est où il n'est pas.

Mais le libraire impatienté avait soulevé silencieusement les rames de papier noirci, qui gisaient à ses pieds encore humides. Tout d'un coup il les éleva dans les airs, et dévoré par l'espérance d'avoir de quoi dîner le lendemain, ô infortuné poète! il lança tes opuscules.

Ce fut en ce moment que quelques oisifs, qui se miraient dans les glaces de la galerie d'Orléans, aperçurent derrière une vitre, dans l'étalage d'un libraire, une brochure jaune qui y demeura clouée jusqu'à l'éternité.

21 mars 1831.

IX

REVUE FANTASTIQUE

Hier, soulevant de ses mains la pierre de son tombeau, Pantagruel est sorti de la terre.

Un cri de frayeur, parti de tous les points de la France, le suivait à son passage; sa tête chauve, pareille au dôme du Panthéon, se dandinait jovialement entre les têtes des peupliers. Une des colonnes de la Bourse, qu'il avait cueillie en passant, tournait dans ses doigts comme un bambou léger façonné par un habile tourneur; deux bateaux à vapeur lui servaient d'escarpins; et, comme les fashionables du jour, il s'était contenté de suspendre à sa montre une seule chaîne d'or, au bout de laquelle se jouait un canon des Invalides. Prenant les deux tours de Notre-Dame pour une lorgnette à deux branches, il avait posé sur son oreille son bonnet de police, coupé sur le patron des Pyramides; et balançant dans son pourpoint, tailladé à l'ancienne mode, sa royale rotondité, il descendait gravement vers le bois de Boulogne. Lorsqu'un équipage élégant avait attiré son attention, il le prenait dans le creux de sa main, le considérait, et le reposait ensuite sur le sable avec soin, sans faire de mal à personne. Les cavaliers, les piétons, étaient de même l'objet de son attention; et même, en ayant avisé un qui portait une barbe romantique, un habit fleur de pensée et un gilet de satin vert, il le trouva si drôle qu'il le mit dans sa poche.

Paris lui semblait beau; assis sur l'arc de l'Étoile, sans égard pour l'unique ouvrier qui s'y démène depuis le ministère Martignac, et, ayant ajusté une embouchure de la colonne d'Austerlitz, qui lui servait merveilleusement de pipe, il commença à charger de tabac le piédestal, et à tirer de son gosier des bouffées de fumée, qui firent accourir les pompiers. De tous côtés il vit s'agiter entre ses jambes de petites fourmis qui suffoquaient; distrait de sa nature, et dédaigneux par droit de naissance, il étendit les jambes sur les montagnes environnantes, posa l'une sur la lanterne de Diogène, et l'autre sur le clocher de Vaugirard, et s'endormit royalement les bras croisés.

Il y a de par le monde une caricature plus que spirituelle et tracée par un crayon qui n'a point de signature, qui le représente dans cet état [1]. Dès que ce Micromégas-Gulliver s'est gargantualement assis sur la rive fleurie de la Seine, voici venir tout ce qu'il y a de badauds à Paris, c'est-à-dire tous les Parisiens, sans compter les étrangers. Les astronomes ont fait un ballon, et s'élèvent au-dessus de lui, munis de compas et d'encre de Chine; les ingénieurs, qui ont employé à peine trois heures à *suer d'ahan* pour se guinder jusqu'à sa jarretière, pédamment accroupis sur son genou, braquent impitoyablement leur borgne observatoire. Chacun de ses cheveux est attaché à un poteau par des ouvriers qui fourmillent. De tous côtés se dressent des poulies, s'efforcent des cabestans, se poussent des leviers; à gauche, à droite arrivent des armées innombrables de soldats-citoyens et

---

[1]. Cette caricature est du duc d'Orléans, qui dessinait fort bien.

de citoyens-soldats, qui ont écrit sur leur drapeau effarouché : *la patrie est en danger!* Des omnibus, des chars à bancs, des gondoles, tout se mêle; des officiers, des tambours-majors, des officieux, des cuistres, des petites filles. La patrie est en danger! tel est le cri qui sort de toutes les poitrines comprimées par la frayeur. Mais déjà les fouilleurs de curiosités, les déchiffreurs d'hiéroglyphes, les compilateurs de ruines, les polisseurs de momies et les dégustateurs de médailles ont commencé à se ruer sur l'immense proie comme de sagaces renards.

Celui-ci, à cheval sur le nez du dormeur, se cramponne aux sourcils, et, nouveau Christophe Colomb, parvient seul jusqu'à l'univers ignoré de sa nuque. Un badigeonneur empressé écrit sur le passe-poil du pantalon la défense sous peine d'amende... sa montre, tombée de sa poche, est placée sur un tombereau, et emportée par quatre chevaux vigoureux; sa carte de visite soulevée par douze forts de la halle, commence à quitter la terre; dans sa poche s'est établi un missionnaire, qui de là improvise un sermon. — Silence! Pantagruel se réveille.

Il a écrasé douze mille hommes en se retournant; il en a jeté trois cents en l'air; la plupart sont tombés dans la Seine et se sauvent à la nage, avec cinq degrés de froid. « Qu'est-ce donc? » dit-il.

Mais en cet instant, il voit venir à lui une députation revêtue de robes noires, et poudrée d'une pédanterie outrecuidante. Pareille à un troupeau des sauveurs du Capitole, la brigade en perruque se dirige sur une des montagnes, et de là lui adresse la parole : « Jeune étranger, lui dit l'orateur, comme M. Cagnard (car vous me semblez jeune et infiniment étranger), nous sommes en ce moment dans un étrange embarras; nous venons vous proposer d'être notre roi et de nous gouverner, et nous craignons que vous n'acceptiez pas.

Pantagruel les prit dans sa main, les mit dans sa tabatière et leur dit :

— Mes petits amis, je serai votre roi; indiquez-moi votre palais de cette tabatière, je ne demande pas mieux que de vous gouverner.

— O puissant Pantagruel! répliqua le plus petit, qui était le plus bavard, nous avons des lois, des institutions, des dîners et des pensions, ne changerez-vous rien?

Pantagruel descendit les Champs-Élysées, porté en triomphe par le peuple, qui se suspendait à ses mollets. « Où est la demeure royale? » demanda-t-il d'abord. On lui montra les Tuileries. Mais son front se heurta contre le cadran de l'horloge. « Ho! ho! dit-il, du temps de mon royal père Gargantua on était mieux logé et plus à l'aise; comment pourrai-je

Revue Fantastique.   Page 292.

Bibl. Charpentier.   LIV. 241.

jamais entrer ici, si ce n'est en défonçant le toit, et en m'y couchant comme dans une bière? donnez-moi une maison plus commode.

— Nous n'en avons pas, dirent les architectes; et, dirent les députés, celle-ci est déjà bien grande, et coûte déjà bien cher.

— Je resterai dans le jardin, dit Pantagruel. Or, sus, parlons d'affaires; est-il l'heure de dîner ici? je me sens quelque envie de commencer par boire. »

Il prit la halle au blé pour tasse, et la tendit à un petit valet qui y versa d'une petite bouteille une demi-goutte d'un vin bien mauvais.

— Ho! ho! dit-il, n'y a-t-il pas d'autre boisson? Du temps de mon royal père, il n'en était pas ainsi. Hé quoi! pour ton roi, ô peuple français, une goutte de vin détestable? Et que disent donc aujourd'hui les potentats de ce gouvernement à gosier sec?

— Nous n'en avons pas d'autre, dirent les rats-de-cave; et dirent les députés, ce vin-là est bien bon, et coûte déjà bien cher.

— Je garderai donc ma soif, dit Pantagruel. Ne parle-t-on pas de guerre? il nous faut ici une armée; allez me chercher de l'argent.

Il ouvrit une poche large comme le cratère d'un volcan; un petit trésorier y jeta une bourse, qui passa par un trou, et tomba dans sa botte.

— Ho! ho! dit-il, ne payez-vous pas plus vos rois? Voici de quoi avoir un demi-boisseau de gendarmes. Comment! serait-ce là le revenu d'un prince constitutionnel? Du temps de mon royal père Gargantua...

— Nous n'en avons pas davantage, dirent les contribuables; et, dirent les députés, cette bourse est déjà bien ronde, et coûte bien cher.

— Je mettrai donc mes mains dans mes poches au lieu d'argent, dit Pantagruel. Or çà! puisque je vous gouverne, me voici comme saint Louis sous son chêne. Qu'on se plaigne, qu'on rédige, qu'on pétitionne; c'est l'heure de ma justice.

— Sire, dirent les ministres, voici des journalistes qui crient à la république; voici des galériens qui démolissent des églises; voici des carlistes qui font boire les pauvres; voici des bonapartistes qui crient à tue-tête; voici des intrigants en congrégation qui ourdissent et trament.

— Qu'on m'élève une potence, dit Pantagruel, et qu'on pende.

— Sire, nous ne pendons pas sans procès; nous ne jugeons pas sans prison; nous n'emprisonnons pas sans gendarmes, et la garde nationale refuse de tirer l'épée.

— Ho! ho! dit le roi, n'y a-t-il pas d'autres lois pour punir les factieux? Voici une presse qui crie bien fort. Eh quoi! le souverain est-il au milieu de son peuple comme le nageur au milieu de la rivière ? les flots l'emporteront. Du temps du roi mon père, il en était autrement. Où sont les lois ?

— Nous n'en avons pas davantage, dirent les avocats ; et, dirent les députés, celles-là sont déjà bien sévères, et font bien peur aux juges.

— Peste ! dit Pantagruel, point de vin ! point d'argent ! point de lois ! je dormirai donc.

— Sire, dirent les ministres, nous ne pouvons aller sans vous ; la main nous tremble à chaque signature. Nous ne pouvons faire un sous-préfet sans angoisse ; le principe de non-intervention nous rendra hydrophobes. Vous ne pouvez dormir.

— Ho ! ho ! dit le roi, mon père Gargantua ne faisait autre chose. A quoi servent donc les ministres ? Qu'on en nomme quatre fois de plus.

— Nous n'en avons pas d'autres, dirent les employés ; et, dirent les députés, ceux-là sont déjà bien entêtés, et nous font assez crier.

— Messieurs, dit Pantagruel, je ne saurais être roi ; adieu, sortez de ma tabatière et me laissez en paix.

28 mars 1831.

X

REVUE FANTASTIQUE

Une vieille dévote avait jeûné jusqu'à une heure de l'après-midi le jour du très saint vendredi ; elle avait pris son chapelet, et respectueusement entr'ouvert son eucologe.

Un jeune élégant avait amplement satisfait son brutal appétit sur un jambon qui ne s'attendait guère à être mangé qu'à Pâques ; il avait fait mettre quatre chevaux à sa calèche, et son cocher soufflait dans ses doigts.

Un pauvre étudiant avait loué un infortuné cheval, le dernier resté dans l'écurie glacée d'un loueur mal à l'aise ; il avait, hélas ! brossé avec soin son habit le moins antique et se disait : « Pourvu que mon cheval ne s'emporte pas ! car je tomberais assurément. » Un bon bourgeois avait saisi en souriant son parapluie rose ; il avait pris par la main son petit garçon habillé en garde national, suspendu à sa montre ses breloques en cornaline, et dit à sa femme : « Allons à Longchamps. » Ainsi par un singulier hasard, ces quatre individus vinrent à passer dans la même rue, laquelle était voisine de l'Assomption, ou de toute autre paroisse qu'il plaira à un homme plein d'imagination de se représenter. Le visage de la dévote respirait un air de contentement et de satisfaction; elle inclinait les yeux à terre, en croisant ses pouces, et son double menton s'arrondissait jovialement, tandis qu'elle songeait que son estomac vide était agréable au Seigneur. L'élégant avait l'air byronien d'un homme blasé; son fouet sifflait sur la croupe rebondie de sa jument aux jambes fines; il s'engonçait dans sa cravate en songeant à ses dettes.

Le pauvre étudiant se cramponnait tout radieux, et invoquait saint Pommeau; sa monture se déferrait du pied droit. Sur le dos des pavés sautillait le bon bourgeois; le petit garçon mangeait un gâteau, trottait tout barbouillé de confitures. Après quelques minutes de marche, la dévote fut à l'église, et les trois autres aux Champs-Élysées.

L'église était muette et sombre; une moitié de cantique y bourdonnait d'une façon lugubre. La canne du suisse retentissait seule au milieu du silence, et le bedeau désappointé tendait dans le désert une bourse au fond de laquelle gisait un gros sou. Debout contre une voûte obscure, le curé attendait que les fidèles vinssent baiser l'image du Christ; mais, plus redoutable que les ressorts de la machine pneumatique, l'indifférence publique dont se plaint l'*Avenir* avait fait le vide dans la sainte patène. « Hélas! » murmura la bonne vieille, en s'agenouillant.

Dans les Champs-Élysées sifflait un vent aigu; quelques grisettes enveloppées de pelisses se promenaient imperturbablement dans la contre-allée; deux voitures bourgeoises fermaient leurs stores, et dans un grand landau délabré, trois Anglais suçaient leurs cannes. « Diable! » dit l'élégant « O ciel! » dit le pauvre étudiant. « Ah! ah! » dit le bourgeois.

La dévote eut bientôt fini sa prière; personne n'était là pour la voir, à quoi bon rester? Elle trempa avec fureur sa main sèche et ridée jusqu'au fond du bénitier, et murmura en se signant : « C'était bien la peine de jeûner toute une matinée! » Elle reprit son petit pas cadencé et appela sa servante.

L'élégant ne permit pas à la mauvaise humeur de prendre place sur son visage bien rasé et pommadé fraîchement; il appuya ses rênes flottantes sur le mors écumant de ses coursiers, et, traçant avec sa roue une rosace sur le sable, reprit au trot la route de son hôtel splendide.

Le disciple infortuné de Cujas appuya sur les flancs étiques de sa monture ses talons dépourvus d'éperons. Sa rosse récalcitrante piétina, et se couvrit de boue ; après un demi-quart d'heure l'animal s'étant résigné, la raillerie publique oublia le cavalier. Mais quelle profonde tristesse !

Le bourgeois posa sur son chapeau imperméable son mouchoir à tabac, afin de le garantir de la pluie; le petit garçon pleura.

Ainsi le hasard voulut que ces trois personnages vinssent à repasser par la même rue, mais avec des physionomies différentes.

Dans la tête de la dévote se peignait alors des couleurs les plus vermeilles ce siècle qui, à bon droit, a été appelé le restauré. Dans son imagination chantaient de joyeuses files de moines, de copieux bataillons de diacres ; de discrets confessionnaux s'ouvraient dans la scrupuleuse obscurité des chapelles ; dans des salons aristocratiques s'arrondissaient des mollets d'évêque à bas violets bien tendus. O temps à jamais évanouis ! Une larme roula sur la joue éraillée de la pauvre femme.

Dans la tête stupide de l'impassible dandy il ne se passa rien. Mais le pauvre étudiant, qui, n'ayant pas d'argent, ne pouvait manquer d'être philosophe, songeait piteusement au siècle des marquises et des mouches. Pendant dix minutes les dix fortunées minutes qui avaient suivi son départ, et précédé son entrée à Longchamps, un rêve *bien encontreux* l'avait transporté à certain chapitre d'un livre dont les demoiselles ne savent pas le titre. Il s'était vu en amoureux cavalcadour piaffant à côté du wiski de la marquise de B. Hélas ! il était parti grand seigneur, chevalier errant, paladin, il s'en revenait morose, enrhumé, républicain. O hommes, vous dont la pensée est plus changeante que l'aile du scarabée aux rayons du soleil, plus difficile à fixer que le fluide de la lumière, vagues d'un océan sans limite, où allez-vous ? où te retrouverons-nous, toi, multitude, foule ardente et curieuse, empressée et vide, qui te portes en avant et te retires plus irrégulièrement qu'une mer sans marée fixe ? Engouements d'un jour, folies qu'on croit éternelles, qu'on scelle sur le marbre, qu'on décrète, qu'on élève en monuments, le souffle du zéphyr vous renverse. Où étiez-vous, ô habitants de Paris ?

Les Parisiens étaient à la revue du Champ-de-Mars dimanche passé.

(Écrit le soir du vendredi saint, comme la préface du *Vingt-Quatre Février**.)

Dimanche 3 avril 1831 (jour de Pâques).

---

* Le *Vingt-Quatre Février* est un drame de Zacharias Werner, célèbre en Allemagne.

XI

REVUE FANTASTIQUE

Nous recevons d'un de nos correspondants les plus dignes de foi, qui dans ce moment est à la campagne à quatre lieues de Pékin, la lettre suivante, qui pourra intéresser le lecteur.

Pékin, 10 janvier 1831.

Je vous ai promis, monsieur et honoré correspondant, des détails sur la ville que je viens de visiter : je ne vous en donnerai point. La raison est qu'il est impossible aux étrangers d'en voir autre chose que les murailles, et cela lorsqu'ils ont de grandes protections.

Je ne vous envoie point d'encre de Chine, point de thé ; je me bornerai à vous faire part d'une conversation philosophique que j'ai eue avec l'homme le plus vieux que j'ai rencontré de ma vie.

Il loge à quatre lieues de Pékin, et c'est lui qui est mon hôte en ce moment. Il passe gravement sa journée à fumer de l'opium et à boire d'énormes chaudières de thé dans de petites tasses grandes comme un dé. Du reste, c'est un fort bel homme et un élégant ; ses ongles ont dix-huit pouces de long, et ses moustaches deux pieds et demi. Le seul exercice qu'il prenne est de promener ses regards tantôt à gauche, tantôt à droite, avec un demi-sourire. Je n'ai pas besoin de vous dire que ses sourcils sont peints soigneusement, et que ses souliers lui défendent de faire un seul pas.

Hier, après avoir visité ses jardins et bu d'un sirop détestable qu'il m'offrit, j'allumai une pipe et commençai à causer avec lui. Il paraissait s'intéresser beaucoup à l'Europe et surtout à la France ; il me demanda combien d'années il fallait pour apprendre à lire notre langue.

« Il faut six mois à l'école mutuelle, et douze par la méthode Jacotot, » lui répondis-je.

Il resta une demi-heure sans rien dire, puis il reprit d'un ton de voix parfaitement poli : « Cela est tout à fait absurde. »

— Sans doute, lui-dis je ; mais pourquoi ?

— Parce que, me dit-il, si un homme de quatre ans et demi en sait aussi long qu'un autre de soixante, votre ville doit être un fleuve immense de paroles inutiles; et dans ce fleuve se noient et périssent infailliblement les institutions et les lois.

— Cela est vrai, lui dis-je ; mais pensez-vous que l'ignorance générale d'un peuple puisse contribuer à son bonheur?

Il me regarda avec un étonnement qui ne lui permit pas de répondre avant un silence plus long encore que le premier ; puis il me dit :

— Une totale stupidité est la seule, la véritable source de toute espèce de bonheur.

— Dans un peuple, lui dis-je, ou dans un individu?

— Dans un peuple, reprit-il ; pour un homme seul, au contraire, c'est la source de tous les maux.

— Eh quoi ! ô mandarin, m'écriai-je, n'es-tu donc point de l'avis de ceux qui prétendent que le genre humain tout entier n'est qu'un individu, à plus forte raison un État?

— Ceci est une phrase juste, répondit le Chinois ; oui, et si l'État est un homme, chaque individu est un membre de cet homme. Mais ne voyez-vous point combien nos membres, à nous, travaillent, s'usent et gémissent pour concourir à la félicité du corps entier qu'ils composent? Ici les bras, ici les yeux, là les jambes, par ici les oreilles ; c'est ainsi que de ce travail des parties résulte le bien-être de tous : or, plus la communauté, la masse, sera intelligente, plus ses facultés seront développées, plus ses besoins seront grands, plus il faudra que l'individu travaille pour y satisfaire.

— Eh! donc, cher mandarin, la stupidité d'un peuple vous réjouit ?

— Fort, dit-il.

— Nous ne sommes point de cet avis, lui dis-je, et nous aimons à sacrifier nos libertés individuelles à la liberté générale.

— La liberté générale ! repartit-il (il faillit rire), voilà un mot, une abstraction, un être insaisissable, un filament de la bonne Vierge qui traverse les airs ! Pououh !

— Non pas, lui dis-je, et le zèle de la garde nationale vous le prouve.

— Si j'étais Français, me dit-il, jamais je ne consentirais à en faire partie.

— On vous y forcerait, mon ami.

— O exécrable vexation ! reprit-il ; et de quoi criaient les vilains, s'il vous plaît, du temps de la féodalité? Ils se lamentaient comme des pauvres, pourquoi? parce qu'il leur fallait aller monter la garde autour des châteaux des riches, chasser les grenouilles, et s'enrouer d'éternels *qui vive!*

— C'est vrai, repris-je ; mais songez qu'aujourd'hui si les vilains montent la garde à la porte du riche, le riche la monte à la porte du pauvre. »

Le mandarin éclata de rire ; sa pipe s'éteignit.

— O stupide étranger, me dit-il, que t'importe ton voisin ? Eh quoi ! te voilà guéri de ta paille dans l'œil, parce que celui-ci y porte une poutre ? Que dis-je ? tu marches satisfait, glorieux de cette paille ! Et que m'importe que mon proche se torde dans d'horribles convulsions, si moi j'ai une piqûre d'épingle qui me gêne ? Ce n'est pas parce que je suis pauvre et que je garde la porte d'un riche qu'il m'est cruel de garder cette porte, c'est parce que garder une porte est cruel, que la bise est froide, que mon fusil est lourd, que ma femme s'ennuie, que mon enfant crie, que ma vie s'use et s'enfuit.

— Diable ! me dis-je, voici un homme qui a lu quelque peu de Hobbes. Et qu'est-ce donc que la société ? repris-je alors. Les hommes, par cela même qu'ils se réunissent, se protègent ; de là les lois.

— Est-ce que les lois, dans votre pays, ordonnent à tout le monde cette corvée, même aux philosophes ?

— Hélas ! lui dis-je, même aux saint-simoniens. La conscription...

— Je connais ce mot, répondit le mandarin. C'est une planche sur laquelle on range des hommes comme des raisins secs dans un panier ; et n'épargne-t-il personne, ce filet qui ramasse les poissons dans le vivier ? Le brochet s'y trouve-t-il à sec avec le goujon et l'immonde crapaud ?

— Oui, certes.

— Bien ! bravo ! dit-il. Ainsi donc, je me représente votre loi comme un casque de fer ; chacun arrive à son tour et présente la tête, afin qu'on le coiffe de ce casque. Celui-ci l'a trop petite, le voilà aveuglé d'un couvre-chef qui lui bat sur les omoplates. Celui-là se la trouve trop grande, qu'importe ? il faut que l'inexorable coiffure entre ; les oreilles tombent, le front saigne, le crâne se rétrécit. Notez bien que le casque ne saurait aller qu'à une seule tête, celle du législateur, lequel est mort depuis deux ou trois cents ans.

— Disciple d'Épicure, lui dis-je, tu serais un mauvais député.

— Et les femmes, reprit-il, comment les gouvernez-vous ?

— Elles nous gouvernent.

— Toujours ?

— Tantôt ouvertement, tantôt en secret, comme le comité directeur.

— Que vous accrochez-vous au nez ?

— Rien.

— Ni au menton ?

Revue Fantastique.

Page 298.

Bibl. Charpentier.

LIV. 242.

— Pas davantage.

— Voici une civilisation qui vous mène à la barbarie.

Telle a été ma conversation avec cet homme bizarre; je vous la transmets, croyant qu'en ce moment elle pourrait faire quelque diversion agréable dans l'esprit des économistes. Dans une autre que j'avais eue avec lui quelques jours auparavant, il m'avait fait ce singulier raisonnement sur les différentes sortes de gouvernements :

« Il y en a trois espèces, me disait-il, la république, le gouvernement constitutionnel et le régime absolu. Avez-vous jamais réfléchi à la position d'un ministre dans chacun de ces trois cas?

« Les choses de la vie peuvent être considérées comme un jeu de brelan ou de trente-et-quarante. C'est le peuple qui fournit l'argent pour mettre au jeu. Dans un gouvernement absolu, le peuple dit au ministre : Voici de quoi jouer; fais à ta fantaisie, perds ou gagne, nous ne t'en demanderons pas compte. Le ministre joue, et s'il perd, on lui en donne encore. S'il gagne, il a soin de rendre moitié, et le tiers en sus en joujoux, hôpitaux, ponts, abattoirs, statues, égouts, etc., etc.

« Dans un gouvernement représentatif, le peuple dit au ministre : Voici peu d'argent; fais à notre fantaisie, gagne. Si tu perds, tu nous en rendras compte.

« Dans une république, le peuple s'assoit à la table, joue lui-même, et les trois quarts du temps pille ses voisins pour plus de facilité. »

11 avril 1831.

XII

REVUE FANTASTIQUE

Lorsque par un beau clair de lune (j'ai un faible pour la lune) vous sortez n'ayant sous le bras qu'une canne, c'est-à-dire ni un livre ni un importun, et que vous allez vous asseoir sur le bord d'un fleuve (peu importe que vous soyez Italien, Turc ou romantique, et que le lieu de vos méditations soit un toit, une natte, ou un clocher), est-il possible qu'en regardant, je suppose, quelque chose comme l'embouchure de la Seine à la Notre-Dame de Grâce, le spectacle le plus capable de faire entrer l'air du ciel dans vos poumons, et par conséquent des pensées moins terrestres que de coutume, est-il possible, dis-je, que jamais, suivant le fleuve en sens inverse de son cours et le caressant à rebrousse-poil, vous ne vous soyez occupé à songer d'où vient ce torrent immense, par quels chemins il passe, de quelle source il part?... Par quelle raison du fond d'une prairie solitaire, du sommet d'une montagne escarpée, il marche, il avance, enfant d'abord, puis homme, puis vieillard, jusqu'à l'Océan, qui est sa mort?

Ainsi toujours remonter à toutes les sources, voilà ce qui a produit ce cliquetis harmonieux ou boursouflé de mots qu'on nomme philosophie. Hélas! qu'en pouvons-nous savoir? Ce fleuve est fils de cent ruisseaux, de vingt rivières ; il est père de mille fontaines, de canaux innombrables qui portent la fécondité dans de vastes prairies, et qui font tourner la meule qui fait le pain du pauvre; ce fleuve traverse cinquante villes ; chacune lui jette en passant ses immondices, ses égouts, ses bateaux, ses marchandises; il les emporte, voilà une paille qui a fait trois cents lieues. Comme l'avalanche détachée par un gravier tombé du bec d'un aigle, ce fleuve est sorti d'une goutte de rosée infiltrée sous une roche.

Quelle étrange recherche que celle des généalogies ! Le bon Homère, qui peut-être n'existait pas et ne fut lui-même qu'un épitomé, engendra Virgile, qui fit le pieux Énée ; Virgile engendra le Tasse, qui fit *Armide et Clorinde,* que Boileau n'aimait pas. Le Tasse engendra Dieu sait quoi, la *Henriade.* La *Henriade* enfanta M. Baour-Lormian. C'est ainsi que la tragédie grecque, cet océan majestueux et sublime, après avoir donné naissance à Racine et à Alfieri, ces deux fleuves au flot pur comme le cristal, engendra ces ramifications indécrottables de petites mares d'eau qui se dessèchent encore çà et là au soleil, et qu'on nomme... l'école de Campistron (vulgairement les *classiques*).

Imitateurs, troupeau d'esclaves! quel soleil vous desséchera jamais et pompera vos cervelles oisives? Un de nos peintres vous appelait hier la poussière que soulèvent les pas du maître; qui êtes-vous, que faites-vous, que vous croyez-vous?

Comme un noble coursier dont le sang dégénère et s'avilit au cinquième croisement de sa race, ainsi, et plus tôt encore mille fois, se tue et se flétrit la pensée de l'homme primitif, recrépie par le vain paraphraseur. Ainsi les pédants qui tirent encore Aristote par la robe qu'il portait à la mort du roi Philippe, ont fait un pédant odieux et exécrable de cet honnête homme, plus inoffensif que Lebatteux; ainsi du vieux Shakspeare, près de Gœthe, est née une collection de fous à mettre dans un herbier.

Tout en songeant ainsi je me mis à penser à M. de Lamennais.

Un livre dont tout le monde a parlé, et dont le titre était très bien choisi, parut, il y a bien longtemps, dans les États théologiques de la littérature, qui sont loin d'être une république. Voici à cet égard ce qui m'a été conté par un des hommes les plus savants qu'il y ait à présent.

Ce digne ecclésiastique, tout en parcourant les pages pleines d'inspiration du Doctrinaire de l'*Avenir*, crut se rappeler quelque chose, comme cet invalide de Charlet qui s'écrie, au moment de porter son verre à ses lèvres, que sa femme lui revient.

— Eh! mais, se dit-il, j'ai vu cela quelque part.

Après avoir fouillé scrupuleusement les rayons les plus poudreux de sa mémoire, l'ecclésiastique se souvint que les traces de l'indifférence et de la faiblesse de l'esprit humain devaient se retrouver dans un certain ouvrage de Huet, évêque d'Avranches.

Mais comment trouver ce livre? la bibliothèque d'une petite ville ne pouvait le posséder. Le hasard le lui fit rencontrer sur un quai, moisi et vermoulu. Quel fut son étonnement, en l'ouvrant et le parcourant avec soin, d'y retrouver non seulement des pensées, mais des pages entières du livre de l'*Indifférence!* Assidu dans ses recherches, l'ecclésiastique nota en marge les passages correspondants.

Tout à coup un second souvenir, aussi frappant que le premier, vint le réveiller au milieu de ses méditations.

— J'ai vu encore cela autre part, se dit-il.

En ce moment passa dans son esprit en caractères imperceptibles le nom de Sextus Empiricus. Cet écrivain, d'un génie remarquable, vivait sous l'empereur Probus; il avait fait aussi un livre sur la faiblesse de l'esprit humain, dans lequel les mêmes matières et le même fond devaient se retrouver.

L'évêque d'Avranches fut à son tour cité au tribunal de la justice qui rend à César ce qui est à César, et comparut devant le vieux Sextus. L'ecclésiastique ne s'était point trompé. Sextus rendit son témoignage; il montra ses pensées écrites en un latin plus vieux que nos langues vivantes et si peu vivaces; il était aisé d'y reconnaître que Huet à son tour ne s'était pas contenté des pensées, mais encore qu'il avait détaché des pages.

Cependant ni l'un ni l'autre des deux compilateurs n'avait daigné citer la source où il avait puisé.

Mais voici qu'en lisant Sextus Empiricus, le digne ecclésiastique se rappela qu'il avait vu cela quelque part.

Assurément, dans les Pères de l'Église. N'y retrouve-t-on pas en grande partie cette morale qui se raille de l'esprit de l'homme, et presque la doctrine de Pyrrhon? Les doctes in-folio sont ouverts. Pyrrhon et ses idées paraissent. Que fit l'ecclésiastique?

Un article de journal.

Mais il le brûla aussitôt après, et fit bien dans ce temps-là ; car dans ce temps-là... il y avait bien des choses qu'il n'y a plus dans celui-ci.

Lorsque j'entendis cette histoire, je ne pus m'empêcher de faire de profondes réflexions, et de me rappeler l'histoire de ce bossu des *Mille et une Nuits* que chacun croit avoir tué, et que le prétendu meurtrier va toujours passant à son voisin. Mais au bout du compte il n'a qu'une arrête de merlan dans la gorge.

Je me rappelai aussi qu'il est très possible, très aisé même de se rencontrer avec quelqu'un qu'on n'a pas lu, presque autant que de se brouiller avec un ami pour un mot qu'on n'a pas dit.

25 avril 1831.

XIII

LA FÊTE DU ROI

La fête du roi, c'est la fête du peuple : voilà ce qui est une belle chose à voir. Qu'il se presse aux marches d'un théâtre dont les portes sont ouvertes et les bureaux fermés; qu'il se couche, ivre et joyeux, sur les balustrades de velours cramoisi habituées aux coudes aigus des demoiselles de bon ton ; qu'il rie, crie, boive et chante : c'est ta fête, bon peuple.

Aux siècles à venir est réservé un spectacle nouveau, dont le siècle présent lève la toile. Contre les prétentions rétrogrades de l'aristocratie, les rois et les peuples se donnent la main. C'est à cette fête, ô rois! qu'il faut convier vos peuples; le prince de la Grande-Bretagne vous en donne un exemple plein de force, et le nôtre l'a déjà donné; imitez-les. Les portes du Palais-Royal étaient ouvertes aussi à tout le monde hier, comme celles des théâtres. Lorque Mme la marquise de *** envoya le matin demander au suisse si Sa Majesté recevrait, on lui répondit :

— Oui, madame, tout le monde.

La première fois que je vis Versailles, comme je n'étais pas encore romantique, je trouvais le palais, l'escalier et les jardins dignes d'un roi; mais je ne pus m'empêcher de penser en même temps que quiconque voudrait être digne du titre, devait habiter dans ces jardins et dans ce palais; hors de là, point de royauté, pensais-je; c'est là que la majesté de Louis XIV respirait à l'aise, et tenait ses courtisans à vingt pas de distance lorsqu'elle se promenait dans ces allées magnifiques; c'est du haut de ces perrons massifs que le maître apparaissait quelquefois aux regards des curieux que des piques dorées écartaient des grilles; c'est dans ces salles immenses, sur ces parquets superbes, que craquait le talon rouge, que glissaient silencieusement quinze aunes de satin vert, ce qui signifiait une robe de matin; c'est là qu'est l'empire, la dignité; là aurait dû se promener, au cœur du royaume de Charlemagne, Bonaparte en cheveux blancs.

Si un peintre voulait aujourd'hui nous présenter Louis XI, il faudrait qu'il le fît non à genoux, comme toujours, mais assis, dans une vieille robe, le menton dans la main, pensant; et debout, à côté de lui, Tristan.

Tristan! voilà un mot qui ne signifie, pour la plupart des gens, qu'un bourreau. C'en est un, en effet, c'est l'instrument inflexible qui a le premier ouvert la voie nouvelle; c'est le fer de la charrue qui a creusé le premier sillon où la Providence semait. Le premier il suspendit la noblesse aux créneaux des tours, il la précipitait dans les oubliettes éternelles, il la livrait aux vents terribles, aux sommets des chênes, aux branches noueuses des ormes, comme le gland des forêts. Louis XI, détesté, fut un prince libéral, il ouvrit les veines de sa noblesse, et y versa le plomb fondu par Fust et Gutenberg. L'épée de Tristan fut son sceptre, et pour main de justice il ne voulut que le gant de fer du prévôt l'Ermite, dont l'étreinte brisait et faisait tomber à terre les mains qui la touchaient.

Béranger, qui se tait depuis longtemps, nous a montré dans un couplet immortel le triste fantôme de ce prince, jetant des regards mornes sur un soleil de printemps et une ronde de fillettes. Qui sait si derrière ce regard si farouche il n'y avait pas un soupir!

Oui, un soupir pour un temps meilleur, un sanglot soulevé par la rage contre une féodalité destructive qui tuait tout et avilissait l'homme en l'abâtardissant. Défendre Louis XI n'est pas nouveau; à qui la faute, si ce faucheur de privilèges vécut dans un temps où la main du roi ne pouvait arriver jusqu'à celle du peuple, où tous deux se tendaient les bras sans s'atteindre, des égouts de Paris au donjon du Plessis-lez-Tours, et où le régénérateur fut obligé d'abattre, comme autrefois ce Romain, la tête des pavots superbes ?

Mais ce glaive de l'Ermite, tombé à la mort du roi au pied de son cercueil, fut ramassé par les moines; aiguisé pendant deux siècles sur la pierre silencieuse des cloîtres, l'Église le jeta souillé du sang des riches; le peuple enfin le releva.

Ce qu'il en fit est cruel, c'est oublié. Aujourd'hui le glaive est déposé par tous; mais l'ombre de Tristan erre encore autour de la vallée du Plessis, que Walter Scott a prise de loin pour une montagne. Près de lui se traîne encore Louis XI, toujours triste, toujours pâle, toujours pensif. Peut-être Galeotti vit-il jadis moins avant que lui dans l'avenir; peut-être de tous les rois qui précèdent le nôtre serait-il, lui, Louis XI, le moins étonné de ce qui est. Cependant les examinateurs pour le baccalauréat ès lettres ne manquent pas, surtout depuis les glorieuses journées, de baisser la tête en signe d'approbation lorsqu'un perroquet d'écolier, interrogé sur lui, le compare à don Miguel.

Voilà les réflexions qui me sont venues, au spectacle *gratis*, en écrivant ces premiers mots : « La fête du roi, c'est la fête du peuple. »

Mercredi, 4 mai 1831.

XIV

REVUE FANTASTIQUE

Je suis tout à fait de ceux qui vont au musée sans livret. J'y entrais donc hier, jour le moins réservé qu'il soit possible de voir; je commençais à devenir un des flots de cette mer agitée qui se balance stupidement devant des toiles plus ou moins grandes, représentant des sujets plus ou moins à la portée des gens. Il faut avouer que, grâce à cette absence de livret, je ne comprenais rien, les trois quarts du temps; mais, comme c'est un système que je me suis fait, je tenais bon.

Oui, il m'est entré dans la tête que, lorsqu'on visite, par exemple, la vieille galerie du Louvre, on peut croiser ses bras derrière son dos. Que vous apprendrait l'explication ?

Peut-être il est curieux pour certaines personnes de savoir que le dernier personnage de la galerie à gauche, au grand bout de la table dans les noces de Cana, est Charles-Quint; le second, Victoria Colonna; le troisième, François Ier; desquels personnages pas un ne se ressemble, bien entendu; peut-être il y a des gens qui lisent avec satisfaction que M. Bonnefond a retouché ici Titien, déshonoré là le seul tableau à l'huile où Michel-Ange ait mis la main; ces gens-là ne s'en seraient sans doute pas aperçus s'ils ne le lisaient pas.

Mais pour cette espèce de fous qui, comme moi, ne cherchent qu'une expression, qu'une tête, qu'une pensée, souvent un trait de pinceau dans un ouvrage, et restent une heure devant ce vieux Raphaël, dont il est original de dire du mal aujourd'hui (cela donne un air de grand connaisseur assurément); pour ces gens, dis-je, qui ont la barbarie, dans un siècle de romantisme, de traverser la galerie de Rubens plus vite que celle des Italiens, ce n'est pas à eux que s'adressent les batailles, les couronnements, les passages du roi, ni les portraits de famille, hélas! pas plus que les pots de fleurs.

Le nom du peintre était autrefois écrit dans la couleur du ciel, dans l'expression des têtes; la signature du Vinci était un paysage bleuâtre hérissé de pointes de rochers et perdu dans l'azur d'un lac; celle de Michel-Ange était la stature des muscles robustes; celle du Corrège le demi-jour flottant d'un clair-obscur. Aujourd'hui il suffit de se placer à six pieds d'une toile pour que du milieu d'un gazon, entre les dalles d'un parquet, un nom rouge ou bleu vous saute aux yeux.

Et donc, le nom connu, ces fous dont je parle ne demandent pas ce que c'est que le sujet; historique ou non, patriotique ou point, ils regardent et jugent. Oui, jugent, bien qu'ils ne s'y connaissent pas.

Pénétré de cet entêtement, je frottais mes mains privées de livret; je m'arrêtai contre une balustrade; c'était tout justement au-dessous d'un tableau citoyen. Je ne sais ce qu'il représentait de patriotique, mais une foule considérable qui s'y était amassée semblait le dévorer des regards.

« Bon, me dis-je, voilà de mon public des jours fériés », mais j'aperçus tout à coup, au milieu de nullités béantes, la tête boudeuse et indifférente d'une belle jeune paysanne à qui son oncle poussait le coude d'admiration, tandis qu'elle tournait la tête d'un autre côté.

Elle avait un bonnet de dentelles et une paire de boucles d'oreilles larges comme des pièces de six francs; elle avait l'air bête et pensif; des yeux qui regardent le vide; elle n'entendait rien et ne prenait goût à quoi que ce soit de ce que son oncle lui criait d'admirer.

« En vérité, me dis-je, je suis un sot si je n'entreprends de suivre cette

Revue Fantastique. Page 308.

fille, et de voir à quoi elle s'arrêtera. » Je me figurais qu'il y avait dans tout cet être une apparence de sensibilité naïve. Je me mis sur ses talons.

L'oncle se posta devant un grand forum tout rouge rempli de contorsions et de draperies en colère; il ouvrit de grands yeux, la nièce abaissa les siens d'un air discret et regarda la boucle de son soulier. « A merveille! » me dis-je. Contre un tableau de genre fort historique, l'oncle cloua ses lunettes; la jeune fille se tint roide dans son corset de velours vert, et le laissa s'extasier aussi longtemps qu'il lui plut. C'est encore mieux.

De cette manière nous fîmes le tour de la salle carrée, l'oncle de se récrier toujours, la fillette de bâiller à demi; ce qui me suggéra cette réflexion, que je perdais sans doute mon temps, que cette paysanne était absolument sotte, et que, puisque rien ne lui plaisait, je n'avais qu'à la laisser.

Je m'éloignai donc, et ayant trouvé Henri qui traversait, je le pris sous le bras et m'élançai dans une discussion terrible, où je prétendis que tout était mauvais.

« Et comment faire pour composer un bon tableau aujourd'hui? disais-je. Ne voyez-vous pas que ces deux admirables têtes des enfants en prison, de Delaroche, ne sont goûtées que par fort peu de gens? Le style sévère des draperies et la pensée terrible du sujet, si habilement effleurée, loin de plaire à la foule, la choquent, et elle aime mieux s'aller établir devant une scène d'intérieur représentant des grisettes.

« Le public, mon ami (cet être de tout temps indéfinissable), est, dit-on, en Allemagne un homme d'un âge mûr, grave, silencieux, qui ne donne ses avis qu'à bon escient, et qui va même jusqu'à examiner avant de juger; en Italie, c'est un jeune étourdi qui cause, rit, soupe et joue aux cartes, sans se soucier autrement de ce qu'on dit ou fait pendant ce temps-là. Mais, en France, hélas! c'est le plus souvent un petit homme poudré, qui s'enveloppe d'une impénétrable et pédantesque raideur.

« Cependant un peintre, un poète, un fou s'échauffe, un beau soir, la cervelle, Dieu sait avec quoi; un mot qu'il entend dire, un souvenir qui lui revient, un songe, un dîner, un regard, que sais-je? un rien lui fait abandonner tout pour courir à ses pinceaux. Perdu dans un caprice favori, il s'y enfonce; il pleure, il chante, il écrit; autour de lui s'agitent mille fantômes qu'il s'efforce de saisir, dont il écoute les voix et dont il tâche de fixer la forme incertaine. Divine jouissance! il oublie. Il vit un moment hors de la vie; ses forces s'exaltent; jusqu'à ce que la goutte de rosée, pareille à une douce larme, distillée lentement de l'alambic, se détache et tombe enfin comme une perle.

« Il a créé : une charmante femme a souri, s'il est gai, jeune et heureux ; s'il est triste, de longs voiles couvrent une tombe ; la Madeleine n'est qu'un jour de mélancolie de Canova. L'œuvre est-elle achevée, voici venir le petit homme poudré qui chausse ses lunettes ; il dépose son parapluie, il s'accoude ; juge terrible ! un demi-sourire prédit déjà l'orage, quelquefois il frappe en signe de joie ses mains l'une contre l'autre ; souvent il se contente de secouer la tête ; il approuve, il tolère ; mais malheur, malheur à celui qui a pu l'irriter au point de faire sortir de sa poitrine un sifflement aigu, semblable au cri d'une porte mal huilée ! il se change tout à coup en une hydre à mille chefs, en une mer qui rugit et déborde...

« Et comment faire, cependant ? Jamais, non, Henri, jamais il n'a produit rien de grand, l'homme qui pense, en travaillant, je ne dis pas au public, mais même à un seul de ses conseillers. Un de nos artistes me disait, l'autre jour, qu'une excellente caricature serait celle d'un pauvre artiste accroupi et suant sur sa toile, portant sa coterie sur son dos... »

J'en étais là de ma discussion, lorsque je regardai autour de moi. Quel fut mon étonnement !

A deux ou trois pas de moi, j'aperçus ta tête de ma belle paysanne. Ses grands yeux noirs étaient fixés sur une toile un peu élevée ; une expression de sensibilité profonde et un léger sourire sur sa bouche me persuadèrent que je ne m'étais pas trompé sur son compte.

Mais quel tableau regardait-elle ? Qui avait pu la fixer ? Je fis quelques pas, et je vis clairement que c'était l'*Inondation* de Schnetz. Quelle satisfaction j'en ressentis ! « Ainsi, me dis-je, voilà une pauvre fille qui peut-être voit pour la première fois ce qu'on appelle une exposition, ce qu'on pourrait appeler un pilori. Que lui ont fait tous ces tableaux historiques, toutes ces scènes affectées comme les mélodrames de Kotzebue, toutes ces grandes fadaises théâtrales au milieu desquelles on est toujours tenté de chercher le trou du souffleur ? Il est clair que cette fille ne s'y connaît pas ; et la voilà arrêtée devant un chef-d'œuvre (car je suis obligé d'avouer que c'est là mon opinion). Que regarde-t-elle ici ? C'est une paysanne à jambes nues, belle comme la chasseresse, passant le fossé son panier sur la tête, son enfant à la main ; et cet enfant aux jambes rougies par le froid de l'eau, aux genoux engorgés, aux cheveux épais, comme il se retourne fièrement en regardant son père ! Son père lui montre le chemin, il le suit, certain que son père ne saurait se tromper, et que là où son père lui dit : Marche ! il ne peut y avoir de précipice. Et cette vieille mère! n'est-ce pas une créature vivante transportée sur la toile? Comme l'enfant, elle s'abandonne aussi à la garde de Dieu et du père de famille; ainsi, à l'heure du danger, se ressemblent toujours l'enfance et la vieillesse.

« Que disais-je donc, que disions-nous tous, nous, artistes insensés, qui osons prétendre qu'on ne nous comprend pas? N'est-ce pas nous qui sortons de la route? Et nous nous étonnons qu'on ne nous suive point! Schnetz a-t-il le sentiment de son génie? Je ne le connais point. Mais il est clair qu'il travaille naïvement; sous le soleil ardent de l'Italie, il a puisé des rayons vivifiants qui sont restés dans son cœur. Ces rayons sont purs, sont vrais, et ce qui vient de l'âme y va, soyez-en certain.

« C'est là tout le secret des artistes; travaillez donc, creusez-vous la tête, plongez votre âme dans un marais de systèmes, desséchez vos idées d'enfance, vos fraîches idées pleines de simplicité; dites-vous tous les matins et tous les soirs que vous êtes un homme de génie; faites-vous de votre amour-propre une coquille de limaçon, où vous puissiez vous enfermer; raillez et exaltez, disputez et intriguez; tout tombera un beau matin devant le faible, l'ignorant regard d'une jeune fille. »

Lundi, 9 mai 1831.

XV

REVUE FANTASTIQUE

Il y avait, la semaine passée, au Palais-Royal, du côté de la rue Vivienne, une affiche imprimée ainsi conçue :

« Il a été perdu, dimanche dernier, aux Champs-Élysées, une jeune et jolie femme; on ne peut la désigner autrement. La personne qui la réclame a des choses très importantes à lui dire, et la prie, si elle vient à lire cette affiche, d'aller à l'une des représentations d'*Antony*. »

« Voilà une entreprise bien extravagante, dit quelqu'un, de donner rendez-vous au moyen d'une affiche!

— Mais, dis-je, si l'on ne savait pas l'adresse?

— Eh! interrompit une femme, c'est une belle créature qui se trouve perdue dans une foule des Champs-Élysées, un jour de Saint-Philippe ! Elle vaut assurément la peine qu'on la ramène, moyennant récompense honnête.

— Eh bien, repris-je, peut-être y vois-je trop loin, et ceci, à tout prendre, n'est-il qu'une plaisanterie de carrefour ; mais je me figure que ces premières lignes, qui scandalisent, ont, pour celui qui les a dictées et pour celle qui en est l'objet, un sens particulier, caché. Un mot, un seul mot de cette fine langue française, posé sur l'enclume, se tord de tant de façons ! l'esprit en a tant vivifiés que la lettre avait laissés pour morts !

— C'est du romanesque, dit un homme qui portait de la flanelle au mois de mai.

— Oui, pensai-je en fronçant le sourcil et en tournant le dos, c'est en effet du romanesque ; c'est en effet passé de mode ; c'est inconvenant, c'est audacieux, c'est absurde ; mais avouez que cela pourrait être à la rigueur singulièrement passionné.

— Quant à moi, chevrota un petit homme à carrure rebondie, sorti tout frais des *Provençaux*, et joyeusement électrisé par le souvenir de quelques bouteilles vides qu'il venait d'y laisser, j'offre de faire un pari. (Tout en parlant, il s'éloignait et reprenait sa route, s'appuyant sur le bras de son ami ; j'étais curieux d'entendre sa gageure.) C'est, dit-il, que si la femme en question vient à connaître cette affiche et à apprendre le lieu du rendez-vous qui lui est donné, ce sera son mari qui le lui aura dit ; et j'offre, répéta-t-il en riant plus fort, de gager cinquante louis. »

Je me dis en moi-même que je ne les tiendrais pas.

« Oui, continua le petit homme, ce sera quelque bourgeois plein de vertu, quelque garde national plein de ferveur. Il aura par hasard dirigé ses lunettes sur le pilier porteur de l'affiche bizarre, et en rentrant le soir chez lui (sa femme sera à jouer au quinze avec madame la lieutenant-colonnelle et sa voisine) : Parbleu ! dira-t-il, en se jetant dans la bergère d'un air malin, j'ai vu ce soir une plaisante affiche !...

« Et la pauvre femme, pâle comme Sophie entendant le récit du malheur arrivé à Tom Jones, sentira ses membres couverts d'une sueur froide et son cœur battre, ses mains se roidir !... — Prenez garde ! dit la voisine, vous avez laissé tomber le valet de carreau.

« Comme il faut revenir aux choses sérieuses, la partie se continue, et les vieilles, armées de besicles, ne cessent de frapper la table verte avec les os pointus de leurs doigts. Mais la jeune femme ne compte plus les cartes qui sont passées ; elle attaque dans une couleur où l'on coupe. — Cela n'est pas vraiment tolérable, chère petite, vous jouez ce soir en dépit de la raison.

« Et peut-être tout un roman, toute une passion terrible vient de se réveiller dans son cœur et de le remuer jusqu'au fond...

« Mais le lendemain matin, d'un air distrait, rêvant pour la journée : — C'est bien ennuyeux, le quinze.

« — Oui, dit l'époux ; si nous allions au spectacle ?

« — Mais... où ? dit la dame ; à *Antony ?*

« — Bah ! dit l'époux, c'est du romantique ; allons aux Variétés.

« — Qu'est-ce que cela fait ? dit la femme ; nous verrons Mme Dorval : on dit qu'elle est superbe. »

Telles étaient les conjectures du petit homme, qui bâtissait un chapitre tout entier. Mais moi :

« Extravagant ! me disais-je ; mal choisi ! Pourquoi une affiche ? mauvais ton ! Ne saurait-il, au lieu de tout ce scandale, gagner honorablement une servante ? Est-il donc vrai, est-il donc réellement possible qu'en 1831, froide année inondée de pluie, où il n'éclôt que des œufs industriels, ou des parodies verbeuses et des spéculations sèches, un homme (un fou, sans doute, un malheureux écolier qui n'aura jamais vu le grand monde) ait pu concevoir, exécuter une idée romanesque ! O ciel ! quel oubli total et effrayant des convenances !

« Oui, peut-être, il y a trente, quarante ans, l'amour fut romanesque ; c'était le temps où certaine demoiselle, qui est aujourd'hui une fort respectable mère de famille, disait, en voyant que Paris était barricadé et les portes fermées, je ne sais quel jour de terreur : « Ah ! mon Dieu ! comment fera-t-on donc les enlèvements ?.» C'était le temps où Malvina faisait couler des larmes et répandait l'insomnie dans les pensionnats ; c'était lorsque la princesse W*** suivait l'armée française et son royal amant ; lorsque nous avions l'Europe pour patrie, et qu'il y avait un commissaire de police à Rome, comme aujourd'hui M. Cadet-Gassicourt est maire d'Alger ; lorsque les Français, en bivac sur toutes les terres du continent, avaient cessé d'être Français. Nos tantes l'ont vu.

« Mais nous ! nous, grand Dieu ! revêtus d'une hypocrisie bien fourrée, comme d'une sainte douillette cuirassée de pointes inabordables, le mariage de convenance, semblable à un tartufe de mœurs, s'est établi parmi nous ; il vit chez nous comme l'hôte d'Orgon. Le pauvre homme ! comme il couvre ce sein que l'on ne saurait voir !

« Si je voulais personnifier dans une statue allégorique le siècle de

Louis XV, si décrié pour sa morale, je jetterais une belle femme, décolletée outre mesure, sur un sofa de mauvais goût ; sa robe laisserait apercevoir la finesse de son bas de soie ; fardée, mouchetée, plâtrée, elle aurait l'air impudent, immoral, mais franc, — franc et généreux. (Voyez ce qu'en dit Jean-Jacques, ou, qui pis est, Saint-Preux.)

« N'est-ce rien que la franchise? même la franchise du vice? Si elle donne l'exemple du mal, du moins en peut-elle donner aussi le dégoût. L'homme romanesque, qui enlève la femme de son ami, dans une nuit d'été, perd sa famille, tue son repos, flétrit le nom de ses enfants ; mais que fait celui qui, respectant les convenances, après quelques assiduités gazées, une déclaration modérée et discrète, des mesures certaines et ennemies du scandale, corrompt à voix basse la jeune fille qui lui donne la main pour danser, et déshonore avec bon goût, sur la pointe du pied ?

« L'homme romanesque se casse une jambe en montant à son échelle, il a surtout la fatale habitude d'écrire, et le suisse a laissé tomber une lettre dans la cour ; la femme de chambre l'a ramassée, l'oublie et la laisse ouverte dans la chambre de sa maîtresse, où la trouve le mari. L'homme de bon ton serait désolé si le talon de sa botte venait à tourner, et il écrit peu ou point ; il n'a oublié chez le suisse que deux ou trois pièces d'or, que la femme de chambre n'a pas trouvées, car le suisse n'a eu garde de les perdre.

« Mais, Dieu merci ! il n'y a plus aujourd'hui ni échelle, ni enlèvement, ni scandale ; on a trouvé à l'amour romanesque, comme à la petite vérole, une vaccine qui en préserve, sans l'inoculer ; et j'aime à croire que l'affiche du Palais-Royal était une bonne, très bonne plaisanterie. »

Lundi, 16 mai 1831.

XVI

REVUE FANTASTIQUE

Des maux que causent les révolutions dans toutes les classes de la société : tel était le titre d'un ouvrage déjà commencé par un pauvre petit commerçant de mes amis, qui se trouve ruiné par les événements de Juillet. « Eh ! mon cher, lui disais-je hier au soir en arrivant de Pithiviers, pour faire un pareil livre, il vous faudra dix ans de travail; le public ne lit plus les in-quarto, et les ouvrages in-octavo restent dans la poussière des magasins, si les volumes passent le nombre de deux; d'ailleurs, mon cher, votre libraire vous payera en billets; la révolution l'a frappé, dira-t-il, comme les autres, et ses effets iront chez l'huissier, le seul être qui s'engraisse des plaies de la société, comme le corbeau des corps d'un champ de bataille. »

Ce dernier argument découragea complètement le malheureux auteur. Il posa sa plume, ferma son canif à coulisse, et me demanda d'un air piteux ce qu'il pouvait faire pour gagner sa vie. « S'il ne me faut toucher, ajouta-t-il, ni à la politique, ni à la littérature, ni au commerce, s'il ne me faut pas louer une boutique, de peur de ne pouvoir en payer le second terme, il ne me reste qu'à peindre des paravents ou à dessiner des festons pour les marchandes de modes. — Faites plutôt cela, lui dis-je, que de vous embarrasser d'entreprises nouvelles. Vivez au jour le jour, sans souci. Vous êtes garçon : un homme ne meurt jamais de faim; j'ai donné cet hiver à un honnête mendiant une pièce de quarante sous avec laquelle il a vécu dix-sept jours. — Hélas! mon cher ouvrage! répéta plusieurs fois l'auteur, en jetant un coup d'œil paternel sur ses paperasses. — Écoutez, mon ami, après le plaisir de voir son œuvre imprimée, il n'est rien de plus doux, dit-on, pour un auteur, que d'en faire la lecture. Eh bien! j'aurai la patience de vous écouter : lisez-moi quelques passages de votre effrayant manuscrit, et contez-moi ce que vous aviez encore le projet d'y ajouter. » Le pauvre auteur me regarda avec attendrissement, il rapprocha sa chaise de la mienne, et, après avoir posé son doigt sur ma manche, il me parla ainsi :

« Dans mon ouvrage, je commençais par démontrer la sottise des hommes, qui depuis trois mille ans (et peut-être bien plus) ont toujours été gouvernés, et qui cependant n'ont pas encore pu trouver un mode de gouvernement qui les contente. Ils ont commencé par choisir entre eux un homme et lui donner tout pouvoir, même sur leur propre vie; ensuite ils ont voulu être conduits par plusieurs hommes. Ils se sont aussi lassés d'obéir aux caprices de plusieurs, et ont formé des institutions; après des essais de toute espèce, ils ont renversé le trône et ont mis à sa place la pierre de la constitution, puis ils ont demandé à grands cris un homme. Enfin, il y a, dit-on, trois mille ans que cette comédie se joue. Ce qu'il y a de cruel ou de risible, c'est que jamais un de ces tours de roue ne peut s'effectuer sans que la terre s'engraisse de sang et de larmes. Après ces considérations générales, j'en venais aux effets de la révolution sur ces trois classes principales de la société dans la capitale, la noblesse, la finance et la petite bourgeoisie.

Pensées de Jean Paul.

Page 314.

« Chez la noblesse, les fêtes et la dépense ont cessé tout à coup. La marquise qui donnait des bals ne fait plus danser, parce que son fils n'est plus capitaine dans la garde royale, et que son mari, qui a perdu pour soixante mille francs de sinécures, ne possède plus que cinquante mille livres de rente.

« Le banquier cache son or ; il ne prête plus, même avec usure ; il compte avec désappointement ses écus qui végètent sans intérêts dans sa caisse. Il est désœuvré ; il se promène, engraisse et soupire douloureusement ; sa face blêmie par l'air du cabinet reprend quelque apparence de vie ; ses cheveux ne tombent plus ; il accoste ses amis et passe volontiers, en leur parlant, une minute qui valait de l'or avant la révolution ; il perd son temps et ennuie son monde.

« Le petit marchand était jadis le plus heureux homme de la terre ; il allait dîner tous les dimanches à Romainville, tenant d'un bras sa femme et de l'autre un pâté de Lesage ; il avait un débit assuré de gants, de pommade et d'eau de Cologne ; son banquier lui escomptait ses billets ; mais, hélas ! depuis la révolution personne ne veut plus de son papier. Le banquier qui l'écorchait autrefois ne voudrait plus prendre la chair de sa chair.

« Et pourtant il n'y a pas un seul de ces maux qui ne pût être évité, si les hommes voulaient se donner la main. La marquise, qui possède cinquante mille livres de rente, ne pourrait-elle faire danser comme autrefois ? Le banquier ne ferait-il pas mieux de prendre les billets du pauvre marchand que de bâiller sur le boulevard ? Quant au petit bourgeois, Dieu est témoin qu'il ne demanderait pas mieux que de continuer à payer son loyer, qu'il aurait fait volontiers crédit au commis qui venait souvent à quatre heures acheter des gants pour causer avec la petite fille de comptoir. Ce n'est pas par sa faute que les scellés ont été mis sur sa boutique. La marquise crie à tue-tête qu'elle est ruinée, le banquier vocifère comme si sa caisse était vide, et le petit marchand n'a réellement plus un sou. Tout ce monde-là dit : c'est la révolution. Et qu'est-ce donc que la révolution ? où est-elle ? redemandons-lui notre argent. La révolution, est-ce une espèce de Briarée qui parcourt toutes les rues de Paris, en retournant de ses cent bras toutes les poches ? Ce qu'ils appellent la révolution, n'est-ce pas plutôt la peur ? le croquemitaine qui les épouvante, n'est-ce pas ce bon peuple que jadis les insolents seigneurs avaient baptisé *Jacques Bonhomme?* Ils craignent que l'instrument des fureurs populaires ne vienne encore à jouer de ses terribles mâchoires sur la place de Grève ; ils ne songent pas que jamais les choses n'arrivent deux fois de la même manière, que cet être taciturne qui nous regarde du haut des nuages, et qui compose lui-même son spectacle, ne se fait jamais jouer deux fois la même pièce.

« Des trois classes dont j'ai parlé, quelle est la plus malheureuse et la plus louable? Ce n'est pas la noblesse, qui s'expatrie, qui emporte son bien pour aller conspirer sur une terre étrangère ; ce n'est pas le banquier, qui n'est plus qu'un puits où sont enfouis les écus, et d'où il ne sort que de fades paroles ; c'est encore le petit marchand : il donne à ses créanciers son dernier sou; il se soumet à toutes les corvées de la garde nationale. Sa femme lui fait des guêtres blanches pour la revue, la veille du jour où sa boutique sera fermée. »

Ici, j'interrompis l'auteur. « Mon ami, lui dis-je, ce matin je passais avec notre ami Charlet dans la rue de Sèvres. Voulez-vous voir, me dit-il, par qui le faubourg Saint-Germain est mis en fuite? Regardez. »

Il me montra deux polissons de dix ou douze ans qui marchaient devant nous. Le plus jeune disait à l'autre :

— Je te parie quatre sous tout de suite que c'est moi qui a le premier proclamé la république et demandé la tête des tyrans.

— C'est pas vrai, répondit le plus grand, c'est pas toi, c'est petit Panotet.

23 mai 1831.

XVII

PENSÉES DE JEAN-PAUL

Frédérick Richter, dont la *Revue de Paris* nous a fait lire quelques traductions élégantes et fidèles, est peut-être de tous les écrivains allemands celui que les Français aimeront le plus en sa qualité d'Allemand, et qu'ils détesteraient avec le plus d'acharnement s'il avait le malheur d'être né en France. Il n'y a pas une de ses pensées qui, lue dans le cabinet, ne plaise et n'enchante par un certain côté ; il n'y en a pas une qui, mise dans la bouche d'un comédien, ne fût bafouée par le parterre. C'est un singulier pays que le nôtre. En compagnie, nous avons toujours envie de rire. Si vous marchez entre deux pavés, devant trois personnes, vous serez moqué pour une entorse; mais si le pied vous tourne, lorsque vous donnez le bras à votre ami dans la campagne, il se précipitera de bon cœur pour vous secourir. Il est clair de même que parler sentiment à une Française dans un cercle nombreux, c'est vouloir s'exposer à quelque raillerie, et jouer le rôle du paratonnerre, qui attire, parce qu'il ne craint pas de recevoir; tandis qu'il arrive quelquefois que la même thèse, soutenue dans le tête-à-tête, est en chance de réussir. Les Français, je crois, sont impitoyables en masse et au grand jour; mais prenez-les à part, raisonnez, parlez sérieusement et franchement, prouvez-leur qu'ils doivent trouver que vous avez raison, et ils finissent par le croire et se montrer débonnaires.

C'est ainsi que Frédérick Richter, dans ses ouvrages bizarres et inimitables, ne s'est jamais adressé (même en Allemagne) à la foule, ce juge grossier et vif. Il parle à la méditation, au silence des nuits, à l'amant, au philosophe, à l'artiste; il parle à tous ceux qui ont une âme et qui s'en servent pour juger, plutôt que de leur esprit; il s'adresse à ces auteurs infortunés qui ont la mauvaise manie de laisser saigner leur cœur sur le papier; lui-même il leur ouvre le sien; il est plein de franchise, de bonté, de candeur. On voit s'il mérite le nom d'original.

Mais comment être original en France? Cela est rendu impossible par cette perpétuelle habitude qu'ont les Parisiens de marcher le visage au vent, et dans l'observation continue du voisin. Voir et être vu, tels sont les deux mots qui ont tué l'originalité et l'ont torturée sur l'enclume de la convenance; car le mot que tous les sots ont à la bouche est « qu'il faut faire comme tout le monde; » mais ceci n'existe pas dans un pays de bourrus, où chacun, armé de sa pipe ou gonflé de sa choucroute, s'en va tête baissée.

La belle nation où l'on se coudoie! où l'on se grise, sans être suivi des polissons! où l'on chante dans les rues! Affublez-vous d'une épée, d'une perruque, on ne vous dira rien. C'est dans cette foule préoccupée qu'Hoffmann, enluminé de punch et ses culottes barbouillées d'encre comme celles de Napoléon, rencontrait trois de ses amis et tenait une conversation d'une heure à chacun d'eux sans que pas un s'aperçût qu'il avait oublié son chapeau au cabaret.

Jean-Paul ne fut guère plus riche que le Corrège, et ne s'en soucia guère davantage. Il est évident qu'il vécut dans le monde des fous, qui est celui des heureux. Mais il puisa dans la médiocrité la fable délicieuse de *Lenette*, dont les larmes sentimentales, arrachées par la lecture d'un roman, allaient tomber dans le pot-au-feu[1]. Ce dont Jean-Paul se plaint le plus

---

1. Le roman où se trouve Lenette a pour titre *Siébenkœss*.

volontiers, c'est de la bêtise des femmes quand elles sont bonnes, ou de leur méchant cœur lorsqu'elles ont de l'esprit.

L'Hespérus est le roman chéri d'Hoffmann ; *Titan, la Loge invisible, Quintus Fixlein, le Ministre pendant le Jubilé, la Vie de Fibel, les Procès du Groenland, Récréations biographiques sous le crâne d'une géante, Choix de papiers du Diable*, etc., tels sont les titres des ouvrages de Jean-Paul, titres qui seuls doivent empêcher les trois quarts du temps un homme qui se respecte d'ouvrir le livre.

Le traducteur des pensées dont nous avons à parler ici a suivi une idée qui a été généralement adoptée en Allemagne. Toutes les œuvres de Frédérick Richter embrassent un cercle de quarante-trois ans, et forment à peu près soixante volumes ; on les a réduits à six, sous le titre de *Chrestomathie de Jean-Paul*. C'est là que sont rassemblés les traits de cet esprit, et qu'en la considération des paresseux, le compilateur assidu a pris, comme Lenette, la cuiller à pot.

Un petit volume in-18 compose seul aujourd'hui cette réunion ; quel dommage qu'en passant par l'alambic, la pensée humaine prenne le chemin contraire à celui de l'eau de roses, et qu'à la troisième ou quatrième épuration, elle se dessèche, au lieu de s'exprimer en quintessence !

« Messieurs les classiques, dit le traducteur, ne manqueraient pas d'accueillir ce petit ouvrage, si je pouvais faire éprouver à quelques-uns de mes lecteurs une partie du plaisir que j'ai trouvé dans les productions de Jean-Paul. »

Hélas ! j'ai bien peur, pour ma part, que messieurs les classiques ne soient point ici de l'avis de monsieur le traducteur, quand il n'y aurait pour cela d'autre raison que sa traduction est faite en conscience. Quel sujet important il y aurait à traiter ici !

Il est probable que Jean-Paul, quand il écrivait et qu'il avait quelque chose en tête, ne faisait pas attention au moyen qu'il employait pour se faire comprendre, et qu'il s'inquiétait uniquement d'être compris. L'affectation, cette chenille qui dévore les germes et les boutons les plus verts, n'a jamais attaché sa rouille sur lui. Il écrivait comme il sentait, et l'on pouvait en dire ce qu'on a écrit de Shakspeare : sa plume et son cœur allaient ensemble. De là qu'arrive-t-il ? que là où sa pensée est noble, le mot est noble ; là où elle est simple, le mot est simple, là trivial, là sublime, là ampoulé.

Ampoulé et trivial sont deux mots qui remplissent merveilleusement et arrondissent avec aisance la bouche d'un sot. Ce sont deux expressions poudrées comme les gâteaux qu'on vend en plein air ; c'est dans le siècle du grand roi (qui fut le grand siècle) qu'on imagina le trivial et l'ampoulé. Voici comment :

Quelqu'un qui n'avait pas d'idées à lui prit toutes celles des autres, ramassa tout ce qui avait été dit, pensé, écrit; il compila, replâtra, pétrit tout ce qui avait été pleuré, ri, crié et chanté; il fit du tout un modèle en cire, et l'arrondit convenablement. Il eut soin de donner à sa statue une physionomie bien connue de tout le monde, afin de ne choquer personne. Boileau y passa son cylindre ; Chapelain, son marteau, et les limeurs, leur limes; on fit un saint de l'idole; on le plaça dans une niche, sur un autel, et l'Académie écrivait au bas : « Quiconque fera quelque chose où rien ne ressemblera à ceci, sera trivial ou ampoulé. »

C'est-à-dire qu'un amant qui perd la raison, un joueur qui se ruine et saisit un pistolet pour finir sa peine; c'est-à-dire qu'une mère qui défend sa fille, comme dans certain chapitre déchirant de la *Notre-Dame;* c'est-à-dire qu'une verte gaieté, puisée dans l'oubli de toutes choses; que toutes les passions, que toutes les folies, tout cela est ampoulé ou trivial; c'est-à-dire que Napoléon montrant les Pyramides est ampoulé ; que les baïonnettes de Mirabeau seraient triviales dans une tragédie; que Régnier est trivial, Corneille ampoulé. Racine faillit l'être, lorsqu'il ouvrit les bras de Phèdre au froid Hippolyte, mais il se couvrit du manteau de son maître.

Dans les trois premières lignes de son monologue, Faust dit qu'il mène ses écoliers par le bout du nez; cependant dix lignes plus bas il s'élève au-dessus du langage et de la démence des hommes. Pauvre Gœthe! comme te voilà, dans l'espace d'une demi-page, trivial et ampoulé! Et les marmots du bon Werther, et sa gamelle, et ses petits pois qu'il fait cuire lui-même! Comme tout cela soulève un cœur profondément sensible aux violations des convenances et aux fautes de grammaire!

Mais ce qu'il y a de plus curieux, c'est que ceux qui osent soutenir de pareilles niaiseries s'imaginent se donner raison en s'emplissant la bouche des mots d'*idéal,* de *beau,* de *noble; qu'il ne faut pas sortir d'un certain cercle; que l'art doit embellir la nature.* Cela est bon pour les écoliers, ou pour les directeurs de théâtre qui cherchent de quoi éconduire un auteur importun.

Qui est plus grotesque, trivial, cynique, qu'Hoffmann et Jean-Paul? mais qui porte plus qu'eux dans le fond de leur âme l'exquis sentiment du beau, du noble, de l'idéal? Cependant ils n'hésitent pas à appeler un chat un chat, et ne croient pas pour cela déroger.

Irait-on dire à un musicien : « Il y a dans la gamme des notes ignobles, et dont vous ne sauriez vous servir, s'il vous plaît? » A un peintre : « Telles de vos couleurs sont ampoulées, vous les laisserez de côté ? » Non ; toutes les notes, toutes les couleurs peuvent servir; pourquoi et de quel droit dire à un écrivain : « Tarte à la crème ne peut aller ici ? »

Savez-vous ce qui est trivial, hommes difficiles, gens de goût? C'est de ramasser dans les égouts des répertoires et les ordures des almanachs des idées mortes de vieillesse, de traîner sur les tréteaux des guenilles qui ont servi à tout le monde, et d'aller comme les bestiaux désaltérer votre soif de gloire et d'argent dans des abreuvoirs publics.

Nous reviendrons sur les pensées de Jean-Paul.

Du mardi, 17 mai 1831.

« La Providence a donné aux Français l'empire de la terre; aux Anglais, celui de la mer; aux Allemands, celui de l'air. »

Cette bizarre pensée est la première chose que nous avons connue de Frédérick Richter; elle est aussi folle précisément que sage (il est triste de songer que de ces trois empires, deux seulement sont restés en la possession du maître que Jean-Paul leur assigne). Il est vrai que la domination de l'air est une propriété inattaquable. Kant, Gœthe sur les montagnes de Werther, Schiller au fond de son cabinet, Hoffmann assis sur la table d'un estaminet, Marguerite accoudée sur la fenêtre gothique et regardant passer les nuages au-dessus des vieilles murailles de la ville, Klopstock, Mignon, Crespel, Firmion, tous les génies, toutes les créations de l'Allemagne, vivent dans l'élément des rêveurs et des oiseaux du ciel. La réalité, la clarté, le matérialisme de la poésie française, doivent, dans cette acception du moins, donner aux Français la terre, la froide terre pour empire : c'est ainsi que le *Pirate* et le *Don Juan* de Byron s'emparent de l'océan.

« Sous l'empire d'une idée puissante, nous nous trouvons, comme le plongeur sous la cloche, à l'abri des flots de la mer immense qui nous environne. »

Et plus loin :

« Je veux m'élever au-dessus de l'océan des êtres comme un nageur intrépide qui lutte contre les vagues, et non comme un cadavre, par la pourriture. »

Ces deux pensées sont sœurs; il me semble qu'elles en ont une encore; c'est ce mot de Sadi :

« Ne vous attachez point à la surface des hommes, et creusez quand vous voudrez trouver; le talent se cache toujours. Ne voyez-vous pas que la perle demeure ensevelie au fond de l'océan, tandis que les cadavres remontent à la surface des flots? »

Ce serait une véritable rage de commenter qu'il faudrait avoir pour ajouter à de telles idées un seul mot; j'ai ouvert le livre et je poursuis :

« Pourquoi les âmes pures sont-elles en proie à une foule de pensées dégoûtantes et empoisonnées qui glissent sur elles, comme les araignées sur les lambris les plus brillants? Ah! nos combats diffèrent peu de nos défaites.

« Le cœur frappé du feu de l'enthousiasme devient étranger à tout sentiment terrestre; il ressemble à ces lieux consacrés par la foudre où les anciens n'osaient ni marcher ni bâtir. »

Tel est Jean-Paul, lorsqu'il parle de lui; car n'est-ce pas toujours lui que dans de telles paroles il met en scène? C'est l'ennui du monde plus que le mépris des hommes qui l'attriste; on sent, lorsqu'il en laisse échapper quelque chose, avec quelle joie il se renfermait dans sa coquille, comme ces insectes qui se cachent à l'approche de l'homme, et qui s'entr'ouvrent à la rosée des belles nuits : « Notre vie, dit-il, est semblable à une chambre obscure; les images d'un autre monde s'y retracent d'autant plus vivement qu'elle est plus sombre. » C'est ainsi qu'il prouve, par cette constante fantaisie de solitude, et en même temps par cette profonde connaissance du cœur humain qui respire et palpite sans cesse en lui; c'est ainsi, disons-nous, qu'il démontre que la vie extérieure et l'expérience des choses ne sont point, comme on le dit, nécessaires au poète qui veut peindre; avec deux jours de réflexions, Jean-Paul avait vécu autant qu'un autre en deux années de voyages et passions; ainsi celui qui porte en lui l'élément de tout peut tout deviner. Un amour lui apprend tous les amours; une femme, toutes les femmes; un ennui, tous les chagrins; ainsi chaque sensation qui fait saigner une fibre du cœur se continue toujours à l'infini dans son être. Si la destinée lui a épargné de grandes traverses et de grands bonheurs, c'est qu'elle savait sans doute que le délicat instrument qu'un souffle ébranlait et faisait vibrer, conservé sous la poussière de la médiocrité, se serait brisé sous la rude main du malheur.

Mais, lorsque Jean-Paul, portant ses regards autour de lui, les arrête sur le monde, sur les femmes, par exemple, que de pensées pleines de charmes et d'une sensibilité profonde viennent se presser sous cette plume âcre et mordante!

« Les femmes ressemblent aux maisons espagnoles, qui ont beaucoup de portes et peu de fenêtres; il est plus facile de pénétrer dans le cœur que d'y lire.

ŒUVRES D'ALFRED DE MUSSET

UNE MATINÉE DE DON JUAN.   Page 325.

Bibl. Charpentier.   LIV. 245.

« L'âme d'une jeune fille ressemble à une rose épanouie; arrachez à cette rose épanouie une seule feuille de son calice, toutes les autres tombent aussitôt.

« Sachez habituer de bonne heure votre fille aux travaux domestiques, et lui en inspirer le goût; que la religion seule et la poésie ouvrent son cœur au ciel. Amassez de la terre autour de la racine qui nourrit cette plante délicate, mais n'en laissez point tomber dans son calice. »

Voilà, si je ne me trompe grossièrement, de ces pensées qui vous remettent en tête les vierges d'Albert Dürer, avec leurs visages doux et tristes; malheureusement ces charmantes gravures ne marchent que dans les drames de Gœthe, et jamais dans les rues de Vienne ou de Berlin. Jean-Paul le savait assurément, et ne manquait pas de se moquer de lui-même :

« Heureux, s'écrie-t-il, celui dont le cœur ne demande qu'un cœur, et qui ne désire de plus ni parc à l'anglaise, ni opéra seria, ni musique de Mozart, ni tableau de Raphaël, ni éclipse de lune, ni même un clair de lune, ni scènes de romans, ni leur accomplissement! »

Et lorsque ce sexe qui n'est point appelé *beau* vient à tomber entre ses mains, on peut voir sa philanthropie :

« Les hommes, dit-il, comme les navets, doivent être clairsemés pour se bien développer. Les hommes et les arbres rapprochés manquent de fixité.

« L'enfant joyeux court sur un bâton, le vieillard morose se traîne sur une béquille; quelle différence entre ces deux enfants? L'espérance et le souvenir.

« Les jeunes gens tombent à genoux devant leur maîtresse comme l'infanterie devant la cavalerie, pour la vaincre ou pour recevoir la mort. »

Nous épuiserions tout le petit volume qui renferme ces gouttes d'un vin précieux, si nous voulions citer chaque trait naïf, chaque expression pittoresque, singulière, imprévue. Après avoir tenté d'extraire les plus remarquables, nous voyons que nous aurions dû nous borner à conseiller de le lire d'un bout à l'autre. Ceux qui ont pris plaisir à ces grandes pages tant rebattues que Vauvenargues nous sert comme des tartines de beurre, trouveront dans le livre de Jean-Paul bien des bouchées amères, douces, inattendues; mais il faut les plaindre s'ils n'en disent pas, après tout, et sans se pouvoir rendre compte de l'effet produit sur eux, ce que l'auteur lui-même dit des génies semblables à lui :

« D'où vient donc que dans les ouvrages des grands écrivains, un esprit invisible nous captive sans que nous puissions indiquer les mots et les passages qui produisent sur nous cet effet? Ainsi murmure une antique forêt, sans qu'on voie une seule branche agitée. »

Nous finirons cet article par quelques mots qui finissent ce livre :

« Celui qui a marché longtemps vers un but éloigné jette un regard en arrière, et, plein de nouveaux désirs, mesure en soupirant la carrière qu'il a parcourue et à laquelle il a sacrifié tant d'heures si précieuses.

« Aujourd'hui, avant la nuit, j'ai recueilli toutes les rognures qui sont tombées de ce livre, au lieu de les brûler comme font d'autres auteurs ; j'ai déposé en même temps dans mes tablettes toutes les lettres des amis qui ne peuvent plus m'en écrire, comme les pièces d'un procès terminé par l'instance de la mort; c'est ainsi que l'homme devrait toujours enrichir ses archives, et fixer, quoique desséchées, les fleurs de la joie dans un herbier; je ne voudrais même pas qu'il donnât ni qu'il vendît ses vieilles hardes, mais qu'il les suspendît dans ses armoires comme les dépouilles de ses heures moissonnées, comme les marionnettes de ses plaisirs écoulés, et le *caput mortuum* des temps passés. »

6 juin 1831.

UNE MATINÉE DE DON JUAN

FRAGMENT

DON JUAN est couché. — Entre LEPORELLO, qui ouvre les volets.

DON JUAN, bâillant.

Ah! ah! ah! ouf!

LEPORELLO.

Il est midi un quart. Voilà la grand'messe.

DON JUAN.

Les chevaux sont-ils à la chaise?

LEPORELLO.

Non, monsieur, dans une heure.

DON JUAN.

Animal, je t'avais dit de m'éveiller pour partir.

LEPORELLO.

J'ai cru que vous auriez faim; et puis votre toilette...

DON JUAN.

Quel temps fait-il?

LEPORELLO.

Doux et humide.

DON JUAN.

On éternue dans l'antichambre.

LEPORELLO.

Le sellier, le tailleur et le traiteur sont là.

DON JUAN.

Bien, je suis satisfait qu'on me vienne faire sa cour à mon lever. Tiens, Leporello, prends cent louis et donne-les au marchand de carrosses; — non, cela serait désobligeant pour mon tailleur.

LEPORELLO.

Je ne porterai donc rien ?

DON JUAN.

Non, tu enverras seulement cent pistoles au duc qui me les gagna hier soir, au quinze, sur parole. Tu demanderas en même temps une tasse de thé et mes lettres.

<small>Leporello sort; don Juan se rendort.</small>

LEPORELLO, rentrant.

Il n'y a qu'un poulet ce matin.

DON JUAN.

Hein ?

LEPORELLO.

Je dis qu'il n'y a ce matin qu'un billet doux.

DON JUAN.

Quel cachet ?

LEPORELLO.

Un lion et un amour.

DON JUAN.

Brûle-le avec soin. — Viens me mettre sur mon séant; — tu me donneras le journal. — Ah ! ah ! que je m'ennuie !

LEPORELLO.

Il n'y a que celui d'hier.

DON JUAN.

C'est égal, c'est toujours la même chose.

LEPORELLO.

Ah ! monsieur, la cause de la liberté va mal.

DON JUAN.

Tu n'es qu'un butor. Ouvre la fenêtre. Salut beau ciel ! ma poitrine s'élargit en te voyant. Ah ! quel exécrable carillon de cloches ! Le diable soit de toi de m'avoir éveillé trop tôt ! Je rêvais, je rêvais... et toi, à quoi rêves-tu ? tu as l'air d'une huître qui hume le vent.

LEPORELLO.

J'écoutais ce que vous dites.

DON JUAN.

Va-t'en. Hé ! Leporello, reviens; tu es bien sûr que je ne pourrai partir avant une heure d'ici ?

LEPORELLO.

Non, monsieur, pas plus tôt.

DON JUAN.

Je ne te quitterai pas, belle France, non, je ne te quitterai pas sans regret. Une heure encore ! et la vallée de la Seine va disparaître. Quel est le sot qui a médit de tes femmes ?

LEPORELLO.

Voilà le thé.

DON JUAN.

J'éprouve un sentiment plus doux à voir sur la liste de mes maîtresses le nom de tes femmes, que les noms harmonieux de l'Italie ; je t'aime, France !

LEPORELLO.

Le traiteur et le cocher crient comme des sourds.

DON JUAN.

Donne-leur à boire. — Où est ma liste? assois-toi là, et lis-la-moi un peu pour me désennuyer.

LEPORELLO.

Est-ce que monsieur a le spleen ?

Il s'assoit et lit.

Par où commencerai-je ?

DON JUAN.

Au hasard.

LEPORELLO.

« La baronne de Valmont. »

DON JUAN.

Quelle paire de moustaches elle avait !

LEPORELLO.

« Henriette de Mertcuil, sans date. »

DON JUAN.

Passe.

LEPORELLO.

« Miss Julia Pipty. »

DON JUAN.

Charmante fille ! elle était bête comme une oie.

LEPORELLO.

« Jeanne trois étoiles. »

DON JUAN.

C'était un lundi gras.

LEPORELLO.

« La marquise de la terrasse des Feuillants. »

DON JUAN.

Ses yeux étaient transparents comme des larmes. Quand on valsait avec elle, on avait peur de la casser; pauvre enfant! Elle ne m'avait coûté qu'un bouquet.

LEPORELLO.

« Anaïs de Saint-Ange. »

DON JUAN.

Qu'y a-t-il au-dessous?

LEPORELLO.

Rien.

DON JUAN.

Écris donc ces deux lignes siciliennes :

> Lontano dagli occhi,
> Lontano dal cuore.

LEPORELLO.

« Fernanda. »

DON JUAN.

La petite fringante.

LEPORELLO.

« La grande bavarde à la bague bleue. »

DON JUAN.

Quel nez elle avait! mais j'aimais son esprit.

LEPORELLO.

« La baronne de... Il y a un pâté. »

DON JUAN.

Passe.

LEPORELLO.

« Trois figurantes; Emma, modiste; une sœur de charité, inconnue. »

DON JUAN.

Et que te reste-t-il pour avoir voulu te désaltérer tant de fois? Une soif ardente, ô mon Dieu!

Leporello laisse tomber la liste. Des musiciens entrent dans la cour et font un tapage horrible. Leporello se lève et va à la fenêtre.

LEPORELLO.

Ah! monsieur, que de monde! Vieilles et jeunes, dévotes et fillettes, tout se presse, caquette et sautille.

DON JUAN.

Viens ici, prends une plume, et écris.

LEPORELLO.

J'attends.

DON JUAN.

« Si un malheureux qui vous adore peut mériter votre pitié, ô charmante inconnue, vous vous retournerez à la messe. »

LEPORELLO.

C'est fait.

DON JUAN.

« Et vous suivrez le confident discret qui se trouvera derrière votre chaise, ma très chère vie, idole de mon âme. » Plie et mets le cachet.

LEPORELLO.

Et puis.

DON JUAN.

Prens-le, butor, bien délicatement avec tes doigts de serrurier; suspends le poulet au-dessus de la fenêtre; et, puisque tu vois tant de beautés, laisse-le tomber sur le plus petit pied que tu apercevras.

LEPORELLO, *à la fenêtre.*

Voici une grosse, ronde, rebondie poulette; son œil babille, son chien frétille, son bonnet rond s'envole au vent.

DON JUAN.

Hélas! je vous connais, mesdemoiselles. Ne lâche pas le billet, Leporello.

LEPORELLO.

Voici une petite cendrillon qui trottine à côté d'un chanoine : il y a écrit sur sa modestie qu'elle est nièce d'un curé. Ses mains sont bien gantées, sa jupe la pince, elle est habillée tout à neuf.

DON JUAN.

Tiens ferme.

UNE MATINÉE DE DON JUAN.   Page 330.

LEPORELLO.

Mais monsieur ne trouvera rien qui lui plaise.

DON JUAN.

Peut-être.

LEPORELLO.

Levez-vous donc alors et regardez vous-même.

DON JUAN.

Non, je connais la fortune, laisse-moi attendre au lit cette belle prostituée.

LEPORELLO.

Voici une duchesse d'antichambre, escortée de son duc, laquais et petit chien assortissants.

DON JUAN.

Comme les polissons s'accrochent aux carrosses de louage qui passent, c'est ainsi que les gens de cour s'agrippent aux hommes en faveur. Triste engeance! je n'en aime rien, Leporello, pas même les femmes...

LEPORELLO.

Oh! oh! goddam! Voici une prude.

DON JUAN.

Point de ceci.

LEPORELLO.

J'aperçois un pâle narcisse, la démarche à l'anglaise et les yeux battus.

DON JUAN.

Pas davantage; celui qui sent son corps brûler par les ardeurs de l'été doit plonger sa tête dans une source plus pure et plus fraîche que le cristal; passe, Leporello, j'aime assez en hiver la neige où personne n'a marché.

LEPORELLO.

Voici donc une jeune fille bien élevée, dûment talonnée par une gouvernante pourvue de lunettes bleues.

DON JUAN.

Oh! c'est trop long, il faut des quinze jours à ces scrupules-là.

LEPORELLO.

Que dites-vous d'une doucereuse momie qui joue la poitrinaire? Elle tousse à petit bruit comme un académicien qui va lire une complainte de réception.

DON JUAN, bâillant.

Ah! ah! tiens, Leporello, déchire le billet.

LEPORELLO.

Ma foi, monsieur, il est tombé.

DON JUAN.

Ah! à quel propos?

LEPORELLO.

A propos du plus petit pied que j'ai encore vu; la demoiselle, du reste, est voilée; je lui donne bien quinze ans. La voilà qui se baisse et ramasse. — Elle lit. Oh! quels yeux noirs! Sa gouvernante n'a rien vu, grâce à Dieu.

DON JUAN.

Et qu'en dit-elle?

LEPORELLO.

La main tremble.

DON JUAN.

Comme le cœur.

LEPORELLO.

Elle se retourne et ne sait d'où la manne est tombée.

DON JUAN.

Applique sur tes lèvres épaisses les doigts crochus, et dépêche-lui un gros baiser.

LEPORELLO.

Elle en rit.

DON JUAN.

Ah! misérable! c'est une grisette! A quoi exposes-tu ton maître, double sot que tu es! Ne vas-tu pas me donner pour rival à quelqu'un de ces Werther à imaginations ardentes, qui usent leur coude sur un comptoir?

LEPORELLO.

Monsieur, chassez-moi si ce n'est pas un morceau de prince.

DON JUAN.

Vraiment? Lève-moi donc, et me donne mon corset.

Ce fragment a paru dans la *France littéraire*, en décembre 1833.

UN MOT
SUR
L'ART MODERNE

Il ne manque pas de gens aujourd'hui qui vous font la leçon ni plus ni moins que des maîtres d'école. On dit à la jeunesse : Faites ceci, faites cela. Je crois que rien n'est plus indifférent au public ; les sermons n'ont pour lui d'autre inconvénient que de l'endormir ; mais il n'en est pas de même des jeunes artistes. Rien n'est plus à craindre pour eux que ces larges décoctions d'herbes malfaisantes qu'une maudite curiosité les pousse toujours à avaler en dépit de leur raison. Qu'arrive-t-il, en effet ? Ou qu'ils sont révoltés, ou qu'ils se laissent faire. S'ils sont révoltés, où trouveront-ils une tribune pour répondre à ce qu'on leur dit ? Comment expliquer leur pensée ? car si peu qu'elle vaille, cette pensée d'un être obscur et libre peut être aussi utile au monde que les oracles de ces dieux. Elle peut aller à quelqu'un, bien qu'elle ne vienne de personne. De quel droit ne peuvent-ils parler ? Et s'ils se laissent faire, que vont-ils devenir, sinon des gouttes d'eau dans l'océan ?

Dans *Don Carlos*, Posa dit à Philippe II : « Je ne puis être serviteur des princes ; je ne puis distribuer à vos peuples ce bonheur que vous faites marquer à votre coin. » Quel est le jeune homme, ayant du talent ou non, mais ayant quelque énergie, qui ne se sente battre le cœur à ces paroles ? Sans doute la liberté engendre la licence ; mais la licence vaut mieux que la servilité, que la *domesticité littéraire*. Ce mot ne m'appartient pas ; c'est un homme redoutable et franc dans ses critiques qui l'a trouvé. Je m'en sers là, parce qu'il peint d'un trait. Et, sous quel prétexte, s'il vous plaît, aujourd'hui que les arts sont plus que jamais une république, rêve-t-on les associations ? Sous prétexte que l'art se meurt ? Nouvelle bouffonnerie ! les uns disent que l'art existe, les autres qu'il n'existe pas. Je vous demande un peu ce que c'est qu'un être, une chose, une pensée, sur lesquels on peut élever un pareil doute ? Ce dont je doute, je le nie.

Il n'y a pas d'art, il n'y a que des hommes. Appelez-vous art le métier de peintre, de poète ou de musicien, en tant qu'il consiste à frotter de la toile ou du papier? Alors il y a un art tant qu'il y a des gens qui frottent du papier et de la toile. Mais si vous entendez par là ce qui préside au travail matériel, ce qui résulte de ce travail; si, en prononçant ce mot d'*art*, vous voulez donner un nom à cet être qui en a mille : inspiration, méditation, respect pour les règles, culte pour la beauté, rêverie et réalisation ; si vous baptisez ainsi une idée abstraite quelconque, dans ce cas-là, ce que vous appelez art, c'est l'homme.

Voilà un sculpteur qui lève sur sa planche sa main pleine d'argile. Où est l'art, je vous prie? Est-ce un fil de la bonne Vierge qui traverse les airs? Est-ce le lointain murmure des conseils d'une coterie, des doctrines d'un journal, des souvenirs de l'atelier? L'art, c'est le sentiment, et chacun sent à sa manière. Savez-vous où est l'art? Dans la tête de l'homme, dans son cœur, dans sa main jusqu'au bout de ses ongles.

A moins que vous n'appeliez de ce nom l'esprit d'imitation, la règle seule, l'éternelle momie que la pédanterie embaume ; alors vous pouvez dire, en effet, que l'art meurt ou qu'il se ranime. Et qu'on ne s'y trompe pas : dans tous les conseils à la jeunesse, il y a quelque sourde tentation de la faire imiter; on lui parle d'indépendance, on lui ouvre un grand chemin, et tout doucement on y trace une petite ornière, la plus paternelle possible.

Il y a des gens qui ne font qu'en rire ; moi, j'avoue que cela m'assomme. Je me laisserai volontiers traiter par la critique de telle manière qu'il lui plaira ; mais je ne puis souffrir qu'on me bénisse. Non seulement les associations étaient possibles dans les temps religieux, mais elles étaient belles, naturelles, nécessaires. Autrefois le temple des arts était le temple de Dieu même. On n'y entendait que le chant des orgues, on n'y respirait que l'encens le plus pur ; on n'y voyait que l'image de la Vierge, ou la figure céleste du Sauveur, — et l'exaltation du génie ressemblait à une de ces belles messes italiennes que l'on voit encore à Rome, et qui sont, même aujourd'hui, le plus magnifique des spectacles. Au seuil de ce temple était assis un gardien sévère, le Goût ; il en fermait l'entrée aux profanes, et, comme un esclave des temps antiques, il posait la couronne de fleurs sur le front des convives divins dont il avait lavé les pieds.

Une sainte terreur, un frisson religieux devait alors s'emparer de l'artiste au moment du travail ; Dante devait trembler devant son propre enfer, et Raphaël devait sentir ses genoux fléchir lorsqu'il se mettait à l'ouvrage. Quel beau temps! quel beau moment ! on ne se frappait pas le front pour écrire ; on ne se creusait pas la tête pour inventer quelque chose de nouveau, d'individuel ; on ne remuait pas la lie de son cœur pour en faire sortir une écume livide : ces tableaux, ces chapelles, ces églises, ces mélodies suaves et plaintives, c'étaient des prières que tout cela. Il n'y avait pas là de fiel humain, d'entrailles remuées. Les cantiques de Pergolèse coulaient comme les larmes de ces beaux martyrs mélancoliques qui mouraient dans l'arène en regardant le ciel.

S'il s'agissait d'une opinion privée, personne au monde ne regretterait plus que moi que de pareils leviers aient été brisés dans nos mains. Peut-être cependant n'est-ce pas un mal qu'ils le soient.

Il était aussi difficile alors qu'aujourd'hui d'avoir un vrai génie : il était beaucoup plus aisé d'acquérir un talent médiocre. Tous les centres possibles donnés à la pensée universelle, toutes les associations de l'esprit humain, n'ont servi et ne serviront de tout temps qu'au troupeau imbécile des imitateurs. Lorsque les règles manquent, lorsque la foi s'éteint, lorsque la langue d'un pays s'altère et se corrompt, c'est alors qu'un homme comme Gœthe peut montrer ce qu'il vaut, et créer tout à la fois le moule, la matière et le modèle. Mais si la carrière est mesurée, le but marqué, l'ornière faite, les plus lourds chevaux de carrosse viennent s'y traîner à la suite des plus nobles coursiers.

Et, puisqu'il faut, bon gré mal gré, que la médiocrité s'en mêle ; puisque, pour un bon artiste ou deux que peut produire un genre, il faut qu'un nuage de poussière s'élève sous les pas du maître ; qu'importe au public, je le demande, qu'importe à la postérité que cette fourmilière pitoyable cherche ses habits de fête pour obtenir l'entrée dans un palais, ou qu'elle se rue dans les carrefours avec les chiens errants ? Qu'importe au siècle de Racine ce qu'ont fait Pradon et Scudéri ? Qu'importe au siècle de Lamartine ce qu'a fait tel ou tel ? Le public s'imagine que les mauvais ouvrages le dégoûtent, il se trompe ; tout cela lui est bien égal. L'inconvénient du siècle de Voltaire, par exemple, c'est que tout le monde l'imitait, et que, depuis Crébillon jusqu'à Dorat, la pâle contre-épreuve de son génie va s'affaiblissant à l'infini, de même que la lumière d'une lampe, lorsque deux glaces sont l'une en face de l'autre, va se répétant dans une multitude de miroirs qui se suivent jusqu'au dernier atome de sa clarté. L'inconvénient du siècle de Lamartine, du nôtre, c'est que personne ne l'imite ; que le culte une fois détruit, il n'y a personne qui ne se croie une vocation ; que là où tout est livré au hasard, tout le monde se prend pour le dieu du hasard ; et qu'on a vu des chanteurs ambulants venir coudoyer le poète jusque sur le trépied sans tache où il est debout depuis dix ans. Eh bien ! dis-je, que nous importe ? La terre est balayée aujourd'hui autour de Voltaire ; la foudre est tombée sur l'édifice qu'il sapait lui-même ; et que sont devenues ses ombres ? N'est-il pas resté, seul parmi tant de ruines, en face de son éternel ennemi, Rousseau ? Il en sera ainsi un jour à venir, et le vent qui chasse la fumée ne s'arrêtera qu'avec le temps.

On pourrait répondre à cela que la médiocrité basse, se rendant justice à elle-même et s'estimant tout juste assez pour plagier, est encore un moins triste spectacle que cent ou deux cents génies manqués qui se bâtissent cent ou deux cents tribunes dans tous les coins de la place publique, et de là haranguent le monde, en foi de quoi ils se plantent la couronne sur la tête et s'endorment du sommeil éternel.

J'en demeure d'accord ; et si l'on se demande par quelle fatalité une telle rage nous prend aujourd'hui, voici ma raison :

Il y a deux sortes de littératures : l'une en dehors de la vie théâtrale, n'appartenant à aucun siècle ; l'autre, tenant au siècle qui la produit, résultant des circonstances, quelquefois mourant avec elles, et quelquefois les immortalisant. Ne vous semble-t-il pas que le siècle de Périclès, celui d'Auguste, celui de Louis XIV, se passent de main en main une belle statue, froide et majestueuse, trouvée dans les ruines du Parthénon ? Momie indescriptible, Racine et Alfieri l'ont embaumée de puissants aromates et Schiller lui-même, ce prêtre exalté d'un autre dieu, n'a pas voulu mourir sans avoir bu sur ses épaules de marbre ce qui restait des baisers d'Euripide. Ne trouvez-vous pas, au contraire, que les hommes comme Juvénal, comme Shakespeare, comme Byron, tirent des entrailles de la terre où ils marchent, de la terre boueuse attachée à leurs sandales, une argile vivante et saignante, qu'ils pétrissent de leurs larges mains ? Ils promènent sur leurs contemporains des regards attristés, taillent un être à leur image, leur crient : Regardez-vous ! puis ensevelissent avec eux leur épouvantable effigie.

Or, maintenant, laquelle de ces deux routes voyons-nous qu'on suive aujourd'hui ? Il est facile de répondre qu'on n'a pas tenté la dernière. Nos théâtres portent les costumes des temps passés ; nos romans en parlent parfois la langue : nos tableaux ont suivi la mode, et nos musiciens eux-mêmes pourraient finir par s'y soumettre. Où voit-on un peintre, un poète préoccupé de ce qui se passe, non pas à Venise ou à Cadix, mais à Paris, à droite et à gauche ? Que nous dit-on de nous dans les théâtres ? de nous dans les livres ? et j'allais dire, de nous dans le forum ? car Dieu sait de quoi parlent ceux qui ont la parole. Nous ne créons que des fantômes, ou si, pour nous distraire, nous regardons dans la rue, c'est pour y peindre un âne savant ou un artilleur de la garde nationale.

Reste donc la littérature théâtrale, je dirais presque la littérature immobile, celle qui ne s'inquiète ni des temps ni des lieux.

Celle-là, nous l'avons tentée, et c'est ici que je m'arrête. Lorsqu'un siècle est mauvais, lorsqu'on vit dans un temps où il n'y a ni religion, ni morale, ni foi dans l'avenir, ni croyance au passé ; lorsqu'on écrit pour ce siècle, on peut braver toutes les règles, renverser toutes les statues : on peut prendre pour dieu le mal et le malheur, on peut faire les *Brigands* de Schiller, si l'on est Schiller par hasard, et répondre d'avance aux hommes qui vous jugeront un jour : « Mon siècle était ainsi, je l'ai peint comme je l'ai trouvé. » Mais quand il s'agit de distraire la multitude, lorsqu'en prenant la plume et en se frappant la tête, on se donne pour but d'amener à grands frais dans une salle de spectacle un public blasé et indifférent, et là, de lui faire supporter deux heures de gêne et d'attention, sans lui parler de lui, simplement avec vos caprices, avec les rêves de vos nuits sans sommeil ; quand on veut faire de l'art, à proprement parler, rien que de l'art, comme on dit aujourd'hui, oh ! alors il faut songer deux fois à ce que l'on va faire : il faut songer surtout à cette belle statue antique qui est encore sur son piédestal. Il faut se dire que là où le motif qui vous guide la main n'est pas visible à tous, actuel, irrécusable, la tête et le cœur répondent de la main ; il faut savoir que dès qu'un homme, en vous écoutant, ne se dit pas : « J'en écrirais autant à sa place », il est en droit de vous demander : « Pourquoi écrivez-vous cela ? » Que lui répondrez-vous, si votre fantaisie a des ailes de cire qui fondent aux premiers rayons du soleil ?

Les règles sont tristes, je l'avoue ; et c'est parce qu'elles sont tristes que la littérature théâtrale est morte aujourd'hui ; c'est parce que nous n'avons plus Louis XIV et Versailles qu'on ne joue plus *Athalie;* c'est parce que César est mort que nous ne lisons plus Virgile ; c'est parce que notre siècle est l'antipode des grands siècles, que nous brisons leur pâle idole, et que nous la foulons aux pieds. Mais que nous ayons voulu la remplacer, voilà la faute : rien n'est si vite fait que des ruines, rien n'est si difficile que de bâtir. Du jour où le public, ce sultan orgueilleux, a répudié sa favorite, jetez le sérail à la mer ; à quoi servait de venir lui montrer des Éthiopiennes difformes, et jusqu'à des monstres mort-nés pour exciter encore sa lubricité blasée ? Les combats de taureaux mènent aux gladiateurs, et dans la voie de la corruption, il n'y a qu'un pas du vice au crime.

Il faut la beauté à la littérature, à la peinture, à tous les arts, dès qu'ils

L'Intelligence. Page 339.

s'éloignent de la vie, — je veux dire de l'époque où ils vivent. Les portraits seuls ont le droit d'être laids.

Résignons-nous. Pourquoi la poésie est-elle morte en France ? Parce que les poètes sont en dehors de tout. *Athalie* était certainement du temps de Racine une œuvre de pure imagination, très en dehors du siècle ; mais *Athalie* était une œuvre religieuse, et le siècle était religieux. On pourrait dire aussi, en passant, que c'est un des chefs-d'œuvre de l'esprit humain ; mais cela pourrait choquer quelques personnes.

S'il y a une religion, il y a un art céleste au-dessus de l'art humain ; qu'il y ait alors des écoles, des associations ; que le souffle de toutes les poitrines fasse vibrer cette belle harpe éolienne, suspendue d'un pôle à l'autre. Que tous les yeux se fixent sur le même point, et que ce point soit le triangle mystérieux, symbole de la Divinité. Mais dans un siècle où il n'y a que l'homme, qu'on ferme les écoles, que la solitude plante son dieu d'argile sur son foyer ; l'indépendance, voilà le dieu d'aujourd'hui (je ne dis pas la liberté).

Il y a des gens qui vous disent que le siècle est préoccupé, qu'on ne lit plus rien, qu'on ne se soucie de rien. Napoléon était préoccupé, je pense, à la Bérésina ; il avait cependant son Ossian avec lui. Depuis quand la pensée ne peut-elle plus monter en croupe derrière l'action ? Depuis quand l'humanité ne va-t-elle plus au combat, comme Tyrtée, son épée d'une main et sa lyre de l'autre ? Puisque le monde d'aujourd'hui a un corps, il a une âme ; c'est au poète à la comprendre, au lieu de la nier. — C'est à lui de frapper sur les entrailles du colosse, comme Éblis sur celles du premier homme, en s'écriant comme l'archange tombé : « Ceci est à moi, le reste est à Dieu. »

Notre siècle apparemment n'est pas assez beau pour nous. Bon ou mauvais, je n'en sais rien ; mais beau à coup sûr.

N'apercevez-vous pas, de l'orient à l'occident, ces deux déités gigantesques, couchées sur les ruines des temps passés ? L'une est immobile et silencieuse ; — d'une main elle tient le tronçon d'une épée, de l'autre elle presse sur sa poitrine sanglante les herbes salutaires qui ferment ses blessures. L'ange de l'espérance lui parle à l'oreille, et lui montre le ciel encore entr'ouvert ; le démon du désespoir creuse une tombe à ses pieds. Mais elle n'entend pas leurs paroles, et suspend son regard tranquille entre le ciel et la terre. Le fantôme du Christ est dans ses bras, il approche en vain de son sein ses lèvres décolorées, elle le laisse expirer sur sa mamelle stérile ; son visage est beau, mais d'une beauté inanimée ; de ses épaules musculeuses vient de glisser un manteau d'or et de pourpre qui tombe dans l'immensité.

Comme le sphinx d'OEdipe, elle repousse du pied les ossements des hommes qui ne l'ont pas comprise. — Son nom est la Raison.

L'autre est plus belle, mais plus triste. Tantôt elle se penche les yeux en pleurs sur un insecte qui se débat dans une goutte de rosée ; tantôt elle essuie ses paupières pour compter les grains de sable de la voie lactée. Dans sa main gauche est un livre où épelle un enfant ; dans sa droite, un levier dont l'extrémité repose sous l'axe du monde ; elle le soulève de temps en temps, et s'arrête en soupirant quand il est près de se briser. Alors elle s'incline sur la nuit éternelle ; un chant mélancolique flotte sur ses lèvres ; elle appuie sur son cœur la pointe d'une épée ; mais son épée ploie comme un roseau, et la nuit éternelle, ainsi qu'un miroir céleste, lui montre son image répétée partout dans l'infini. La pâleur de la mort est sur ses traits, et cependant elle ne peut mourir. Elle a reçu du serpent le fruit qui devait lui coûter la vie ; elle a bu à longs traits la ciguë ; elle est montée sur la croix du Golgotha, et cependant elle ne peut mourir. Elle a détourné la foudre ; elle a secoué dans la main de Lucifer la coupe de destruction, et elle en a recueilli chaque goutte sur la pointe d'un scalpel. Elle a empoisonné ses flèches dans le sang de Prométhée ; elle a soulevé comme Samson la colonne du temple éternel, pour s'anéantir avec lui en le brisant ; et cependant elle ne peut mourir. — L'intelligence est son nom.

1er septembre 1833. (*Revue des Deux-Mondes.*)

SALON DE 1836

I

Je ne parlerai que d'un petit nombre d'ouvrages, non par dédain, mais pour ma conscience. Il me semble que la critique ne doit frapper que quand elle espère; car autrement, sévère sans mesure, si elle est juste elle est inutile, et si elle se trompe elle nuit. Le médiocre, préférable au faux, oblige à se taire, par ses qualités mêmes. On le regarde sans vouloir l'aider. Je ne veux pas me tromper en mal; mon avis entraînera l'éloge, sans que mon silence soit une condamnation.

Les comptes rendus des journaux n'étant que des opinions personnelles, avant de dire ce que j'approuve, je dois m'expliquer sur ce qui, en général, me semble devoir être approuvé. Non pas que j'aie un système en peinture, car je ne suis pas peintre. Un système dans l'artiste, c'est de l'amour; dans le critique, ce n'est que de la haine. Mais pour qu'un jugement puisse avoir quelque poids, il faut en dire clairement les motifs.

Je crois qu'une œuvre d'art, quelle qu'elle soit, vit à deux conditions : la première, de plaire à la foule, et la seconde, de plaire aux connaisseurs. Dans toute production qui atteint l'un de ces deux buts, il y a un talent incontestable, à mon avis. Mais le vrai talent, seul, doit les atteindre tous deux à la fois. Je sais que cette façon de voir n'est pas celle de tout le monde. Il y a des gens qui font profession de mépriser le vulgaire, comme il y en a qui n'ont foi qu'en lui. Rien n'est plus fatal aux artistes; car qu'arrive-t-il? Qu'on ne veut rien faire pour le public, ou qu'on lui sacrifie tout. Les uns, fiers d'un succès populaire, ne songent qu'au flot qui les entoure, et qui, demain, les laissera à sec. Les conseils qu'on leur donne se perdent dans le bruit, l'équité leur paraît envie. Couronnée une fois, leur ambition meurt de joie; ils craignent d'étudier, de peur de différer d'eux-mêmes, et que leur gloire ne les reconnaisse plus. Les autres, trompés par les louanges de leurs amis, le succès manquant, s'irritent; ils se croient mal connus, mal jugés, et crient à l'injustice. On les délaisse, disent-ils, et pourtant messieurs tels et tels les ont applaudis. Qui ne les goûte pas est ignorant; ils travaillent pour trois personnes; l'orgueil les prend, les concentre, les enivre, et le talent meurt étouffé.

Je voudrais, autant qu'il est en moi, pouvoir combattre cette double erreur. Il faut consulter les connaisseurs, apprendre d'eux à se corriger, se montrer fier de leurs éloges; mais il ne faut pas oublier le public. Il faut chercher à attirer la foule, à être compris et nommé par elle; car c'est par elle qu'on est de son temps; mais il ne faut pas lui sacrifier l'estime des connaisseurs, ou, qui pis est, son propre sentiment.

On se récriera sur la difficulté de réunir deux conditions pareilles. Il est vrai que c'est difficile, car il est difficile d'avoir un vrai talent. Mais qui aime la gloire, doit le tenter. Ne travailler que pour la foule, c'est faire un métier; ne travailler que pour les connaisseurs, c'est faire de la science. L'art n'est ni science, ni métier.

Pour soutenir mon assertion, je choisirai quelques exemples. Que ceux qui ne recherchent que la popularité me disent ce qu'ils pensent des ouvrages de Maso Mansuoli, d'Arpino, de Santi-Titi, du Laureti, du Ricci et de Zuccari. Ils ont régné en rois sur leur époque; ils ont été les favoris de Pie IV, de Grégoire XIII, de Sixte V; ils ont été fêtés, enrichis, proclamés immortels; et Zuccari, appelé de Florence sur la demande expresse du pape, a sali de ses fresques la voûte de la chapelle Pauline ébauchée par Michel-Ange.

A ceux qui dédaignent la foule je ne citerai pas de pareils noms, mais je leur demanderai d'en citer un seul qui, glorieux aujourd'hui, ait été, de son temps, méconnu du public. Qui est-ce? J'ai entendu dire qu'on en a trouvé dans l'histoire; ce n'est qu'un rêve, ou pour mieux dire, qu'une gageure faite en haine des sots. Qu'il y ait eu des renommées tardives, je ne le nie pas. Le public est lent à arriver, il ne passe pas par les ruelles; mais, s'il y a route, il arrive. Le Corrège, dit-on, mourut pauvre, après avoir vécu inconnu. C'est Vasari qui a fait ce conte. Sept écrivains ont prouvé le contraire : Ratti, Tiraboschi, le père Affo, Mengs, Lanzi, l'Orlandi et le Scannelli. Mais la fable, plus poétique sans doute, a prévalu comme toujours. Parmi les grands artistes de toute espèce, il y en a, certes, de malheureux; Dante, le Tasse, Rousseau, le prouvent. Mais leur génie était-il méconnu? En quoi leur mauvaise fortune a-t-elle nui à leurs œuvres, de leur vivant? Dante, proscrit, était un demi-dieu, terrible à ses ennemis mêmes. Le Tasse était l'ami d'un roi qui a puni en lui le courtisan, et non pas le poète.

Rousseau, lapidé par la populace, brûlé en effigie dans ses livres, remplissait l'Europe de son nom. Gilbert, ajoute-t-on, et André Chénier sont morts ignorés. Chénier n'avait point imprimé ses ouvrages; sa mémoire n'accuse que Robespierre. Gilbert avait fait une satire médiocre contre toutes les gloires de son siècle; sa mort est affreuse, et le récit en fait horreur; mais la route qu'il avait prise, il faut l'avouer, mène au malheur; c'est celle de la haine et de l'envie. Ce qu'on plaint en lui, ce n'est pas son talent.

« Mais, dira-t-on, mettez le premier venu devant un tableau de Raphaël, et, sans lui dire de qui il est, demandez-lui ce qu'il en pense. Ne pourra-t-il pas se tromper? » Je répondrai d'abord que le public n'est pas le premier venu. Son jugement se compose de cent jugements, son blâme ou son éloge de cent opinions confondues, mêlées, souvent diverses, mais en équilibre, et réunies par le contact. Le public est comme la mer, le flot n'y est rien sans la fluctuation. Ensuite je dirai : « Mettez devant un tableau de Raphaël un homme de son temps. Ce temps était religieux; Raphaël n'a guère peint que des sujets de religion. En obéissant à son cœur, il travaillait donc pour la foule; et la foule le comprenait donc, puisqu'elle aimait mieux voir la Vierge peinte par lui que par ses rivaux. »

Il n'y a pas de plus grande erreur dans les arts, que de croire à des sphères trop élevées pour les profanes. Ces sphères appartiennent à l'imagination : qu'elle s'y recueille quand elle conçoit; mais, la main à l'ouvrage, il faut que la forme soit accessible à tous. L'exécution d'une œuvre d'art est une lutte contre la réalité; c'est le chemin par où l'artiste conduit les hommes jusqu'au sanctuaire de la pensée. Plus ce chemin est vaste, simple, ouvert, frayé, plus il est beau; et tout ce qui est beau est reconnu tel, et a son heure. La nature, en cela comme en tout, doit servir de modèle aux arts; ses ouvrages les plus parfaits sont les plus clairs et les plus compréhensibles, et nul n'y est profane. C'est pourquoi ils font aimer Dieu.

Dans l'examen que je vais faire, je m'attacherai donc au principe que je pose, et qui me semble, sauf meilleur avis, une base solide. Lorsque j'ai vu la foule, au Salon, se porter vers un tableau, je l'y ai suivie, et j'ai écouté là ce qu'en disaient les connaisseurs; lorsque les artistes s'arrêtaient devant une toile, je m'y suis arrêté avec eux, et j'ai écouté ce qu'en disait la foule. C'est sur cette double épreuve que je fonderai mes jugements, reconnaissant d'avance, je le répète, que tout succès prouve, à mon sens, un talent qu'il est impossible de nier.

II

Le Salon, au premier coup d'œil, offre un aspect si varié et se compose d'éléments si divers, qu'il est difficile, en commençant, de rien dire sur son ensemble. De quoi est-on d'abord frappé? Rien d'homogène, point de pensée commune, point d'écoles, point de familles, aucun lien entre les artistes, ni dans le choix de leurs sujets, ni dans la forme. Chaque peintre se présente isolé, et non seulement chaque peintre, mais parfois même chaque tableau du même peintre. Les toiles exposées au public n'ont, le plus souvent, ni mères ni sœurs; on se croirait dans ces temps de décadence où l'école bolonaise, voulant réunir toutes les qualités qui distinguaient Florence, Rome et Venise, amena dans les arts tant de confusion. Ce serait en vain qu'on chercherait, dans une si grande quantité d'ouvrages, à faire quelques classifications; car à quoi servirait de dire, par exemple : « Il y a tant de tableaux d'église, tant de batailles, ou tant de marines? » Y a-t-il, à l'époque où nous vivons, des raisons pour que les peintres fassent plutôt des marines que des batailles, et des saintes familles que des paysages? ils n'ont pour cela point de raison probable, sinon que tel est leur caprice, ou qu'on le leur a demandé. On ne peut donc rien classer ainsi; car ce sera autre chose demain, et il en était hier autrement. Peut-on dire encore : « Là est une série de coloristes, là de dessinateurs? Non; car chacun veut être à la fois coloriste et dessinateur, où peut-être personne n'y pense; car on ne pense guère qu'à l'effet. Remarque-t-on, d'ailleurs, de ces grandes influences exercées de tout temps par des hommes supérieurs, et de ces volontés génératrices qui, à défaut d'élèves ou de rivaux, se créent, du moins, des imitateurs? Non, ou trop peu pour que la critique puisse en prendre acte. Robert, pour les sujets italiens, M. Cabat pour le paysage, Ingres, Delaroche, sont quelquefois imités. Mais, comme c'est pure affaire de forme, et qu'on n'imite en eux rien de nécessaire, il n'en résulte rien d'utile. Cependant, l'unité manquant, trouve-t-on, du moins, une noble indépendance, et reconnaît-on, dans cette multitude bizarre, cette noble liberté de conscience dont la force mène à l'isolement? Je sais qu'on l'a dit, mais je ne le vois pas. Il me semble que le pastiche domine; de tous côtés on peut noter des ouvrages remarquables, où une préoccupation visible altère et contourne la pensée première; et je répète ici ce que je viens de dire plus haut : par quel motif? Pourquoi imiter tel peintre lombard, espagnol ou flamand, mort il y a deux ou trois cents ans? Non pas que je blâme l'artiste qui s'inspire du maître ; mais, à vrai dire, copier certains fragments, chercher certains tons qui souvent résultent chez le maître de l'effet du temps sur les couleurs, voir la nature avec d'autres yeux que les siens, gâter ce qu'on sent par ce qu'on sait, est-ce là s'inspirer? Un pareil travail sur moi-même détruit l'originalité, tandis que l'inspiration véritable la ravive et la met en jeu. Il faut que l'enthousiasme pour les maîtres soit comme une huile dont on se frotte, non comme un voile dont on se couvre. Quand on se sent porté vers un ancien peintre par l'admiration, par la sympathie, quand, en un mot, on sent comme lui, qu'on l'étudie, à la bonne heure ; qu'on le regarde, qu'on l'interroge, qu'on recherche comment il rendait sur la toile cette pensée, ce sentiment dont la nature vous est commune avec lui ; puis, après cela, qu'on se mette à l'œuvre, et qu'on se livre sur de nouveaux sujets à l'inspiration ainsi appelée. Alors il sera possible qu'on fasse un bon tableau, et ceux qui verront ce tableau ne trouveront pas qu'il ressemble à tel ouvrage connu du maître; mais ils diront que le maître lui-même aurait pu faire ce tableau. Mais le pastiche, au contraire, au lieu de saisir le foyer, rassemble des rayons partiels ; au lieu de chercher à pénétrer à travers la forme dans la grande âme du Titien ou de Rubens, il ne s'attache qu'à cette forme ; il prend çà et là des figures, des torses, des draperies et des muscles ; triste dépouille ! Ce n'est plus l'homme ; ce sont les membres de l'homme :

Disjecti membra poetæ.

Comment prend-on goût à une pareille tâche, surtout en peinture, où l'on a affaire à la réalité, et où la nature, qui pose devant l'artiste, n'a besoin que des yeux pour aller au cœur ?

La première impression, en entrant au Salon, est donc fâcheuse et peu favorable. Nous verrons cependant plus tard si cette impression se modifie, et si du défaut même d'ensemble il ne serait pas possible de tirer quelques conséquences générales. Bornons-nous à dire dès à présent que, tel qu'il puisse être chez nous, l'art n'est nulle part en meilleure route. Qui a peu vu est difficile ; l'antiquité ou l'éloignement font respecter ce qu'on ignore. Par ennui de l'habitude, on médit des siens ; mais, quand on passe la frontière, on apprend ce que vaut la France. Il est certain qu'aucune nation, maintenant, n'a le pas sur elle. En matière d'art, comme en d'autres matières, l'avenir lui appartiendra.

Le Salon de 1836. Page 346.

III

Le premier tableau qui s'offre aux regards, et devant lequel la foule se porte, est celui de M. Hesse. Il représente le Vinci venant d'acheter des oiseaux et leur rendant la liberté.

Il respire sur cette toile un air de fraîcheur, qui charme d'abord, et qui invite à s'arrêter. L'aspect en est gai et aimable; la scène se passe sur un quai et, si je ne me trompe, à Florence. Un groupe de femmes regarde le peintre, tandis que les marchands, assis à terre, comptent leur argent; un précepteur passe, l'enfant qui l'accompagne à regret se retourne d'un air boudeur; il voudrait bien tenir ses oiseaux. Un autre enfant les suit des yeux dans l'air; le ciel est pur, les figures délicates, les maisons blanches (trop blanches peut-être pour Florence, où tout est bâti avec une pierre brune; mais peu importe); il n'est pas jusqu'aux quatre lignes qui expliquent ce tableau dans le livret, où l'on ne trouve une naïveté gracieuse :

« Souvent, en passant par les lieux où l'on vendait des oiseaux, de sa main il les tirait de la cage, après en avoir payé le prix demandé, et leur restituait la liberté perdue. »

Je ne demanderai pas à M. Hesse d'après quel portrait ou quelle gravure il a peint son principal personnage, celui du Vinci; je l'ai entendu critiquer, et je le trouve bien. On lui reproche de manquer d'expression; mais il me semble que c'est mal raisonner. Quelle expression donner à un homme qui ouvre une cage et délivre des oiseaux? Toute idée profonde eût été niaise, et toute apparence d'affectation sentimentale cent fois plus niaise encore. La figure est calme, jeune et digne; c'est pour le mieux; j'aime cet homme à ronde encolure, qui est appuyé sur le parapet du pont, et qui regarde, vrai badaud du temps, avec un grain de philosophie. La vieille femme qui lève la main est parlante, et semble un portrait achevé; mais la première figure du groupe des femmes, habillée de rose, est roide et déplaisante; elle n'a ni hanches ni poitrine; évidemment, dans ce personnage, M. Hesse a pensé aux vieux peintres allemands. Les deux autres femmes, les marchands, sont peints plus simplement; il y a là une touche excellente. Le précepteur a le même défaut que la femme vêtue de rose; les deux enfants sont charmants, pleins de naturel et de finesse. En somme, toutes les têtes sont bien. Pourquoi, avec un talent hors de ligne et qui n'a besoin d'aucune aide, se souvenir de ce qu'il y a au monde de moins simple? Pourquoi cette robe rose, qui tombe sur un sol peint avec vérité, fait-elle des plis de convention? A quoi bon songer au gothique, dans un tableau qui est tout le contraire du gothique, c'est-à-dire vivant et gracieux? Du reste, je ne fais cette critique, quelque juste qu'elle soit, qu'avec cette restriction, car dans les figures que je blâme il n'y a que le contour de roide; on sent que la main qui les a peintes est originale malgré elle, et que, débarrassé de quelques légères entraves, le talent de M. Hesse prendra un vol libre et heureux, comme les oiseaux de Vinci.

Je passe devant le tableau de Robert, pour y revenir, et je trouve celui de M. Édouard Bertin. Il a une qualité rare aujourd'hui, de l'élévation et de la sévérité. M. Bertin semble avoir transporté dans le paysage, invention moderne, l'amour de la plastique, cher à l'antiquité. On sent qu'il cherche la beauté de la forme et du contour depuis les masses de ses rochers jusque dans les feuilles de ses arbres, qui se découpent sur le ciel. Ses tons sont larges et fins, et la nature, qu'il étudie, est grave et noble sous son pinceau. Ce serait un beau frontispice à un missel qu'une gravure faite d'après son paysage. Je ne chercherai pas ce qui lui manque; rien ne me choque et tout me plaît.

M. Le Poittevin avait exposé, l'année dernière, sa *Rentrée des pêcheurs*, à la place même où est son nouveau tableau. Quoique celui-ci ait du mérite, la comparaison lui fait du tort. Les eaux sont belles et jetées hardiment; mais le sujet, perdu dans une scène trop vaste, ne produit pas l'effet désirable. Cette glorieuse fin du *Vengeur* est vue de trop loin; il faut la chercher. Ce n'est qu'avec de l'attention, et sur l'avertissement du livret, qu'on aperçoit les héros mourants et tout le désordre de la défaite. Les trois mâts du vaisseau vainqueur, qui apparaissent dans le fond, se lèvent trop droit sur cette mer houleuse; ils ressemblent à un clocher. C'est un bon tableau de marine; mais ce n'est pas tout ce que ce pouvait être.

Le *Passage du Rhin* me semble préférable à la *Bataille de Fleurus* qui lui sert de pendant dans le grand salon. Il n'y a pas dans la composition de M. Beaume la confusion qui fatigue dans celle de M. Bellangé; mais le paysage est terne, et on ne sait si c'est le soir ou le matin.

La *Vue prise à Naples*, de M. Gudin, est pleine de lumière et de chaleur. J'aime ces pêcheurs couchés sur le rivage, cette teinte mate des maisons, et ce flot mourant qui glisse sur le sable et vient tomber sur le premier plan. Peut-être l'ensemble est-il trop coquet et trop ajusté. C'est du satin et de la moire; mais il est impossible de n'y pas reconnaître un vrai côté de la nature. Cette vue est bien supérieure à un effet de lune et de coucher de soleil qui est dans la première salle de la galerie. Ce n'est pas que ce dernier tableau manque de vérité; mais il est d'une dimension trop petite pour que les deux effets qui se contrarient n'aient pas quelque chose de bizarre et de puéril. Cette barque, qui se trouve précisément au milieu, comme pour séparer les deux teintes, rend ce défaut encore plus frappant; la même vague, bleue d'un côté, est verte de l'autre. M. Gudin n'a-t-il donc pas songé que, lorsque la mer se revêt ainsi de deux nuances opposées, c'est sur une échelle immense, et avec des dégradations infinies!

Après un *Paysage*, de M. J. V. Berlin, où l'on retrouve toujours de la grâce, la *Plaine de Rivoli*, de M. Boguet, me paraît se distinguer par d'éminentes qualités. On peut lui reprocher de la froideur, et si je suivais toujours la foule, je passerais peut-être sans m'arrêter. Mais il y a dans cette toile un grand travail fait consciencieusement. On sent dans ce vaste horizon je ne sais quoi de pur et de triste. « L'auteur, dit le livret, fut chargé de dessiner ce champ de bataille. Napoléon voulait montrer une *localité* où vingt-cinq mille Français ont battu soixante-dix mille hommes, qui occupaient toutes les positions. » M. Boguet a peint cette *localité*, et il avait une belle occasion de l'encombrer de shakos et de gibernes; mais il n'a mis dans la vallée qu'un pâtre et une chèvre. Assurément, il y a dans cette pensée, fût-elle involontaire, quelque chose du Poussin.

Sans la loi que je me suis imposée de constater tous les succès, j'aurais voulu ne pas parler du *J.-J. Rousseau* de M. Roqueplan, car je reconnais à ce jeune peintre beaucoup d'habileté. S'il devient jamais sincèrement amoureux de la nature, il sentira quelle différence il y a entre la popularité et la mode. Watteau est aux grands maîtres de la peinture ce qu'est à une statue antique une belle porcelaine de Saxe. M. Roqueplan est coloriste. Qu'il prenne garde d'être à Watteau ce qu'est à une porcelaine de Saxe une jolie imitation anglaise.

La *Retraite de Russie*, de M. Charlet, est un ouvrage de la plus haute portée. Il l'a intitulé *Épisode*, et c'est une grande modestie; c'est tout un poème. En le voyant, on est d'abord frappé d'une horreur vague et inquiète. Que représente donc ce tableau? Est-ce la Bérésina? Est-ce la retraite de Ney? Où est le groupe de l'état-major? Où est le point qui attire les yeux, et qu'on est habitué à trouver dans les batailles de nos musées? Où sont les chevaux, les panaches, les capitaines, les maréchaux? Rien de tout cela; c'est la grande armée, c'est le soldat, ou plutôt c'est l'homme; c'est la misère humaine toute seule, sous un ciel brumeux, sur un sol de glace, sans guide, sans chef, sans distinction. C'est le désespoir dans le désert. Où est l'empereur? Il est parti; au loin, là-bas, à l'horizon, dans ces tourbillons effroyables, sa voiture roule peut-être sur des monceaux de cadavres, emportant sa fortune trahie; mais on n'en voit même pas la poussière. Cependant cent mille malheureux marchent d'un pas égal, tête baissée, et la mort dans l'âme. Celui-ci s'arrête, las de souffrir; il se couche et s'endort pour toujours. Celui-là se dresse comme un spectre, et tend les bras en suppliant : « Sauvez-moi, s'écrie-t-il, ne m'abandonnez pas! » Mais la foule passe, et il va retomber. Les corbeaux voltigent sur la neige, pleine de formes humaines. Les cieux ruissellent et, chargés de frimas, semblent s'affaisser sur la terre. Quelques soldats ont trouvé des brigands qui dépouillent les morts; ils les fusillent. Mais de ces scènes particlles pas une n'attire et ne distrait. Partout où le regard se promène, il ne trouve qu'horreur, mais horreur sans laideur, comme sans exagération. Hors la *Méduse* de Géricault et le *Déluge* du Poussin, je ne connais point de tableau qui produise une impression pareille, non que je compare ces ouvrages, différents de forme et de procédé; mais la pensée en est la même, et (l'exécution à part) plus forte peut-être dans M. Charlet. Il est un des premiers qui ait peint le peuple, et il faut convenir que ces spirituelles caricatures, tout amusantes qu'elles sont, n'annonçaient pas ce coup d'essai. Je le loue avec d'autant plus de confiance, que je ne crois pas que la louange puisse lui faire du tort et le gâter; je n'en veux d'autre preuve que la vigueur et la simplicité de sa touche. Avec quel plaisir, en examinant sa toile, j'ai trouvé, dans les premiers plans, des coups de pinceau presque grossiers! Comme ces sapins sont faits largement! De près, on croit voir une ébauche; mais, dès qu'on recule, ils sortent du tableau. D'ailleurs, nulle préoccupation; aucun modèle n'a pu servir ni à la conception de l'ouvrage, ni à l'effet, ni à l'arrangement. C'est bien une œuvre de ce temps-ci, claire, hardie et originale. Il me semble voir une page d'un poème épique, écrit par Béranger.

Le portrait de Mlle R..., de M. Champmartin, n'est pas des meilleurs qu'il ait faits, et on doit doublement le lui reprocher; car si son tableau ne plaît pas, ce n'est pas la faute de son modèle. Le portrait de la marquise de M... vaut mieux; il est habilement exécuté. Les contours du front et du visage sont pleins de douceur et bien *fondus*. La main droite n'est pas heureusement posée; en voulant vaincre la difficulté, le peintre a trop accusé les plis de la peau; cette main a dix ans de plus que l'autre. Le portrait de M. D... est, à mon avis, le plus remarquable des trois, quoiqu'il ne soit pas le plus remarqué. Il y a, en général, dans les ouvrages de M. Champmartin, un éclat de couleur et une absence de plans, qui, je lui demande pardon du terme, donnent parfois à ses personnages l'air d'un joujou de Nuremberg. Qu'il ne croie pas pourtant que je plaisante lorsqu'il s'agit de son talent. Je lui reprocherai plus sérieusement de se souvenir de Lawrence, surtout dans ses fonds ; pour quoi faire ? Ces demi-paysages, à peine entrevus, ces draperies faites d'un coup de brosse, et qui ne sont vraies que pour un myope, ne sont pas le beau côté de la manière de Lawrence. C'est du convenu : M. Champmartin en a moins besoin que tout autre. J'ai vu dernièrement, au faubourg Saint-Germain, un portrait du jeune fils de la marquise de C..., peint par lui, et je n'ai qu'à le féliciter de l'effet du temps sur ses couleurs : elles acquièrent une rare solidité, sans perdre de leur prestige.

Je pourrais faire à M. Decaisne un beau compliment sur son *Ange gardien*. Durant les premiers jours où je visitais le Musée, je consultais l'un de nos poètes, et si je ne craignais pas de le nommer, je dirais que c'est le premier de tous. Après Robert, l'*Ange gardien* l'avait surtout frappé. « Dites hardiment, me dit-il, que c'est un des plus beaux tableaux du Salon. » J'ai cependant entendu depuis bien des critiques sur cet ouvrage : on veut trouver dans l'enfant endormi un souvenir de Rubens ; on reproche à l'ange d'être vêtu de soie, on le voudrait en robe blanche ; on se rappelle certaines toiles du même auteur qui étaient loin de valoir celle-ci ; on les oppose ; enfin, on dit que tout est médiocre ; mais, pour profiter du conseil, je dirai hardiment qu'on ne me convainc pas. La tête de l'ange est admirable, dans toute la force du terme ; le reste est simple et harmonieux ; le sujet d'ailleurs est si beau, qu'il est de moitié dans l'émotion qu'on éprouve : un enfant couché dans son berceau, une mère qu'assoupit la fatigue, et un ange qui veille à sa place. Quel peintre oserait être médiocre en traitant un pareil sujet ? La palette lui tomberait des mains. Que M. Decaisne conserve la sienne ; et s'il m'est permis de lui parler ainsi, qu'il regarde attentivement ce qu'il vient de faire. On dit que la tête de son ange est celle d'un enfant de quatorze ans ; je souhaite que cette supposition soit vraie ; elle prouverait beaucoup en faveur du peintre. Le grand principe qu'a posé Raphaël, et qui a fécondé tout son siècle, n'était pas autre que celui-ci : se servir du réel pour aller à l'idéal. Il n'en a pas fallu davantage pour couvrir l'Italie de chefs-d'œuvre, et l'embraser du feu sacré. Quelle que soit la route qui ait conduit M. Decaisne au résultat qu'il nous montre aujourd'hui, il est arrivé. Qu'il saisisse cette phase de son talent ; qu'il renonce pour toujours à ce cliquetis de couleurs, à ces petits effets mesquins, qu'il a cherchés, naguère encore, dans ses portraits ; qu'il prenne confiance en son cœur, et, en même temps, qu'il se défie de sa main. Que les yeux calmes de son ange lui apprennent qu'il n'y a de beau que ce qui est simple. Qu'il ne veuille pas faire plus qu'il ne peut, mais qu'il soit ce qu'il doit être. Puisse-t-il trouver souvent une inspiration aussi heureuse! S'il voit des gens qui passent devant sa toile et qui se contentent de ne pas dédaigner, qu'il laisse ceux-là aller à leurs affaires, ou se pâmer devant le bric-à-brac. Le temps n'est pas loin où le romantisme ne barbouillera plus que des enseignes. Si j'adresse à M. Decaisne, que je ne connais pas, ces conseils, peut-être un peu francs, c'est que j'ai été, sur une autre route, assurément plus dans le faux que lui ; je n'ai pas fait son *Ange gardien*, mais je le sens peut-être mieux qu'un autre. Je le louerais moins si l'auteur avait mieux fait jusqu'à présent ; mais qu'il tienne bon, et prenne courage ; le cœur, quand il est sain, guérit toujours l'intelligence.

Le portrait du maréchal Grouchy, de M. Dubufe, atteste un progrès louable dans sa manière. Il est ressemblant ; et, pour l'exécution, il n'y a point de reproches à lui faire. Il y a loin de là à ces tristes poupées qu'il habillait de satin blanc, et qu'il appelait *Regrets* ou *Souvenirs*.

L'*Angelus du soir*, de M. Bodinier, est une composition suave et pleine de mélancolie. Les teintes du soleil couchant, la sombre verdure de la campagne, les chiens blancs, le vieillard à genoux, le troupeau, tout est bien rendu. J'aime surtout ce berger debout, dont la tête se détache en noir sur l'horizon. C'est une idylle que ce petit tableau. Le sentiment qu'il réveille est si vrai, que la scène qu'il représente semble familière à tout le monde ; cependant elle était difficile à exécuter. Les Napolitaines sont de bonnes études, mais ce sont trop des études seulement. Le *Repos à la fontaine* a le même mérite que l'*Angelus*, quoique à un degré moins éminent ; en somme, parmi tant de peintres que l'Italie a inspirés, M. Bodinier, à côté de Robert, de Schnetz et d'Horace Vernet, a su se marquer une place choisie. On ne peut ni l'oublier, ni le confondre, et ne forçant jamais son talent, chaque tableau signé par lui est reconnu et adopté de tous.

La grande toile de M. Larivière ne me plaît pas, et j'en ai du regret ; car c'est un immense travail, dans lequel il y a de bonnes parties. Mais j'ai beau faire, ces grandes parades m'attristent, et je les laisse à plus robuste que moi.

J'entreprendrai cependant de parler des batailles de M. Horace Vernet, et, quoiqu'elles soient passablement longues, j'y adjoindrai celle de *Fontenoy*

Ce n'est pas là une petite affaire, mais je tâcherai d'être plus court que lui.

J'ai dit, en commençant cet article, que tout succès populaire prouvait, à mon avis, un incontestable talent. Il m'est impossible, en ceci, de partager une opinion émise autrefois dans la *Revue des Deux-Mondes*. Je ne puis comprendre par quelle raison une foule qui sans cesse se renouvelle, dont les jugements sont si variables, et que tant d'efforts cherchent à attirer de tous côtés, se donnerait le mot pour admirer, entre mille, au hasard, un homme que rien ne distinguerait de ses rivaux. Si on prétend que la politique et la passion s'en mêlent, je le veux bien, mais cette passion et cette politique, n'y a-t-il qu'un homme qui cherche à les flatter? Lorsque M. Horace Vernet, en butte à une censure odieuse, ouvrit son atelier, je conviendrai certainement que la circonstance lui fut favorable; mais quoi! n'y avait-il que lui? Le général Lejeune, par exemple, qui pense maintenant à ses tableaux? Ils ont eu un succès d'un jour, pourquoi ne parlerait-on plus de lui et parle-t-on toujours d'Horace Vernet? C'est que le général Lejeune n'avait affaire qu'à la mode, et Horace Vernet à la popularité. Ce que je dis là pour un peintre, je le dirais, s'il s'agissait de littérature, pour deux hommes qu'on lui compare, MM. Casimir Delavigne et Scribe, talents avérés et positifs qu'attaquent des feuilletons désœuvrés. Le succès des *Messéniennes* ressemble beaucoup à celui des *Batailles* d'Horace Vernet. Aussi leur adresse-t-on quelquefois des critiques du même genre. Pour moi, qui sais encore par cœur les strophes qui commencent ainsi :

> Eurotas, Eurotas que font ces lauriers-roses
> Sur ton rivage en deuil par la mort habité?

j'avoue que je ne puis me figurer que ce soit par passion politique que je les ai apprises au collège, lorsque j'étais en quatrième; mais ce n'est pas assurément par passion politique que je les trouve encore fort belles aujourd'hui, et que je les ai récitées, l'autre jour à souper, à des amis, qui sont de mon avis.

Mais, sans plaider plus longtemps cette cause, et en reconnaissant d'abord à M. Horace Vernet la juste réputation qu'il s'est acquise, faut-il le citer à un autre tribunal, et lui demander un compte sévère de ces ouvrages si applaudis? Cette question peut être posée; mais j'y répondrais négativement. M. Horace Vernet n'est pas un jeune homme, et encore moins un apprenti; ses défauts même sentent la main du maître; il les connaît peut-être aussi bien que nous; il sait ce que sa facilité doit entraîner de négligences, et ce que la rapidité de son pinceau doit lui faire perdre en profondeur; mais il sait aussi les avantages de sa manière, et, en tout cas, il veut

PORTRAIT DE DELACROIX.   Page 356.

Bibl. Charpentier.   LIV. 249.

être lui. Qui peut se tromper sur ses tableaux? Il n'y a que faire de signature, et cette seule preuve annonce un grand talent.

Le monde ne se doute guère que les réputations qu'il a consacrées sont remises en question tous les jours. Que de gens, vivant à Paris, s'occupant des arts et capables d'en juger, seraient étonnés si on leur lisait tout ce qui s'imprime sur les écrivains ou sur les peintres qu'ils préfèrent!

On voit, d'après ce que je viens de dire, que je ne m'appliquerai point à un examen approfondi des quatre batailles que j'ai nommées plus haut. Il me suffira de les citer et de remarquer que ce qu'on y peut trouver de plus blâmable, c'est le titre qu'on leur a donné; ce ne sont point des batailles, d'abord parce qu'on ne s'y bat point, et on ne pouvait point s'y battre, puisque l'empereur est là en personne. A Iéna, l'empereur entend sortir des rangs de la garde impériale les mots : *En avant!* « Qu'est-ce? dit-il. Ce ne peut être qu'un jeune homme sans barbe qui ose préjuger ainsi de ce que je dois faire. » Tel est le sujet du premier épisode. Voyons ce qu'en a fait M. Vernet : il lance l'empereur au galop, Murat le suit, la colonne porte les armes. Un soldat pris d'enthousiasme crie en agitant son bonnet; l'empereur s'arrête : le geste est sévère, l'expression vraie; et sans aller plus loin, n'y a-t-il pas là beaucoup d'habileté? Quel effet eût produit, je suppose, l'empereur à pied, les mains derrière le dos? ou quelle que fût sa contenance, quel autre geste eût mieux rendu l'action? Ce cheval ardent qui trépigne, retenu par une main irritée, cette tête qui se retourne, ce regard d'aigle, tout fait deviner la parole. Cependant, dans le creux d'un ravin, les grenadiers défilent en silence : au delà du tertre, l'horizon. Assurément, je le répète, ce n'est pas la bataille d'Iéna; mais c'est le sujet, tel qu'il est donné, conçu adroitement et nettement rendu. Voudriez-vous voir une plaine? l'armée? que sais-je? pourquoi pas l'ennemi? et l'empereur perdu au milieu de tout cela? Eh! s'il était si petit et si loin, on n'entendrait pas ce qu'il dit.

David disait à Baour-Lormian : « Tu es bien heureux, toi, Baour : avec tes vers, tu fais ce que tu veux; tandis que moi, avec ma toile, je suis toujours horriblement gêné. Supposons, par exemple, que je veuille peindre deux amants dans les Alpes. Bon. Si je fais deux beaux amants, des amants de grandeur naturelle, me voilà avec des Alpes grosses comme rien; si, au contraire, je fais de belles Alpes, des Alpes convenables, me voilà avec de petits amants d'un demi-pied, qui ne signifient plus rien du tout! Mais toi, Baour, trente pages d'Alpes, trente pages d'amants; t'en faut-il encore? trente autres pages d'Alpes, trente autres pages d'amants, etc. » Ainsi parlait le vieux David dans son langage trivial et profond, faisant la plus juste critique des critiques qu'on lui adressait. M. Vernet pourrait en dire autant à ceux qui lui demandent autre chose que ce qu'il a voulu faire. Puisque l'acteur est Napoléon, et puisque l'action est exacte, que vouliez-vous qu'il vous montrât entre les quatre jambes de son cheval?

Ceci s'applique également à l'épisode de Friedland et à celui de Wagram. Le vrai talent de M. Vernet, c'est la verve. A propos du premier de ces deux tableaux, je ne dirai pas : « Voyez comme ce coucher du soleil est rendu, voyez ces teintes, ces dégradations, ces étoffes ou ces cuirasses ; » mais je dirai : « Voyez ces poses; voyez ce général Oudinot qui s'incline à demi pour recevoir les ordres du maître; voyez ce hussard rouge, si fièrement campé, ce cheval qui flaire un mort; à Wagram, voyez cet autre cheval blessé, cette gravité de l'empereur qui tend sa carte sans se détourner, tandis qu'un boulet tombe à deux pas de lui! A Fontenoy, voyez ce vainqueur, noble, souriant, ces vaincus consternés; comme tout cela est disposé, ou plutôt jeté! quelle hardiesse! » Certes il n'y a pas là la conscience d'un Holbein, la couleur d'un Titien, la grâce d'un Vinci; ce n'est ni flamand, ni italien, ni espagnol; mais, à coup sûr, c'est français. Ce n'est pas de la poésie, si vous voulez; mais c'est de la prose facile, rapide, presque de l'action, dit M. Michelet. En vérité, quand on y pense, la critique est bien difficile; chercher partout ce qui n'y est pas, au lieu de voir ce qui doit y être! Quant à moi, je critiquerai M. Vernet lorsque je ne trouverai plus dans ses œuvres les qualités qui le distinguent, et que je ne comprends pas qu'on puisse lui disputer; mais tant que je verrai cette verve, cette adresse et cette vigueur, je ne chercherai pas les ombres de ces précieux rayons de lumière.

La *Bataille de Fontenoy* m'amène à parler de M. Couder. Sa scène de Lawfeldt, considérée en elle-même et à part, est un ouvrage recommandable. Le roi et le maréchal de Saxe sont largement peints, et leurs habits sont en beau velours. Le vicomte de Ligonier et les soldats qui l'amènent forment un groupe sagement composé. Mais reconnaît-on sur cette toile la touche de l'auteur du *Lévite*? Pourquoi ce tableau, qui a du mérite, diffère-t-il si étrangement de son aîné qui le vaut bien? Est-ce une manière nouvelle que M. Couder vient d'adopter, et le premier tableau que nous aurons de lui sera-t-il fait dans cette manière? Non; M. Couder a peint pour Versailles une *Bataille de Louis XV*, et il a cherché, dans son exécution, à se rapprocher des peintres du temps de Louis XV. Je suis fâché de retrouver, à côté de qualités solides, ce démon du pastiche qui me poursuit. Ce n'est pas le manque d'une manière reconnaissable que l'on peut reprocher à M. Delacroix. C'est encore un homme, à mon avis, dont il ne faut pas chercher les défauts avec trop de sévérité. Pour parler de lui équitablement, il ne faut pas isoler ses ouvrages, ni porter sur tel ou tel de ses tableaux un jugement définitif; car dans tout ce qu'il fait il y a la même inspiration, et on le retrouve toujours le même dans ses plus grands succès comme dans ses plus grands écarts. J'avoue que cette identité constante, quand je la rencontre, me rend la critique difficile; je serai aussi sévère qu'on voudra pour une œuvre qui se présentera seule, qui ne tiendra à rien, que rien n'amène ni ne doit suivre ; mais je ne puis m'empêcher de respecter ce lien magique, cette force plus forte que la volonté même, qui fait qu'un homme ne peut lever la main sans que sa main ne le trahisse, et sans que son œuvre ne le nomme. Je juge chaque ouvrage d'un peintre sans manière comme je jugerais celui d'un mort; je n'y vois rien que ce qui est devant mes yeux; si je trouve alors un muscle de travers, un bras cassé, je suis impitoyable; je m'écrierai que c'est détestable, insupportable, ou, pour mieux faire, je m'en irai regarder autre chose. Mais dans un talent identique, en parlant du passé, il me semble que je parle aussi de l'avenir; je sens que j'ai affaire à un vivant, et, en blâmant ce que je vois, j'ai peur de blâmer ce que je ne vois pas encore, ce qui va arriver tantôt; et notez bien que M. Delacroix, de qui il s'agit maintenant, imite quelquefois. On se souvient de cette grande toile de *Sardanapale*, où il était clair que l'auteur avait cherché à se rapprocher de Rubens. Eh! mon Dieu, c'était bien inutile; aussi le résultat l'a-t-il trompé. Mais c'est une belle victoire que de se tromper impunément. M. Delacroix peut demain, s'il veut, se mettre à imiter Michel-Ange, comme il a imité Rubens. Après-demain il imitera Rembrandt, et dimanche le Caravage; mais lundi tout sera fini; il s'ennuiera de ce travail aride, et, vaincu par sa propre force, il redeviendra lui-même à son premier coup de pinceau.

Il y a dans le *Saint Sébastien* des défauts qui frappent le public; je les reconnais, et je ne les signalerai pas; car le *Saint Sébastien* est le frère d'une famille déjà nombreuse, et je ne veux pas dire du mal du *Massacre de Scio*, ni de cette *Liberté* que M. Auguste Barbier seul pourrait décrire, ni des *Anges du Christ aux Olives*, ni du *Dante*, ni du *Justinien;* et je serais bien plus fâché encore de dire du mal du premier tableau que M. Delacroix peut nous faire, de son plafond que je n'ai pas vu, de ses projets que je ne connais pas. On a voulu faire de M. Delacroix le chef d'une école nouvelle, prête à renverser ce qu'on admire, et à usurper un trône en ruine. Je ne pense pas qu'il ait jamais eu ces noirs projets révolutionnaires. Je crois qu'il travaille en conscience, par conséquent sans parti pris. S'il a un système en peinture, c'est le résultat de son organisation, et je n'ai pas entendu dire qu'il voulût l'imposer à personne : aussi ne le blâmerai-je pas d'aimer Rubens par-dessus tout; je partage son enthousiasme sans partager ses antipathies; et j'aime Rubens, quoique j'aime mieux Raphaël. Mais fussé-je l'ennemi déclaré de la manière de M. Delacroix, je n'en serais pas moins surpris qu'on ait, au jury d'admission, refusé un de ses tableaux. Je ne connais pas son *Hamlet*, et je n'en puis parler d'aucune façon; mais, quelques défauts que puisse avoir cet ouvrage, comment se peut-il qu'on l'ait jugé indigne d'être condamné par le public? Est-ce donc la contagion qu'on a repoussée dans cette toile? Est-elle peinte avec de l'aconit? Il semble que tant de sévérité n'est juste qu'autant qu'elle est impartiale; et comment croire qu'elle le soit, lorsqu'on voit de combien de croûtes le Musée est rempli? Mais ce n'est pas assez que de tous côtés on trouve les plus affreux barbouillages; on a reçu jusqu'à des copies que le livret donne pour originaux. J'ai noté un de ces vols manifestes, au n° 1491. On y trouve un tableau intitulé *une Bacchante*, de M. Poyet; or ce tableau est une copie, et une très mauvaise copie d'un magnifique ouvrage de David, qui appartient à M. Bouchet.

Je passe devant le tableau de M. Steuben, et puisque je parle de tout ce qu'on regarde, je conviens qu'on regarde sa *Jeanne la Folle*, mais j'en reviens à mon opinion : la mode n'est que l'apparence de la popularité, qui elle-même n'est pas toujours sûre. M. Steuben a, dans la galerie, un petit portrait d'une jeune fille qui sourit, appuyée sur son coude. Cette étude fine et naïve vaut mille fois mieux que ces grands mélodrames où on entasse le clinquant, et où l'œil cherche le trou du souffleur.

MM. Vauchelet, Alaux, Caminade, Rouillard, Saint-Evre, Lepaulle, Gallait, ont exposé des portraits historiques faits pour le musée de Versailles. Dans quelques-uns de ces portraits se retrouve toujours le même défaut, l'imitation des peintres contemporains des personnages représentés.

Le *Christ au tombeau* de M. Comeyras ne manque certainement pas de talent. Mais, bon Dieu, quelle étrange couleur! ces gens-là sont de cuivre et d'étain. Comment ne s'aperçoit-on pas que ce qui donne aux vieux tableaux des maîtres ces teintes qu'on imite, c'est le temps et la dégradation?

Avant de sortir de la grande salle, il ne me reste plus qu'à parler de la *Bataille des Pyramides*; je retrouverai M. Granet dans la galerie, et je reviendrai pour Robert. C'est avec respect et avec douleur qu'il faut prononcer le nom de Gros. Ce doit être aussi avec ces deux sentiments que M. Debay, son élève, a terminé l'œuvre, laissée imparfaite, du plus grand peintre de notre temps. Elle ne vaut pas, à beaucoup près, les autres; mais c'est la dernière page d'un si beau livre, que sa seule ressemblance avec le reste doit l'ennoblir et la consacrer.

IV

Nous voici dans la galerie. J'aime la *Venise*, de M. Flandrin. Il a du moins fait sa lagune tranquille, et non agitée comme une mer, comme on s'obstine à nous la peindre en dépit de la vérité; car, n'en déplaise au Canaletto lui-même, la lagune est toujours dormante, hors dans les jours de grande tempête; encore ne s'émeut-elle guère aux entours de la Piazzetta. Puisque je fais de la science, je rappellerai à M. Flandrin que l'ange du Campanile de Saint-Marc est doré, et non pas blanc. Mais ne voilà-t-il pas une belle remarque! Les tons sont justes, les ombres bien jetées; c'est bien le moment du coucher du soleil. Le *François de Lorraine*, de M. Johannot, quoique assez habilement exécuté, a encore ce défaut inexorable qui dépare tant de toiles cette année : c'est évidemment un pastiche de Rubens.

Tout le monde se souvient du *Tobie* exposé l'année dernière par M. Lehmann. Il y avait dans ce début non seulement tout ce qui annonce un beau talent, mais encore ce qui le constitue. C'était à la fois une espérance et un résultat. Aussi n'avait-on pas manqué d'encourager le jeune artiste; sa *Fille de Jephté* a fait changer quelques journaux de langage, et il ne faut pas qu'il s'en étonne, ni en même temps qu'il s'en inquiète. S'il regardait les critiques qu'on lui adresse comme injustes et mal raisonnées, il aurait tort, et s'engagerait peut-être dans une route qui n'est pas la vraie. Mais il se tromperait plus encore si, en reconnaissant la justice des critiques, il se laissait décourager. Le public ne blâme dans son ouvrage que de certaines parties, qu'en effet il me semble impossible d'approuver. Pour parler d'abord des défauts matériels, il y a, dans les sept figures de ses femmes une monotonie qui fatigue; elles se ressemblent toutes entre elles, plus ou moins, une exceptée qui est charmante, et dont la beauté fait tort à ses sœurs; c'est celle qui est assise et inclinée à la droite de la fille de

Jephté. Toutes les autres (je suis fâché de faire une remarque qui a l'air d'une plaisanterie), toutes les autres ont la tête trop forte, et M. Lehmann connaît sans doute trop bien l'antique pour ne pas savoir que la grosseur de la tête est incompatible avec la grâce des proportions; en outre les chairs ont une teinte mate qui leur donne l'air d'être en ivoire, et qui les fait ressortir trop vivement sur les étoffes et sur le fond, comme dans certains tableaux de l'Albane. Si de ces premières observations on passe à l'examen moral de l'ouvrage, M. Lehmann me permettra de lui dire que, dans la composition de sa scène, il a oublié une maxime qui a été vraie de tous les temps : c'est qu'on n'arrive jamais à la simplicité par la réflexion. Il est certain qu'en cherchant ces lignes parallèles, en traçant cette sorte de triangle que dessine le groupe de femmes, et que suivent les montagnes mêmes, l'artiste a voulu être simple. Il l'eût été en y pensant moins. Voilà, je crois, ce qu'une juste critique doit reprocher à M. Lehmann. Maintenant il faut ajouter que le personnage de la fille de Jephté est très beau, vraiment simple d'expression, et parfaitement bien posé. Si le peintre qui l'a conçu n'eût voulu exprimer que la douleur, il se fût contenté avec raison d'avoir créé cette noble figure, et il eût groupé les autres autour d'elle avec moins d'apprêt et de recherche. Les deux femmes qui pleurent debout et qui s'appuient l'une sur l'autre méritent aussi beaucoup d'éloges; elles produiraient bien plus d'effet si l'artiste ne les avait pas fixées comme au sommet d'une pyramide, et si, les laissant au second plan, comme elles sont, il les eût placées à droite ou à gauche de leur sœur, et non pas au milieu de la toile. Que M. Lehmann pense au Poussin; qu'il voie comment ce grand maître dispose ses groupes, les met en équilibre sans roideur, et les entremêle sans confusion. Non que je conseille à M. Lehmann d'imiter le Poussin, ni personne; mais il me fâche de voir que dans son tableau il y a non seulement le talent, mais encore les éléments nécessaires pour conquérir l'assentiment de tous; je ne doute pas que ses personnages mêmes, sans y faire de grands changements, mieux disposés, ne pussent plaire à tout le monde. Il me semble, en regardant cette toile, qu'il n'y a qu'à dire à ces deux femmes : « Vous, descendez de cette roche, éloignez-vous et pleurez à l'écart, » à cette autre, vue en plein profil : « Faites un mouvement, détournez-vous; » à cette autre : « Regardez le ciel; un geste, un rien va tout changer; la douleur de votre sœur est vraie, simple, sublime, ne la gâtez pas. »

En lisant dans le livret du Musée les dix lignes du chapitre des *Juges* qui servent d'explication au tableau de la *Fille de Jephté*, je fais une remarque, peut-être inutile, mais que je livre à l'artiste pour ce qu'elle vaut : c'est que, dans ce fragment, qu'on a dû nécessairement abréger, la simplicité biblique est singulièrement outrée. Qui a donné ces dix lignes? Est-ce le peintre lui-même? Je l'ignore. Jephté, dit le livret, en voyant sa fille, déchira ses vêtements, et dit : « Ah! ma fille, tu m'as entièrement abaissé. » Or le latin dit, au lieu de cela : « *Heu! me, filia mea, decepisti me, et ipsa decepta es.* — Hélas! ma fille, tu m'as trompé, et tu t'es trompée toi-même. » La fille de Jephté répond dans le livret : « Fais-moi ce qui est sorti de ta bouche. » Le latin dit : « *Si aperuisti os tuum ad Dominum, fac mihi quodcumque pollicitus es.* — Si tu as ouvert ta bouche au Seigneur, fais-moi tout ce que tu as promis. » Je ne relève pas par pédantisme ces petites altérations du texte. A tort ou à raison, elles me semblent avoir une parenté avec les défauts du tableau. Bien entendu que si c'est le hasard qui en est cause, ma remarque est non avenue.

Mais je ne veux pas quitter M. Lehmann comme ces gens qui s'en vont au plus vite dès qu'ils ont dit un méchant bon mot. Je jette en partant un dernier regard sur cette belle fille désolée, sur sa charmante sœur aux yeux noirs, dont le corps plie comme un roseau, sur ces deux statues éplorées dont le contour est si délicat; et je me dis que la jeune main qui a rendu la douleur si belle, se consacrera tôt ou tard au culte de la vérité. Un *Intérieur d'appartement gothique*, de M. Lafaye, doit être remarqué avec éloge. Je trouve à côté un tableau de M. Schnetz, qui n'a pas assez d'importance pour qu'on puisse parler dignement, à propos de si peu de chose, du talent de l'auteur. C'est à Notre-Dame-de-Lorette que nous verrons bientôt ses nouveaux titres à une réputation si bien méritée.

Le *Martyre de saint Saturnin*, de M. Bézard, est une composition importante, et qui a un grand mérite de dessin. On y sent la manière de M. Ingres et l'étude de l'école romaine; mais il ne faut pas que l'école romaine fasse oublier à ceux qui l'admirent qu'après Raphaël est venu le Corrège, et que l'absence du clair-obscur, en donnant du grandiose, ôte du naturel. Que M. Bézard se souvienne du mot du grand Allegri : *Ed io anchè son pittore.*

Une *Voiture de masques*, de M. Eugène Lami, m'amuserait comme un vieux péché, quand bien même je n'aurais pas à constater dans son auteur un talent fin et distingué. J'aime mieux ce petit tableau que la *Bataille de Hondschoote*, dont le paysage est de M. Dupré. Cette toile, d'un effet bizarre, mais qui a bien aussi son mérite, perd à être vue au Salon; placée isolément, elle gagnerait beaucoup.

Je remarque un *Site d'Italie*, de M. Jules Cogniet, et je m'arrête devant le

Le Lion de Barye.

Dante, de M. Flandrin. Le Dante est bien, sa robe rouge est largement peinte; son mouvement exprime le sujet; j'aime la tête du Virgile; mais je n'aime pas ce bras qui retient son manteau, non à cause du bras, mais à cause du geste; car on dirait que le manteau va tomber. En général, tout le tableau plaît; c'est de la bonne et saine peinture. Les *Envieux* ne sont pas assez des envieux; la première de ces figures est très belle, la seconde et la troisième, celle qui regarde le Dante, sont bien drapées; mais la cinquième tête, correcte en elle-même, ne peut pas être celle d'un homme envoyé aux enfers pour le dernier et le plus dégradant des vices, celui de Zoïle et de Fréron. Ce front calme, cet air de noblesse, cette contenance résignée, appartiennent, si vous voulez, à un voleur ou à un faussaire, mais jamais à un envieux. M. Flandrin, qui, je crois, est encore à Rome, a un bel avenir devant lui. Son *Berger assis* est une charmante étude, qui annonce une intelligence heureuse de la nature, avec un air d'antiquité.

Dans le *Saint Hippolyte* de M. Dedreux, il y a de la verve et de la vigueur. Les chevaux sont trop des chevaux anglais; mais cela ne fait tort qu'au sujet, le tableau n'y perd qu'un peu de couleur locale, ce dont une palette bien employée du reste peut se passer sans inquiétude. Au-dessus du *Saint Hippolyte* est un bon portrait de M. Jouy aîné. Je dois aussi citer avec éloge celui de Mme C. et de sa sœur, de M. Canzi. Il est d'une adroite ressemblance et d'une gracieuse exécution.

C'est un très étrange tableau que celui de M. Brémond. Je voudrais en savoir le secret, car cette nature laide me répugne, et cependant cet ange debout, avec son auréole d'or, ou plutôt malgré l'auréole, me frappe et m'émeut. Singulier travail! Pour imité, il l'est à coup sûr, mais il l'est si bien qu'il me trompe, et que je crois voir un vieux tableau. Je consulte encore mon livret, pour éclaircir mon impression, et je lis : « On dévala de la croix ce corps tout froissé que la Vierge... » Fi! monsieur Brémond, *dévala!* quel vilain mot vous allez choisir! Qu'est-ce que c'est donc que *dévala?* Est-ce qu'on dévale? et qui? juste Dieu! Cet affreux mot me fait presque comprendre pourquoi votre Christ est si maigre et si vieux, et toute la recherche d'horreur que je vois dans votre tableau. Mais je continue : « Un ange, ému de la douleur de la Vierge, se place devant elle pour lui dérober la vue de la croix où son fils a été supplicié. » Ma foi, je ne sais plus que dire, car cette pensée me paraît belle, et elle est de M. Brémond, tandis que *dévala* est dans la Vie des saints.

Je fais de vains efforts pour critiquer les toiles citoyennes de M. Court; il est impossible d'en rien dire, pas même du mal. Quelle froideur dans cette signature de la proclamation royale! Ce pauvre M. Dugas-Montbel, on l'a mis là aussi pourtant! C'était le traducteur d'Homère, brave et digne homme, et très savant; en quoi a-t-il pu offenser M. Court? Mais je me rappelle de ce peintre une jolie Espagnole en mantille, et je vais regarder le tableau d'Isabey.

Cette toile mérite, à mon avis, des éloges sans restriction : l'exécution en est magnifique, et la conception tellement forte, qu'elle étonne au premier abord. J'ai entendu reprocher à l'auteur de n'avoir montré qu'une partie de son vaisseau. Rien n'est moins juste que cette critique, car c'est de cette disposition hardie que résulte toute l'importance de la scène. Si le tableau avait deux pieds de plus, et si on en voyait davantage, la composition y perdrait moitié. M. Isabey n'a pas fait cette faute, qui nuit à M. Le Poittevin. Aussi produit-il le plus grand effet, et cet effet est un tour de force. Quelle difficulté n'y avait-il pas à fixer l'attention sur ce mort qu'on lance dans la mer par une fenêtre ! Et quelle autre difficulté à ce que la petite dimension et la position même du mort, attaché sur une planche, n'eussent rien de ridicule ! Qu'il était aisé d'échouer et d'arriver à un résultat d'autant plus fâcheux que la prétention eût paru plus grande! M. Isabey a plus que réussi; il a trouvé le moyen d'être sérieux là où bien d'autres auraient été mesquins. Quand on regarde ces flots houleux, battus par le roulis; ce ciel sombre, cette cérémonie imposante, tout cet appareil religieux, on se sent pénétré de tristesse. Je ne sais de quelle angoisse invincible on est saisi à l'aspect de ce cadavre, qui, enveloppé d'un linceul blanc, au bruit du canon et devant tout l'équipage, descend solennellement dans la mer ! Il semble que ce bâtiment va fuir, que cette planche va tomber, et que l'abîme, troublé un instant, va se refermer en silence.

Tous ceux qui ont lu la belle description de Constantinople, dans le *Voyage en Orient*, s'arrêtent avec intérêt devant le tableau de Mme Clerget. La multiplicité des détails, l'étendue du Bosphore, présentaient de grandes difficultés; elles sont heureusement vaincues par le tableau original et distingué de l'artiste. Ce tableau se fait remarquer par de vaporeux lointains, par la transparence des eaux et l'exactitude du panorama. La *Vue du lac de Genève*, du même auteur, présente le même genre de mérite; on regrette qu'il soit placé dans la partie sombre de la galerie, ce qui nuit à l'effet qu'il devrait produire. Les ouvrages de Mme Clerget doivent fixer l'attention des amateurs, qui, en peinture, apprécient avant tout la vérité.

Le *Farniente*, de M. Winterhalter, me plaît tellement, que je n'ose dire jusqu'à quel point. Ce n'est pas que j'aie peur de faire l'éloge d'un tableau où le talent me paraît évident, mais je crains que les beaux yeux d'une certaine jeune fille qui est accoudée près d'une fontaine ne m'aient tant soit peu tourné la tête. Cette jeune fille me semble admirable, et tout le reste à l'avenant. Des paysans sont couchés à l'ombre. Une femme, assise au pied d'un arbre, présente à son enfant un sein blanc comme le lait. Une autre, étendue au soleil, rêve ou s'endort, ou fait semblant; tandis qu'un jeune pâtre indolent balance dans l'air une belle grappe de raisin qu'un enfant dévore des yeux. Plus loin, un bosquet et des danses; à l'horizon, la mer et le volcan. Vers la gauche, un jeune homme assis, la guitare à la main, fredonne une canzonnette :

> Io son ricco, e tu sei bella,
> Nina mia, che vuoi di più !
> . . . .
> Ci fosse Nemorino !
> Me lo vorrei goder.
> Ci fosse memorino !

Ce n'est peut-être pas cet air-là ; mais je me le figure parce que je l'aime, et que, malgré moi, je marie ce qui me plaît. Voyez-vous ce petit moinillon qui retrousse son froc, comme il écoute ! Le petit drôle chante déjà au lutrin. Mais regardez ma belle paysanne ; elle est debout, le menton dans sa main ; quels yeux ! quelle bouche ! A quoi songe-t-elle ?

> si, si, l'avremo, cara.

Vous serez aimée et cajolée, autant qu'il vous plaira de l'être ; mais je m'en vais, crainte de prévariquer. Il est dangereux de s'ériger en juge quand on n'est pas d'âge à être député.

L'*Hiver*, de M. Cabat, vient à propos pour me sauver de la tentation ; il n'y a rien de plus calmant qu'une vieille femme morte de froid. Encore ne suis-je pas bien sûr que ce ne soit pas un bûcheron. Je ne reconnais pas, dans ce paysage, la touche ordinaire de l'artiste ; c'est cependant le plus important qu'il ait exposé cette année. Si on le signait d'un nom flamand, même d'un nom célèbre, on pourrait s'y tromper.

Je regrette de n'avoir pas gardé une place distincte aux paysagistes, car je retrouve tant de noms sous ma plume, que je suis sûr d'en oublier. Dans le premier salon, MM. Gué et Hostein doivent être cités honorablement ; dans la galerie, MM. Mercey, Jolivard et Bucquet, talents remarquables, ainsi que M. Joyant, qui a exposé de jolies vues vénitiennes ; MM. Rousseau, Danvin, Veillat, Corot, dont la *Campagne de Rome* a de grands admirateurs. M. Paul Huet doit être mis à part ; ce serait plutôt en Angleterre qu'en France qu'on trouverait à qui le comparer. Je ne vois pas la nature aussi vague, mais il y

aurait de l'injustice à ne pas reconnaître à ce jeune peintre une belle entente des grandes masses.

La mémoire, du moins, ne me manquera pas pour citer Mme de Mirbel. La patience unie au talent est une des premières vertus féminines, et c'était bien à elle qu'il appartenait de conserver en France l'art précieux de la miniature. Les deux portraits que Mme de Mirbel a envoyés cette année au Salon ont toujours cette grâce et cette finesse qu'on est habitué à trouver dans les petits chefs-d'œuvre signés de son nom. Je remarque en même temps, dans la travée opposée, une miniature de M. Bell, d'un rare fini.

Le *Réveil du juste*, de M. Signol, a le défaut d'être théâtral, et il n'y a pas de défaut plus dangereux, car il ne doit chercher que l'effet, et fausser les moyens. Que le décor et les trompe-l'œil demandent une main habile, j'en conviens, et je suis prêt à rendre justice aux toiles de fond de nos théâtres, quoique je sois fermement persuadé qu'avec cette splendeur d'entourage il n'y a pas d'art dramatique possible. Mais composer un tableau de chevalet comme une scène de tragédie, c'est commettre une grande erreur. M. Signol a du talent, et je regrette d'être si sévère. Mais pourquoi séparer son tableau en deux, et lui donner un air de famille avec la dernière scène des *Victimes cloîtrées* ? Son méchant qui sort de la tombe est évidemment soutenu par une trappe, comme les nonnes de l'Opéra.

M. Granet est toujours lui, c'est-à-dire simple et admirable. Il est difficile de le louer d'une façon qui soit nouvelle. Le public préfère, en général, les *Catacombes* à la *Sainte-Marie-des-Anges*. Je ne fais point de différence entre ces deux ouvrages, marqués tous deux du même cachet. Il y a une fierté singulière dans l'espèce d'inhabileté avec laquelle M. Granet peint les personnages de ses tableaux. Jamais on n'a mis tant de largeur dans les détails, ni tant de grandiose dans les petites choses. Je me souviens que regardant un jour un petit tableau de bataille fait avec soin, je me demandais si, dans cette minutie scrupuleuse, il n'y avait pas beaucoup de convention. J'étais choqué de pouvoir compter jusqu'aux boutons des habits des soldats. « Ne devrait-on pas, me disais-je, lorsqu'on enferme un grand espace dans une toile si resserrée, laisser supposer au spectateur que ce qu'on lui montre est à distance ? Un paysage, par exemple, ne devrait-il pas toujours être un lointain ? car, autrement, quelle apparence de vérité pour celui qui regarde ? Il lui semble être dans une chambre obscure, et voir la nature à travers un appareil microscopique. » Cette réflexion m'est revenue en tête devant les ouvrages de M. Granet. Il n'y a point là de convenu, car ses tableaux veulent être vus à distance, comme s'ils étaient la nature même. Ce sont les seuls qui me fassent clairement comprendre que la réalité puisse être réduite, et que le talent produise l'illusion.

Il me semble qu'il doit y avoir dans la réputation de M. Granet, si juste, si calme, si incontestée, une leçon pour les artistes. Que de disputes, que de systèmes se sont succédé depuis dix ans dans les arts ! Sont-ils allés jusqu'aux oreilles de l'auteur de la *Mort du Poussin ?* Non ; il a sans doute fermé au bavardage la porte de son atelier ; il y est seul avec la nature, et, sûr de lui, n'interroge pas. Ce serait un exemple à suivre, si tout le reste s'apprenait à ce prix.

Je ne suis pas grand partisan de la caricature en peinture, mais si la gravité est un mystère du corps inventé pour cacher les défauts de l'esprit, j'imagine que les gens qui s'arrêtent devant la *Revue*, de M. Biard, courront le risque de perdre leur gravité, et par conséquent de montrer quelle est la dose de leur esprit. Tout est parfait, depuis le serpent de village jusqu'au maire, et depuis l'officier qui conduit la troupe jusqu'à cette inimitable petite fille qui l'œil au ciel, rouge et essoufflée, s'écarquille pour marcher au pas.

Le *Carnaval à Rome*, de M. Bard, a de l'entraînement et du mouvement. Le *Départ de la garde nationale*, de M. Cognict, mérite des éloges, quoique les tons trop coquets fassent un effet mesquin. Le *Tobie*, de M. Balthazar, ne manque pas de délicatesse, mais l'ange qui l'accompagne est faible ; c'est une femme qui a posé.

Le *Triomphe de Pétrarque*, de M. Boulanger, annonce un progrès marqué dans son talent. C'est quelque chose de rare et de louable que de voir un jeune artiste, dont les débuts ont été vantés outre mesure, et qu'on a toujours essayé de gâter, ne se laisser prendre ni à la flatterie, ni à la paresse, et marcher sans relâche à la poursuite du mieux. Quand je pense aux éloges effrayants dont j'ai vu M. Boulanger entouré, et comme accablé dès ses premiers pas dans la carrière des arts, je me sens tenté de donner maintenant à son courage et à sa persévérance ces louanges qu'on prodiguait jadis à ses essais. Pour qu'un jeune homme résiste à une pareille épreuve, il faut que la voix de sa conscience parle bien haut et bien impérieusement. Je ne veux pourtant pas lui dire que son *Pétrarque* soit un chef-d'œuvre, vraisemblablement il ne le croirait pas ; mais c'est un ouvrage qui fait plaisir à voir, et qu'on regarde en souriant sans se demander ce qu'il y manque. Je pardonne volontiers à M. Boulanger ses chevaux à la Jules Romain, et la naïveté de ce sol jonché de fleurs, car j'aime à croire que plus il ira, moins il sera tenté d'imiter.

— Quel beau sujet, du reste, et quelle journée! Cet homme vêtu d'une robe de pourpre, traîné sur un char triomphal, entouré de l'élite de la noblesse, des poètes, des savants, des guerriers, marchant au milieu d'une ville, sur un tapis de roses effeuillées, suivi d'un chœur de jeunes filles et précédé par la Rêverie, applaudi, fêté, admiré de tous, et qu'avait-il donc fait pour tant de gloire? Il avait aimé et chanté sa maîtresse. Ce n'était pas lui qu'on couronnait et qu'on menait au Capitole, c'étaient la douleur et l'amour. Les conquérants ont eu bien des trophées : l'épée a triomphé cent fois, l'amour une seule. Pétrarque est le premier des poètes. Que se passa-t-il ce jour-là dans ce grand cœur ainsi récompensé? Que regardait-il du haut de ce char? Hélas! sa Laura n'était plus; il cachait peut-être une larme, et il se répétait tout bas : « *Beati gli occhi che la vider viva!* »

V

Avant de descendre à la salle des sculptures, il ne faut pas oublier Mme Jaquotot ni les émaux de M. Kanz. C'est assurément un grand tort de parler légèrement d'un tableau, et si j'ai eu ce tort dans cet article, je ne crois pas du moins avoir eu celui de parler trop légèrement d'un peintre. Mais quand il s'agit d'un travail aussi difficile, aussi pénible que la peinture sur émail, il serait impardonnable de trancher au hasard. C'est le résultat de six ans d'études que M. Kanz apporte au Salon, dans un cadre d'un pied de haut, qu'on a accroché contre une fenêtre. Pour faire un portrait sur émail, il faut vingt-cinq séances de deux heures chaque, et pendant que l'artiste travaille, le four, constamment échauffé, est prêt à recevoir le résultat de la séance, et à changer, par l'action chimique, toutes les couleurs, laborieusement choisies. Ainsi le peintre recommence son ouvrage autant de fois qu'il le livre au feu. Mais le résultat est indestructible; c'est l'émail même qui devient portrait. M. Kanz doit à son père l'héritage d'un vrai talent. Il devra, je n'en doute pas, à sa rare persévérance de se faire un nom dans l'art de Petitot.

Il n'y a qu'un seul mot à dire de la copie sur porcelaine que Mme Jaquotot a faite de la *Vierge au voile* : c'est aussi beau que Raphaël.

Je remercie M. Étex de n'avoir pas fait dans sa *Geneviève* de ce roide et faux style gothique qu'on veut donner pour supportable. La tête de sa statue est belle, le geste simple; il y a de la grandeur. J'aime à voir sous ce corsage plat que c'est un être vivant qui le porte. Il était difficile de rester ainsi sur la lisière du gothique.

La statue de Bailly et celle de Mirabeau, par M. Jaley, ne manquent certainement pas de mérite. Je suis fâché qu'elles portent des habits, car il m'est impossible de comprendre le vêtement moderne en sculpture. Le *Paria* du même sculpteur a de la pensée.

Le lion en bronze de M. Barye est effrayant comme la nature. Quelle vigueur et quelle vérité ! Ce lion rugit, ce serpent siffle. Quelle rage dans ce mufle grincé, dans ce regard oblique, dans ce dos qui se hérisse ! Quelle puissance dans cette patte posée sur la proie ! et quelle soif de combat dans ce monstre tortueux, dans cette gueule affamée et béante ! Où M. Barye a-t-il donc trouvé à faire poser de pareils modèles ? Est-ce que son atelier est un désert de l'Afrique, ou une forêt de l'Hindoustan ?

L'*Anacréon*, de M. Lequien, la *Baigneuse*, de M. Espercieux, ont de la grâce ; mais ce sont des pastiches de l'antique. Il y a un sentiment naïf dans la jeune fille de M. Lescorné ; les pieds nus qui sortent de la robe ne produisent pas un bon effet. J'aime la *Renaissance*, de M. Feuchère, quoique ce soit encore un pastiche ; mais le sujet voulait que c'en fût un. L'*Esclave*, de M. Debay, plaît beaucoup au public, et le public se trompe bien plus rarement en sculpture qu'en peinture ; la forme le frappe. C'est une enfant de quinze ans qu'a représentée M. Debay ; par conséquent, c'est une nature faible, encore indécise, et dont les proportions ne sont pas développées. Ce genre d'étude est nouveau en sculpture.

Le *modèle de vase*, de M. Triqueti, est une imitation curieuse. Le buste de la baronne de G..., de M. Ruoltz, est charmant. Je dois citer celui de Philippe V, de M. Lescorné ; celui de Mme de Fitz-James, de M. Foyatier, et celui de Bellini, de M. Dantan. Le *Chactas*, de M. Duret, est une composition poétique, vraie d'expression, et belle d'exécution ; la tête est admirable. J'arrive à la *Vénus*, de M. Pradier, et j'avoue qu'il m'a été impossible de ne pas me presser d'y venir. Le groupe me paraît si charmant, que j'aurais peur de commettre un sacrilège en disant ma pensée tout entière. Non seulement je le trouve d'une parfaite exécution, mais la pensée m'en semble délicieuse. Cette *Vénus*, presque vierge encore, mais déjà coquette et rusée, qui se penche sur cet enfant boudeur, et l'interroge, capricieuse elle-même, sur un caprice léger ; cette main qui se pose sur la tête chérie plonge dans les cheveux et invite au baiser ; cette bouche de l'enfant qui rêve, et refuse de répondre pour se faire prier ; ces petites jambes, vraies comme la nature, où le marbre semble animé ; tout m'enchante ; je me sens

LETTRES DE DUPUIS ET COTONET.   Page 373.

païen devant un si doux paganisme. Il y a là de quoi passer un jour et oublier que la laideur existe. Pris seulement comme une étude, comme le portrait d'une femme et d'un enfant, ce marbre serait un morceau précieux, plein de grâce et de vérité. Car notez que, sauf la ligne grecque qui unit le nez avec le front, la *Vénus* est une femme de tous les temps et de tous les pays, ce qui, à mon sens, est un grand mérite ; mais je serais bien fâché que M. Pradier eût appelé son groupe autrement que *Vénus et l'Amour*, car je vois là le parfait symbole de la volupté et du caprice, non de la volupté grossière, ivre, échevelée, comme on nous la fait, mais délicate, sensuelle, et un peu pâle, intelligente et pleine de désirs; non du caprice effréné, furieux, qu'un rien déprave, et que tout dégoûte, mais rêveur, jeune, avide de jouissance, tendre pourtant, et aimant sa mère, sa fraîche nourrice, la blanche Volupté.

VI

Je remonte maintenant dans la salle, pour dire un mot des *Pêcheurs* de Robert.

J'ai vu que, dans plusieurs des articles qui ont été faits sur ce tableau, on demandait pourquoi tous les personnages y sont si tristes, et qu'on croyait en trouver la raison dans la crainte d'une tempête que le ciel, dit-on, présage. Le Ciel est clair, et le paraîtrait plus, sans le voisinage de la toile de M. Hesse, dont les couleurs tranchées lui font tort. Les pêcheurs que Robert a peints sont des Chiojotes ; et le motif de leur tristesse, c'est qu'ils ont besoin, pour vivre, de deux sous par jour, à peu près, et qu'ils ne les ont pas tous les jours.

Les pêcheurs vénitiens n'ont point de lit, et ils couchent sur les marches des escaliers du quai des Esclavons. Ils ne possèdent qu'un manteau et un pantalon qui, le plus souvent, est de toile. Le manteau est très court, d'une étoffe grossière, très lourde, brune, et ils le portent été comme hiver. L'été seulement ils n'en mettent pas les manches, qu'ils laissent tomber sur leurs épaules ; le pêcheur assis dans le tableau a un manteau de cette espèce. C'est dans ce manteau qu'ils s'enveloppent pour dormir, se rapprochant le plus possible les uns des autres, afin d'éviter le froid des dalles. Il arrive souvent, surtout pendant le carême, que, lorsqu'un d'eux s'éveille la nuit, il entonne un psaume à haute voix ; alors ses camarades se relèvent et l'accompagnent en partie, car ils ne chantent jamais à l'unisson, comme nos ouvriers ; leurs voix sont, en général, parfaitement justes, et d'un timbre très sonore et très profond; ils ne chantent guère plus d'un couplet à la fois, et se rendorment après l'avoir chanté ; c'est pour eux l'équivalent d'un verre d'eau-de-vie ou d'une pipe. Quelques heures après, si un autre se réveille, ils recommencent. Leurs femmes, quand ils en ont, logent dans les greniers des palais déserts qu'on leur abandonne par charité. Elles ne se montrent guère qu'au départ ou au retour de la pêche, portant leurs enfants sur leurs bras, comme la jeune femme qu'on voit dans le tableau. Du reste, ils ne mendient jamais, différents en cela du peuple de Venise et de toute l'Italie, où tout mendie, même les soldats. Leur contenance a beaucoup de gravité, et l'étoffe dont ils sont vêtus ajoute à leur aspect sévère, par ses plis rares et immobiles ; leurs poses sont souvent théâtrales, comme on peut le voir dans le tableau par celle de l'enfant qui déploie les filets. Leur seul moyen de subsistance est la pêche des huîtres et des poissons de mer, qui sont excellents dans l'Adriatique, mais qui se vendent à très bon marché. Quoique leur misère soit profonde, ils sont très honnêtes et ne commettent jamais aucun désordre. Il est bien rare qu'on entende parler d'un vol dans la ville, dont les rues, véritable labyrinthe, favoriseraient tous les attentats. Les seuls voleurs à Venise sont les marchands, qui en sont aussi la seule aristocratie.

Tels sont, à peu de chose près que j'oublie peut-être, les pêcheurs vénitiens ; les Chiojotes sont beaucoup plus pauvres, car le lieu qu'ils habitent, situé à quelque distance de la ville, est loin de leur fournir les occasions des petits gains partiels dont les autres font leur profit.

J'étais à Venise, il y a deux ans, et, me trouvant mal à l'auberge, je cherchais vainement un logement. Je ne rencontrais partout que désert ou une misère épouvantable. A peine si, quand je sortais le soir pour aller à la Fenice, sur quatre palais du Grand-Canal, j'en voyais un où, au troisième étage, tremblait une faible lueur ; c'était la lampe d'un portier qui ne répondait qu'en secouant la tête, ou de pauvres diables qu'on y oubliait. J'avais essayé de louer le premier étage de l'un des palais Mocenigo, les seuls garnis de toute la ville, et où avait demeuré lord Byron ; le loyer n'en coûtait pas cher, mais nous étions alors en hiver, et le soleil n'y pénètre jamais. Je frappai un jour à la porte d'un casin de modeste apparence, qui appartenait à une Française, nommée, je crois, Adèle ; elle tenait maison garnie. Sur ma demande, elle m'introduisit dans un appartement délabré, chauffé par un seul poêle, et meublé de vieux canapés. C'était pourtant le plus propre que j'eusse vu, et je l'arrêtai pour un mois ; mais je tombai malade peu de temps après, et je ne pus venir l'habiter.

Comme je traversais la galerie pour sortir de ce casin, je vis une jeune fille assez jolie, brune, très fraîche, qui portait un plat. Je lui demandai si elle était parente de la maîtresse de la maison, et à qui était destiné ce qu'elle tenait à la main. Elle me dit que c'était pour un locataire français qui habitait, au second, une petite chambre près d'un autre Français. « Et quand je demeurerai ici, lui demandai-je encore, me ferez-vous aussi à déjeuner? » Elle répondit en faisant claquer sa langue sur ses dents, ce qui veut dire *non* en vénitien. « Fort bien, lui dis-je, et quel est ce Français privilégié qui sait se faire servir tout seul? C'est donc quelque grand personnage? — Non, répliqua-t-elle; c'est M. Robert, un peintre que personne ne connaît. — Robert! m'écriai-je, Léopold Robert! Peut-on le voir? où est son atelier? — Il n'en a point, puisqu'il n'a qu'une petite chambre; on ne peut pas le voir; jamais personne ne vient. »

Je demandai, quelques jours après, à M. de Sacy, consul de France, si l'on pouvait obtenir de Robert la permission de le voir un instant; M. de Sacy me répondit que je ne serais pas reçu si j'y allais; à moins que je ne fusse connu de lui ou de l'ami qui demeurait avec lui; mais que si je voulais faire une demande, elle serait accueillie avec bonté. Ma démarche n'eut pas de suite, et je ne voulus pas insister de peur d'importuner le grand peintre. Mais jamais depuis ce temps-là, je n'ai passé sur le petit canal qui baignait les murs de la maison, sans regarder les fenêtres avec tristesse. Cette solitude, cette crainte du monde, qui fuyait même les compatriotes, non par mépris, mais par ennui, sans doute; ce mot : « Que personne ne connaît » : cette misère du casin, que le soin et la propreté même faisaient ressortir; tout me pénétrait et m'affligeait; à cette époque, Léopold Robert terminait son *Départ pour la pêche*.

Ah Dieu! la main qui a fait cela, et qui a peint dans six personnages tout un peuple et tout un pays! cette main puissante, sage, patiente, sublime, la seule capable de renouveler les arts et de ramener la vérité! cette main qui, dans le peu qu'elle a fait, n'a retracé de la nature que ce qui est beau, noble, immortel! cette main qui peignait le peuple, et à qui le seul instinct du génie faisait chercher la route de l'avenir là où elle est, dans l'humanité! Cette main, Léopold, la tienne! cette main qui a fait cela, briser le front qui l'avait conçu!

13 avril 1836 (*Revue des Deux-Mondes*).

LETTRES

DE DUPUIS ET COTONET

PREMIÈRE LETTRE

La Ferté-sous-Jouarre, 3 septembre 1836.

Mon cher Monsieur,

Que les dieux immortels vous assistent et vous préservent des romans nouveaux ! Nous sommes deux abonnés de votre *Revue*, mon ami Cotonet et moi, qui avons résolu de vous écrire touchant une remarque que nous avons faite : c'est que, dans les livres d'aujourd'hui, on emploie beaucoup d'adjectifs, et que nous croyons que les auteurs se font par là un tort considérable.

Nous savons, monsieur, que ce n'est plus la mode de parler littérature, et vous trouverez peut-être que, dans ce moment-ci, nous nous inquiétons de bien peu de chose. Nous en conviendrons volontiers, car nous recevons le *Constitutionnel*, et nous avons des fonds espagnols qui nous démangent terriblement. Mais, mieux qu'un autre, vous comprendrez sans doute toute la douceur que deux âmes bien nées trouvent à s'occuper des beaux-arts, qui font le charme de la vie, au milieu des tourmentes sociales; nous ne sommes pas Béotiens, monsieur, vous le voyez par ces paroles.

Pour que vous goûtiez notre remarque simple en apparence, mais qui nous a coûté douze ans de réflexions, il faut que vous nous permettiez de vous raconter, posément et graduellement, de quelle manière elle nous est venue. Bien que les lettres soient maintenant avilies, il fut un temps, monsieur, où elles florissaient; il fut un temps où on lisait les livres, et, dans nos théâtres, naguère encore, il fut un temps où l'on sifflait. C'était, si notre mémoire est bonne, de 1824 à 1829. Le roi d'alors, le clergé aidant, se préparait à renverser la charte, et à priver le peuple de ses droits; et vous n'êtes pas sans vous souvenir que, à cette époque, il a été grandement question d'une méthode toute nouvelle qu'on venait d'inventer pour faire des pièces de théâtre, des romans, et même des sonnets. On s'en est fort occupé ici ; mais nous n'avons jamais pu comprendre, ni mon ami Cotonet ni moi, ce que c'était que le *romantisme*, et cependant nous avons beaucoup lu, notamment des préfaces, car nous ne sommes pas de Falaise, nous savons bien que c'est le principal, et que le reste n'est que pour enfler la chose ; mais il ne faut pas anticiper.

A vous dire vrai, dans ce pays-ci, on est badaud jusqu'aux oreilles, et, sans compter le tapage des journaux, nous sommes bien aises de jaser sur les quatre ou cinq heures. Nous avons dans la rue Marchande un gros cabinet de lecture, où il nous vient des cloyères de livres. Deux sous le volume, c'est comme partout, et il n'y aurait pas à se plaindre si les portières se lavaient les mains, mais depuis qu'il n'y a plus de loterie, elles dévorent les romans, que Dieu leur pardonne! c'est à ne pas savoir par où y toucher. Mais peu importe ; nous autres Français, nous ne regardons pas à la marge. En Angleterre, les gens qui sont propres aiment à lire dans les livres propres. En France on lit à la gamelle ; c'est le moyen d'encourager les arts.

Nos petites maîtresses ne souffriraient pas une mouche de crotte sur un bas qui n'a affaire qu'à leur pied ; mais elles ouvrent très délicatement de leur main blanche, un volume banal qui sent la cuisine, et porte la marque du pouce de leur cocher. Il me semble pourtant que si j'étais femme, et que si je tenais au fond de mon alcôve, les rideaux tirés, un auteur qui me plût, je n'aimerais pas qu'au parfum poétique d'une page il se mêlât... Je reviens à mon sujet.

Je vous disais que nous ne comprenions pas ce que signifiait ce mot de *romantisme*. Si ce que je vous raconte vous paraît un peu usé et connu au premier abord, il ne faut pas vous effrayer, mais seulement me laisser faire ; j'ai intention d'en venir à mes fins. C'était donc vers 1824, ou un peu plus tard, je l'ai oublié ; on se battait dans le *Journal des Débats*. Il était question de *pittoresque*, de *grotesque*, du paysage introduit dans la poésie de l'histoire dramatisée, du drame blasonné, de l'art pur, du rythme brisé, du tragique fondu avec le comique, et du moyen âge ressuscité. Mon ami Cotonet et moi, nous nous promenions devant le jeu de boules. Il faut savoir qu'à la Ferté-sous-Jouarre, nous avions alors un grand clerc d'avoué qui venait de Paris, fier et fort impertinent, ne doutant de rien, tranchant sur tout, et qui avait l'air de comprendre tout ce qu'il lisait. Il nous aborda, le journal à la main, en nous demandant ce que nous pensions de toutes ces querelles littéraires. Cotonet est fort à son aise, il a cheval et cabriolet ; nous ne sommes plus jeunes ni l'un ni l'autre, et, de mon côté, j'ai quelque poids ; ces questions nous révoltèrent, et toute la ville fut pour nous. Mais, à dater de ce jour, on ne parla chez nous que de romantique et de classique ; Mme Dupuis seule n'a rien voulu entendre : elle dit que c'est jus vert, ou vert jus. Nous lûmes tout ce qui paraissait, et nous reçûmes *la Muse* au cercle. Quelques-uns de nous (je fus du nombre) vinrent à Paris et virent *les Vêpres* ; le sous-préfet acheta la pièce, et, à une quête pour les Grecs, mon fils récita *Parthénope et l'Étrangère*, septième messénienne. D'une autre part, M. Ducoudray, magistrat distingué, au retour des vacances, rapporta les *Méditations* parfaitement reliées, qu'il donna à sa femme. Mme Javart en fut choquée ; elle déteste les novateurs ; ma nièce y allait, nous cessâmes de nous voir. Le receveur fut de notre bord ; c'était un esprit caustique et mordant, il travaillait sous main *à la Pandore* ; quatre ans après, il fut destitué, leva le masque, et fit un pamphlet qu'imprima le fameux Firmin Didot. M. Ducoudray nous donna, vers la mi-septembre, un dîner qui fut des plus orageux ; ce fut là qu'éclata la guerre ; voici comment l'affaire arriva. Mme Javart, qui porte perruque et qui s'imaginait qu'on n'en savait rien, ayant fait ce jour-là de grands frais de toilette, avait fiché dans sa coiffure une petite poignée de marabouts ; elle était à la droite du receveur, et ils causaient de littérature ; peu à peu la discussion s'échauffa ; Mme Javart, classique entêtée, se prononça pour l'abbé Delille ; le receveur l'appela *perruque*, et, par une fatalité déplorable, au moment où il prononçait ce mot, d'un ton de voix passablement violent, les marabouts de Mme Javart prirent feu à une bougie placée près d'elle : elle n'en sentait rien et continuait de s'agiter, quand le receveur, la voyant tout en flammes, saisit les marabouts et les arracha ; malheureusement le toupet tout entier quitta la tête de la pauvre femme, qui se trouva tout à coup exposée aux regards, le chef complètement dégarni. Mme Javart, ignorant le danger qu'elle avait couru, crut que le receveur la décoiffait pour ajouter le geste à la parole, et comme elle était en train de manger un œuf à la coque, elle le lui lança au visage ; le receveur en fut aveuglé ; le jaune couvrait sa chemise et son gilet, et n'ayant voulu que rendre un service, il fut impossible de l'apaiser, quelque effort qu'on fît pour cela. Mme Javart, de son côté, se leva et sortit en fureur ; elle traversa toute la ville sa perruque à la main, malgré les prières de sa servante, et perdit connaissance en rentrant chez elle. Jamais elle n'a voulu croire que le feu eût pris à ses marabouts ; elle soutient encore qu'on l'a outragée de la manière la plus inconvenante, et vous pensez le bruit qu'elle en a fait. Voilà, monsieur, comment nous devînmes romantiques à la Ferté-sous-Jouarre.

Cependant Cotonet et moi, nous résolûmes d'approfondir la question, et de nous rendre compte des querelles qui divisaient tant d'esprits habiles. Nous avons fait de bonnes études. Cotonet surtout, qui est notaire, et qui s'occupe d'ornithologie. Nous crûmes d'abord, pendant deux ans, que le *romantisme* en matière d'écriture, ne s'appliquait qu'au théâtre, et qu'il se distinguait du classique parce qu'il se passait des unités, c'est clair; Shakspeare, par exemple, fait voyager les gens de Rome à Londres, et d'Athènes à Alexandrie, en un quart d'heure; ses héros vivent dix ou vingt ans dans un entr'acte; ses héroïnes, anges de vertu pendant toute une scène, n'ont qu'à passer dans la coulisse pour reparaître mariées, adultères, veuves et grand'mères. Voilà, disions-nous, le romantique. Sophocle, au contraire, fait asseoir Œdipe, encore est-ce à grand'peine, sur un rocher, dès le commencement de sa tragédie : tous les personnages viennent le trouver là, l'un après l'autre; peut-être se lève-t-il, mais j'en doute, à moins que ce ne soit par respect pour Thésée, qui, durant toute la pièce, court sur le grand chemin pour l'obliger, rentrant en scène, et sortant sans cesse. Le chœur est là, et si quelque chose cloche, s'il y a un geste obscur, il l'explique; ce qui s'est passé, il le raconte; ce qui se passe, il le commente; ce qui va se passer, il le prédit; bref, il est dans la tragédie grecque comme une note de M. Aimé Martin au bas d'une page de Molière. Voilà, disions-nous, le classique; il n'y avait point de quoi disputer, et les choses allaient sans dire. Mais on nous apprend tout à coup (c'était, je crois, en 1828) qu'il y avait poésie romantique et poésie classique, roman romantique et roman classique, ode romantique et ode classique; que dis-je? un seul vers, mon cher monsieur, un seul et unique vers pouvait être romantique ou classique, selon que l'envie lui en prenait.

Quand nous reçûmes cette nouvelle, nous ne pûmes fermer l'œil de la nuit. Deux ans de paisible conviction venaient de s'évanouir comme un songe. Toutes nos idées étaient bouleversées; car, si les règles d'Aristote n'étaient plus la ligne de démarcation qui séparait les camps littéraires, où se retrouver et sur quoi s'appuyer? Par quel moyen, en lisant un ouvrage, savoir à quelle école il appartenait? Nous pensions bien que les initiés de Paris devaient avoir une espèce de mot d'ordre qui les tirait d'abord d'embarras; mais, en province, comment faire? Et il faut vous dire monsieur, qu'en province, le mot *romantique* a, en général, une signification facile à retenir, il est synonyme d'absurde, et on ne s'en inquiète pas autrement. Heureusement, dans la même année, parut une illustre préface que nous dévorâmes aussitôt, et qui faillit nous convaincre à

LETTRES DE DUPUIS ET COTONET. Page 381.

jamais. Il y respirait un air d'assurance qui était fait pour tranquilliser, et les principes de la nouvelle école s'y trouvaient détaillés au long. On y disait très nettement que le romantisme n'était autre chose que l'alliance du fou et du sérieux, du grotesque et du terrible, du bouffon et de l'horrible, autrement dit, si vous l'aimez mieux, de la comédie et de la tragédie. Nous le crûmes, Cotonet et moi, pendant l'espace d'une année entière. Le drame fut notre passion, car on avait baptisé de ce nom de *drame*, non seulement les ouvrages dialogués, mais toutes les inventions modernes de l'imagination, sous le prétexte qu'elles étaient dramatiques. Il y avait bien là quelque galimatias, mais enfin c'était quelque chose. Le drame nous apparaissait comme un prêtre respectable qui avait marié, après tant de siècles, le comique avec le tragique; nous le voyions vêtu de blanc et de noir, riant d'un œil et pleurant de l'autre, agiter d'une main un poignard, et de l'autre une marotte; à la rigueur cela se comprenait, les poètes du jour proclamaient ce genre une découverte toute moderne : « La mélancolie, disaient-ils, était inconnue aux anciens; c'est elle qui, jointe à l'esprit d'analyse et de controverse, a créé la religion nouvelle, la société nouvelle et introduit dans l'art un type nouveau. A parler franc, nous croyions tout cela un peu sur parole, et cette mélancolie inconnue aux anciens ne nous fut pas une digestion facile. Quoi! disions-nous, Sapho expirante, Platon regardant le ciel n'ont pas ressenti quelque tristesse? Le vieux Priam redemandant son fils mort à genoux devant le meurtrier, et s'écriant : « Souviens-toi de ton père, ô Achille! n'éprouvait point quelque mélancolie? » Le beau Narcisse, couché dans les roseaux, n'était point malade de quelque dégoût des choses de la terre? Et la jeune nymphe qui l'aimait, cette pauvre Écho si malheureuse, n'était-elle donc pas le parfait symbole de la mélancolie solitaire, lorsque, épuisée par sa douleur, il ne lui restait que les os et la voix? D'autre part, dans la susdite préface, écrite d'ailleurs avec un grand talent, l'antiquité nous semblait comprise d'une assez étrange façon. On y comparait, entre autres choses, les Furies avec les sorcières, et on disait que les Furies s'appelaient Euménides, c'est-à-dire *douces et bienfaisantes*, ce qui prouvait, ajoutait-on, qu'elles n'étaient que médiocrement difformes, par conséquent à peine grotesques. Il nous étonnait que l'auteur pût ignorer que l'antiphrase est au nombre des tropes, bien que Sanctius ne veuille pas l'admettre. Mais passons; l'important pour nous était de répondre aux questionneurs : « Le romantisme est l'alliance de la comédie et de la tragédie, ou, de quelque genre d'ouvrage qu'il s'agisse, le mélange du bouffon et du sérieux. » Voilà qui allait encore à merveille, et nous dormions tranquilles là-dessus. Mais que pensai-je, monsieur, lorsqu'un matin je vis Cotonet entrer dans ma chambre avec six petits volumes sous le bras! Aristophane, vous le savez, est, de tous les génies de la Grèce antique, le plus noble à la fois et le plus grotesque, le plus sérieux et le plus bouffon, le plus lyrique et le plus satirique. Que répondre lorsque Cotonet, avec sa belle basse-taille commença à déclamer pompeusement l'admirable dispute du juste et de l'injuste [1], la plus grave et la plus noble scène que jamais théâtre ait entendue? Comment, en écoutant ce style énergique, ces pensées sublimes, cette simple éloquence, en assistant à ce combat divin entre les deux puissances qui gouvernent le monde, comment ne pas s'écrier avec le chœur : « O toi qui habites le temple élevé de la sagesse, le parfum de la vertu émane de tes discours! » Puis tout à coup, à quelques pages de là, le poète qui nous fait assister au spectacle d'un homme qui se relève la nuit pour soulager son ventre [2]. Quel écrivain s'est jamais élevé plus haut qu'Aristophane dans ce terrible drame des *Chevaliers*, où paraît le peuple athénien lui-même personnifié dans un vieillard? Quoi de plus sérieux, quoi de plus imposant que les anapestes où le poète gourmande le public, et que ce chœur qui commence ainsi : « Maintenant, Athéniens, prêtez-nous votre attention, si vous aimez un langage sincère [3] ? » Quoi de plus grotesque en même temps, quoi de plus bouffon que Bacchus et Xanthias [4]? quoi de plus comique et de plus plaisant que cette Myrrhine, se déchaussant à demi nue, sur le lit où son pauvre époux meurt d'abstinence et de désirs [5]? A voir cette rusée commère, plus rouée que la rouée Merteuil, les spectateurs eux-mêmes devaient partager le tourment de Cinésias, pour peu que la scène fût bien rendue. Dans quelle classification pourra-t-on jamais faire entrer les ouvrages d'Aristophane? quelles lignes, quels cercles placera-t-on jamais autour de la pensée humaine, que ce génie audacieux ne dépassera pas? Il n'est pas seulement tragique et comique, il est tendre et terrible, pur et obscène, honnête et corrompu, noble et trivial, et au fond de tout cela, pour qui sait comprendre, assurément il est mélancolique. Hélas! monsieur, si on le lisait davantage, on se dispenserait de beaucoup parler, et on pourrait savoir au juste d'où viennent bien des inventions nouvelles qui se font donner des brevets. Il n'est pas jusqu'aux saint-simoniens qui ne se trouvent dans Aristophane; que lui avaient fait ces pauvres gens? La comédie des *Harangueuses*

1. Dans *les Nuées*.
2. Dans *les Harangueuses*.
3. Dans *les Guêpes*.
4. Dans *les Grenouilles*. (*Note de l'auteur.*)
5. Dans *Lysistrate*. (*Note de l'auteur.*)

est pourtant leur complète satire, comme les *Chevaliers*, à plus d'un égard, pourraient passer pour celle du gouvernement représentatif.

Nous voilà donc, Cotonet et moi, retombés dans l'incertitude. Le romantisme devait, avant tout, être une découverte, sinon récente, du moins moderne. Ce n'était donc pas plus l'alliance du comique et du tragique que l'infraction permise aux règles d'Aristote (j'ai oublié de vous dire qu'Aristophane ne tient lui-même aucun compte des unités). Nous fîmes donc ce raisonnement très simple : « Puisqu'on se bat à Paris dans les théâtres, dans les préfaces et dans les journaux, il faut que ce soit pour quelque chose; puisque les auteurs proclament une trouvaille, un art nouveau et une foi nouvelle, il faut que ce quelque chose soit autre chose qu'une chose renouvelée des Grecs; puisque nous n'avons rien de mieux à faire, nous allons chercher ce que c'est. »

« Mais, me direz-vous, mon cher monsieur, Aristophane est romantique; voilà tout ce que prouvent vos discours; la différence des genres n'en subsiste pas moins, et l'art moderne, l'art humanitaire, l'art social, l'art pur, l'art moyen âge... »

Patience, monsieur; que Dieu vous garde d'être si vif! Je ne discute pas, je vous raconte un événement qui m'est arrivé. D'abord, pour ce qui est du mot *humanitaire*, je le révère, et quand je l'entends, je ne manque jamais de tirer mon chapeau; puissent les dieux me le faire comprendre! mais je me résigne et j'attends. Je ne cherche pas, remarquez bien, à savoir si le romantisme existe ou non; je suis Français, et je me rends compte de ce qu'on appelle le romantisme en France.

Et, à propos de mots nouveaux, je vous dirai que, durant une autre année, nous tombâmes dans une triste erreur. Las d'examiner et de peser, trouvant toujours des phrases vides et des professions de foi incompréhensibles, nous en vînmes à croire que ce mot de *romantisme* n'était qu'un mot; nous le trouvions beau, et il nous semblait que c'était dommage qu'il ne voulût rien dire. Il ressemble à *Rome* et à *Romain*, à *roman* et à *romanesque*; peut-être est-ce la même chose que *romanesque*; nous fûmes du moins tentés de le croire par comparaison, car il est arrivé depuis peu, comme vous savez, que certains mots, d'ailleurs convenables, ont éprouvé de petites variations qui ne font de tort à personne. Autrefois, par exemple, on disait tout bêtement : « Voilà une idée raisonnable; » maintenant on dit plus dignement : « Voilà une déduction *rationnelle*. » C'est comme la *patrie*, vieux mot assez usé; on dit le *pays*; voyez nos orateurs, ils n'y manqueraient pas pour dix écus. Quand deux gouvernements, la Suisse et la France, je suppose, convenaient ensemble de faire payer dix ou douze sous un port de lettre, on disait jadis trivialement : « C'est une convention de poste » ; maintenant on dit : « Convention *postale* ». Quelle différence et quelle magnificence ! Au lieu de *surpris* ou d'*étonné*, on dit *stupéfié*. Sentez-vous la nuance ? Stupéfié ! non pas stupéfait, prenez-y garde ; *stupéfait* est pauvre, rebattu ; fi ! ne m'en parlez pas, c'est un drôle capable de se laisser trouver dans un dictionnaire. Qui est-ce qui voudrait de cela ? Mais Cotonet, par-dessus tout, préfère trois mots dans la langue moderne ; l'auteur qui, dans une seule phrase, les réunirait par hasard, serait, à son gré, le premier des hommes. Le premier de ces mots est *morganatique* ; le second, *blandices*, et le troisième... le troisième est un mot allemand.

Je retourne à mon dire. Nous ne pûmes longtemps demeurer dans l'indifférence. Notre sous-préfet venait d'être changé ; le nouveau venu avait une nièce, jolie brune, pâle, quoique un peu maigre, qui s'était éprise des manières anglaises, et qui portait un voile vert, des gants orange, et des lunettes d'argent. Un soir qu'elle passait près de nous (Cotonet et moi, à notre habitude, nous nous promenions sur le jeu de boules), elle se retourna du côté du moulin à eau qui est près du gué, où il y avait des sacs de farine, des oies et un bœuf attaché : « Voilà un site romantique, » dit-elle à sa gouvernante. A ce mot nous nous sentîmes saisis de notre curiosité première. « Eh ! ventrebleu ! dis-je, que veut-elle dire ? ne saurons-nous pas à quoi nous en tenir ? » Il nous arriva sur ces entrefaites un journal qui contenait ces mots : « André Chénier et Mme de Staël sont les deux sources du fleuve immense qui nous entraîne vers l'avenir. C'est par eux que la rénovation poétique, déjà triomphante et presque accomplie, se divisera en deux branches fleuries sur le tronc flétri du passé. La poésie romantique, fille de l'Allemagne, attachera ainsi à son front une palme verte, sœur des myrtes d'Athènes. Ossian et Homère se donnent la main. » — « Mon ami, dis-je à Cotonet, je crois que voilà notre affaire ; le romantisme, c'est la poésie allemande ; Mme de Staël est la première qui nous ait fait connaître cette littérature ; et de l'apparition de son livre date la rage qui nous a pris. Achetons Gœthe, Schiller et Wieland ; nous sommes sauvés, tout est venu de là. »

Nous crûmes, jusqu'en 1830, que le romantisme était l'imitation des Allemands, et nous y ajoutâmes les Anglais, sur le conseil qu'on nous en donna. Il est incontestable, en effet, que ces deux peuples ont dans leur poésie un caractère particulier, et qu'ils ne ressemblent ni aux Grecs ni aux Romains ni aux Français. Les Espagnols nous embarrassèrent, car ils ont aussi leur cachet, et il était clair que l'école moderne se ressentait d'eux terriblement. Les romantiques, par exemple, ont constamment prôné le *Cid* de Corneille, qui est une traduction presque littérale d'une fort belle pièce espagnole. A ce propos, nous ne savions pas pourquoi ils n'en prônaient pas aussi bien quelque autre, malgré la beauté de celle-là; mais, à tout prix, c'était une issue qui nous tirait du labyrinthe. « Mais, disait encore Cotonet, quelle invention peut-il y avoir à naturaliser une imitation? Les Allemands ont fait des ballades; nous en faisons, c'est à merveille; ils aiment les spectres, les gnomes, les goules, les psylles, les vampires, les squelettes, les ogres, les cauchemars, les rats, les aspioles, les vipères, les sorcières, le sabbat, Satan, Puck, les mandragores; enfin cela leur fait plaisir; nous les imitons et en disons autant, quoique cela nous régale médiocrement; mais je l'accorde. D'autre part, dans leurs romans, on se tue, on pleure, on revient, on fait des phrases longues d'une aune, on sort à tout bout de champ du bon sens et de la nature; nousles copions, il n'y a rien de mieux. Viennent les Anglais par là-dessus qui passent le temps et usent leur cervelle à broyer du noir dans un pot; toutes leurs poésies, présentes et futures, ont été résumées par Gœthe dans cette simple et aimable phrase : « L'expérience et la douleur s'unissent pour guider l'homme à travers cette vie et le conduire à la mort. » Cela est faux, et même assez sot, mais je veux bien encore qu'on s'y plaise. Buvons gaiement, avec l'aide de Dieu et de notre bon tempérament français, du sang de pendu dans la chaudière anglaise. Survient l'Espagne, avec ses Castillans, qui se coupent la gorge comme on boit un verre d'eau, ses Andalouses qui font plus vite encore un petit métier moins dépeuplant, ses taureaux, ses toréadors, matadors, etc... j'y souscris. Quoi enfin? Quand nous aurons tout imité, copié, plagié, traduit et compilé, qu'y a-t-il de romantique? Il n'y a rien de moins nouveau sous le ciel que de compiler et de plagier. »

Ainsi raisonnait Cotonet, et nous tombions de mal en pis; car examinée sous ce point de vue, la question se rétrécissait singulièrement. Le classique ne serait-il donc que l'imitation de la poésie grecque et le romantique que l'imitation des poésies allemande, anglaise et espagnole? Diable! que deviendraient alors tant de beaux discours sur Boileau et sur Aristote, sur l'antiquité et le christianisme, sur le génie et la liberté, sur le passé et sur l'avenir, etc...? C'est impossible; quelque chose nous criait que ce ne pouvait être là le résultat de recherches si curieuses et si empressées. Ne serait-ce pas, pensâmes-nous, seulement affaire de forme? Ce romantisme indéchiffrable ne consisterait-il pas dans ce vers brisé dont on fait assez de bruit dans le monde? Mais non; car, dans leurs plaidoyers, nous voyons les auteurs nouveaux citer Molière et quelques autres comme ayant donné l'exemple de cette méthode; le vers brisé, d'ailleurs, est horrible; il faut dire plus, il est impie; c'est un sacrilège envers les dieux, une offense à la muse.

Je vous expose naïvement, monsieur, toute la suite de nos tribulations, et si vous trouvez mon récit un peu long, il faut songer à douze ans de souffrances; nous avançons, ne vous inquiétez pas. De 1830 à 1831, nous crûmes que le romantisme était le genre historique, ou, si vous voulez, cette manie qui, depuis peu, a pris nos auteurs d'appeler des personnages de romans et de mélodrames Charlemagne, François Ier ou Henri IV, au lieu d'Amadis, d'Oronte ou de Saint-Albin. Mlle de Scudéry est, je crois, la première qui ait donné en France l'exemple de cette mode, et beaucoup de gens disent du mal des ouvrages de cette demoiselle, qui ne les ont certainement pas lus. Nous ne prétendons pas les juger ici; ils ont fait les délices du siècle le plus poli, le plus classique et le plus galant du monde; mais ils nous ont semblé aussi vraisemblables, mieux écrits, et guère plus ridicules que certains romans de nos jours dont on ne parlera pas si longtemps.

De 1831 à l'année suivante, voyant le genre historique discrédité, et le romantisme toujours en vie, nous pensâmes que c'était le genre *intime*, dont on parlait fort. Mais, quelque peine que nous ayons prise, nous n'avons jamais pu découvrir ce que c'était que le genre intime. Les romans intimes sont tout comme les autres; ils ont deux volumes in-octavo, beaucoup de blanc; il y est question d'adultères, de marasme, de suicides, avec force archaïsmes et néologismes : ils ont une couverture jaune et ils coûtent quinze francs; nous n'y avons trouvé aucun autre signe particulier qui les distinguât.

De 1832 à 1833, il nous vint à l'esprit que le romantisme pouvait être un système de philosophie et d'économie politique. En effet, les écrivains affectaient alors dans leurs préfaces (que nous n'avons jamais cessé de lire avant tout, comme le plus important) de parler de l'avenir, du progrès social, de l'humanité et de la civilisation; mais nous avons pensé que c'était la révolution de Juillet qui était cause de cette mode, et d'ailleurs il n'est pas possible de croire qu'il soit nouveau d'être républicain. On a dit que Jésus-Christ l'était; j'en doute, car il voulait se faire roi de Jérusalem; mais, depuis que le monde existe, il est certain que quiconque n'a que deux sous et en voit quatre à son voisin, ou une jolie femme, désire les lui prendre, et doit conséquemment dans ce but parler d'égalité, de liberté, des droits de l'homme, etc., etc.

De 1833 à 1834, nous crûmes que le romantisme consistait à ne pas se raser, et à porter des gilets à larges revers, très empesés. L'année suivante, nous crûmes que c'était de refuser de monter la garde. L'année d'après, nous ne crûmes rien, Cotonet ayant fait un petit voyage pour une succession dans le Midi, et me trouvant moi-même très occupé à faire réparer une grange que les grandes pluies m'avaient endommagée.

Maintenant, monsieur, j'arrive au résultat définitif de ces trop longues incertitudes. Un jour que nous nous promenions (c'était toujours sur le jeu de boules), nous nous souvînmes de ce Flandrin qui, le premier, en 1824, avait porté le trouble dans notre esprit, et par suite dans toute la ville. Nous fûmes le voir, décidés cette fois à l'interroger lui-même, et à trancher le nœud gordien. Nous le trouvâmes en bonnet de nuit, fort triste, et mangeant une omelette. Il se disait dégoûté de la vie et blasé sur l'amour ; comme nous étions au mois de janvier, nous pensâmes que c'était qu'il n'avait pas eu de gratification cette année, et ne lui en sûmes pas mauvais gré. Après les premières civilités, le dialogue suivant eut lieu entre nous ; permettez-moi de vous le transcrire le plus brièvement possible :

MOI.

Monsieur, je vous prie de m'expliquer ce que c'est que le romantisme. Est-ce le mépris des unités établies par Aristote et respectées par les auteurs français ?

LE CLERC.

Assurément. Nous nous soucions bien d'Aristote ! faut-il qu'un pédant de collège, mort il y a deux ou trois mille ans...

COTONET.

Comment le romantisme serait-il le mépris des unités, puisque le romantisme s'applique à mille autres choses qu'aux pièces de théâtre ?

LE CLERC.

C'est vrai ; le mépris des unités n'est rien ; pure bagatelle ; ne nous y arrêtons pas.

MOI.

En ce cas, serait-ce l'alliance du comique et du tragique ?

LE CLERC.

Vous l'avez dit ; c'est cela même ; vous l'avez nommé par son nom.

LETTRES DE DUPUIS ET COTONET.

Page 386.

COTONET.

Monsieur, il y a longtemps qu'Aristote est mort, mais il y a tout aussi longtemps qu'il existe des ouvrages où le comique est allié au tragique. D'ailleurs Ossian, votre Homère nouveau, est sérieux d'un bout à l'autre ; il n'y a, ma foi, pas de quoi rire. Pourquoi l'appelez-vous donc romantique ? Homère est beaucoup plus romantique que lui.

LE CLERC.

C'est juste ; je vous prie de m'excuser ; le romantisme est bien autre chose.

MOI.

Serait-ce l'imitation ou l'inspiration de certaines littératures étrangères, ou, pour m'expliquer en un seul mot, serait-ce tout, hors les Grecs et les Romains ?

LE CLERC.

N'en doutez pas. Les Grecs et les Romains sont à jamais bannis de France ; un vers spirituel et mordant...

COTONET.

Alors le romantisme n'est qu'un plagiat, un simulacre, une copie ; c'est honteux, monsieur, c'est avilissant. La France n'est ni anglaise ni allemande, pas plus qu'elle n'est ni grecque ni romaine, et plagiat pour plagiat, j'aime mieux un beau plâtre pris sur la Diane chasseresse qu'un monstre de bois vermoulu décroché d'un grenier gothique.

LE CLERC.

Le romantisme n'est pas un plagiat, et nous ne voulons imiter personne ; non, l'Angleterre ni l'Allemagne n'ont rien à faire dans notre pays.

COTONET, vivement.

Qu'est-ce donc alors que le romantisme ? Est-ce l'emploi des mots crus ? Est-ce la haine des périphrases ? Est-ce l'usage de la musique au théâtre à l'entrée d'un personnage principal ? Mais on en a toujours agi ainsi dans les mélodrames, et nos pièces nouvelles ne sont pas autre chose. Pourquoi changer les termes ? *Mélos*, musique, et *drama*, drame. *Colas* et le *Joueur* sont deux modèles en ce genre. Est-ce l'abus des noms historiques ? Est-ce la forme des costumes ? Est-ce le choix de certaines époques à la mode, comme la Fronde où le règne de Charles IX ? Est-ce la manie du suicide et l'héroïsme à la Byron ? Sont-ce les néologismes, le néochristianisme, et, pour appeler d'un nom nouveau une peste nouvelle, tous les *néosophismes* de la terre ? Est-ce de jurer par écrit ? Est-ce de choquer le bon sens et la grammaire? Est-ce quelque chose enfin, ou n'est-ce rien qu'un mot sonore et l'orgueil à vide qui se bat les flancs!

LE CLERC, avec exaltation.

Non! ce n'est rien de tout cela; non! vous ne comprenez pas la chose. Que vous êtes grossier, monsieur! quelle épaisseur dans vos paroles! Allez, les sylphes ne vous hantent point; vous êtes poncif, vous êtes trumeau, vous êtes volute, vous n'avez rien d'ogive; ce que vous dites est sans galbe; vous ne vous doutez pas de l'instinct sociétaire; vous avez marché sur Campistron.

COTONET.

Vertu de ma vie! qu'est-ce que c'est que cela?

LE CLERC.

Le romantisme, mon cher monsieur! Non, à coup sûr, ce n'est ni le mépris des unités, ni l'alliance du comique et du tragique, ni rien au monde que vous puissiez dire : vous saisiriez vainement l'aile du papillon, la poussière qui le colore vous resterait dans les doigts. Le romantisme, c'est l'étoile qui pleure, c'est le vent qui vagit, c'est la nuit qui frissonne, l'oiseau qui vole et la fleur qui embaume; c'est le jet inespéré, l'extase allanguie, la citerne sous les palmiers, et l'espoir vermeil et ses mille amours, l'ange et la perle, la robe blanche des saules; ô la belle chose, monsieur! C'est l'infini et l'étoilé, le chaud, le rompu, le désenivré, et pourtant en même temps le plein et le rond, le diamétral, le pyramidal, l'oriental, le nu à vif, l'étreint, l'embrassé, le tourbillonnant; quelle science nouvelle! C'est la philosophie providentielle géométrisant les faits accomplis, puis s'élançant dans le vague des expériences pour y ciseler les fibres secrètes...

COTONET.

Monsieur, ceci est une faribole. Je sue à grosses gouttes pour vous écouter.

LE CLERC.

J'en suis fâché; j'ai dit mon opinion, et rien au monde ne m'en fera changer.

Nous fûmes chez M. Ducoudray après cette scène, que je vous abrège, vu qu'elle dura trois heures et que la tête tourne en y pensant. M. Ducoudray est un magistrat, comme j'ai eu l'honneur de vous le dire. Il porte habit marron et culotte de soie, le tout bien brossé, et il nous offrit une prise de tabac sec dans sa tabatière de corne, propre et luisante comme un écu neuf.

Nous lui contâmes, comme vous pensez, la visite que nous venions de faire, et reprenant le même sujet, voici quelle fut son opinion :

« Sous la Restauration, nous dit-il, le gouvernement faisait tous ses efforts pour ramener le passé. Les premières places aux Tuileries étaient remplies, vous le savez, par les mêmes noms que sous Louis XIV. Les prêtres, ressaisissant le pouvoir, organisaient de tous côtés une sorte d'inquisition occulte, comme aujourd'hui les associations républicaines. D'autre part, une censure sévère interdisait aux écrivains la peinture libre des choses présentes ; quels portraits de mœurs ou quelles satires, même les plus douces, auraient été tolérés sur un théâtre où *Germanicus* était défendu ? En troisième lieu, la cassette royale, ouverte à quelques gens de lettres, avait justement récompensé en eux des talents remarquables, mais en même temps des opinions religieuses et monarchiques. Ces deux grands mots, la religion et la monarchie, étaient alors dans leur toute-puissance ; avec eux seuls il pouvait y avoir succès, fortune et gloire ; sans eux, rien au monde, sinon l'oubli ou la persécution. Cependant la France ne manquait pas de jeunes têtes qui avaient grand besoin de se produire et la meilleure envie de parler. Plus de guerre, partant beaucoup d'oisiveté ; une éducation très contraire au corps, mais très favorable à l'esprit, l'ennui de la paix, les carrières obstruées, tout portait la jeunesse à écrire ; aussi n'y eut-il à aucune époque le quart autant d'écrivains que dans celle-ci. Mais de quoi parler ? Que pouvait-on écrire ? Comme le gouvernement, comme les mœurs, comme la cour et la ville, la littérature chercha à revenir au passé. Le trône et l'autel défrayèrent tout ; en même temps, cela va sans dire, il y eut une littérature d'opposition. Celle-ci, forte de sa pensée, ou de l'intérêt qui s'attachait à elle, prit la route convenue, et resta classique ; les poètes qui chantaient l'Empire, la gloire de la France ou la liberté, sûrs de plaire par le fond, ne s'embarrassèrent point de la forme. Mais il n'en fut pas de même de ceux qui chantaient le trône et l'autel ; ayant affaire à des idées rebattues et à des sentiments antipathiques à la nation, ils cherchèrent à rajeunir, par des moyens nouveaux, la vieillesse de leur pensée ; ils hasardèrent d'abord quelques contorsions poétiques, pour appeler la curiosité ; elle ne vint pas, ils redoublèrent. D'étranges qu'ils voulaient être, ils devinrent bizarres, de bizarres baroques, ou peu s'en fallait. Mme de Staël, ce Blücher littéraire, venait d'achever son invasion, et de même que le passage des Cosaques en France avait introduit dans les familles quelques types de physionomie expressive, la littérature portait dans son sein une bâtardise encore sommeillante. Elle parut bientôt au grand jour ; les libraires étonnés accouchaient de certains enfants qui avaient le nez allemand et l'oreille anglaise. La superstition et ses légendes, mortes et enterrées depuis longtemps, profitèrent du moment pour se glisser par la seule porte qui pût leur être ouverte, et vivre encore un jour avant de mourir à jamais. La manie des ballades, arrivant d'Allemagne, rencontra un beau jour la poésie monarchique chez le libraire Ladvocat, et toutes deux, la pioche en main, s'en allèrent, à la nuit tombée, déterrer dans une église le moyen âge, qui ne s'y attendait pas. Comme pour aller à Notre-Dame on passe devant la Morgue, ils y entrèrent de compagnie ; ce fut là que, sur le cadavre d'un monomane, ils se jurèrent foi et amitié. Le roi Louis XVIII, qui avait pour lecteur un homme d'esprit, et qui ne manquait pas d'esprit lui-même, ne lut rien et trouva tout au mieux. Malheureusement il vint à mourir, et Charles X abolit la censure. Le moyen âge était alors très bien portant et à peu près remis de la peur qu'il avait eue de se croire mort pendant trois siècles. Il nourrissait et élevait une quantité de petites chauves-souris, de petits lézards et de jeunes grenouilles, à qui il apprenait le catéchisme, la haine de Boileau et la crainte du roi. Il fut effrayé d'y voir clair, quand on lui ôta l'éteignoir dont il avait fait son bonnet. Ébloui par les premières clartés du jour, il se mit à courir par les rues, et comme le soleil l'aveuglait, il prit la Porte-Saint-Martin pour une cathédrale et y entra avec ses poussins. Ce fut la mode de l'y aller voir ; bientôt ce fut une rage, et, consolé de sa méprise, il commença à régner ostensiblement. Toute la journée, on lui taillait des pourpoints, des manches longues, des pièces de velours, des drames et des culottes. Enfin, un matin, on le planta là, le gouvernement lui-même passait de mode, et la révolution changea tout. Qu'arriva-t-il ? Roi dépossédé, il fit comme Denys, il ouvrit une école. Il était en France en bateleur, comme le bouffon de la Restauration ; il ne lui plut point d'aller à Saint-Denis, et, au moment où on le croyait tué, il monta en chaire, chaussa ses lunettes, et fit un sermon sur la liberté. Les bonnes gens qui l'écoutent maintenant ont peut-être sous les yeux le plus singulier spectacle qui puisse se rencontrer dans l'histoire d'une littérature ; c'est un revenant, ou plutôt un mort, qui, affublé d'oripeaux d'un autre siècle, prêche et déclame sur celui-ci ; car, en changeant de texte, il n'a pu quitter son vieux masque, et garde encore ses manières d'emprunt ; il se sert du style de Ronsard pour célébrer les chemins de fer ; en chantant Washington ou Lafayette, il imite Dante ; et pour parler de république, d'égalité, de la loi agraire et du divorce, il va chercher des mots et des phrases dans le glossaire de ces siècles ténébreux où tout était despotisme, honte, misère et superstition. Il s'adresse au peuple le plus libre, le plus brave, le plus gai et le plus sain de l'univers, et, au théâtre, devant ce peuple intelligent, qui a le cœur ouvert et les mains si promptes, il ne trouve rien de mieux que de faire faire des barbarismes à des fantômes inconnus; il se dit jeune, et parle à notre jeunesse comme on parlait sous un roi podagre qui tuait tout ce qui remuait; il appelle l'avenir à grands cris, et asperge de vieille eau bénite la statue de la Liberté; vive Dieu! qu'en penserait-elle, si elle n'était de marbre? Mais le public est de chair et d'os, et qu'en pense-t-il? De quoi se soucie-t-il? Que va-t-il voir et qu'est-ce qui l'attire à ces myriades de vaudevilles sans but, sans queue, sans tête, sans rime ni raison! Qu'est-ce que c'est que tant de marquis, de cardinaux, de pages, de rois, de reines, de ministres, de pantins, de criailleries et de balivernes? La Restauration, en partant, nous a légué ses friperies. Ah! Français, on se moquerait de vous, si vous ne vous en moquiez pas vous-mêmes. Le grand Gœthe n'en riait pas, lui, il y a quatre ou cinq ans, lorsqu'il maudissait notre littérature, qui désespérait sa vieillesse, car le digne homme s'en croyait la cause. Mais ce n'est qu'à nous qu'il faut nous en prendre, oui, à nous seuls, car il n'y a que nous sur la terre d'assez badauds pour nous laisser faire. Les autres nations civilisées n'auraient qu'une clef et qu'une pomme cuite pour les niaiseries que nous tolérons. Pourquoi Molière n'est-il plus au monde? Que l'homme eût pu être immortel, dont immortel est le génie! Quel misanthrope nous aurions! Ce ne serait plus l'homme aux rubans verts, et il ne s'agirait pas d'un sonnet. Quel siècle fut jamais plus favorable? Il n'y a qu'à oser, tout est prêt; les mœurs sont là, les choses et les hommes, et tout est nouveau; le théâtre est libre, quoi qu'on veuille dire là-dessus, ou, s'il ne l'est pas, Molière l'était-il? Faites le *Tartufe*, quitte à faire le dénoûment du *Tartufe*; mais que non pas! nous aimons bien mieux quelque autre chose, comme qui dirait Philippe le Long, ou Charles VI, qui n'était que fou et imbécile; voilà notre homme, et il nous démange de savoir de quelle couleur était sa barrette; que le costume soit juste surtout; sans quoi, c'est le tailleur qu'on siffle, et ne taille pas qui veut de ces habits-là. Malepeste! où en serions-nous si les tailleurs allaient se fâcher? car ces tailleurs ont la tête chaude. Que deviendraient nos après-dînées si on ne taillait plus? Comment digérer? Que dire de la reine Berthe ou de la reine Blanche, ou de Charles IX? Ah! le pauvre homme! si son pourpoint allait lui manquer! Qu'il ait son pourpoint, et qu'il soit de velours noir, et que les crevés y soient, et en satin, et les bottes, et la fraise, et la chaîne au cou, et l'épée du temps, et qu'il jure, et qu'on l'entende, ou rendez-moi l'argent! Je suis venu pour qu'on m'intéresse, et je n'entends pas qu'on me plaisante avec du velours de coton; mais quelle jouissance quand tout s'y trouve! Nous ayons bien affaire du style, ou des passions, ou des caractères! Affaire de bottes nous avons, affaire de fraises, et c'est le sublime. Nous ne manquons ni de vices ni de ridicules; il y aurait peut-être bien quelque petite bluette à arranger sur nos amis et nos voisins, quand ce ne serait que les députés, les filles entretenues et les journalistes; mais quoi! nous craignons le scandale, et si nous abordons le présent, ce n'est que pour traîner sur les planches Mme de la Valette et Chabert, dont l'une est devenue folle de vertu et d'héroïsme, et l'autre, grand Dieu! sa femme remariée lui a montré son propre extrait mortuaire. Il y aurait de quoi faire un couplet. Mais qu'est-ce auprès de Marguerite de Bourgogne? Voilà où l'on mène ses filles; quatre incestes et deux parricides, en costumes du temps, c'est de la haute littérature; Phèdre est une mijaurée de couvent; c'est Marguerite que demandent les collèges, le jour de la fête de leur proviseur; voilà ce qu'il nous faut, ou la Brinvilliers, ou Lucrèce Borgia, ou Alexandre VI lui-même : on pourrait le faire battre avec un bouc à défaut de gladiateur. Voilà le romantisme, mon voisin, et ce pourquoi ne se joue point le *Polyeucte* du bonhomme Corneille, qui, dit Tallemant, fit de bonnes comédies. »

Telle fut, à peu de chose près, l'opinion de M. Ducoudray ; je fus tenté d'être de son avis, mais Cotonet, qui a l'esprit doux, fut choqué de sa violence. D'ailleurs la conclusion ne satisfaisait pas; Cotonet recherchait l'effet, quelle que pût être la cause; il s'enferma durant quatre mois, et m'a fait part du fruit de ses veilles. Nous allons, monsieur, si vous permettez, vous le soumettre d'un commun accord. Nous avons pensé qu'une phrase ou deux, écrites dans un style ordinaire, pouvaient être prises pour le texte, ou, comme on dit au collège, pour la *matière* d'un morceau romantique, et nous croyons avoir trouvé ainsi la véritable et unique différence du romantique et du classique. Voici notre travail :

LETTRE D'UNE JEUNE FILLE ABANDONNÉE PAR SON AMANT

(Style romantique.)

« Considère, mon amour adoré, mon ange, mon bien, mon cœur, ma vie; toi que j'idolâtre de toutes les puissances de mon âme; toi, ma joie et mon désespoir; toi, mon rire et mes larmes; toi, ma vie et ma mort! — jusqu'à quel excès effroyable tu as outragé et méconnu les nobles sentiments dont ton cœur est plein, et oublié la sauvegarde de l'homme, la seule force de la faiblesse, la seule armure, la seule cuirasse, la seule visière baissée dans le combat de la vie, la seule aile d'ange qui palpite sur nous, la seule vertu qui marche sur les flots, comme le divin Rédempteur, la prévoyance, sœur de l'adversité!

« Tu as été trahi et tu as trahi ; tu as été trompé et tu as trompé, tu as reçu la blessure et tu l'as rendue ; tu as saigné et tu as frappé ; la verte espérance s'est enfuie loin de nous. Une passion si pleine de projets, si pleine de sève et de puissance, si pleine de crainte et de douces larmes, si riche, si belle, si jeune encore, et qui suffisait à toute une vie, à toute une vie d'angoisses et de délires, de joies et de terreurs et de suprême oubli ; — cette passion, consacrée par le bonheur, jurée devant Dieu comme un serment jaloux ; — cette passion qui nous a attachés l'un à l'autre comme une chaîne de fer à jamais fermée, comme le serpent unit sa proie au tronc flexible du bambou pliant ; — cette passion qui fut notre âme elle-même, le sang de nos veines et le battement de notre cœur ; — cette passion, tu l'as oubliée, anéantie, perdue à jamais ; ce qui fut ta joie et ton délice n'est plus pour toi qu'un mortel désespoir qu'on ne peut comparer qu'à l'absence qui le cause. — Quoi, cette absence !.... etc., etc. »

TEXTE VÉRITABLE DE LA LETTRE, LA PREMIÈRE DES LETTRES PORTUGAISES.
(Style ordinaire).

« Considère, mon amour, jusqu'à quel excès tu as manqué de prévoyance ! Ah ! malheureux, tu as été trahi, et tu m'as trahie par des espérances trompeuses. Une passion sur laquelle tu avais fait tant de projets de plaisirs ne te cause présentement qu'un mortel désespoir, qu'on ne peut comparer qu'à la cruauté de l'absence qui le cause. Quoi ! cette absence... etc. »

Vous voyez, monsieur, par ce faible essai, la nature de nos recherches. L'exemple suivant vous fera mieux sentir l'avantage de notre procédé, comme étant moins exagéré :

PORTRAITS DE DEUX ENFANTS.
(Style romantique.)

« Aucun souci précoce n'avait ridé leur front naïf, aucune intempérance n'avait corrompu leur jeune sang ; aucune passion malheureuse n'avait

LETTRES DE DUPUIS ET COTONET.

Page 393.

dépravé leur cœur enfantin, fraîche fleur à peine entr'ouverte ; l'amour candide, l'innocence aux yeux bleus, la suave piété, développaient chaque jour la beauté sereine de leur âme radieuse en grâces ineffables, dans leurs souples attitudes et leurs harmonieux mouvements. »

TEXTE

« Aucun souci n'avait ridé leur front, aucune intempérance n'avait corrompu leur sang, aucune passion malheureuse n'avait dépravé leur cœur ; l'amour, l'innocence, la piété, développaient chaque jour la beauté de leur âme en grâces ineffables, dans leurs traits, leurs attitudes et leurs mouvements. »

Ce second texte, monsieur, est tiré de *Paul et Virginie*. Vous savez que Quintilien compare une phrase trop chargée d'adjectifs à une armée où chaque soldat aurait derrière lui son valet de chambre. Nous voilà arrivés au sujet de cette lettre ; c'est que nous pensons qu'on met trop d'adjectifs dans ce moment-ci. Vous apprécierez, nous l'espérons, la réserve de cette dernière amplification ; il y a juste le nécessaire ; mais notre opinion concluante est que, si on rayait tous les adjectifs des livres qu'on fait aujourd'hui, il n'y aurait qu'un volume au lieu de deux, et donc il n'en coûterait que sept livres dix sous au lieu de quinze francs, ce qui mérite réflexion. Les auteurs vendraient mieux leurs ouvrages, selon toute apparence. Vous vous souvenez, monsieur, des *âcres* baisers de Julie, dans la *Nouvelle Héloïse* ; ils ont produit de l'effet dans leur temps ; mais il nous semble que que dans celui-ci ils n'en produiraient guère, car il faut une grande sobriété dans un ouvrage, pour qu'une épithète se remarque. Il n'y a guère de romans maintenant où l'on n'ait rencontré autant d'épithètes au bout de trois pages, et plus violentes, qu'il n'y en a dans tout Montesquieu. Pour en finir, nous croyons que le romantisme consiste à employer tous ces adjectifs, et non en autre chose. Sur quoi, nous vous saluons bien cordialement et signons ensemble.

DEUXIÈME LETTRE

La Ferté-sous-Jouarre, 25 novembre 1836.

Mon cher Monsieur,

Que les dieux immortels vous assistent, et vous préservent des romans nouveaux ! Nous vous écrivons derechef, mon ami Cotonet et moi, touchant une remarque qu'on nous a faite : c'est que, dans notre lettre de l'autre fois, nous vous disions que nous ne comprenions pas le sens du mot *humanitaire*, et qu'on nous l'a très bien expliqué.

Celui qui nous a démontré la chose est un muscadin de Paris. C'est un gaillard qui en dégoise ; il porte une barbe longue d'une aune, des pantalons collants, un habit à larges revers, et un bolivar sur la tête, si bien qu'on ne sait, quand on le regarde, si on voit Ponce-Pilate, ou un truand du moyen âge, ou un quaker, ou Robespierre ; mais cela ne lui messied pas. Il vient d'arriver par le coche, et vous ne sauriez croire l'effet qu'il produit ici : c'est une berlue à dormir debout ; on ne sait où l'on est quand il parle, ni ce qu'on entend, ni l'heure qu'il est ; c'est quelque chose comme un aérolithe ; il vous cause du ciel et de l'enfer, de l'avenir et de la Providence, ni plus ni moins que s'il était conseiller privé du Père éternel. Nous l'avons eu à dîner à la maison, et comme ces dames en raffolent, il a parlé considérablement ; mais ce qui nous a le plus frappés, c'est son adresse incomparable à avaler en même temps ; sa mâchoire est, Dieu me pardonne ! un chef-d'œuvre de mécanique ; il y en entre autant qu'il en sort (notez qu'il ne tousse ni n'éternue ; par ma foi, c'est un habile homme). Quand on lui fait une question, il n'a pas l'air de vous entendre, et, avant de vous avoir écouté, il vous a déjà répondu, et confondu, cela va sans dire. Demandez-lui ce qui se fera dans deux mille ans sur les confins de la Poméranie, il vous l'expose doux comme miel ; avez-vous besoin, au contraire, d'un renseignement sur le déluge ? Parlez de grâce, asseyez-vous ; il ne faut point vous gêner pour cela ; son calepin est plein de notes recueillies par Deucalion ; génie complet, comme vous voyez, nature éminemment besacière, sachant le passé comme l'avenir ; quant au présent, c'est de boire frais ; grand réformateur, artiste enthousiaste, républicain comme Saint-Just, dévot comme saint Ignace, ignorant du reste, mais point méchant, voilà le personnage. Mme Cotonet l'a tenu sur les fonts ; c'est son neveu à la mode de Bretagne. Bref, de tant de merveilles que nous avons ouïes (les oreilles m'en cornent encore et de longtemps m'en corneront), nous avons nonobstant retenu quelque chose, à notre grand honneur et profit. C'est une définition catégorique que nous gardons comme résultat ; nous la transcrivons, vierge et nette, telle que nous l'avons dûment enregistrée :

« *Humanitaire*, en style de préface, veut dire homme croyant à la perfectibilité du genre humain, et travaillant de son mieux, pour sa quote part, au perfectionnement dudit genre humain. » Amen.

Voilà, monsieur, si nous ne nous trompons, la traduction du mot mirifique; les dictionnaires n'en parlent point, il est vrai, pas même Boiste, qui fut un habile homme, indulgent au néologisme, et qui eût fait un parfait lexique, s'il n'avait oublié qu'un dictionnaire ne doit pas être une satire. Mais nos jeunes gens n'y regardent pas de si près; ils ont bien autre affaire en tête que le bonhomme Boiste et ses renvois; quand l'expression manque, ils la créent, c'est aux vilains de se gratter la tête. Qui ne connaît pas ces moments où la mémoire est de mauvaise humeur? Il y a de ces jours de pluie où l'on ne saurait nommer son chapeau; ce fut sans doute en telle occurrence qu'un étudiant affligé de marasme, rentrant chez lui avec un ami, voulut parler d'un philanthrope; c'est un vieux mot qui s'entendait : *philos*, ami, *anthrôpos*, homme. Mais que voulez-vous? le mot ne vint pas; *humanitaire* fut fabriqué : ainsi se fabriquent bien d'autres choses; ce n'est pas là de quoi s'étonner.

Il serait *pourtant temps*, comme dit la chanson, de savoir ce que parler veut dire. Un mot, si peu qu'il signifie, n'en a pas moins son quant-à-soi; c'est quelquefois même une pensée, non pas toujours, entendons-nous, nos écrivains se fâcheraient. Mais qui naît du hasard est enclin à faire fortune, et le susdit mot n'y a point failli. Le voilà imprimé tout d'abord, et les journaux s'en sont emparés. Or, ce de quoi les journaux s'emparent, c'est d'autre chose qu'il faut plaisanter. Ce ne sont pas là de ces petits jardins pour y aller jeter des pierres; les journaux sont d'honnêtes gens, et nous les prions, avant tout, de ne point se blesser en cette matière. Malepeste! nous les respectons comme dieux et demi-dieux, et sommes leurs très humbles serviteurs. Les journaux, monsieur, sont puissants, très formidables sont les journaux; nous en parcourons peu ou prou, mais les révérons tous sur parole. Il ne faut pas croire que nous ne sachions rien faire parce que nous sommes de notre pays. Nous savons lire, et honorer le mérite, et saluer les autorités. Les journaux sont les souverains dispensateurs de bien des choses, parmi lesquelles il y en a de bonnes, et le pire n'est pas pour eux. Qui n'aurait pas quarante sous par mois à donner aux cabinets littéraires ne connaîtrait pas les journaux; de tel oubli le ciel nous garde! Nous les donnons, monsieur, depuis vingt ans; aussi très bien connaissons-nous et vénérons-nous lesdits journaux; ils siègent en maîtres dans le forum, consuls, tribuns, sénateurs à la fois, lus de tous, hantés de plusieurs, nourris à souhait, compris de quelques-uns, mais toujours puissants, et toujours imprimés. Rien ne se débat qu'ils n'y soient et qu'ils n'y touchent, et c'est de main de maître; les libraires n'osent vendre ce qu'ils prônent, et, fût-ce à un drame nouveau, on ne saurait siffler s'ils ne bâillent. Voyez un peu quelle dictature! La *Cuisinière bourgeoise* les redoute elle-même; le *Rudiment* de Lhomond leur tire son bonnet, mais, il est vrai, par simple politesse, étant de l'Université. Y a-t-il procès quelque part? ils dénoncent, témoignent, plaident, répliquent, concluent, jugent, condamnent et vont dîner; c'est un emploi de haute justice. Sans eux George Sand serait notaire, et Rossini fût mort ignoré ; le libraire de Béranger l'allait tirer à sept exemplaires, n'eût été que par aventure un feuilleton l'encouragea; ce fut heureux, nous perdions notre Horace; mais quelles actions de grâces ne leur devons-nous pas? Aussi, monsieur, comme c'est notre devoir, nous commençons notre propos par leur faire la révérence, leur déclarant qu'en ce sujet nous ne les prenons aucunement à partie.

Mais, là-dessus, venons au fait. Brailler est bon, mais, selon ce qu'on braille; et voilà bien quelque cinq ans qu'il est cruellement question de ce grand verbe humanitaire. Nous l'avons saisi des plus tard, mais c'est le défaut de la province. Suffit enfin que nous croyons comprendre; nous demandons la permission de nous instruire quelque peu davantage. Vouloir se rendre compte des choses annonce peut-être un mauvais caractère, mais c'est notre marotte; du reste, nous n'avons qu'une simple question à faire, et rien autre, comme vous verrez. Or, à qui peut nuire une question?

D'après les renseignements qui nous sont parvenus, on distingue, au premier abord, des humanitaires de deux sortes. Les uns ont un système tout fait, complet, relié, coulé en bronze, comme qui dirait une utopie. Rien ne leur manque ni ne les gêne; leur monde est créé, dormons là-dessus; ils attendent qu'on reconnaisse qu'il n'y a qu'eux qui aient le sens commun. De ceux-là, monsieur, nous n'en parlerons pas. Ils ont fait preuve, dans leurs théories, de plus ou moins d'imagination, voire de science et grandes lumières; mais, depuis que la terre tourne, jamais utopie n'a servi de rien, ni fait aucun mal, que l'on sache, pas plus Thomas Morus que Platon. Owen et autres, que Dieu tienne en joie. D'ailleurs il est écrit quelque part : « Jamais n'attaquez, ne détruisez l'inoffensive utopie de personne. »

L'autre sorte d'humanitaires est celle dont nous deviserons. Ceux-ci n'ont point de système réglé, écrivent peu, lisent encore moins, et ne créent rien, sinon quelque bruit. Mais, au lieu de s'enfermer pacifiquement, prudemment, dans une placide rêverie, ils prêchent et courent, et vont semaillant je ne sais quoi que le vent emporte; tranchent sur tout, se disent prophètes, à la barbe de leur pays; accusent d'autant, qui les lois, qui les hommes, ne se font scrupule de berner Solon ; qu'a-t-il à faire dans cette galère? enfin, ce sont des législateurs; la main leur démange de manier toutes les pâtes, et la narine ouverte, comme les cavales, ils aspirent le *quand viendras-tu?* Que parmi eux il en soit d'honnêtes, de braves même, il le faut noter; c'est le meilleur de la jeunesse : et qui rêverait, sinon les grands cœurs? Pauvres jeunes gens qu'un follet emmène, comme Faust au Broken, à travers champs, et, les bras tendus vers l'ombre fuyarde, ils marchent sur les récoltes du voisin, traînent leur dada sur les luzernes, et gâtent le blé finalement! Rendons-leur néanmoins justice, le cœur en eux vaut mieux que la tête; aux jours de crises et de révolutions, il est permis de prendre parfois un météore pour le soleil, et l'héroïsme est toujours beau, même dans le gouffre de Curtius.

Mais, hélas! le gouffre est profond, très profond, monsieur, et plus large encore. Serait-ce un mal d'y regarder? Non, sans doute, surtout si l'on y pouvait voir. Tâchons d'y voir, et regardons.

Quel conflit, bon Dieu, quel chaos! nous voici lancés à la nage; quels flots, quelle mer, quelle vapeur! à qui entendre, et où s'accrocher? Celui-là demande le divorce, celui-ci veut l'abolition de l'hérédité, qu'il n'y ait plus ni nobles ni riches; un tiers réclame les biens en commun, la polygamie, cas pendable, mais ce pourrait être divertissant. Que veut ce quatrième? Il prie pour les pauvres, et qu'on traite les gens selon leur capacité; ne pensez pas qu'il s'agisse de boire, capacité ici veut dire intelligence, c'est une simple variante. En voilà un, là-bas, dans un coin, qui a trouvé une façon nouvelle d'envisager l'histoire; au lieu de dire, par exemple, que Jésus-Christ est venu après Platon, il vous dira : « Pour que Jésus-Christ vînt, il fallait que Platon eût existé; » quelle invention et quelle érudition! J'en avise un sixième encore; celui-là s'occupe d'accommoder, après tant de siècles, Josué avec Galilée, qui, vous le savez, se chamaillent quelque peu sur certain point d'astronomie; mais les témoins ont clos l'affaire; désormais tout est harmonie, il ne s'agit plus de ces vieilles gens. Ce septième résume l'univers, hommes, choses, dieux, lois, coutumes, guerres, sciences, arts, et prouve que tout ce qui a été n'est que pour la montre, et pour nous annoncer; l'antiquité est un cauchemar, et le monde éveillé se tire les bras; voilà un homme universel, et au delà de tout ce qu'on a pu dire d'Aristote, Voltaire, Leibnitz, et autre menu fretin; Newton vaut mieux, il sut compter jadis, mais ignorait la phrénologie; quant à Copernic, c'est un drôle, et Platon est inexcusable d'avoir appelé *animal imparfait* la pierre angulaire du futur édifice social, *id est*, la femme. Un huitième se présente, et s'annonce simplement comme membre indigne d'une confrérie immense; oui, monsieur, si on veut le croire, ils ne sont pas moins de deux ou trois cent mille hommes, tous de même force, et qui ne badinent pas ; c'est une des conséquences de leur trouvaille que dans un demi-siècle tout au plus, probablement plus tôt, peut-être dimanche, on ne verra sur terre que des hommes de génie; voyez l'effet des saines doctrines ! Ce neuvième-ci est plus inquiétant; il veut que tout change de face, sans cependant rien déranger, comme ce garçon de mes amis qui avait cédé à quelqu'un ses entrées à l'Opéra, en les conservant néanmoins ; à l'écouter, pour sauver l'univers, il faut que les cureurs de puits se fassent géomètres, et les académiciens raffineurs de sucre; quelle régénération ! vous figurez-vous une société pareille ? mais tout le monde aura cent mille livres de rente, et vous verrez que nul ne se plaindra. Un dixième va plus loin, car il faut bien qu'on aille, c'est loi de nature que le progrès, et remarquez que, si par hasard mon voisin dit : « Deux et deux font quatre, » j'arrive sur-le-champ et m'écrie : « Deux et deux font quatre, dites-vous ? deux et deux font six », et je suis sublime ! Grand prodige de l'émulation. Ce dixième donc déclare d'abord que toutes les femmes vont avoir de l'esprit; il y a de quoi se donner au diable. Mais il a soin d'ajouter aussitôt : « Pourra se marier qui voudra. » La correction du moins soulage ; il était temps de s'expliquer. Mais que vois-je, et que dit-on là ? Un dernier vient couronner l'œuvre; il a un ballon sous le bras, et propose d'aller dans la lune, et d'y transporter le Palais-Royal; Saturne devient le faubourg Saint-Germain, et Vénus le boulevard de Gand ; c'est vraiment une belle ville, et il ne reste qu'à s'embrasser.

Cependant, parmi ce chaos, ne saurait-on rien débrouiller? Je ne crois pas la chose impossible. Peut-être même, dans cette multitude, pourrait-on trouver deux camps bien distincts, savoir : les uns qui veulent certaines choses, les autres qui ne savent ce qu'ils veulent. Posons ceci, nous nous effrayerons moins. Que les derniers aillent à leur bureau, s'ils en ont, ce que je souhaite; nous leur parlerons tout à l'heure. Occupons-nous d'abord des premiers. Commençons par nous rendre compte de ce que voudraient ceux qui veulent, et nous verrons ce qu'on en peut vouloir, si nous pouvons. Le divorce, donc; point d'héritage, mais la loi agraire; point de famille, bien entendu; de pauvreté pas plus que de richesse; c'est-à-dire plus de métaux (car ces métaux sont traîtres en diable); à chacun selon son mérite, ceci n'est pas le souhait le plus nouveau; enfin, union entre les hommes, soit pour le travail, soit pour les plaisirs ; association. Je crois que c'est tout.

Si pourtant ce n'est que cela, ce n'est pas de quoi fouetter nos chats, quoique l'apparence soit effrayante. Lycurgue, monsieur, fut un Grec d'esprit; il vous en souvient sans nul doute. Or, le résumé que nous faisons, il le fit dans sa république. Ce digne homme voyagea longtemps, et rapporta de sa tournée deux choses à tout jamais louables, ses lois et le manuscrit d'Homère (pour mon goût, j'aime mieux le manuscrit; mais ce n'est point le cas de disputer). Pour attacher le peuple à la constitution, il prit deux moyens décisifs : ce fut le partage de toutes les terres entre les citoyens, et l'abolition de la monnaie. Vous voyez que de prime abord il ne frappait pas de main morte. On divisa la Laconie en trente mille parts, les terres de Sparte en neuf mille, et chaque habitant eut son bien. Ce devait être moins grand que nos duchés. Pour l'abolition de la monnaie, le législateur se garda de dépouiller ceux qui avaient de l'or et de l'argent; il était bien trop galant homme. Mais, respectant scrupuleusement ces richesses, il en anéantit la valeur en ne permettant de recevoir dans le commerce qu'une certaine monnaie de fer, laquelle monnaie était si pesante, qu'il fallait deux bœufs pour traîner dix mines, ce qui équivaut à vingt-cinq louis ; chose peu commode pour entretenir des filles; mais il n'en était point question. Les riches gardèrent donc leur or, et en purent jouer aux osselets. Afin de rendre la tempérance et la sobriété recommandables, Lycurgue voulut qu'on dînât en public, comme du temps de la Terreur. Un bâtiment fut construit tout exprès, crainte de la pluie et des mouches; là, chaque citoyen, tous les mois, était tenu d'envoyer ses provisions, non pas en chevreuils ou homards, ni poissons frais de chez Mme Beauvais, mais en farine, fromage, carottes, vin du cru, et deux livres et demie de figues. Jugez des ripailles qui se faisaient là. Agis lui-même, après une victoire, fut réprimandé vertement pour avoir dîné au coin de son feu avec madame la reine, sa femme, et peu s'en fallut qu'on ne le mît au pain sec. Point de viande donc, mais force brouet; on en a perdu la recette, au grand dommage de la postérité. Ce devait être un cruel potage ! Denis le Tyran le trouvait insipide, nous dit Goldsmith en ses *Essais;* mais d'un tyran rien ne m'étonne, ces gens-là boivent du vin pur. Lycurgue n'entendait pas cela, non plus que Solon, car, à Athènes, un archonte ivre était puni de mort. Revenons à Sparte. Au lieu de confier à père et mère l'éducation des petits enfants, on en chargeait des instituteurs publics. Lycurgue était si fort en peine d'avoir de beaux hommes dans l'armée, qu'il voulut prendre soin des enfants, jusque dans le ventre de leurs mères, mettant celles-ci au régime, et leur faisant faire de bonnes courses à pied, promenades et exercices propres à les réconforter; ceux qui naissaient mal conformés étaient condamnés à périr, et, par amour pour la plastique, on les jetait, dans une serviette, du haut en bas du mont

Lettres de Dupuis et Cotonet.   Page 404.

Taygète. Les beaux garçons, l'État les adoptait et les élevait martialement, les faisait marcher pieds nus, passer les nuits à la belle étoile, leur défendait de choisir dans le plat les pommes qui n'étaient pas pourries, les habituait à aller à la cave sans chandelle, la tête rasée, sans vêtement, et à se donner, par-dessus tout, de bons coups de poing les uns aux autres. Tous les ans, pour leur récompense, on les fouettait publiquement au pied de l'autel de Diane, mais je dis fouetter d'importance, et celui qui criait le moins, on le couronnait vert comme pré. Que les parents devaient être aises! A eux d'ailleurs permis de voler; c'était aux fruitières à garder leurs boutiques. Quant aux jeunes filles, même sévérité; point de mari avant vingt ans, des amoureux tant qu'elles voulaient; courir, lutter, sauter les barrières, tels étaient leurs amusements; et de peur qu'en ces évolutions diverses leur robe ne vînt à se retrousser, elles se montraient nues dans leurs exercices, devant les citoyens rassemblés. Mais, dit l'histoire, la pudeur publique sanctifiait cette nudité. Je ne suis point éloigné de le croire; car, s'il y en avait de belles dans le nombre, il s'y devait trouver des correctifs. Tel était le peuple lacédémonien, sortant des mains du grand Lycurgue. Cependant les ilotes labouraient la terre et mouraient de faim sur les sillons. Mais ceci n'est qu'épisodique, et il ne faut point s'y arrêter. Toujours est-il que cette république est, à peu de chose près, la réalisation des rêves du jour et le portrait de nos hyperboles.

Maintenant nos apôtres modernes nous diront-ils que cette peinture est le souhait de toute leur vie, et qu'ils ne demandent rien de mieux? Cela peut tenter en effet, quand ce ne serait que par curiosité (je ne parle pas du costume des femmes), mais seulement pour voir ce qui adviendrait. Et aussi bien pourquoi ne pas essayer? Mais voici un point embarrassant, et qui demande réflexion.

Si Lycurgue fut grand législateur, Montesquieu fut savant légiste : or sur les questions de ce genre il avait parfois médité : son avis pourrait être utile, mais qui s'en inquiète aujourd'hui? « Montesquieu, vivant sous un prince, n'a pu montrer d'impartialité; » ainsi parlent sans doute ceux qui ne l'ont pas lu; ouvrons-le pourtant, si vous permettez. Il y a, je crois, dans l'*Esprit des Lois*, qui, dans son temps, fut un bon livre, certain chapitre qui nous irait. « Il est de la nature d'une république, y dit l'auteur, qu'elle n'ait qu'un petit territoire; sans cela, elle ne peut guère subsister. Dans une grande république, il y a de grandes fortunes, et par conséquent peu de modération dans les esprits; il y a de trop grands dépôts à mettre entre les mains d'un citoyen; les intérêts se particularisent : un homme sent d'abord qu'il peut être heureux, grand, glorieux, sans sa patrie ; et bientôt qu'il peut être seul grand sur les ruines de sa patrie. »

Que pensez-vous de ce morceau? n'est-il pas fait pour notre histoire? Mais continuons : « Un État monarchique doit être d'une grandeur médiocre. S'il était petit, il se formerait en république. S'il était fort étendu, les principaux de l'État pourraient cesser d'obéir... Un grand empire suppose une autorité despotique dans celui qui gouverne. Il faut que la promptitude des résolutions supplée à la distance des lieux où elles sont envoyées... La propriété naturelle des petits États est d'être gouvernés en république ; celle des médiocres, d'être soumis à un monarque ; celle des grands empires, d'être dominés par un despote. »

Ne vous semble-t-il pas que ceci peut avoir quelque poids, monsieur? Quant à moi, plus je le relis, plus je me figure que c'est juste. La France aurait donc, par son étendue, une première difficulté à présenter aux humanitaires ; mais, ne nous fâchons pas pour si peu ; car, après tout, en cas de besoin, ne pourrait-on pas rétrécir la place? Ce qui nous tourmente vraisemblablement n'est pas l'amour de la patrie. Voici donc une seconde objection que nous ne tirerons point de Montesquieu, mais de la nature, assez bon livre aussi.

Nous poserons d'abord un principe que peu de gens contesteront : c'est que l'ombre produit la lumière, et que toute chose a son inconvénient. De ce qui est sous le soleil, rien ne s'éclaire des deux côtés. Or, parmi les animaux différents, habitants du terrestre globe, les uns sont faits pour vivre seuls, les autres pour vivre en société. Vous ne persuaderiez point à un aigle de se mettre à la queue d'un autre aigle, comme les canes qui vont aux champs ; de même feriez-vous de vains efforts pour trouver une cane solitaire ; et, sous ce rapport, l'homme est cane, il faut l'avouer : Dieu nous a créés pour loger ensemble ; les peuples donc s'arrangent comme ils peuvent ; arrivent les lois, us et coutumes, lesquels ont du bon, partant du mauvais. J'en conclus qu'en toute société il faut que les uns se félicitent, que les autres se plaignent par conséquent ; mais de ces plaintes et félicitations, lequel faut-il écouter de préférence? D'une plainte naît souvent un désir, et ces désirs sont dangereux. Je m'explique, car je ne veux pas qu'on me prenne ici pour un Machiavel. Une femme a pour mari un butor, joueur, dépensier, ce qu'on voudra ; ne va-t-elle pas croire toutes les femmes malheureuses, et que le mariage est un martyre? N'est-il pas plausible qu'un homme sans le sou demande que tout le monde puisse être riche? Ajoutons à cela les cervelles oisives, et les chagrins qui s'engendrent d'eux-mêmes, comme faisait le phénix, dit-on; cela se voit de par le monde. Faut-il que le législateur écoute la foule ou l'exception? Puisque le mariage est notre exemple, considérons un peu cette affaire.

Le mariage, contre lequel déclament beaucoup de gens plus ou moins mariés, est une des choses d'ici-bas qui ont le plus évidemment un bon et un mauvais côté. Sous quel côté faut-il donc le voir? Il a cela de bon qu'avec lui il faut rentrer chez soi et payer son terme; il a ceci de mauvais qu'on ne peut pas découcher et envoyer promener ses créanciers; il a cela de bon qu'il force aux apparences et à l'air d'honnêteté, quand ce ne serait que crainte des voisins; il a ceci de mauvais qu'il mène à l'hypocrisie, mais cela de bon qu'il empêche l'impudeur du vice, mais ceci de mauvais qu'on le traite comme une fiction, et qu'il sert de manteau à bien des actes de célibataires; pour ce qui regarde la famille, il en est le lien, et en cela louable; pour ce qui regarde les amours, il en est le fléau, et en ceci blâmable. C'est la sauvegarde des fortunes, c'est la ruine des passions. Avec lui on est sage, sans lui comme on serait fou ! Il assure protection à la femme, mais quelquefois donne du ridicule au mari; cependant, quand on revient triste, où seraient, sans le mariage, le toit, l'abri, le feu qui flambe, la main amie qui vous serre la main? Mais quand il fait beau et qu'on sort joyeux, où sont, avec le mariage, les rendez-vous, le punch, la liberté? C'est une terrible alternative; qu'en décidez-vous, mon cher monsieur? Les humanitaires ne veulent point du mariage, sous le prétexte qu'on s'en gausse, et que l'adultère le souille? mais sont-ils sûrs, en disant cela, d'avoir mis leurs meilleures lunettes? Puisque rien n'est qu'ombre et lumière, sont-ils sûrs de ce qu'ils ont vu? J'admets qu'ils connaissent les salons, et qu'ils aillent au bal tout l'hiver; ils ont peut-être observé dans les beaux quartiers de Paris quelques infractions à l'hyménée, le fait n'est point inadmissible; ont-ils parcouru nos provinces? sont-ils entrés dans nos fermes, au village? ont-ils bu la piquette des vachers de la Beauce? se sont-ils assis au coin de l'âtre immense des vignerons du Roussillon? ont-ils consulté, avant de trancher si vite, la paysanne qui allaite son nourrisson rebondi? se sont-ils demandé quel effet produiraient leurs doctrines à la mode sur ces robustes charretières, sur ces laborieuses et saines nourrices? Ce n'est pas tout que la Chaussée-d'Antin. Savent-ils ce que c'est, eux qui parlent d'adultère, et qui ont leurs maîtresses sans doute, savent-ils ce que c'est que le mariage, non pas musqué, sous les robes de Palmire, au fond d'un boudoir en lampas, mais dans les prés, au plein soleil, sur la place, à la fontaine publique, à la paroisse, et dans le lit de vieux chêne?

Troisième objection maintenant, et j'en reviens toujours à mes Spartiates, qui étaient de francs saint-simoniens ; dites-moi un peu, je vous en prie, quelle figure auraient faite à Lacédémone les déterminés émancipateurs d'aujourd'hui qui ne veulent pas monter leur garde? Que j'aime à les entendre au fond d'un restaurant, splendidement éclairé par le gaz, évoquer le spectre de Lycurgue au milieu des fumées champenoises ! Qu'il fait bon les admirer, le dos à la cheminée, les basques d'habit retroussées, balançant sous leur nez un verre de vin de Chypre, et nous lançant avec une bouffée de cigare un plan de réforme pour les peuples futurs ! Ne voilà-t-il pas de beaux Alcibiades, et que diraient-ils si on les prenait au mot? Je voudrais les voir le lendemain s'éveiller dans leur république ; que leur coiffeur leur brûle un favori, ils vont pousser des cris d'angoisse ; ne voudraient-ils pas qu'on leur rasât la tête? Et le brouet, et l'autel de Diane? qu'en pensez-vous? C'est quelque autre chose que le bois de Boulogne et les bals de Musard. Dites-moi un peu, sans plaisanterie, comment nous autres, peuple français, qui avons tout vu, tout bu, tout usé, tout chanté, tout mis en guenilles, même les rois ; dites-moi comment et de quel visage nous pourrions débarquer en Grèce, sinon pour rebâtir Athènes? Mais, pour ne pas remonter si haut, dites-moi comment on est assez fou pour vouloir servir à nos tables des plats refroidis apportés d'Amérique? Quel rapport entre nous et une nation vierge, imberbe encore, accouchée d'hier? Ces boutures qu'on nous vante, est-ce dans nos champs qu'on veut les planter, dans nos vieux champs pleins de reliques, gras du sang étranger, du nôtre, hélas ! de celui de nos pères? Est-ce à nous qu'on parle de la loi agraire, à nous qui avons pour bornes dans nos prairies des tombes de famille? Est-ce à nous qu'on propose un président civil, à nous qui portons encore sur les épaules les marques du pavois impérial? Est-ce chez nous qu'on veut élire ces despotes éphémères qui règnent un ou deux ans, nous qu'une proclamation de Napoléon faisait partir hier pour la Russie? Est-ce à nous qu'on propose les langes de New-York ou la tunique trouée de Lacédémone? On dit à cela, et on va répétant, que les nations doivent se régénérer quand elles se sentent décrépites ; cela fut vrai pour le monde romain, et que Dieu veuille nous le rendre ! Mais si pareille chose nous peut arriver, où ont-ils étudié, nos modernes prophètes, pour ignorer la maxime la plus vraie, peut-être la plus triste de l'antiquité ! « Ce qui a été une fois ne peut ni être une seconde fois ni s'oublier tout à fait. » Oui, sans doute, il en faut convenir, deux révolutions, coup sur coup, nous ont donné une rude secousse ; sans doute l'humanité se régénère en nous. L'État n'a plus de religion, et, quoi qu'en disent les humanitaires eux-mêmes, c'est pour le peuple un vrai malheur; le vin à bon marché ne lui rend pas ce qu'il y perd, et tous les cabarets de Paris ne valent pas pour lui une église de campagne, quel qu'en soit d'ailleurs le curé; car c'est l'oubli des maux qu'on y fête, et l'espérance qu'on y reçoit dans l'hostie. Oui, sans doute, parmi tant de nations, la France a sonné la première un tocsin qui ébranle l'Europe; elle en est elle-même effrayée, et le son terrible retentit en elle; mais si nos docteurs veulent nous guérir, s'ils veulent changer le monde, ou la France, ou seulement un département, qu'ils inventent donc quelque système dont les livres ne parlent pas! Qu'ils oublient donc les phrases du collège, et qu'ils ne revêtent pas de mots futiles le squelette des temps passés! Car sous tant de formules, sous tant d'habits ridicules, sous tant d'exaltations peut-être sincères, louables en elles-mêmes, que germe-t-il? Quel filon découvert? Que saisir dans ce labyrinthe où Ariane nous laisse à tâtons? Vous avez du moins, dites-vous, la bonne volonté de bien faire. Eh! pauvres enfants, qui en doute? Volonté de vivre, à qui manque-t-elle?

Nous nous adressons ici, monsieur le directeur, à la section humanitaire, qui nous paraît vouloir quelque chose. Mais nous devons encore nous adresser à celle qui ne nous semble pas savoir au juste ce qu'elle désire (car, dans tout cela, vous vous en souvenez, nous ne faisons que des questions). Or il est certain que, dans la capitale, il y a un nombre de jeunes gens, femmes, hommes mûrs, vieillards enfin, qui font entendre journellement une sorte de soupirs et de demi-rêves où l'avenir est entrevu; bonnes gens d'ailleurs, nul n'y contredit, mais il serait à désirer qu'ils s'expliquassent plus clairement. On a remarqué, dans leurs phrases favorites, le mot de *perfectibilité*; il semble être un des plus forts symptômes d'un degré modéré d'enthousiasme; c'est donc sur ce mot, et sur ce mot seul, que nous vous demandons la permission de les interroger poliment, ainsi qu'il suit. Simple question :

Messieurs (et mesdames) de l'avenir et de l'humanitairerie, qu'entendez-vous par ces paroles? Entendez-vous que, dans les temps futurs, on perfectionnera les moyens matériels du bien-être de tous, tels que charrues, pains mollets, fiacres, lits de plumes, fritures, etc.? ou entendez-vous que l'objet du perfectionnement sera l'homme lui-même?

Vous voyez, monsieur, que notre demande est d'une lucidité parfaite, ce qui est déjà un avantage; mais nous ne voulons point nous enfler. S'agit-il, disons-nous, parmi les adeptes de la foi nouvelle, de perfectionner les choses, ou de perfectionner les gens? Vous sentez que le cas est grave; c'est à savoir si on me propose de m'améliorer mon habit, ou de m'améliorer mon tailleur. *Hic jacet lepus;* tout est là. Nous ne nous inquiétons de rien autre. Car vous comprenez encore, sans nul doute, que, si on ne veut que m'améliorer mon habit, je ne saurais me plaindre sans injustice; tandis que, si on veut décidément m'améliorer mon tailleur, ce sera peut-être une raison pour qu'on me détériore mon habit, et par conséquent... *quod erat demonstrandum,* comme dit Spinosa. Ne croyez pas que ce soit par égoïsme; mais nous tenons à être éclaircis.

Perfectionner les choses n'est pas nouveau; rien n'est plus vieux, tout au contraire, mais aussi rien n'est plus permis, loisible, honnête et salutaire; quand on ne perfectionnerait que des allumettes, c'est rendre service au monde entier, car les briquets s'éteignent sans cesse. Mais s'attaquer aux gens en personne et s'en venir les perfectionner, oh, oh! l'affaire est sérieuse! je ne sais trop qui s'y prêterait, mais ce ne serait pas dans ce pays-ci. Perfectionner un homme, d'autorité, par force majeure et arrêt de la cour, c'est une entreprise neuve de tout point; Lycurgue et Solon sont ici fort en arrière; mais croyez-vous qu'on réussira? Il y aurait de quoi prendre la poste, et se sauver en Sibérie. Car j'imagine que ce doit être une rude torture inquisitoriale que ces moyens de perfection; c'est quelque chose, sans doute, au moral, comme un établissement orthopédique, à moins que par là on n'entende seulement le rudiment et l'école primaire; mais il n'y a rien de moins perfectionnant. Que diantre cela peut-il être? Nous ôtera-t-on nos cinq sens de nature? nous en donnera-t-on un sixième? Les chauves-souris, dit-on, sont ainsi bâties; triste perspective pour nous que de ressembler à pareille bête! c'est à faire dresser les cheveux. Mais, bon! c'est une fantaisie; nous nous alarmons à tort; quand on tournerait cent ans autour de mes pieds, on ne perfectionnerait jamais que mes bottes; la raison seule doit nous rassurer. Comment, cependant, croire que c'est là tout? S'il ne s'agissait que de faire des routes, ou des ballons, ou des lampes, on ne crierait jamais si haut; Adam lui-même perfectionnait à sa mode, quand il bêchait dans le paradis; il faut qu'il y ait quelque mystère. Seraient-ce nos passions que l'on corrigerait? Par Dieu? ce serait une belle merveille que de nous empêcher d'être gourmands, ivrognes, menteurs, avares, vicieux! et si j'aime les œufs à la neige, me défendrez-vous d'en manger? Et si mon vin est bon, ou le vôtre, à vous qui parlez, et si votre femme... vous me feriez dire quelque sottise; non, ce ne doit point être encore cela. Ouvrirait-on quelque grand gymnase pour nous y administrer, au nom du roi, une éducation jusqu'alors inconnue? D'ailleurs, qui ose décider, ici-bas, entre un savant et un ignare, lequel des deux est le plus parfait, ou le moins sot, pour parler net? Helvétius dit, il est vrai, que toutes les intelligences sont égales; mais en cela il fit tort à la sienne; car, pour plâtrer sa balourdise, il fut obligé d'ajouter que la différence entre les hommes résultait du plus ou du moins d'attention qu'ils apportent à leurs études; belle découverte! Passons donc plus loin. Serait-ce qu'au moyen de certaines lois on changerait tellement nos mœurs et le milieu dans lequel nous vivons, que, doucement et sans effort, on nous rendrait ce paradis terrestre dont nous parlions tout à l'heure? Mais si nous ne sommes plus à Sparte, nous voilà en pleine utopie. Diable! je commence à croire derechef qu'on se moque de nous pour nous faire peur; car comment nous perfectionner, du moment que nous restons hommes? On se tâte sans le vouloir en pensant à ces choses-là. Serait-ce seulement qu'à l'avenir on s'occupera des intérêts du peuple, qu'on l'hébergera plus chaudement, vêtira, prêchera, instruira et nourrira de pommes de terre? Mais nous voilà revenus aux fritures... Ma foi, monsieur, bien le bonjour; si vous trouvez la clef de cette porte, soyez assez bon pour nous l'envoyer; nous vous le rendrons en une barrique de notre vin de cette année. Mais jusque-là, nous vous l'avouons, nous nous renfermons dans ce dire : ou il s'agit de perfectionner les choses, et c'est plus vieux que Barabbas; ou il s'agit de perfectionner les hommes, et les hommes, quelque manteau qu'ils portent, quelque rôle qu'ils jouent, risquent fort de vivre et mourir hommes, c'est-à-dire singes, plus la parole, dont ils abusent.

Agréez, monsieur, etc.

TROISIÈME LETTRE

Mon cher Monsieur,

Que les dieux immortels vous assistent et vous préservent de ce que vous savez! Vous nous engagez à continuer notre correspondance commencée avec la *Revue des Deux-Mondes*, et c'est bien honnête de votre part. *Homo sum*, monsieur le directeur, et je sais que c'est loi de nature de trouver doux d'être imprimé. D'ailleurs, la gloire est chère aux Français, sans compter l'argent et le voisin qui enrage. Nous écririons donc comme tout le monde, quitte à compiler comme quelques autres, n'était certain lieu où le bât nous blesse. C'est que depuis nos deux lettres, révérence parler, on nous appelle *journalistes* dans le pays; voilà le fait : nous sommes ronds en affaires, et nous vous le disons entre nous.

LETTRES DE DUPUIS ET COTONET.   Page 410.

A Dieu ne plaise qu'en aucune façon nous regardions ce mot comme une injure! Chez beaucoup de gens, et avec raison, on sait qu'il est devenu un titre. Si nous nous permettons de plaisanter parfois là-dessus, nous ne prétendons nullement médire de la presse, qui a fait beaucoup de mal et beaucoup de bien. Les journaux sont les terres de l'intelligence; c'est là qu'elle laboure, sème, plante, déracine, récolte, et parmi les fermiers de ses domaines nous ne serions pas embarrassés de citer des noms tout aussi honorables que ceux de tels propriétaires qui n'en conviennent peut-être pas. Mais enfin, quand on est notaire, on n'est pas journaliste, ce sont deux choses différentes, et quand on est quelque chose, si peu que ce soit, on veut être appelé par son nom.

L'âge d'or, monsieur, ne fleurit pas plus à la Ferté-sous-Jouarre qu'ailleurs; quand nous allons au jeu de boules, on nous tourne le dos de tous les côtés : « Voilà, dit-on, les beaux esprits, les écrivains, les gens de plume; regardez un peu ce M. Cotonet qui écarte tout de travers au piquet, et qui se mêle de littérature! ne sont-ce pas là de beaux Aristarques? etc., etc. » Tout cela est fort désagréable. Si nous avions prévu ce qui arrive, nous n'aurions certainement pas mis notre nom en toutes lettres, ni celui de notre ville; rien n'était plus aisé au monde que de mettre seulement la Ferté, et là-dessus, allez-y voir; il n'y en a pas qu'une sur la carte : la Ferté-Alais, la Ferté-Bernard, la Ferté-Milon, la Ferté-sur-Aube, la Ferté-Aurain, la Ferté-Chaudron; ce n'est pas de Fertés que l'on chôme. Mais Cotonet n'est qu'un étourdi; c'est lui qui a recopié nos lettres, et il n'y a pas à s'y méprendre. La Ferté-sous-Jouarre y est bien au long, sous-Jouarre, ou Aucol, ou Aucout, c'est tout un, *Firmitas Auculphi*. Et que diable voulez-vous y faire?

Mais il nous est venu, en outre, une idée qui nous inquiète bien davantage; car enfin, mépriser les railleries du vulgaire, nous savons que les grands hommes ne font autre chose; mais s'il était vrai, nous sommes-nous dit, que nous fussions réellement devenus journalistes? Deux lettres écrites ne sont pas grand péché; qui sait pourtant? Nous n'aurions qu'à en écrire trois; pensez-vous au danger que nous courons, et quel orage fondrait sur nous? Nous avons connu un honnête garçon à qui ses amis, en voyage, avaient persuadé que tout ce qu'il disait était un calembour : il ne pouvait plus ouvrir la bouche que tout le monde n'éclatât de rire, et, quand il demandait un verre d'eau, on le suppliait de mettre un terme à ses jeux de mots fatigants. L'histoire ne parle-t-elle pas de gens à qui on a fait accroire qu'ils étaient sorciers, et qui l'ont cru, c'est incontestable, d'autant que, pour le leur prouver, on les a brûlés vifs? Il y a de quoi réfléchir; car, notez-le bien, pour nous mettre en péril, il ne serait pas besoin de nous persuader à nous-mêmes que nous sommes journalistes, il suffirait de le persuader aux journalistes véritables; bon Dieu! en pareil cas, que deviendrions-nous?

Si une fois, mon cher monsieur, nous étions atteints et convaincus de journalisme, c'est fait de nous; telle est notre opinion sincère. Et pourquoi? direz-vous peut-être. — *Parce que*, comme dit M. Berryer.

Mais, tenez, nous vous le dirons, et retenez bien ces paroles : Parce que, d'une façon ou d'une autre, d'un côté ou d'un autre, un jour ou l'autre, pour un motif ou pour un autre, nous recevrons une tuile sur la tête. Pyrrhus en mourut, dit l'histoire. Pyrrhus, monsieur, roi des Épirotes, était un bien autre gaillard que nous : il n'inventa point la *pyrrhique* dont parle l'avocat Patelin; ce fut un certain fils d'Achille. Mais Pyrrhus le Molosse ne dansait point; il combattait à Héraclée, où les Romains jouaient du talon. Il y avait son épée pour archet, et pour musique les cris des éléphants; il ravagea la Pouille et la Sicile; Sparte, Tarente l'appelèrent à leur secours; vainqueur partout, hors à Bénévent, dont aujourd'hui M. Talleyrand est prince. Tout cela n'empêcha point qu'à Argos il ne reçût une tuile sur la nuque; après quoi survint un soldat qui, le voyant étendu roide mort, lui coupa vaillamment la tête. Voilà le sort que nous craignons, et avec moins de gloire et de profit.

Nous savons bien que, dans votre *Revue*, nous n'aurions pas affaire aux journaux; mais ne se pourrait-il qu'ils eussent affaire à nous? Je vous demande si cela plaisante. Mais je suppose que, bien entendu, nous y mettions de la prudence. Je veux d'abord que nous ne traitions jamais que des choses les plus générales, j'entends de ces choses qui ne font rien à personne, qu'on sait par cœur. Croyez-vous que cela suffise? que nul ne se plaindra, nul ne clabaudera? Ah! que, si vous croyez ceci, vous est peu connue la gent gazetière! Vous vous imaginez bonnement, vous, monsieur, qui êtes au coin de votre feu, et qui ne savez qui passe dans la rue, ni si le voisin est à sa croisée; vous vous imaginez qu'on peut impunément dire au public qu'on aime les pois verts? Les pois verts, peu importe, ou la purée, ou la musique de Donizetti, enfin la vérité la plus banale, que nos vaudevilles sont plats et nos romans mort-nés? Eh bien! monsieur, désabusez-vous, on ne dit rien, n'écrit rien sans péril, pas même qu'Alibaud est un assassin, car il y a des gens qui disent le contraire; meurtrier, soit, mais non assassin; gredin, misérable, ils l'accordent; mais non malhonnête homme, ce qui est bien différent.

Croire que l'on peut donner son avis sur quoi que ce soit (je dis poliment et discrètement, avec convenances et par paranthèses), grâce à Dieu et aux journaux, il n'y a pas de plus grande erreur ; et la raison en est simple comme bonjour. Que voulez-vous qu'on puisse dire, du moment que l'on peut tout dire? Exemple : Je trouve que Chollet chante faux et que la Madeleine est un beau monument. Je crois cela vrai, c'est mon goût, je l'imprime, non pas en toutes lettres, s'il vous plaît, car, avant tout, il faut des formes. Je laisse donc à entendre dans mon article que M. Chollet, de l'Opéra-Comique, n'a pas les tons d'en haut toujours parfaitement justes, et qu'il me semble que la Madeleine est construite à la grecque, dans de belles proportions. Jusque-là, point de mal. Arrive le voisin, qui répond à cela : « L'article d'hier est pitoyable; M. Chollet chante juste, et la Madeleine est hideuse. » Il n'y a point encore grand dommage ; je suis de bonne humeur, et permets qu'on s'échauffe. Survient un tiers, qui réplique à tous deux : « Les deux articles sont aussi absurdes l'un que l'autre; Chollet ne chante ni faux ni juste, il chante du nez; la Madeleine n'est ni belle ni hideuse, elle est médiocre, bête et ennuyeuse. » Ceci commence à devenir brutal. Mais passons; je ne réplique rien, ne voulant point me faire de querelle. Un quart aussitôt s'en charge pour moi; il prend donc sa plume, essuie sa manche, bâille, tousse et dit : « Vous êtes tous trois des imbéciles. Quand on se mêle de parler musique et de trancher de l'important, il faut d'abord savoir la musique; vos parents n'avaient pas de quoi vous donner des maîtres, car ils sont encore au village, où ils raccommodent des souliers. On sait de bonne part qui vous êtes, et il ne vous sied point de faire tant de bruit. Quant à ce qui est de la Madeleine, payez vos dettes avant d'en parler. » Ainsi s'exprime maître Perrin Dandin, à quoi un cinquième riposte vivement : « Et toi, qui outrages les autres, qui es-tu donc, pour le prendre si haut? Tu n'es qu'un cuistre, jadis sans chapeau! A quoi as-tu gagné ta fortune? A ruiner les libraires, à faire des prospectus, à revendre des chevaux vicieux, à intriguer, à calomnier, à... » (Remarquez, monsieur, que dans tout cela je ne dis mot, et quel est mon crime? Je me suis contenté d'avancer que la Madeleine me semblait bien bâtie, et que M. Chollet ne chantait pas toujours rigoureusement juste.) Mais me voilà dans la bagarre; on se déchire, on crie, on lance un soufflet. Qui l'a reçu? Je n'ose y regarder. Voilà une veuve; est-ce ma femme? sont-ce mes enfants qui vont pleurer?

Ceci, je vous en avertis, est moins une baliverne qu'on ne pense. Les querelles de plume sentent l'épée en France, mais à quoi bon même un coup d'épée? Les journaux n'ont-ils pas la poste? Je voudrais savoir ce qu'on lave au bois de Boulogne, pendant que les flâneurs de Saint-Pétersbourg lisent des injures à vous adressées ? Marotte du temps, fabrique de controverse! Vous souvient-il d'une dispute dans un café à propos de la duchesse de Berry? « Elle a un œil plus petit que l'autre, disait quelqu'un. — Non pas, répliqua le voisin, elle a un œil plus grand que l'autre. » Parlez-moi de ces gens de goût qui savent les distinctions des choses ! Ils ont le grand art de l'à-propos, se choquent de tout, jamais ne pardonnent, ne laissent rien passer sans riposte. Toujours prêts, alertes, il en pleut. Seraient-ils par hasard éloignés? Rassurez-vous ; vous les offenserez à cinquante lieues de distance en louant quelqu'un qu'ils n'ont jamais vu : voilà des ennemis implacables. Il y a, dit-on, un certain arbre, — je ne sais son nom ni où il pousse : un cheval galopant tout un jour ne peut sortir de son ombre. Parfait symbole, monsieur, du journalisme : suez, galopez, l'ombre immense vous suit, vous couvre, vous glace, vous étreint comme un rêve. Que prétendez-vous? de quoi parlez-vous ? où marchez-vous pour n'être point sur les terres des journaux ? où respirez-vous un air si hardi que d'oser n'être point à eux? De quoi est-il question ? De littérature? C'est leur côtelette et leur chocolat. — De politique? C'est leur potage même, leur vin de Bordeaux et leur rôti. —Des arts, des sciences, d'architecture et de botanique ? C'est de quoi payer leurs fiacres. — De peinture ? Ils en soupent. —De musique? ils en dorment. De quoi, enfin, qu'ils ne digèrent, dont ils ne battent monnaie ?

Et remarquez, je vous en prie, l'argument commun, le refrain perpétuel de ces messieurs les quotidiens. Ceci est un auteur? disent-ils ; chacun peut en parler, puisqu'il s'imprime : donc, je l'éreinte. Ceci est un acteur? ceci une comédie? ceci un monument? ceci un fonctionnaire? au public tout cela ; donc je tombe dessus. Vous arrivez alors, bonhomme, ne sachant rien que la grammaire, et vous vous dites : «J'en parlerai donc aussi ; puisque c'est à tous, c'est à moi comme à d'autres. Arrière! manant, à ta charrue, répond du haut de sa colonne ce grand monsieur de l'écritoire, ce qui est à tout le monde quand j'en parle, n'est plus à personne quand j'en ai parlé, ou si j'en vais parler, ou si j'en veux parler. Et sais-tu de quoi je pourrais parler, si je voulais ? Mais j'aime mieux que tu te taises. Ote-toi de là, sinon je m'y mets. » Voilà le jugement de Salomon, et ne croyez pas qu'on en appelle.

Sous Louis XIV, on craignait le roi, Louvois et le tabac à la rose ; sous Louis XV, on craignait les bâtards, la du Barry et la Bastille ; sous Louis XVI, pas grand'chose; sous les sans-culottes, la machine à meurtres; sous l'Empire, on craignait l'empereur et un peu la conscription; sous la Restauration, c'étaient les jésuites; ce sont les journaux qu'on craint aujourd'hui. Dites-moi un peu où est le progrès? On dit que l'humanité marche; c'est possible, mais dans quoi, bon Dieu!

Mais, puisqu'il s'agit et s'agira toujours de monopole, comment l'exercent ceux qui l'ont céans? Car enfin, le marchand de tabac qui empêche son voisin d'en vendre, donne de méchants cigares, il est vrai, mais du moins n'est-ce pas sa faute; le gouvernement lui-même les lui fabrique ainsi; tels il les vend, tels nous les fumons, si nous pouvons. Que font les journaux des entrepôts de la pensée? Quelle est leur façon, leur méthode? qu'ont-ils trouvé et qu'apprennent-ils? Il n'y a pas long à réfléchir. Deux journaux se publient : journaux d'opposition, journaux ministériels, c'est comme qui dirait arme offensive, arme défensive, ou si vous voulez, le médecin Tant-Pis et le médecin Tant-Mieux. Ce que font les ministres, les chambres, votes, lois, canaux, projets, budgets, les uns critiquent tout sans compter, frappent de çà, de là, rien ne passe, à tort et à travers; mais non pas les autres, bien au contraire : tout est parfait, juste, convenable; c'est ce qu'il fallait; le temps en était venu, ou bien n'en était pas venu, selon le thème; cela s'imprime tous les matins, se plie, s'envoie, se lit, se dévore, on ne saurait déjeuner sans cela; moyennant quoi les nuées d'abonnés, l'un derrière, l'autre devant (vous savez comme on va aux champs), se groupent, s'écoutent, regardent en l'air, ouvrent la bouche, et paient tous les six mois. Maintenant, voulez-vous me dire si vous avez jamais connu un homme, non pas un homme, mais un mouton, c'est encore trop dire, l'être le plus simple et le moins compliqué, un mollusque, dont les actions fussent toujours bonnes, ou toujours mauvaises, incessamment blâmables, ou louables incessamment? Il me semble que si trente journaux avaient à suivre, à examiner à la loupe un mollusque du matin au soir, et à en rendre fidèlement compte au peuple français, ils remarqueraient que ce mollusque a tantôt bien agi, tantôt mal, ici a ouvert les pattes à propos pour se gorger d'une saine pâture, là s'est heurté en maladroit contre un caillou, qu'il fallait voir; ils étudieraient les mœurs de cette bête, ses besoins, ses goûts, ses organes, et le milieu où il lui faut vivre, la blâmeraient selon ses mouments et évolutions diverses, ou l'approuveraient, se disputeraient sans doute, j'en conviens, sur ledit mollusque; Geoffroy Saint-Hilaire et Cuvier s'y sont bien disputés jadis, qui entendaient le sujet de haut; mais enfin vingt-cinq journaux ne se mettraient pas d'un côté à crier haro sur ce pauvre animal, à le huer sur tout ce qu'il ferait, lui chanter pouilles sans désemparer; et, d'un autre côté, les cinq journaux restant n'emboucheraient pas la trompette héroïque pour tonner dès qu'il éternuerait : « Bravo, mollusque! bien éternué, mollusque! » et mille fadaises de ce genre. Voilà pourtant ce qu'on fait à Paris, à trois pas de nous, en cent lieux divers, non pour un homme, mais pour la plus vaste, la plus inextricable, la plus effrayante machine animée qui existe, celle qu'on nomme gouvernement! Quoi! parmi tant d'hommes assemblés, ayant cœur et tête, puissance et parole, pas un qui se lève et dise simplement : « Je ne suis pour ni contre personne, mais pour le bien; voilà ce que je blâme et ce que j'approuve, ma pensée, mes motifs; examinez. »

Mais admettons l'axiome reçu qu'il faut toujours être d'un parti; tout le monde répète qu'il faut être d'un parti, ce doit être bon (apparemment pour ne pas rester derrière, si d'aventure le chef de file arrive en haut de la bascule); soyons d'un parti, j'y consens, de celui qui vous plaira, je n'y tiens aucunement. Dites-moi seulement le mot d'ordre; qu'est-ce qu'un parti sans principe? Il nous faut un principe pour vivre, parler, remuer et arriver. Qui vous l'a donné, ce mot d'ordre? Est-ce votre conscience? Touchez là, nous périrons ou arriverons. Est-ce votre bourse? Qui me répond de vous?

La Gingeole se lève un matin, ayant songé qu'il était sous-préfet. Il gouvernait en rêve, portant habit à fleurs, l'épée, et cela lui allait; il se mire, se rase, regarde autour de lui, point de royaume; il lui en faut un. La Gingeole appelle sa femme, lui cherche noise, la rosse, commencement d'administration. La femme rossée se venge, rien de plus naturel; Tristapatte est jeune, bien bâti; d'aucuns prétendent qu'avant l'offense la femme s'était déjà vengée. Mauvais propos; La Gingeole en profite, prend la clef, sort, rentre sans bruit, surprend les coupables et pardonne, à condition d'être sous-préfet, car Tristapatte a du crédit, au moins le dit-il quand on l'écoute. Tristapatte va chez le ministre, et lui parle à peu près ainsi :

« J'ai fait grand tort à un de mes amis que je désire en dédommager, et qui désire être sous-préfet; j'écris depuis six mois tous les jours, là où vous savez, en votre honneur et gloire. Donnez-moi une sous-préfecture pour La Gingeole, à qui j'ai fait le tort que vous savez peut-être aussi; sinon, demain, je vous attaque, et de telle façon, monseigneur, que, si je vous flagornai six mois, je vous *déflagornerai* en six jours.

— Mais, dit le ministre, La Gingeole est un sot.

— C'est vrai; mais nommez-le ce soir : il ne sera plus qu'une bête demain.

— Mais on va se moquer de moi; on criera au passe-droit, on me dira des injures.

— C'est vrai; mais je vous soutiendrai.

— La belle avance, si d'autres m'insultent!

— Aimez-vous mieux que je sois de ceux-là?

— Ma foi, peu m'importe, comme vous l'entendrez. »

Tristapatte sort, court à La Gingeole : « Vous serez nommé, dit-il, ou le ministre y mourra. » Il écrit, tempête, coupe, taille; voilà six mille bons bourgeois habitués à le lire sur parole, qui frottent leurs lunettes, puis leurs yeux, ouvrent leur journal, le referment, voient la signature, et se disent : C'est bien là mon journal, apparemment que j'ai changé d'opinion. »

Non, pauvres gens, honnêtes gobe-mouches, d'opinion vous n'avez point changé, car d'opinion vous n'en eûtes jamais, mais voulez parfois en avoir. Ayez donc du moins celle-ci, qui est plus vieille que l'imprimerie, c'est que, quand on se laisse berner, on ne doit jamais s'étonner si on retombe à terre pile ou face.

Mais songez-vous quelquefois, monsieur, à la position d'un pauvre ministre ayant affaire aux journaux? je dis pauvre, non pour aller dîner, mais où ne vaudrait-il pas mieux être qu'en-areil lieu où tous vous tiraillent, qui du manteau, qui du haut-de-chausses? auquel entendre et par où tomber? Car encore choisit-on la place, quand on ne peut tenir sur ses jambes. Celui-là crie si on n'accorde pas, et celui-ci ne veut pas qu'on accorde. Trente mains s'allongent, agitant trente papiers, quinze placets et quinze menaces, et le tout pour le même emploi, dont pas un peut-être n'est digne; mais qu'il y en ait un de nommé, les autres n'y regarderont pas pour s'en plaindre. Dites-moi un peu ce que vous feriez si (Dieu vous en préserve!) vous deveniez ministre par hasard? Je veux vous choisir une occurrence où vous soyez bien à votre aise, pour que vous m'en donniez votre avis.

Il s'agit de demander au roi la grâce de certains condamnés, qui, à dire vrai, depuis longtemps l'attendent. Depuis longtemps aussi vous hésitez; vous avez pour cela vos raisons : d'autres que vous les trouvent bonnes ou mauvaises, il n'y a point de compte à rendre. Vous demandez, vous obtenez la grâce; le *Moniteur* enregistre et publie les noms de messieurs les graciés. Que fait là-dessus l'opposition?

« C'était bien la peine, s'écrie-t-elle, de parodier une amnistie, et de ne

LETTRES DE DUPUIS ET COTONET.

Page 420.

Bibl. Charpentier.

LIV. 257.

délivrer que des hommes obscurs, qui ne figurent qu'au troisième plan! ce n'est pas là ce qu'on vous demandait; quand on fait le bien, on le fait grandement; c'étaient d'autres noms qu'il nous fallait voir libres; les condamnés d'avril, les ministres de Charles X, et nos amis, bien entendu. »

Que faites-vous alors, vous, homme politique? Vous allez croire que l'opposition désire ce qu'elle demande. Vous allez ajouter d'une main candide sur la liste *graciante* les noms des ministres de Charles X. Pensez-vous faire pièce à dame Opposition? Lisez un peu l'article du lendemain.

« Voilà donc, s'écrie la même plume, voilà donc quelle était au fond l'unique pensée du ministère! gracier les agents de la restauration, c'était là son but; le reste n'est qu'un prétexte; on ne s'intéresse qu'à ces hommes, » etc., etc.

Ne vous semble-t-il pas, monsieur, quand vous assistez à ces sortes de tapages, dont les journaux étourdissent un ministre, ne vous semble-t-il pas voir un homme qui entreprend de traverser la Seine sur une corde tendue, à laquelle corde pend une centaine de chats? Je vous demande si les chats aiment l'eau et veulent choir, et quel vacarme, et les agréables secousses! En guise de balancier, le pauvre diable a dans les mains un essieu de charrette, pesant cinq cents livres; belle entreprise à se rompre le cou? Mais il suffit du nom qu'on donne aux choses : l'essieu s'appelle le timon de l'État, cela suffit pour qu'on se l'arrache; quant aux chats, c'est-à-dire aux journalistes, c'est une autre affaire; ils ne s'arrachent que des brins de ficelles, et se sentent furieusement échaudés; car l'essieu dont je vous parle n'est rien moins que fer rouge, ardent, usé dans la fournaise; cependant, le peuple bat des mains, et l'homme avance, en tremblant s'entend, et prudemment, muni de blanc d'Espagne; mais on lui crie : « Avancez donc! vous ne bougez pas! vous êtes un Terme! » S'il lâchait tout et sautait dans l'eau, vous en étonneriez-vous, monsieur? Oui bien, moi, car nous ne sommes guère au temps où Sylla sortait de sa pourpre.

Poursuivrons-nous plus avant cette thèse, et descendrons-nous au feuilleton? On pourrait peut-être deviner comment parfois il se fabrique; ce n'est pas avec quoi les abeilles font leur cire. Il y a deux façons pour cela. L'une, incontestablement la meilleure (c'est aussi la plus usitée), est d'appuyer son coude sur sa table, d'étendre la main, et de laisser couler doucement tout ensemble encre, préceptes, doctrines, injures, anachronismes et bévues. A peine ainsi court-on le risque de laisser échapper de ces légères taches qui ne choquent point le lecteur parisien, rompu à la chose, et qui, au contraire, font ressortir le beau. Ce sera, par exemple, que vous aurez avancé que

Racine florissait sous Louis IX, et qu'Agamemnon est l'auteur de l'*Iliade*. Mais je vous dis, cela ne fait rien, on nous y a dès l'enfance habitués, et nous n'avons point de livres sous la main où aller chercher les dates. Minuties que les dates! L'autre façon est beaucoup plus aride, profonde, ardue, pour parler en feuilleton. Il faut pour cela prendre (*horresco referens*) un dictionnaire quelconque, historique ou chronologique. Est-ce fait? Posez-le sur la table, et ouvrez au hasard. Lequel est-ce? Le Dictionnaire de la Fable, par Noël. Bien. Sur quel passage êtes-vous tombé? « Charadrius, oiseau fabuleux, dont le regard seul guérit la jaunisse; mais il faut que le malade le regarde, et que l'oiseau lui renvoie ses regards assez fixement; car, s'il détournait la vue, le malade mourrait infailliblement. » A merveille! Maintenant, dites-moi, quel sujet avez-vous à traiter? Vous avez à rendre compte, n'est-il pas vrai, de la *Norma* du maëstro Bellini? Voyez ce que c'est que la Providence, et comme le ciel vous favorise! Vite, écrivez, ne perdez point l'occasion; voilà votre oiseau tout logé. Comment, dites-vous, par quel façon? Eh! par la façon des feuilletons. Écrivez :

« Les décorations du premier acte laissent beaucoup à désirer; on a tenté vainement de nous rendre cette nature large, antique, nébuleuse, des vieilles forêts consacrées. Ces tons sont mesquins, ces horizons vides; on voudrait frissonner au murmure de ces chênes centenaires, on voudrait y voir voltiger autour de la prêtresse l'oiseau Charadrius, dont le regard seul, etc., etc. »

Voilà, monsieur, comme on se fait dans le monde et à juste titre, une réputation de savant et d'homme qui ne parle point au hasard; voilà comme on jette çà et là sur un article, du reste médiocre, ces paillettes mirifiques d'érudition et de bon goût, qui ne manquent pas de sauter aux yeux du lecteur et de lui éblouir l'entendement, ni plus ni moins que s'il avait soufflé sur sa poudrière.

C'est bien longtemps vous importuner, monsieur, pour ne vous dire après tout qu'un mot, que les journaux nous font grand'peur. C'est surtout longuement discourir pour répéter ce que chacun sait, c'est-à-dire que, depuis Moïse, il y a toujours quelques abus. N'allez pas, de grâce, imprimer cela. Quand on n'a pas l'habitude d'écrire, on est d'un décousu, d'un diffus! Nous ne sommes point gens de plume, et nous n'écrivons que pour le prouver. D'ailleurs, qu'en dirait-on, grand Dieu! Nous attaquer aux puissances du siècle! *Ohimè!* quelles charretées de pavés on nous verserait sur la tête! A quel courroux serions-nous en butte! Non pas que cela nous fît grand tort, ni que notre raisin en fût moins bon ; mais vous, monsieur, je vous le dis à l'oreille, vous pourriez bien vous exposer. Peste! voyez de quoi nous serions cause : on irait peut-être jusqu'à vous faire des reproches. Que répondriez-vous en pareil cas? Il y a de quoi démonter les gens. Mais, tenez, si vous m'en croyez, voici, à peu près (si besoin était) ce que vous pourriez peut-être répondre aux journaux, après avoir naturellement fait les génuflexions nécessaires et frappé sept fois la terre de votre front; apprenez par cœur cette harangue :

« Commandeurs des non-croyants, soleils de l'époque, successeurs de Dieu, terreur des chambres et des ministres, flambeaux de justice et de vérité, et comédiens ordinaires de la nation.

« Ne vous fâchez pas pour si peu de chose, nous renouvellerons nos abonnements. »

Agréez, etc.

QUATRIÈME LETTRE

La Ferté-sous-Jouarre, 5 mai 1837.

Mon cher Monsieur,

Que les dieux immortels vous assistent et vous préservent des romans nouveaux! Polémon fut un aimable homme, et l'un des plus mauvais sujets de la quatre-vingt-dix-neuvième olympiade. Il sortait un matin, au lever du soleil, de chez une belle dame d'Athènes; ses vêtements étaient en désordre, sa poitrine et ses bras nus; une couronne de fleurs fanées lui pendait sur l'oreille, et comme d'une part il avait soupé fort tard, et que d'une autre il marchait sur les courroies de ses brodequins mal attachés, il allait passablement de travers. En cet état, il vint à passer devant l'école du philosophe Xénocrate, qui était ouverte; je ne sais s'il la prit pour un cabaret, mais le fait est qu'il y entra, s'assit, regarda les assistants sous le nez, et se permit même quelques plaisanteries. Xénocrate, qui était en chaire, perdit d'abord le fil de ses idées. Il avait, dit l'histoire, l'intelligence lente et pesante, et Platon le comparait à un âne auquel il fallait l'éperon, pour ne pas dire le bâton; lui-même se comparait à un vase dont le cou était étroit; recevant avec peine, mais gardant bien. Aristote le comparait encore à autre chose, à un cheval, je crois, mais peu importe. Xénocrate donc, qui avait les mœurs dures et l'extérieur rebutant, et qui parlait dans ce moment-là des nombres impairs et des monades, resta coi pendant cinq minutes. Le regard aviné de l'adolescent l'avait fait rougir dans sa barbe longue. Mais, après quelques efforts, quittant le sujet qu'il avait entamé, il se mit à parler tout à coup de la modestie et de la tempérance. C'était, à vrai dire, son fort que ce chapitre, et certes il y devait faire merveille lui que Phryné ne put dégourdir. Il parla donc, fit le portrait du vice dont le modèle posait devant lui, peignit d'abord les voluptés grossières et leur inévitable fin, le cœur usé, l'imagination flétrie, les regrets, le dégoût, les insomnies; puis, changeant de ton, il vanta la sagesse, fit entrer ses auditeurs dans la maison et dans le cœur d'un homme sobre, montra l'eau pure sur sa table, la santé sur ses joues, la gaieté dans son cœur, le calme dans sa raison, et toutes les richesses d'une vie honnête; cependant Polémon se taisait, regardait en l'air, puis écoutait, et à mesure que Xénocrate parlait, prenait une posture plus décente. Il ramena peu à peu ses bras sous son manteau, se baissa, rajusta sa chaussure, enfin il se leva tout droit et jeta sa couronne. De ce jour-là il renonça au vin, au jeu, et presque à sa maîtresse? du moins professa-t-il la vie la plus austère, et, retiré dans un petit jardin, six mois après il était aussi sobre qu'il avait passé pour ivrogne. Sa fermeté devint telle que, mordu à la jambe par un chien (enragé, dit-on, mais ce n'est pas sûr), il ne voulut jamais convenir que cela lui fît le moindre mal. Il parla à son tour des monades et des nombres impairs, de la divinité mâle et de la femelle, forma Zénon, Cratès le stoïcien, Arcésilas et Crantor, qui écrivit un traité *de Luctu;* après quoi il mourut phtisique, mais fort vieux et fort honoré. »

Que pensez-vous, monsieur, de cette histoire? Je l'ai toujours aimée, et Cotonet aussi, non à cause de l'exemple, dont on peut disputer; mais de pareils traits peignent un monde. Ne vous semble-t-il pas d'abord que l'affaire n'a pu se passer qu'en Grèce, et qu'à Athènes, et qu'en ce temps-là? Car il ne s'agit pas, notez bien, d'une conversion par la grâce de Dieu, à la manière chrétienne, excellente d'ailleurs, mais où il y a un miracle, et c'est autre chose. Il ne s'agit que d'un simple *discours* d'un citoyen à un autre citoyen. Et n'y a-t-il pas dans cette rencontre, dans cet accoutrement de Polémon, dans cette apostrophe de Xénocrate, dans ce coup de théâtre enfin, je ne sais quoi d'antique et d'archigrec? Prenez donc la peine d'en faire autant à l'époque où nous sommes, si vous croyez que ce soit possible. Menez à un cours de la Sorbonne un homme qui sort de chez sa maîtresse, en l'année 1837. Combien de nous, en pareil cas, bâilleraient là où Polémon rattachait sa veste, et à l'instant où il jeta ses roses, hélas! monsieur, combien dormiraient!

Mais je suppose que quelqu'un de nous fasse l'action de Polémon, fût-ce à Notre-Dame, il le peut, s'il le veut; dites-moi pourquoi vous poufferiez de rire, et moi aussi, et peut-être le curé? Et pourquoi donc, en lisant l'histoire grecque, ne riez-vous pas de Polémon? Tout au contraire, vous le comprenez (blâmez-le ou approuvez-le, peu importe); mais enfin vous admettez le fait comme vrai, comme simple, comme énergique.

Supposons encore, et, retranchant les détails, allons au résultat : c'est un garnement qui se range; ceci est vrai de tout temps, et probablement il avait des dettes. Il vend ses chevaux, loue une mansarde, et le voilà bouquinant sur les quais. Qui le remarquera aujourd'hui? Qui, à Paris, se souciera une heure d'une conversion qui fut, à Athènes, un événement? Qui prendra exemple sur le converti? Quel compagnon de ses plaisirs passés va-t-il sermonner et convaincre? Son petit frère ne l'écoutera pas. Où tiendra-t-il école, et qui ira l'y voir? Ce qu'il a fait est sage, et on en convient; il n'a qu'à en parler pour n'être plus qu'un sot.

Pourquoi cela? Notre conte ne renferme ni intervention divine, ni circonstance réellement extraordinaire; il n'est qu'humain, et il a été vrai, et il serait absurde aujourd'hui. Pourquoi a-t-il été possible? Parce qu'il y avait à Athènes presque autant de philosophes que de courtisanes, et des courtisanes philosophes, et beaucoup de raisonneurs sur les choses abstraites, et beaucoup de gens qui les écoutaient, et Platon, qui, à lui seul, avec son automate, faisait là autant de bruit qu'ici Mlle Essler avec ses castagnettes; parce que c'était une rage d'ergoter, parce que tout le monde s'en mêlait, parce qu'on achetait trois talents (somme énorme) les ouvrages de Speusippe, radoteur hypocrite qui prit plus de goût, dit l'Encyclopédie, pour Lasthénie et pour Axiothée, ses disciples, qu'il ne convient à un philosophe valétudinaire; parce qu'enfin Athènes était la ville bavarde par excellence, platonicienne, aristotélicienne, pythagoricienne, épicurienne, et que les gens à effet comme Polémon se trouvaient là comme des poissons dans l'eau. Pourquoi aujourd'hui n'est-ce plus possible? Parce que nous n'avons, nous, ni Épicure, ni Pythagore, ni Aristote, ni Platon, ni Speusippe, ni Xénocrate, ni Polémon.

Mais pourquoi encore? Que les miracles s'usent, cela s'entend, vu le grand effort que ces choses-là doivent coûter aux lois obstinées qui ont coutume de régir le monde. Mais cette grandeur, cette éloquence, ces temps héroïques de la pensée, sont-ils donc perdus?

Oui, monsieur, ils le sont, et voilà notre dire, et voilà aussi un long préambule; mais, si vous l'avez lu, il n'y a pas grand mal à présent : nous en profiterons, au contraire, et nous nous servirons de notre histoire, choisie au hasard entre mille, pour poser un principe : c'est que tout est mode, que le possible change, et que chaque siècle a son instinct. Et qu'est-ce que cela prouve? direz-vous. Cela prouve, monsieur, plus que vous ne croyez; cela prouve que toute action, ou tout écrit, ou toute démonstration quelconque, faite à l'imitation du passé, ou sur une inspiration étrangère à nous, est absurde et extravagante. Ceci paraît quelque peu sévère, n'est-ce pas? Eh bien! monsieur, nous le soutiendrons; et si nous avons lanterné pour en venir là, nous y sommes.

Mais ce n'est pas tout. Je dis qu'à Athènes l'action de Polémon fut belle, parce qu'elle était athénienne; je dis qu'à Sparte celle de Léonidas fut grande, parce qu'elle était lacédémonienne (car dans le fond elle ne servait à rien.) Je dis qu'à Rome Brutus fut un héros, autant qu'un assassin peut l'être, parce que la grandeur romaine était alors presque autant que la nature; je dis que, dans les siècles modernes, tout sentiment vrai en lui-même peut être accompagné d'un geste plus ou moins beau et d'une *mise en scène* plus ou moins heureuse, selon le pays, le costume, le temps et les mœurs; qu'au moyen âge l'armure de fer, à la renaissance la plume au bonnet, sous Louis XIV le justaucorps doré, durent prêter aux actions humaines grâce ou grandeur, à chacun son cachet : mais je dis qu'aujourd'hui, en France, avec nos mœurs et nos idées, après ce que nous avons fait et détruit, avec notre horrible habit noir, il n'y a plus de possible que le simple, réduit à sa dernière expression.

Examinons un peu ceci, quelque hardie que soit cette thèse, et prévenons d'abord une objection : on peut me répondre que ce qui est beau et bon est toujours simple, et que je discute une règle éternelle; mais je n'en crois rien. Polémon n'est pas simple, et pour ne pas sortir de la Grèce, certes, Alexandre ne fut pas simple, lorsqu'il but la drogue de Philippe, au risque de s'empoisonner. Un homme simple l'eût fait goûter au médecin. Mais Alexandre le Grand aimait mieux jouer sa vie, et son geste, en ce moment-là, fut beau comme un vers de Juvénal, qui n'était pas simple du tout. *Le vrai seul est aimable*, a dit Boileau; le vrai ne change pas, mais sa forme change, par cela même qu'elle doit être aimable.

Or je dis qu'aujourd'hui sa forme doit être simple, et que tout ce qui s'en écarte n'a pas le sens commun.

Faut-il répéter, monsieur, ce qui traîne dans nos préfaces? Faut-il vous dire, avec nos auteurs à la mode, que nous vivons à une époque où il n'y a plus d'illusions? Les uns en pleurent, les autres en rient; nous ne mêlerons pas notre voix à ce concert baroque, dont la postérité se tirera comme elle pourra, si elle s'en doute. Bornons-nous à reconnaître, sans le juger, un fait incontestable, et tâchons de parler simplement à propos de simplicité : Il n'y a plus, en France, de préjugés.

Voilà un mot terrible, et qui ne plaisante guère ; et, direz-vous, peut-être, qu'entendez-vous par là ? Est-ce ne pas croire en Dieu ? Mépriser les hommes ? Est-ce, comme l'a dit quelqu'un d'un grand sens, manquer de vénération ? Qu'est-ce enfin que d'être sans préjugés ? Je ne sais ; Voltaire en avait-il ? Malgré la chanson de Béranger, si 89 est venu, c'est un peu la faute de Voltaire.

Mais Voltaire et 89 sont venus, il n'y a pas à s'en dédire. Nous n'ignorons pas que, de par le monde, certaines coteries cherchent à l'oublier, et tout en prédisant l'avenir, feignent de se méprendre sur le passé. Sous prétexte de donner de l'ouvrage aux pauvres et de faire travailler les oisifs, on voudrait rebâtir Jérusalem. Malheureusement les architectes n'ont pas le bras du démolisseur, et la pioche voltairienne n'a pas encore trouvé de truelle à sa taille ; ce sera peut-être le sujet d'une autre lettre que nous vous adresserons, monsieur, si vous le permettez. Il ne s'agit ici ni de métaphysique, ni de définitions, Dieu merci. Plus de préjugés, voilà le fait, triste ou gai, heureux ou malheureux ; mais comme je ne pense pas qu'on y réponde, je passe outre.

Je dis maintenant que, pour l'homme sans préjugés, les belles choses faites par Dieu peuvent avoir du prestige, mais que les actions humaines n'en sauraient avoir. Voilà encore un mot sonore, monsieur, que ce mot de *prestige* ; il n'a qu'un tort pour notre temps, c'est de n'exister que dans nos dictionnaires. On le lira pourtant toujours dans les yeux d'une belle jeune fille, comme sur la face du soleil ; mais hors de là, ce n'est pas grand'-chose.

On n'y renonce pas aisément, je le sais, et si je soutiens cette conviction que j'ai, c'est que je crois en conscience qu'on ne peut rien faire de bon aujourd'hui, si on n'y renonce pas.

C'est là, à mon avis, la barrière qui nous sépare du passé. Quoi qu'on en dise et quoi qu'on fasse, il n'est plus permis à personne de nous jeter de la poudre au nez. Qu'on nous berne un temps, c'est possible ; mais le jeu n'en vaut pas la chandelle, cela s'est prouvé, l'autre jour, aux barricades. Nous ne ressemblons, sachons-le bien, aux gens d'aucun autre pays et d'aucun autre âge. Il y a toujours plus de sots que de gens d'esprit, cela est clair et irrécusable ; mais il n'est pas moins avéré que toute forme, toute enveloppe des choses humaines est tombée en poussière devant nous, qu'il n'y

LETTRES DE DUPUIS ET COTONET. Page 430.

Bibl. Charpentier. LIV. 258.

a rien d'existant que nous n'ayons touché du doigt, et que ce qui veut exister maintenant doit en subir l'épreuve.

L'homme sans préjugés, le Parisien actuel, se range pour un vieux prêtre, non pour un jeune, salue l'homme et jamais l'habit, ou s'il salue l'habit, c'est par intérêt. Montrez-lui un duc, il le toise; une jolie femme, il la marchande, après en avoir fait le tour; une pièce d'argent, il la fait sonner; une statue de bronze, il frappe dessus pour voir si elle est pleine ou creuse; une comédie, il cherche à deviner quel en sera le dénouement; un député, pour qui vote-t-il? un ministre, quelle sera la prochaine loi? un journal, à combien d'exemplaires le tire-t-on? un écrivain, qu'ai-je lu de lui? un avocat, qu'il parle; un musicien, qu'il chante; et si la Pasta, qui vieillit, a perdu trois notes de sa gamme, la salle est vide. Ce n'est pas ainsi à la Scala; mais le Parisien qui paye veut jouir, et, en jouissant, veut raisonner, comme ce paysan qui la nuit de ses noces, étendait la main, tout en embrassant sa femme, pour tâter dans les ténèbres le sac qui renfermait sa dot.

Le Parisien actuel est né d'hier; et ce que seront ses enfants, je l'ignore. La race présente existe, et celui qui n'y voit qu'un anneau de plus à la chaîne des vivants se noie comme un aveugle. Jamais nous n'avons si peu ressemblé à nos pères; jamais nous n'avons si bien su ce que nos pères nous ont laissé, jamais nous n'avons si bien compté notre argent, et par conséquent nos jouissances. Oserai-je le dire? jamais nous n'avons su si bien qu'aujourd'hui ce que c'est que nos bras, nos jambes, notre ventre, nos mains; et jamais nous n'en avons fait tant de cas.

Que ferez-vous maintenant, vous acteur, devant ce public? C'est à lui que vous parlez, à lui qu'il faut plaire, peu importe le rôle que vous jouez, poète, comédien, député, ministre, qui que vous soyez, marionnette d'un jour. Que ferez-vous, je vous le demande, si vous arrivez en vous dandinant, pour prendre une pose théâtrale, chercher dans les yeux qui vous entourent l'effet d'une renommée douteuse, bégayer une phrase ampoulée, attendre le bravo, l'appeler en vain, et vous esquiver dans un à peu près? Croirez-vous avoir réussi, quand quatre mains amies ou payées auront frappé les unes dans les autres, à tel geste appris, au moment convenu?

Cinq cent personnes, entassées sur des chaises, attendent que l'abbé Rose paraisse; son sermon est promis depuis trois mois pour la Pentecôte, à midi précis. Il paraît à deux heures, suivi du bedeau. Ses petits mollets gravissent lestement l'escalier en spirale. Il est en chaire; il laisse tomber son coude sur la balustrade de velours, son front dans sa main, et semble rêver; ses lèvres s'entr'ouvrent, et d'une voix flûtée, interrompue par une petite toux sèche, il commence en style melliflu une homélie qui dure trois heures. Il parle de la sainte Vierge, et l'appelle familièrement Marie; de Jésus-Christ, et il l'appelle Christ. Il est tout plein de Christ et de Jean. Paul est bien beau, bien énergique; mais Jean est si doux! Il parle de la mort, de la résurrection, du paradis, et de l'enfer, et ne laisse pas de donner en passant un coup de patte au ministère; car de quoi n'est-il pas question dans sa prose? Il parle de tout, ou plutôt croit parler, et l'assistance croit qu'elle écoute, et tous feignent d'être d'autres gens qu'ils ne sont, pour une matinée, par mode et par oisiveté. On dit en rentrant : « Je viens du sermon », et l'abbé Rose affirme qu'il a prêché.

Soixante badauds, assis au large, composent l'auditoire de Florimond; les trois quarts sont des femmes. D'où viennent ces visages-là? Personne ne peut le dire. On les a évoqués, et ils sont sortis de terre. Florimond a cédé aux instances de ses nombreux et indiscrets amis, et il consent à ébaucher à ses heures perdues un cours d'histoire philosophique, fantastique et pittoresque. Mais il annonce que, parlant au beau sexe, il ne s'astreindra pas à une méthode aride, et il voltige, comme un papillon, de Pharamond à la Pompadour, et de Gengis-Khan à Moïse. Les uns se pâment, d'autres tendent le cou pour se donner un air d'attention ; quelques gens graves froncent le sourcil et regardent si on croit qu'ils réfléchissent; les petites filles écarquillent leurs yeux et poussent de profonds soupirs. Florimond soulève son verre d'eau sucrée, se recueille une seconde, déroule sa péripétie, lance le trait et avale le verre d'eau. On se lève, on l'entoure, il est épuisé. La foule s'écoule avec respect, et un petit nombre d'élus accompagnent l'orateur au logis. Là, étendu sur un sofa, passant son mouchoir sur ses lèvres, il tend le nez aux encensoirs, et se couronne de palmes inconnues. « Vous avez parlé comme Bossuet, comme Fénelon, comme Jean-Jacques, comme Quintilien, comme Mirabeau! »

Cependant le pauvre diable, assommé d'éloges, conserve encore une lueur de bon sens; il soulève le rideau, regarde les passants dans la rue; à l'aspect de cette ville immense, il sent que sa coterie s'agite au fond d'un puits, et que personne ne se doute à Paris de son triomphe d'entresol.

L'étudiant Garnier, qui manque de bois et qui déjeune avec des raves, a lu, pour deux sous le volume, les Mémoires de Casanova. Le siècle de Louis XV lui trotte dans la tête ; il croit voir des nonnes à demi ivres, des boudoirs où les soupers arrivent par des trappes, des bas écarlates et des paillettes. Il sort, ne sachant où aller, cherchant fortune comme faisait

Casanova; il rencontre une jolie femme, il la suit, l'accoste, c'est une fille; il va au jeu, perd six francs qui lui restent; à trois pas de là, il rencontre son tailleur, qui se plaint qu'on ne le trouve jamais, et le menace du juge de paix; un fiacre qui passe l'éclabousse; il est cinq heures et il faut dîner : alors seulement il se gratte la tête, et se souvient qu'il n'y a pas de fiacres à Venise, qu'on y sortait jadis en masque, qu'on ne payait pas son tailleur en 1750, et que Casanova trichait au jeu.

Ce n'est pas l'habileté qui manque à Isidore; il parle bien, il écrit mieux; les hommes en font cas, et il plaît aux femmes; il a tout ce qu'il faut pour réussir, mais il ne réussira jamais. En tout ce qu'il fait, il fait un peu trop, et il veut toujours être un peu plus que lui-même. Le cardinal de Retz disait du grand Condé, qu'il ne remplissait pas son mérite. Isidore déborde le sien; c'est un verre de vin de Champagne qui mousse si bien, qu'il n'est plus que mousse, et qu'il ne reste plus rien au fond. Il rencontrera un bon mot, et il en voudra faire quatre, moyennant quoi le seul bon n'y sera plus. D'une idée longue comme un sonnet, il composera un poème épique. Vous a-t-il vu trois fois au bal, vous êtes son ami intime. A-t-il lu un livre qui lui a plu, c'est la plus belle chose qu'il y ait en aucune langue. A-t-il une piqûre au doigt, il souffre un martyre sans égal. Et ne croyez pas qu'il joue une comédie : il parle ainsi de bonne foi, tant l'habitude a de puissance. A force de se tendre de tous les côtés, il s'est allongé et élargi, mais aux dépens de l'étoffe première, qui craque et se rompt à tout moment.

Narcisse n'est pas seulement ainsi; il est malade d'exagération au troisième degré. Il s'est trouvé un jour à un incendie, où il a aidé à porter de l'eau; il sait que Napoléon en a fait autant, et il se croit un petit Napoléon. Une femme de lettres, amoureuse de lui, l'a menacé d'un coup de couteau, et comme Margarita Cogni a failli en donner un à lord Byron, il se croit un petit Byron. Ces deux personnages, qu'il résume, l'inquiètent et le tourmentent beaucoup; mais comme il a été, d'autre part, assez bien vu d'une baronne, et qu'il lui a écrit des impertinences en se brouillant avec elle, il se croit aussi Crébillon fils. Comment arranger tout ce monde ensemble? il est tantôt l'un, tantôt l'autre, selon le moment et l'occasion. Aujourd'hui il a une vieille redingote, boutonnée jusqu'au menton, et son chapeau lui tombe sur les yeux; demain il porte un gilet rose, et vous frappe les jambes, en causant, avec une canne grosse comme une paille; le surlendemain, il va au théâtre, où il garde son manteau, et, appuyé sur une colonne, il promène autour de lui des regards mornes et désenchantés; c'est à le croire fou de le rencontrer souvent. Pour faire de lui un portrait ressemblant, il faudrait peindre Dorat méditant sur les ruines de Palmyre, ou Napoléon avec des culottes vert tendre et un casque de cuir bouilli [1].

Il est arrivé un grand malheur à Évariste, qui fait des romans presque lisibles, et dont le style, nourri de barbarismes, en impose. Les journaux le traitent bien; on l'invite à dîner, et il gagne par an une somme assez ronde. Mais il a écrit en 1825, dans la préface d'un de ses livres, qu'un homme de génie devait être l'expression de son siècle. Depuis ce jour, il n'a ni repos ni trêve qu'il ne découvre l'esprit de son siècle, afin d'en être l'expression; il cherche les mœurs du temps pour les peindre, et ne peut réussir à les trouver: sont-elles à la Chaussée-d'Antin, au faubourg Saint-Germain, dans les boutiques des marchands, ou dans les salons des ministres, au Marais, au quartier Latin, à la place Maubert? Ne seraient-elles pas au corps de garde, au Jockey-Club ou à Tortoni? La lanterne en main, comme Diogène, il va et vient, et, chemin faisant, dit que Walter Scott n'est qu'un drôle, et que, pour lui, il a plus d'influence sur notre siècle que Voltaire sur le sien. Mais ce damné siècle ne veut pas répondre; et au lieu de se contenter de peindre ce qu'il voit et de constater les nuances, Évariste veut saisir un fil qui puisse tout réunir et tout concentrer; son ambition est d'être le *criterium*, le *nec plus ultra* de l'époque, et d'en posséder seul une clef unique. En attendant, il avoue, en rougissant, qu'on lui paye ses livres vingt mille écus, que ses créanciers le supplient à genoux de leur emprunter quelque argent, que, du reste, les femmes faciles l'ennuient, mais qu'il a fait une folie, une vraie folie, et, que voulez-vous? il a été entraîné, et il a acheté, en passant à Saint-Cloud, une maison de campagne et une forêt.

Le peintre Vincent est un autre homme; un chagrin mortel le dévore: il est profondément méconnu; les journaux le maltraitent, le public n'est qu'une brute, ses confrères sont envieux, sa servante elle-même est son ennemie. Il a pourtant exposé un paysage représentant trois femmes du temps de Louis XIII, passant en gondole dans le parc de Versailles; son cadre avait quatre pouces en hauteur et plus de trois pieds de large, et le gouvernement ne l'a pas acheté. On lui a commandé, il est vrai, un tableau pour une église de province, et ce tableau, fait en conscience, a reçu quelques éloges; mais qu'a-t-on loué? Précisément ce qui n'a aucun mérite, des pieds, des mains, de vils contours! La pensée profonde de l'artiste n'a pas même été entrevue; car ce n'est rien que de regarder une toile, et de dire: « Voilà qui est bien dessiné. » Un écolier en serait juge. Le beau, le sublime,

---

1. Byron, partant pour la Grèce, portait un casque de cuir bouilli. (*Note de l'auteur.*)

ce n'est pas le tableau, c'est ce que le peintre pensait en le faisant, c'est l'idée philosophique qui l'a guidé, c'est l'incalculable suite de méditations *théosophistiques* qui l'ont amené, décidé et contraint à faire un nez retroussé plutôt qu'un nez aquilin, et un rideau amarante plutôt qu'un cramoisi. Voilà la grande question dans les arts; mais nous vivons dans la barbarie. Un seul journaliste a saisi la chose, entre mille ; un seul a touché la corde sensible; et il a dit, dans son feuilleton, que la descente de croix du peintre Vincent était le *Requiem* de Mozart, combiné avec les *Lettres d'Euler* et la *Vie de saint Polycarpe*.

Vous connaissez, monsieur, le chanteur Fioretto; il a une jolie voix dont les accents iraient au cœur, s'il la laissait sortir tranquillement des larges poumons dont la nature l'a pourvu; il nous fait venir les larmes aux yeux quand il exprime un sentiment passionné, mais, par malheur, il se passionne toujours, et, pour dire en musique à sa maîtresse qu'il se trouve bien aise, il pousse des cris comme si on l'égorgeait. La signora Miagolante, qui chante avec lui ordinairement, a été prise de la même fièvre, qui paraît être épidémique. Elle imite la Malibran, et on dirait à tout moment qu'elle va enfin lui ressembler; elle trépigne, s'avance, s'arrache les cheveux, pose la main sur son cœur, et file une note : la souris est gentille, mais la montagne était trop grosse.

Singulière maladie! Paul, qui a le talent d'un romancier, ne fait que des mélodrames les uns après les autres; et Pierre, qui n'a réussi qu'au théâtre, écrit des livres : on lirait le premier avec plaisir, et on applaudirait le second; on siffle l'un et on n'achète pas l'autre.

Quel est ce visage au coin de ce triste feu! A qui ce front pâle et ces mains fluettes? Que cherchent ces yeux mélancoliques qui semblent éviter les miens? Est-ce vous que je vois, pauvre Julie? Qu'y a-t-il donc, qui vous agite ainsi? Vous êtes jeune, belle et riche, et votre amant vous est fidèle; votre esprit, votre cœur, votre rang dans le monde, l'estime qu'on y professe pour vous, tout vous rend la vie aisée et riante; que viennent faire les larmes dans cette chambre, où nul jaloux ne vous surveille, où le bonheur s'enferme sans témoins? Avez-vous perdu un parent? Est-ce quelque affaire qui vous inquiète? Vos amours sont-ils menacés? N'aimez-vous plus? N'êtes-vous plus aimée? Mais non; le mal vient de vous seule, et il ne faut accuser personne. Comment se fait-il qu'avec tant d'esprit vous soyez prise d'une manie si funeste? Est-ce bien vous qui, d'un sentiment vrai, faites une exagération ridicule et le malheur de ceux qui vous entourent? Est-ce vous qui changez l'amour en frénésie, les querelles passagères en scènes à la Kotzebue, les billets doux en lettres à la Werther, et qui parlez de vous empoisonner quand votre amant est un jour sans venir? Quelle abominable mode est-ce là, et de quoi s'avise-t-on aujourd'hui? Croyez-vous donc qu'ils peignent rien d'humain, ces livres absurdes dont on nous inonde, et qui, je le sais, irritent vos nerfs malades? Les romanciers du jour vous répètent que les vraies passions sont en guerre avec la société, et que, sans cesse faussées et contrariées, elles ne mènent qu'au désespoir. Voilà le thème qu'on brode sur tous les tons. Pauvre femme! le monde est si peu en guerre avec ce qu'on appelle les vraies passions, que sans lui elles n'existeraient pas. C'est lui qui les excite et les crée; ce sont les obstacles qui les échauffent, c'est le danger qui les rend vivaces, c'est l'impossibilité de les satisfaire qui les immortalise quelquefois. La nature n'a fait que des désirs, c'est la société qui fait des passions; et, sous prétexte d'en appeler à la nature, ces passions déjà si ardentes, on veut encore les outrer et les prendre pour levier, afin de renverser les bases de la société! Quelle fureur et quelle folie! ne saurait-il y avoir rien de bon, qu'on n'en fasse une caricature? Vous riez du phébus amoureux de la cour de Louis XIV, et vous vous indignez des frivoles intrigues de la Régence! Que Dieu me pardonne, j'aime mieux entendre appeler l'amour un *goût*, comme sous Louis XV, et voir ma maîtresse fraîche et joyeuse avec une rose sur l'oreille, que de parler de vraie passion, comme aujourd'hui, et de vivre de larmes, d'angoisses et de menaces de mort. Si une femme vous trouve joli garçon, et qu'elle vous paraisse bien tournée, ne saurait-on s'arranger ensemble sans tant de grands mots et d'horribles fadaises? et s'il n'est question ni d'éternel dévouement, ni de s'arracher les cheveux, ni de se brûler la cervelle, s'en aime-t-on moins, je vous en prie? Pardieu! la reine de Navarre ferait une belle grimace aujourd'hui, et je voudrais voir ce que dirait Brantôme. Est-il réglé de toute éternité que femme qui se rend ne se rend pas sans phrases? Eh bien donc, faites-en de raisonnables, de galantes, de folles, si vous voulez, mais faites-les humaines du moins. Voilà de beaux codes d'amour, qu'une pluie de romans où on ne voit que des amoureux phtisiques et des héroïnes échevelées. L'Amour est sain, madame, sachez-le; c'est un bel enfant rebondi, fils d'une mère jeune et robuste; l'antique Vénus n'a eu de sa vie ni attaque de spleen ni toux de poitrine. Mais je vous blesse, vous détournez la tête, vous regardez la pendule : il n'est pas tard encore, votre amant va venir; mais s'il ne vient pas, n'avalez pas d'opium ce soir, croyez-m'en; avalez-moi une aile de perdrix et un verre de vin de Madère.

Salut au plus agréable de tous! Salut à l'homme qui veut être simple, et qui a l'affectation de la simplicité! il va faire une visite, et avant de sonner, il a regardé si son jabot passe, si sa cravate n'est pas en désordre, car il tient, par-dessus toute chose, à n'avoir rien d'extraordinaire dans sa toilette. Il sonne doucement; on ouvre, il est entré; mais il a prié qu'on n'annonçât pas. Il traverse le cercle à pas mesurés, comme s'il réglait une distance pour un duel, il salue et s'asseoit; une légère contraction de ses lèvres annonce l'effort qu'il vient de faire. Content de lui, il ne dit rien; cependant sa voisine l'interroge; il s'incline à demi, sourit du bout des lèvres, et lâche un mot sec comme la pierre ponce; charmant convive! La conversation, peu à peu s'échauffe et devient générale. Il s'agit d'une pièce nouvelle, sur laquelle il n'a point d'avis, d'un bal où il n'a point dansé, et d'une femme qu'il ne trouve point jolie. On parle d'autre chose; on parle d'un mort, c'est un de ses amis qu'on a enterré. Notre silencieux prend la parole; on écoute, on s'arrête; il ne paraît pas ému, mais il pourrait l'être; il était lié d'enfance avec le défunt. Cela ne m'étonne pas, dit-il, qu'il soit mort; M. Dupuytren a scié son crâne, et on lui a trouvé un quart de pinte d'eau dans la tête. Voyez un peu quelle simplicité!

Irons-nous plus loin? tenterons-nous d'esquisser le portrait de l'exagéré politique? Non, monsieur; nous n'avons, pour aujourd'hui, que la prétention d'effleurer quelques ridicules, et il y a autre chose dès que la politique s'en mêle. Nous en parlerons quelque jour; ce chapitre mérite qu'on le traite à part. Tenons-nous-en à nos ébauches et saisissons cette occasion de citer un beau vers de M. Delavigne :

Le ridicule cesse où commence le crime.

Nous récapitulons maintenant et concluons : c'est faute de connaître l'esprit de notre temps qu'une foule de talents distingués tombent continuellement dans l'exagération la plus burlesque; c'est faute de se rendre compte à soi-même de ce qu'on vaut, de ce qu'on veut et de ce qu'on peut, qu'on croit tout pouvoir, qu'on veut plus qu'on ne peut, et que finalement on ne vaut rien. Toute imitation du passé n'est que parodie et niaiserie; on a pu autrefois faire de belles choses sans simplicité; aujourd'hui ce n'est plus possible. Pour en finir comme nous avons commencé, nous citerons ici un dernier exemple.

Un homme veut se tuer; ce n'est ni un amoureux, ni un joueur, ni un hypocondriaque; c'est un honnête homme qu'un malheur accable, et qui s'indigne de son destin; cet homme raisonne faiblement, si vous voulez,

FAIRE SANS DIRE.

mais il a, par hasard, une grande âme, et malgré lui, sans qu'il sache pourquoi, cette âme inquiète se demande de quelle manière elle va partir.

A présent, de quel temps est cet homme? Marcus Othon, qui avait vécu comme Néron, mourut comme Caton, parce qu'il était Romain; après avoir dormi d'un profond sommeil, le lendemain de sa défaite, il prit deux épées, les regarda longtemps, et choisit la mieux affilée : « Montre-toi aux soldats, dit-il à son affranchi, si tu ne veux qu'ils te tuent, pensant que tu m'aurais aidé à me donner la mort. » L'affranchi sorti de la chambre, Othon se tue roide, appuyé contre le mur, disant qu'un empereur devait mourir debout. Voilà une vraie mort romaine et antique. Supposez-la d'hier, que vous en lisez le récit dans le journal du soir, que le héros est un agent de change ruiné, voilà un parfait ridicule.

Mais cet agent de change ruiné a rassemblé tout ce qu'il possède encore, et un placement sur une compagnie bien connue assure, dans le cas où il viendrait à mourir, une somme considérable à sa famille. Il prend le prétexte d'un voyage en Suisse, fait ses préparatifs avec calme, calcule ses chances, compte ses enfants, embrasse sa femme et part. Un mois après, le journal du soir annonce que le pied lui a glissé et qu'il est tombé dans un précipice des Alpes. Voilà une vraie mort de notre temps; mais pensez combien elle est simple !

Agréez, etc.

FAIRE SANS DIRE

PROVERBE

1837

PERSONNAGES

MARIANI, musicien. | Le comte APPIANI.
L'abbé FIORASANTA. | JULIE.

Rome.

—

Un cabinet de travail.

MARIANI, seul.

Maintenant que te voilà belle, ma chère basse, va-t'en là ; — il faut que je me couche. Je t'ai joliment frottée, ma grosse ! Comme tu reluis ! Tu es bien contente. Cette poussière te rendait honteuse.

Il sort sa flûte.

Petite, petite, tu vieillis ! Ah ! Dieu du ciel, moi aussi... Que de lumières il y a là-bas ! Hélas ! il est minuit. C'est maintenant que la richesse s'éveille, et que la pauvreté s'endort. Bah ! toute cette musique à copier sera finie demain. Le diable soit de la plume qui a fait un pâté sur cette page !

Il ferme la fenêtre.

Triste ou gai, pourquoi le serais-je ? Vivre sans inquiétude et sans espérance, est-ce être heureux ou malheureux ? Ah ! pauvre lit, tu sens le tombeau. Pauvres murs, les rayons du soleil ne vous aiment guère ; vous êtes si noirs ! Allons, serrons tout ceci. La médiocrité est une triste chose. Il est certain que je dîne, que je vais et viens ici et là comme un renard dans une ménagerie ; mais il n'est pas prouvé que cela s'appelle vivre. Ainsi pourtant l'âge arrive, et la mort... A quoi vais-je rêver !

Il m'a semblé tout à coup que j'entendais courir. Qui est-ce qui crie ? Ma foi, on se sauve; on s'arrête par instants; — il se fait quelque méchant coup de main dans ce quartier.

On frappe.

Qui est là?

Une voix, en dehors.

Ouvrez, ouvrez, qui que vous soyez.

Entrent Julie, masquée, l'abbé Fiorasanta.

L'ABBÉ.

Fermez la porte! la porte! ouf! je suis plus mort que vif.

Julie s'assoit.

MARIANI.

En quoi puis-je vous servir, monsieur?

L'ABBÉ.

Vous vous mourez, belle Julie. Cette fuite précipitée, mon idole, m'afflige autant que vous. Je serai chassé des États du pape!

MARIANI.

Pourquoi cela?

L'ABBÉ.

Silence, mon cher monsieur! paix! paix! voilà un bruit d'armes et de chevaux. Ah Dieu! nous sommes suivis! Dieu nous sauve! Monsieur, n'y a-t-il pas une seconde issue dans cette maison?

MARIANI.

Oui; voilà la porte de mon caveau qui donne sur la campagne.

L'ABBÉ.

Y pensez-vous? en rase campagne! O ciel! ceux qui ont juré ma mort sont à cheval. Ah! c'est fini; voilà la fin de tout; c'est mon heure dernière.

MARIANI.

Si, en frappant à cette porte, vous n'avez voulu demander que l'hospitalité, monsieur l'abbé, je puis me retirer, et la décence même m'en fait un devoir.

L'ABBÉ.

Ah! monsieur, si vous pouviez nous sauver d'une manière ou d'une autre, mon oncle le cardinal vous récompenserait.

MARIANI.

Parlez, dites un mot, que puis-je faire?

L'ABBÉ.

Qu'il vous suffise de savoir qu'on nous poursuit, monsieur, et que votre cœur fasse le reste. Il m'est impossible de vous confier en entier le secret d'une aventure...

<small>Il lui parle à l'oreille.</small>

JULIE, se levant.

Cet homme est mon amant, monsieur; j'ai quitté il y a un quart d'heure la maison de ma mère, et mon frère nous poursuit.

L'ABBÉ.

Nous ne pouvons rester là, ma flamme, mon bien chéri, voilà des torches qui rôdent par ici.

JULIE.

Tu as peur, Fiorasanta?

L'ABBÉ.

Que nous nous séparions, voilà le vrai moyen. Que peut-on prouver, si on nous trouve dans deux endroits différents?

JULIE.

Demande une épée à monsieur, et reste.

L'ABBÉ.

Voilà bien les femmes! Un duel entre moi et votre frère accommoderait bien les choses! Tenez, belle Julie, n'en parlons pas; je suis sûr qu'en vous confiant à Monsieur, je vous laisse entre les mains d'un galant homme; je me hasarderai par les champs, et je rentrerai au palais, si je puis. Demain, à la pointe du jour, je viens vous chercher, et nous partons.

JULIE.

Pourquoi veux-tu te sauver et me laisser?

L'ABBÉ.

Parce que nous ne pouvons fuir ensemble sans danger. On n'attrape pas aisément un homme seul, et d'ailleurs que pourrait-on me dire?

JULIE.

Pars si tu veux.

<small>Elle se rassoit.</small>

L'ABBÉ.

Vous voyez, seigneur cavalier, de quoi il s'agit. Cette jeune demoiselle est la comtesse...

MARIANI.

Je ne vous demande pas de nom, monsieur; voilà mon manteau, et la porte est ouverte.

L'ABBÉ.

C'était un coup monté de partir cette nuit en chaise de poste. Nous avons été surpris et obligés de fuir... — O ciel! tandis que je parle, le comte Appiani, son odieux frère, promène ses torches de tous côtés! jamais Sa Sainteté ne me pardonnera; — et mon oncle le cardinal ne me donnera pas un ducat.

Il met le manteau de Mariani.

Heureusement que ce frère ne saurait m'avoir vu nulle part; j'étais encore au séminaire dimanche dernier; d'ailleurs il n'a pu distinguer mon visage dans toute cette fuite. Monsieur, je vous confie la plus charmante femme de l'Italie.

Il sort.

MARIANI.

Vous pleurez, mademoiselle?

JULIE.

Non.

Un silence.

MARIANI.

Les torches approchent de la maison. Il est très possible qu'on y frappe, puisque vous y avez frappé vous-même. Que fera votre frère s'il vous trouve ici?

JULIE.

Je n'en sais rien.

MARIANI.

Jugez-vous à propos de vous retirer dans une pièce écartée de cette maison?·alors je pourrais tout nier, dans le cas où l'on vous y viendrait chercher; ou croyez-vous qu'il vaille mieux s'en remettre à la générosité du comte Appiani?

JULIE.

Je n'en sais rien.

MARIANI.

Vous seule, cependant, pouvez décider de ce qu'il faut que je fasse, et de ce que vous devez faire vous-même. Ayez du cœur et ne désespérez pas.

JULIE, montrant le stylet qu'elle porte à sa ceinture.

En voilà un qui ne désespère pas.

MARIANI, à part.

Ou cette femme est bien peu de chose, ou elle mérite qu'on fasse tout pour elle. Voyons! faut-il que je la rende à son frère? faut-il que je me mêle de cette affaire-là? je ne la connais pas, cette femme. Voyons! voyons! suis-je un lâche ou ai-je du cœur?

Il s'assoit. — On frappe à la porte.

Voilà son frère, cela est clair. Il n'est pas bien difficile de trouver cette maison isolée. Faut-il que j'ouvre? et quand j'aurai ouvert, que faut-il que je fasse?

On frappe un second coup.

Au fait, tout cela ne me regarde pas. Est-ce ma faute si son amant est un poltron fieffé, et s'il la jette à la tête du premier venu pour sauver sa peau? D'un autre côté, si je me croise les bras, son frère peut être un brutal, et elle n'a personne pour la défendre. D'où sort-elle? et qu'est-ce qui dit qu'elle ne va pas me rire au nez si je fais le rodomont? Il faut faire tout ou rien.

On frappe encore.

JULIE.

A quoi pensez-vous, seigneur cavalier?

Elle ôte son masque.

MARIANI.

Entrez ici, madame, et laissez-moi faire.

Julie sort.

Qu'elle soit ce qu'elle voudra, elle est belle comme le soleil.

Il va ouvrir. — Entre Appiani.

APPIANI.

Qui êtes-vous?

MARIANI.

Et vous?

APPIANI.

Ma sœur est ici.

MARIANI.

Qu'en savez-vous?

APPIANI.

Es-tu son amant?

MARIANI.

Que fais-tu si je le suis?

APPIANI.

Dis oui ou non, ou tu es un lâche.

MARIANI.

Non.

APPIANI, appelant

Julie, sors de cette chambre. Ne te cache pas, je t'ai vue par la fenêtre.

Julie rentre.

JULIE.

Bonjour, Benvenuto; me voilà.

APPIANI.

Ta mère te déshérite, ma sœur. Ton père te maudit.

JULIE.

Jésus! Jésus!

Elle tombe.

APPIANI.

Si tu me connais, tu sais que je ne pardonne pas. Vis comme tu pourras; je ne viens pas te chercher pour te ramener, comme tu peux le croire; fais-toi entretenir par ton amant. On se passera de toi, fillette.

MARIANI.

Taisez-vous; elle va mourir.

APPIANI.

Qu'elle meure, celle qui a un amant qui ne la défend pas! Corps de Bacchus! quel nom porte celui qui laisse tomber une femme, et ne la relève pas.

MARIANI, assis, comptant sur ses doigts.

Six cents ducats chez Angelo, — deux cents ducats chez Battista. — La maison peut en valoir quinze cents, avec le jardin...

APPIANI.

Quel nom porte celle qui quitte son père et sa mère pour un gredin qui ne vient pas quand on l'appelle? Holà! n'y a-t-il rien ici qui ressemble à un homme? T'es-tu enlevée toute seule, Julie?

FAIRE SANS DIRE.
Page 442.

MARIANI.

Les frais du concert et l'éclairage payés, il m'est resté quinze cents francs... Quinze cents et cinq cents d'une part...

Il compte à voix basse.

APPIANI.

Qu'est-ce que tu marmottes, valet?

MARIANI.

Avez-vous quelque autre parent, quelque autre protecteur au monde, madame?

JULIE.

Pas un.

MARIANI, à Appiani.

Viens, toi, tu es mort.

Il sort avec Appiani. — Julie, seule, se met à genoux, et récite un Ave María. — Un long silence. — Mariani rentre.

JULIE.

O Christ! Et mon frère?

MARIANI.

Priez pour lui.

JULIE.

Bourreau, pourquoi l'as-tu tué?

MARIANI.

Parce qu'il fallait que je me battisse, et que, si je l'avais laissé faire, il m'aurait tué.

JULIE.

Pourquoi te bats-tu pour moi? Tu n'es pas mon amant.

MARIANI.

Votre mère vous déshérite; votre père vous a maudite. Je vous ai demandé si vous aviez quelque autre protecteur au monde; vous m'avez dit que non. Sans les injures de votre frère, tout pouvait encore se concilier. Votre famille pouvait se laisser fléchir, et révoquer l'arrêt qu'elle a prononcé contre vous; mais votre frère a voulu un duel. Rentrez dans cette chambre, madame, ma vue doit vous faire horreur.

JULIE.

Laissez-moi partir d'ici.

MARIANI.

Où allez-vous? La maison de votre père est fermée.

JULIE.

J'ai un père là-haut qui a la sienne ouverte.

MARIANI.

Dieu ne console pas les pauvres, madame, et vous êtes déshéritée. Si vous croyez qu'on se fait religieuse comme on veut, vous vous trompez.

JULIE.

Mourir, alors!

MARIANI.

Si vous mourez, j'ai commis un crime inutile.

JULIE.

Que voulez-vous donc de moi?

MARIANI.

J'ai fait avertir Fiorasanta, votre amant.

JULIE.

Vous le connaissez?

MARIANI.

Oui. Êtes-vous fière, fille des Appiani?

JULIE.

Assez pour ne jamais parler à un lâche.

MARIANI.

Il ne viendra pas.

JULIE.

Pourquoi?

MARIANI.

Parce que c'est un lâche. Maintenant, êtes-vous capable d'écouter ce que j'ai à vous dire, ou voulez-vous que je vous laisse seule jusqu'à la pointe du jour? je ne puis rester plus longtemps ici ; mon adversaire est tué sans témoin, et le meurtre est puni de mort.

JULIE.

Qu'est-ce que vous voulez me dire?

MARIANI.

Pouvez-vous supporter ma vue patiemment?

JULIE.

Parlez.

MARIANI, s'asseyant.

Cherchez bien dans votre mémoire; il vous reste un moyen de vivre en paix pendant quelques mois, peut-être pendant quelques années, jusqu'à ce que votre famille veuille vous pardonner et vous recevoir de nouveau.

JULIE.

Quand les Appiani pardonnent, les rivières changent de cours.

MARIANI.

Je vous laisse cette maison qui est à moi. Vous y resterez sous le nom que vous choisirez; mes habitudes étaient solitaires, et l'on ne saura peut-être pas que ce pauvre taudis a changé de maître.

JULIE.

Et toi?.

MARIANI.

Moi, je suis un homme, et un homme vit avec ses bras. Si vous êtes chassée de votre famille, et privée de vos biens irrévocablement, vous avez de quoi vivre ici. Si vous redevenez riche un jour, vous me rendrez tout cela.

JULIE.

J'ai aussi des bras, je puis me faire ouvrière.

MARIANI.

Prenez garde à un mouvement d'orgueil.

JULIE.

Prenez-y garde aussi.

MARIANI.

Ai-je agi trop vite?

JULIE.

Non; mais!...
Elle marche à grands pas.

MARIANI.

Les nuits sont courtes dans cette saison. Voilà l'orient qui se colore. Dans une heure il faut que j'aie quitté Rome.

JULIE.

Ta patrie, Mariani !

MARIANI.

Cette ville n'est pas ma patrie; je suis Vénitien. Tenez, il y aura dix ans à l'Assomption que, par une nuit comme celle-ci, j'entrai dans cette belle cité. Les feux du matin paraissaient, comme dans ce moment, derrière ces collines; je portais avec moi cet instrument. J'étais jeune, joyeux, et sûr de réussir. Je n'avais rien, tout est venu depuis en travaillant. Aujourd'hui ce sera dans ma chère Venise que je reviendrai comme un chanteur en voyage; et si mon bon génie est las de me suivre, j'irai mourir pour la liberté de l'Italie.

JULIE.

Tu es brave, mais tu es fou.

MARIANI.

Je vous supplie d'accepter.

Il se jette à genoux.

JULIE.

Mais quel nom porterai-je ici ?

MARIANI.

Un nom plébéien, c'est une sauvegarde.

JULIE.

Je passerai pour une aventurière. Comment, à la première recherche, ne découvrira-t-on pas qui je suis ? Si je ne tiens à rien, si je ne connais personne, personne ne répondra pour moi, et je serai mise en prison par mes parents ou par la police.

MARIANI.

Je puis pour cela vous offrir un moyen certain... Je crains que vous me refusiez.

JULIE.

Lequel ?

MARIANI.

Je vous le dirai plus tard. — Maintenant, permettez-moi de me préparer à partir.

Il s'éloigne.

JULIE, seule.

Es-tu fou, toi aussi, mon cœur ? Quel rêve fais-tu ? Cet homme est chaud du sang de ton frère.

Elle s'agenouille et prie.

MARIANI, rentrant.

Voici ce que je vous propose : seule ici, quel que puisse être le serviteur que je vous laisserai, il vous faut, en effet, un nom qui réponde pour vous ; je vous offre le mien.

JULIE.

Ton nom ?

MARIANI.

Il n'est pas noble, mais il est sans souillure, du moins jusqu'à ce jour, mon père était joaillier à Venise ; il fut ruiné par un naufrage ; j'ai un frère qui est riche et qui fait le commerce à Bassora. Ma famille ne remonte pas bien haut ; cependant quand le père de mon père est mort, il occupait dans l'armée un grade distingué.

JULIE.

C'est ton nom, Mariani, qui est trop noble pour moi.

MARIANI.

J'étais sûr que vous refuseriez, et cependant il faut que je parte.

JULIE.

Non, non.

MARIANI.

Est-ce le nom d'un assassin que vous ne voulez pas porter ? Songez que, si je ne disparais, je change de rôle demain et je deviens victime.

JULIE.

Et que te donnerais-je en échange ?

MARIANI.

Un souvenir qui me suivra comme une sœur fidèle dans les plus lointaines contrées.

JULIE.

Tu es jeune, Mariani, et le jour où tu aimeras ?... Ne ferme pas ton cœur imprudemment ; que diras-tu alors ?

MARIANI.

Je dirai que j'ai laissé mon nom à une femme que les profondes mers séparent de moi, et que j'ai fini sur la terre.

JULIE.

Tu ne me connais pas, cependant ?

MARIANI.

Réponds-moi ; il faut que je parte.

JULIE.

Va dans cette chambre ; prends une cassette que j'ai apportée et qui contient quelques diamants ; elle est à toi.

MARIANI.

J'accepte.

Il sort. — Une voix en dehors.

Je vous dis que c'est ici, je reconnais la porte.

On frappe.

JULIE, ouvrant.

C'est toi !

Entre Fiorasanta.

L'ABBÉ.

Oui, belle Julie, c'est moi ; j'ai reçu la nouvelle bien fâcheuse de la mort du comte Appiani ; savez-vous ce que j'ai fait ? J'ai tout appris à mon oncle le cardinal.

JULIE.

Eh bien ?

L'ABBÉ.

Eh bien ! tout est au mieux ; il consent à payer à Sa Sainteté tout ce qui est nécessaire pour avoir notre pardon ; il exige seulement que nous quittions la ville pour quelque temps. Nous irons à Naples, où je quitte les ordres et où je vous épouserai. Mon oncle le cardinal a écrit à votre mère pour assoupir l'affaire, et lui demander votre main pour moi ; la réponse a été que votre frère en mourant a exigé qu'on pardonnât votre fuite. Les derniers instants de cet homme, autrefois inflexible, ont été consacrés à prier pour vous et pour lui-même. Vous ne répondez pas ? J'amène avec moi vos porteurs, qui vont, s'il vous plaît, vous reconduire à votre palais, où mon oncle le cardinal s'est lui-même fait transporter ; à moins que vous ne jugiez convenable d'indiquer tout autre lieu qu'il vous plaira.

Mariani rentre.

JULIE.

Mariani, j'ai le pardon de ma mère.

L'ABBÉ.

Monsieur, je vous remercie pour tous les soins que vous avez pris, et vous engage à venir avec moi. Mon oncle le cardinal ne laissera pas vos services sans récompense.

JULIE.

Écoute-moi, Mariani, je veux que tu me jures de m'accorder ce que je vais te demander.

MARIANI.

Je te le jure.

JULIE.

Sur la foi de ton âme ?

MARIANI.

Oui.

JULIE.

Je me nomme Julie, comtesse Appiani. Je suis pupille du cardinal Grimani, qui m'a laissé son bien par testament, après sa mort ; je veux que mon nom soit rayé de ce testament, et le tien écrit à la place. Maintenant, prends cette bague,

Elle se coupe une mèche de cheveux.

et mets cela dedans.

Elle fait ouvrir la porte, et monte dans sa chaise.

L'ABBÉ.

Où ordonnerai-je à ces porteurs de vous mener, madame ?

JULIE.

Chez les sœurs de la Visitation ; prêtre, tu diras à ma mère que j'ai pris le voile.

Ce proverbe a été écrit pour le *Dodecaton*, publication composée de douze morceaux de littérature par douze écrivains différents. (Paris, 1837.)

DE LA TRAGÉDIE.   Page 450

DE LA TRAGÉDIE

A PROPOS

DES DÉBUTS DE MADEMOISELLE RACHEL

Il se passe en ce moment au Théâtre-Français une chose inattendue, surprenante, curieuse pour le public, intéressante au plus haut degré pour ceux qui s'occupent des arts. Après avoir été complètement abandonnées pendant dix ans, les tragédies de Corneille et de Racine reparaissent tout à coup et reprennent faveur. Jamais, même aux plus beaux jours de Talma, la foule n'a été plus considérable. Depuis les combles du théâtre jusqu'à la place réservée aux musiciens, tout est envahi. On fait cinq mille francs de recette avec des pièces qui en faisaient cinq cents; on écoute religieusement, on applaudit avec enthousiasme *Horace*, *Mithridate*, *Cinna*; on pleure à *Andromaque* et à *Tancrède*.

Il est ridicule et honteux que ce soit un prodige; cependant c'en est un. On ne peut nier l'oubli profond dans lequel était tombé l'ancien répertoire. Cet oubli était si bien constaté, que quelques personnes, et même des gens d'esprit, regardent l'affluence qui se porte maintenant au Théâtre-Français comme le résultat d'un engouement passager qui ne peut pas durer. D'un autre côté, comme il y a très longtemps que ces pièces n'avaient été suivies, on voit des gens qui arrivent là comme en pays étranger, et qui jugent au foyer nos vieux chefs-d'œuvre comme des vaudevilles nouveaux. Les uns, restés fidèles à la littérature classique, proclament une révolution, ou pour mieux dire une restauration, et disent tout haut que le romantisme est mort; les autres, accoutumés au genre à la mode, et à tout le fracas de nos mélodrames, s'indignent, soit à plaisir soit de bonne foi, et paraissent disposés à renouveler les querelles oubliées entre la nouvelle et l'ancienne école. C'est un assez singulier chaos que ces opinions diverses.

Une jeune fille qui n'a pas dix-sept ans, et qui semble n'avoir eu pour maître que la nature, est la cause de ce changement imprévu qui soulève les plus importantes questions littéraires. Avant d'essayer d'observer ces questions, il faut dire un mot de la débutante.

Mlle Rachel est plutôt petite que grande ; ceux qui ne se représentent une reine de théâtre qu'avec une encolure musculeuse et d'énormes appas noyés dans la pourpre, ne trouveront pas leur affaire; la taille de Mlle Rachel n'est guère plus grosse qu'un des bras de Mlle Georges ; ce qui frappe d'abord dans sa démarche, dans ses gestes et dans sa parole, c'est une simplicité parfaite, un air de véritable modestie. Sa voix est pénétrante, et, dans les moments de passion, extrêmement énergique; ses traits délicats, qu'on ne peut regarder de près sans émotion, perdent à être vus de loin sur la scène; du reste elle semble d'une santé faible; un rôle un peu long la fatigue visiblement.

Si, d'une part, on considère l'âge de cette jeune tragédienne, et si on réfléchit, d'un autre côté, combien l'expérience est indispensable au comédien, seulement pour dire juste, on doit éprouver une grande défiance en voyant paraître un enfant sous les traits d'Hermione et de Monime. Que de sentiments, en effet, ne faut-il pas avoir connus par soi-même, et jusqu'à l'excès, pour oser rendre des rôles si variés, si passionnés, si profonds, tracés par la main des plus grands maîtres qui aient jamais sondé le cœur de l'homme ? Mlle Rachel n'a pas l'expérience du théâtre, et il est impossible qu'à son âge elle ait l'expérience de la vie. On devait donc s'attendre à ne trouver en elle que des intonations plus ou moins heureuses apprises au Conservatoire et répétées avec plus ou moins d'adresse et d'intelligence. Il n'en est rien ; elle ne réclame point, elle parle ; elle n'emploie, pour toucher le spectateur, ni ces gestes de convention, ni ces cris furieux dont on abuse partout aujourd'hui ; elle ne se sert point de ces moyens communs, qui sont presque toujours immanquables, de ces contrastes cadencés qu'on pourrait noter, et dans lesquels l'acteur sacrifie dix vers pour amener un mot ; là où la tradition veut qu'on cherche l'effet, elle n'en produit pas la plupart du temps. Si elle excite l'enthousiasme, c'est en disant les vers les plus simples, souvent les moins saillants, et aux endroits où l'on s'y attend le moins. Dans *Tancrède*, par exemple, lorsque Aménaïde, accusée par son amant, s'écrie :

   Il devait présumer qu'il était impossible
   Que jamais je trahisse un si noble lien.

Il est certainement difficile de trouver deux vers plus ordinaires, on peut même dire plus prosaïques. Ils sont au milieu d'une tirade, et par conséquent, n'appellent point l'attention. Cependant, quand Mlle Rachel les prononce, un frémissement électrique parcourt toute la salle, et les applaudissements éclatent de toutes parts.

On peut juger par cet exemple du talent particulier de la jeune actrice, car ces deux vers, tout faibles qu'ils sont, n'en expriment pas moins un sentiment vrai, l'indignation d'une âme loyale qui se voit injustement soupçonnée ; ce sentiment suffit à Mlle Rachel ; elle s'en empare, et elle le rend avec tant de justesse et d'énergie que ce seul mot d'*impossible* devient sublime dans sa bouche. Et encore dans le rôle d'Hermione :

> Je percerai ce cœur que je n'ai pu toucher.

Pour quiconque l'a entendue et sait le prix de la vérité, l'accent qu'elle donne à ce vers, qui n'est pas bien remarquable non plus, est une chose incompréhensible dans une si jeune fille ; car ce qui va au cœur vient du cœur ; ceux qui en manquent peuvent seuls le contester; et où a-t-elle appris le secret d'une émotion si forte et si juste ? Ni leçons, ni conseils, ni études, ne peuvent rien produire de semblable. Qu'une femme de trente ans, exaltée et connaissant l'amour, pût trouver un accent pareil dans un moment d'inspiration, il faudrait encore s'étonner ; mais que répondre quand l'artiste a seize ans ?

J'ai choisi deux exemples au hasard, tels que ma mémoire me les a fournis ; j'en aurais pu citer cent autres qui seraient autant de preuves concluantes. Il faut nécessairement reconnaître là une faculté divinatrice, inexplicable, qui trompe tous les calculs, et qui ressemble à ce qu'on appelle une révélation. Tel est le caractère du génie ; il ne faut pas craindre ici de prononcer ce mot, car il est juste. Mlle Rachel n'a pas un talent consommé, il s'en faut même de beaucoup, et cela lui reste à acquérir ; elle a besoin d'étudier ; mais on peut affirmer qu'elle a du génie, c'est-à-dire l'instinct du beau, du vrai, l'étincelle sacrée qui ne s'acquiert pas et qui ne se perd pas non plus, quoi qu'on dise ; voilà pourquoi il n'est pas à redouter que les compliments lui fassent tort. Si sa poitrine ne se fatigue pas, et si on ne la détourne pas de sa route, pour lui faire jouer le drame moderne, avec de l'étude et des passions, elle peut devenir une Malibran.

Venons aux questions littéraires. Pour ce qui regarde d'abord les gens qui croient voir une affaire de mode dans le retour du public à l'ancienne tragédie, disons, sans hésiter, qu'ils se trompent. Il est bien vrai qu'on va voir *Andromaque* parce que Mlle Rachel joue Hermione, et non pour autre chose, de même qu'il est vrai que Racine écrivit *Iphigénie* pour la Champmeslé, et non pour une autre. Qu'est-ce, en effet, que la plus belle pièce du monde, si elle est mal jouée? Autant vaut la lire. Iriez-vous entendre le *Don Juan* de Mozart, si Tamburini chantait faux? Que ceux qui essaient de se persuader que Racine a passé veuillent bien se rappeler le mot de Mme de Sévigné, et prendre une tasse de café.

Quant à ceux qui pensent que ce même retour aux pièces du siècle de Louis XIV est une atteinte mortelle portée au romantisme, on ne peut leur répondre ni avec autant d'assurance, même au risque de se tromper, ni d'une manière absolument explicite. Il se pourrait bien, en effet, que des représentations suivies des chefs-d'œuvre de notre langue causassent un notable dommage aux drames qu'on appelle romantiques, c'est-à-dire à ceux que nous avons en France aujourd'hui. En ce sens, les classiques auraient raison ; mais il n'en resterait pas moins avéré que le genre romantique, celui qui se passe des unités, existe; qu'il a ses maîtres et ses chefs-d'œuvre, tout comme l'autre; qu'il ouvre une voie immense à ses élèves; qu'il procure des jouissances extrêmes à ses admirateurs, et enfin, qu'à l'heure qu'il est, il a pris pied chez nous et n'en sortira plus. Voilà ce qu'il est peut-être hardi, mais nécessaire de dire aux classiques; car il y en aura toujours en France, de quelque nom qu'on les appelle. Nous avons quelque chose d'attique dans l'esprit, qui ne nous quittera jamais. Lors donc que les classiques de ce temps-ci assistent à un drame nouveau, ils se récrient et se révoltent, souvent avec justice, et ils s'imaginent voir la décadence de l'art; ils se trompent. Ils voient de mauvaises pièces faites d'après les principes d'un art qui n'est pas le leur, qu'ils n'aiment pas et ne connaissent pas tous, mais qui est un art : il n'y a point là de décadence. Je conviendrai tant qu'on voudra qu'on trouve aujourd'hui sur la scène les événements les plus invraisemblables entassés à plaisir les uns sur les autres, un luxe de décoration inouï et inutile, des acteurs qui crient à tue-tête, un bruit d'orchestre infernal, en un mot, des efforts monstrueux, désespérés, pour réveiller notre indifférence, et qui n'y peuvent réussir ; mais qu'importe? Un méchant mélodrame bâti à l'imitation de Calderon ou de Shakspeare ne prouve rien de plus qu'une sotte tragédie cousue de lieux communs sur le patron de Corneille ou de Racine, et, si on me demandait auquel des deux je me résignerais le plus volontiers, en cas d'arrêt formel qui m'y condamnât, je crois que je choisirais le mélodrame. Qui oserait dire que ces deux noms de Shakspeare et de Calderon, puisque je viens de les citer, ne sont pas aussi glorieux que ceux de Sophocle et d'Euripide? Ceux-ci ont produit Racine et Corneille, ceux-là Goethe et Schiller. Les uns ont placé, pour ainsi dire, leur muse au centre d'un temple entouré d'un triple cercle; les autres ont lancé leur génie à tire-d'aile, en toute liberté : enfance de l'art, dit-on, barbarie ; mais avez-vous lu les œuvres de ces barbares ? *Hamlet* vaut *Oreste*, *Macbeth* vaut *Œdipe*, et je ne sais même ce qui vaut *Othello*.

Pourquoi a-t-on opposé ces deux genres l'un à l'autre ? Pourquoi l'esprit humain est-il si rétréci qu'il lui faille toujours se montrer exclusif ? Pourquoi les admirateurs de Raphaël jettent-ils la pierre à Rubens ? Pourquoi ceux de Mozart à Rossini ? Nous sommes ainsi faits ; on ne peut même pas dire que ce soit un mal, puisque ces enthousiasmes intolérants produisent souvent les plus beaux résultats; mais il ne faudrait pourtant pas que ce fût une éternelle guerre. Lorsque jadis le pauvre La Motte proposa le premier à Paris de faire des pièces en prose, sans unités, Voltaire frémit d'horreur à Ferney et écrivit aux comédiens du roi que c'était l'*abomination de la désolation* dans le temple de Melpomène. Lorsque, de nos jours, M. Victor Hugo, avec un courage auquel on doit honneur et justice, monta hardiment à la brèche de ce même temple, quel déluge de traits n'a-t-on pas lancé sur lui ? Mais il a fait comme Duguesclin, il a planté lui-même son échelle. Maintenant que la paix est faite, et la citadelle emportée, pourquoi les deux partis n'en profitent-ils pas ?

Ceci m'amène au point délicat qui fait le sujet de cet article : à savoir, si la tragédie renaissait aujourd'hui, et reprenait franchement sa place à côté du drame romantique, ce qu'elle pourrait être. Il va sans dire que je n'ai pas la prétention de décider une question pareille, mais seulement de la poser et de faire quelques conjectures.

Le lecteur relèvera de lui-même mes erreurs, et de plus habiles que moi décideront.

Tout le monde sait l'histoire de la tragédie. Née pendant la vendange dans le chariot de Thespis, et ne signifiant alors que le *chant du bouc*, élevée tout à coup, comme par enchantement, sur les gigantesques tréteaux d'Eschyle, corrigée par Sophocle, adoucie par Euripide, énervée par Sénèque, errante et abandonnée pendant douze siècles, retrouvée en Italie par Trissino, apportée en France par Jodelle et Garnier, son véritable père chez nous fut le grand Corneille; Racine, bien que plus tendre et plus passionné que l'auteur du *Cid*, suivit les lois que celui-ci avait posées ; Voltaire et Crébillon tentèrent à demi de se rapprocher de l'antique; le reste ne fut qu'une longue imitation, où brillent de temps à autre quelques bons ouvrages. Ainsi est venue la tragédie jusqu'à nos écrivains d'aujourd'hui, qu'il ne m'appartient pas de juger, mais parmi lesquels ce serait une faute de ne pas citer ici MM. Casimir Delavigne, qu'on n'oublie pas, et Lemercier, qu'on oublie trop.

Au milieu de si rudes traversées, la tragédie a nécessairement subi de nombreuses transformations. Il n'y a cependant que deux époques importantes et que deux maîtres, Sophocle et Corneille. Le premier a fondé la tragédie ancienne, le second la moderne, fort différentes l'une de l'autre ; au-dessus de ces deux génies en domine un troisième, le plus grand peut-être de l'antiquité. Notre siècle est si extravagant et si puérilement railleur qu'on y hésite à nommer Aristote. Grâce aux quolibets de quelques ignorants, on a rendu presque ridicule le nom de cet homme qui, n'ayant pour guide que son jugement, pour règle que son coup d'œil, en philosophie, en zoologie, en littérature, dans presque toutes les sciences, a posé des bases aussi vieilles, aussi impérissables que le monde. Je ne prétends pas le suivre dans sa poétique, ni Corneille dans son discours des trois unités : ce seraient trop de détails inutiles ; je me bornerai à indiquer rapidement la différence de la tragédie antique et de la tragédie moderne, afin de venir clairement jusqu'à nous. La tragédie est la représentation d'une action héroïque, c'est-à-dire qu'elle a un objet élevé, comme la mort d'un roi, l'acquisition d'un trône, et pour acteurs des rois, des héros ; son but est d'exciter la terreur et la pitié. Pour cela, elle doit nous montrer les hommes dans le péril et dans le malheur, dans un péril qui nous effraye, dans un malheur qui nous touche, et donner à cette imitation une apparence de vérité telle que nous nous laissions émouvoir jusqu'à la douleur. Pour parvenir à cette apparence de vérité, il faut qu'une seule action, pitoyable et terrible, se passe devant nous, dans un lieu qui ne change pas, en un espace de temps qui excède le moins possible la durée de la représentation, en sorte que nous puissions croire assister au fait même, et non à une imitation. Voilà les premiers principes de la tragédie qui sont communs aux modernes et aux anciens.

L'homme qu'il s'agit de nous montrer, tombe dans le péril ou le malheur par une cause qui est *hors de lui*, ou *en lui-même* : *hors de lui*, c'est le destin, le devoir, la parenté, l'action de la nature et des hommes ; *en lui*, ce sont les passions, les vices, les vertus ; voilà la source de la différence des deux tragédies. Cette différence n'est pas le résultat d'un hasard ni d'une fantaisie ; elle a un motif simple et facile à dire.

Dans presque toutes les tragédies antiques, le malheur du principal personnage naissait d'une cause étrangère ; la fatalité y présidait ; cela devait être. Les poètes usaient de leurs moyens, et le dogme de la fatalité était la plus terrible comme la plus répandue des croyances populaires. Leurs théâtres contenaient dix mille spectateurs; il s'agissait pour eux d'emporter le prix, et ils se servaient, pour soulever les masses, du levier le plus sûr qu'ils eussent sous la main. Qu'on examine seulement l'histoire des Atrides, qui a été le sujet de tant de tragédies : Agamemnon sacrifie sa fille parce que les dieux la lui ont demandée ; Clytemnestre tue son mari pour venger la mort de sa fille ; Oreste arrive, et égorge sa mère, parce qu'elle a tué Agamemnon ; mais Oreste lui-même est frappé du châtiment le plus horrible, il tombe en démence, les Furies le poursuivent, et vengent à leur tour Clytemnestre. Quel exemple, quelle recherche d'une fatalité aveugle, implacable ! Une pareille fable nous révolte ; il n'en était pas ainsi en Grèce; ce qui ne nous semble qu'un jeu cruel du hasard, inventé à plaisir, était pour les Grecs un enseignement, car le hasard chez eux s'appelait Destin, et c'était le plus puissant de leurs dieux. Ils apprenaient à se résigner et à souffrir, à devenir stoïciens, en assistant à des spectacles semblables. Aristote calcule et compare les diverses sortes de dénouements, et non seulement il donne la préférence aux plus affreux, aux plus féroces, mais il ne craint pas de témoigner son mépris pour les dénouements heureux. Il va plus loin :

« La tragédie n'agit point, dit-il, pour imiter les mœurs, elle peut même s'en passer ; ce qu'il faut pour émouvoir, c'est un personnage sans caractère mêlé de vices et de vertus, qui ne soit ni méchant ni bon, mais malheureux par une erreur ou par une faute involontaire. » C'était ainsi que les poètes antiques apprenaient aux hommes à se soumettre, à se courber sans murmurer devant la Destinée. Ils croyaient leur donner une leçon plus salutaire en leur montrant leurs semblables persécutés, accablés par un devoir injuste, capricieux, inexorable, qu'en faisant triompher la vertu aux dépens du vice, comme on en use aujourd'hui.

Mais ce qu'ils nommaient destin ou fatalité n'existe plus pour nous. La religion chrétienne d'une part, et d'ailleurs la philosophie moderne, ont tout changé ; il ne nous reste que la Providence et le hasard ; ni l'un ni l'autre ne sont tragiques. La Providence ne ferait que des dénouements heureux; et quant au hasard, si on le prend pour élément d'une pièce de théâtre, c'est précisément lui qui produit ces drames informes où les accidents se succèdent sans motif, s'enchaînent sans avoir de lien, et se dénouent sans qu'on sache pourquoi, sinon qu'il faut finir la pièce. Le hasard, cessant d'être un dieu, n'est plus qu'un bateleur. Corneille fut le premier qui s'aperçut de la distance qui, sous ce rapport, nous sépare des temps passés : il vit

DE LA TRAGÉDIE. Page 461

que l'antique élément avait disparu, et il entreprit de le remplacer par un autre. Ce fut alors qu'en lisant Aristote et en étudiant ses principes, il remarqua que, si ce grand maître recommande surtout la fatalité, il permet aussi au poète de peindre l'homme conduit au malheur seulement par ses passions; les anciens eux-mêmes l'avaient fait dans l'*Électre* et dans le *Thyeste*. Corneille se saisit de cette source nouvelle; à peine eut-elle jailli devant lui qu'il la changea en fleuve; il résolut de montrer la passion aux prises avec le devoir, avec le malheur, avec les liens du sang, avec la religion; la pièce espagnole de Guillen de Castro lui sembla la plus propre à développer sa pensée; il en fit une imitation qui est restée et restera toujours comme un chef-d'œuvre; puis, comme il était aussi simple qu'il était grand, il écrivit une poétique, afin de répandre le trésor qu'il avait trouvé, ce dont Racine profita si bien. Par cette poétique, il consacra le principe dont il était question tout à l'heure, c'est-à-dire de faire périr le personnage intéressant par une cause qui est *en lui*, et non *hors de lui*, comme chez les Grecs.

La passion est donc devenue la base, ou plutôt l'axe des tragédies modernes. Au lieu de se mêler à l'intrigue pour la compliquer ou pour la nouer comme autrefois, elle est maintenant la cause première. Elle naît d'elle-même et tout vient d'elle : une passion et un obstacle, voilà le résumé de presque toutes nos pièces. Si Phèdre brûle pour Hippolyte, ce n'est plus Vénus offensée qui la condamne au supplice de l'amour, ce sont les entrailles d'une marâtre qui s'émeuvent à l'aspect d'un beau jeune homme. La divinité n'intervient plus dans nos fables; nous n'avons plus de ces terribles prologues où un dieu irrité sort d'un palais, et appelle le malheur sur ceux qui l'habitent. Apollon et la mort ne se disputent plus Alceste; Hercule ne vient plus la tirer de la tombe; si nous voulions faire un nouvel Œdipe, il n'exciterait que l'horreur et le dégoût, car sa rencontre avec Laïus et son mariage avec Jocaste, n'étant plus annoncés par un oracle, ne pouvant plus amener la peste après eux, ne seraient plus que de hideuses débauches d'imagination; chez nous, l'homme est seul, et ses vertus, ses vices, ses crimes lui appartiennent. J'ai déjà dit que je ne pourrais entrer ici dans les subdivisions, ni parler, par conséquent, de la tragédie pathétique ou morale, simple ou implexe, des révolutions, des reconnaissances, ni des combinaisons qui résultent, chez les anciens comme chez les modernes, du mélange des deux systèmes. Au risque d'être repris justement, je ne puis m'occuper des exceptions.

Voici maintenant ce qui arriva : Corneille ayant établi que la passion était l'élément de la tragédie, Racine survint qui déclara que la tragédie pouvait n'être simplement que le développement de la passion. Cette doctrine semble, au premier abord, ne rien changer aux choses; cependant elle change tout, car elle détruit l'action. La passion qui rencontre un obstacle et qui agit pour le renverser, soit qu'elle triomphe ou succombe, est un spectacle animé, vivant; du premier obstacle en naît un second, souvent un troisième, puis une catastrophe, et au milieu de ces nœuds qui l'enveloppent, l'homme qui se débat pour arriver à son but peut inspirer terreur et pitié; mais si la passion n'est plus aux prises qu'avec elle-même, qu'arrive-t-il ? Une fable languissante, un intérêt faible, de longs discours, des détails fins, de curieuses recherches sur le cœur humain, des héros comme Pyrrhus, comme Titus, comme Xipharès, de beaux parleurs, en un mot, et de belles discoureuses qui content leurs peines au parterre; voilà ce qu'avec un génie admirable, un style divin et un art infini, Racine introduisit sur la scène. Il a fait des chefs-d'œuvre sans doute, mais il nous a laissé une détestable école de bavardage, et, personne ne pouvant parler comme lui, ses successeurs ont endormi tout le monde.

Faut-il lui en faire un reproche, et pouvait-il faire autrement? Ceci mérite qu'on l'examine, car c'est là qu'on peut trouver la différence de son temps au nôtre, et par conséquent les motifs qui doivent nous faire tenter une autre voie.

On s'attend peut-être que je vais parler des mœurs de la cour de Louis XIV, et essayer de prouver, après mille autres, que Racine a subi l'influence de cette cour efféminée; cela est probable, mais c'est une autre raison beaucoup moins relevée, beaucoup plus réelle et matérielle que je soumettrai ici au lecteur. « Un des plus grands obstacles, dit Voltaire, qui s'opposent, sur notre théâtre, à toute action grande et pathétique, est la foule des spectateurs confondue avec les acteurs. Les bancs qui sont sur le théâtre rétrécissent la scène, et rendent toute action presque impraticable... Il ne faut pas s'y méprendre; un inconvénient tel que celui-là seul a suffi pour priver la France d'une foule de chefs-d'œuvre qu'on aurait sans doute hasardés si on avait eu un théâtre libre, propre pour l'action, et tel qu'il est chez toutes les autres nations de l'Europe... *Cinna, Athalie,* méritaient d'être représentés ailleurs que dans un jeu de paume, au bout duquel on a élevé quelques décorations du plus mauvais goût, et dans lequel les spectateurs sont placés, contre tout ordre et contre toute raison, les uns debout sur le théâtre même, les autres debout dans ce qu'on nomme parterre... Comment oserions-nous faire paraître, par exemple, l'ombre de Pompée ou le génie de Brutus au milieu de tant de jeunes gens qui ne regardent jamais les choses que comme l'occasion de dire un bon mot?... Comment apporter le corps de César sanglant sur la scène? comment faire descendre une reine éperdue dans le tombeau de son époux, et l'en faire sortir mourante de la main de son fils, au milieu d'une foule qui cache et le tombeau et le fils et la mère, et qui énerve la terreur du spectacle par le contraste du ridicule?... Comment cela peut-il s'exécuter sur une scène étroite, au milieu d'une foule de jeunes gens qui laissent à peine *dix pieds* de place aux acteurs? De là vient que la plupart des pièces ne sont que de longues conversations... Il faut convenir que, d'environ quatre cents tragédies qu'on a données au théâtre, depuis qu'il est en possession de quelque gloire en France, il n'y en a pas dix ou douze qui ne soient fondées sur une intrigue d'amour, plus propre à la comédie qu'au genre tragique. C'est presque toujours la même pièce, le même nœud, formé par une jalousie et une rupture, et dénoué par un mariage ; c'est une coquetterie continuelle, une simple comédie où des princes sont acteurs, et dans laquelle il y a quelquefois du sang répandu pour la forme. »

J'extrais ces phrases détachées de plusieurs passages de Voltaire; elles me semblent concluantes au dernier point. Il n'y a d'ailleurs personne qui ne se souvienne de ces vers des *Fâcheux* de Molière :

> Les acteurs commençaient, chacun prêtait silence;
> Lorsque, d'un air bruyant et plein d'extravagance,
> Un homme à grands canons est entré brusquement,
> En criant : Holà ! ho ! un siège promptement... etc., etc.

Triste vanité des choses humaines ! quoi ! ces belles théories de Racine, ces pompeuses pensées si élégamment vêtues, ces préfaces si concises, si nobles, ce doux système si tendre et si passionné, tout cela aurait eu pour cause véritable les embarras d'un espace de dix pieds et les banquettes de l'avant-scène? Serait-il possible que tant de confidents n'eussent fait de si harmonieux récits, que tant de princes amoureux n'eussent si bien parlé que pour remplir la scène sans trop remuer, de peur d'accrocher en passant les jambes de messieurs les marquis ? Hélas ! il n'est que trop vrai. Et d'où vient maintenant qu'au théâtre, il faut le dire, les tragédies de Racine, toutes magnifiques qu'elles sont, paraissent froides par instant, et même d'une froideur bizarre, comme de belles statues à demi animées ? C'est que le comte de Lauraguais a donné trente mille francs, en 1759, pour qu'on ôtât les banquettes de la scène ; c'est qu'Andromaque, Monime, Émilie, sont aujourd'hui toutes seules dans de grands péristyles où rien ne les gêne, où elles peuvent se promener sur une surface de soixante pieds carrés, et les marquis ne sont plus là pour entourer l'actrice, pour dire un bon mot après chaque tirade, pour ramasser l'éventail d'Hermione, ou critiquer les canons de Thésée. Oreste, son épée à la main, n'a plus besoin d'écarter la foule des petits maîtres et de leur dire : « Messieurs, permettez-moi de passer, je suis obligé d'aller tuer Pyrrhus. » Voilà pourquoi nous nous apercevons que l'action languit, et nous nous étonnons que toutes les portes étant ouvertes, tout le palais désert, personne n'entre, n'agisse, ne ranime la pièce.

Quel que soit donc notre respect pour les écrivains du grand siècle, nous sommes dans d'autres conditions qu'eux ; nous devons faire autre chose que ce qu'ils ont fait ; mais quoi ? c'est là la question. Voltaire essaya, le premier, dans *Tancrède*, de créer une tragédie vraiment moderne. Il crut avoir complètement réussi, et il ne se trompait pas tout à fait. Son sujet est l'un des plus beaux, des plus pathétiques qu'on ait vus au théâtre ; son plan est simple, hardi, tracé de main de maître ; tout le monde convient malheureusement que la versification est lâche, commune, écrite à la hâte, et que la déclamation y usurpe la place de la vérité. Il semble que Voltaire n'ait rien écrit pour satisfaire sa propre conscience, excepté quand sa bile s'émouvait ; le reste du temps on dirait un homme qui a fait une gageure et qui improvise. Lors même qu'il composait ses plus beaux vers, on croirait que ses amis étaient derrière la porte à l'écouter ; c'est une perpétuelle parade. Je ne m'étonne pas qu'à Sainte-Hélène l'empereur, lisant *Zaïre*, ait jeté le livre, en s'écriant que Voltaire ne connaissait ni les hommes ni les passions. Napoléon ne pouvait pas tenir compte à l'auteur d'*Œdipe* des efforts admirables qu'il a entrepris pour faire goûter à une société dépravée et blasée les fruits sauvages de l'antiquité. Quoi qu'il en soit, et malgré ses défauts, la tragédie chevaleresque de *Tancrède* mérite d'être l'objet de graves méditations. Si ce n'est un modèle, c'est un exemple.

De Belloy a fait quelques essais pour amener une tragédie nationale ; la pensée première en est remarquable, mais l'exécution est d'une telle faiblesse, qu'il n'y a pas moyen d'en parler. Chénier suivit la même route, et voulut faire jusqu'à un certain point une tragédie historique et républicaine. Mais ces détails m'entraîneraient trop loin, je veux seulement marquer la date d'une idée féconde.

L'introduction du drame en France a exercé une influence si rapide et si forte, que, pour satisfaire ce goût nouveau sans déserter entièrement l'ancienne école, quelques écrivains ont pris le parti de chercher un genre mitoyen, et de faire, pour ainsi dire, des drames tragiques. Ils n'ont pas précisément violé les règles, mais ils les ont éludées, et on pourrait dire, en style de palais, qu'ils ont commis un délit romantique avec circonstances atténuantes. D'excellents esprits ont tenté cette voie; ils y ont réussi, parce que le talent plaît toujours, sous quelque forme qu'on le trouve; mais, en mettant à part ces succès mérités, je crois que ce genre en lui-même est faux, bâtard et dangereux pour les jeunes gens qui le tenteraient. « Que m'importe, dira-t-on, que les règles soient observées ou non dans une pièce, pourvu qu'elle m'amuse? » Le public a raison de raisonner ainsi; ce ne sont pas ses affaires que les divisions d'Aristote, mais ce sont les affaires de l'écrivain, qui doit les connaître, et ce n'est pas pour se divertir que le précepteur d'Alexandre a fait tant de calculs, tant de profondes études, tant de recherches arides, afin d'en venir à établir ces lois. Beaucoup de gens se sont habitués à regarder les règles comme des entraves; La Motte disait que les trois unités étaient une chose de fantaisie, dont on pouvait se servir ou se passer à son gré. Il est certain que rien n'oblige un honnête homme à s'y astreindre. Qui veut peut écrire ce qui lui plaît. Les règles de la tragédie ne regardent que celui qui a dessein de faire une tragédie; mais vouloir en faire une sans les unités, c'est à peu près la même chose que de vouloir bâtir une maison sans pierres. Une pièce sans unités peut être fort belle; on peut y trouver mille charmes et les plus beaux vers du monde; on peut même imprimer sur une affiche que c'est une tragédie; mais, pour le faire croire, c'est autre chose, à moins d'imiter ce moine qui, en carême, jetait un peu d'eau sur un poulet en lui disant : « Je te baptise carpe. »

Si les règles étaient des entraves inventées à plaisir pour augmenter la difficulté, mettre un auteur à la torture, et l'obliger à des tours de force, ce serait une puérilité si sotte qu'il n'est guère probable que des esprits comme Sophocle, Euripide, Corneille, s'y fussent prêtés. Les règles ne sont que le résultat des calculs qu'on a faits sur les moyens d'arriver au but que se propose l'art. Loin d'être des entraves, ce sont des armes, des recettes, des secrets, des leviers. Un architecte se sert de roues, de poulies, de charpentes; un poète se sert des règles, et plus elles seront exactement observées, énergiquement employées, plus l'effet sera grand, le résultat solide; gardez-vous donc bien de les affaiblir, si vous ne voulez vous affaiblir vous-même.

Je suppose que ce genre que j'appelle mitoyen, à demi dramatique, à demi tragique, s'établisse en France et devienne coutume. Je suppose encore que deux écrivains, l'un d'un génie indépendant comme Shakspeare, l'autre d'un goût épuré comme Racine, se présentent et, trouvant le genre adopté, essayent de le suivre; qu'arrivera-t-il? L'homme indépendant n'aura pas plus tôt écrit quatre pages qu'il se trouvera à l'étroit; il ne pourra supporter la gêne; un besoin irrésistible de se développer tout entier lui fera secouer un faible joug qui lui semblera inutile et injuste; l'autre écrivain, au contraire, s'apercevra bientôt qu'en se rapprochant de la simplicité, il a tout à gagner; il sentira que les épisodes, les changements de décoration, les tableaux de mœurs et de caractères, ôtent à son ouvrage la grandeur et la force qu'il y veut imprimer. S'il ignore les règles, il les devinera; s'il les connaît, il en fera usage. Ainsi le genre mitoyen sera insuffisant pour le premier de ces deux hommes, dangereux et inutile pour le second; l'un brisera la chaîne, l'autre la resserrera.

Si la tragédie reparaît en France, j'ose avancer qu'elle devrait se montrer plus châtiée, plus sévère, plus antique que du temps de Racine et de Corneille. Dans toutes les transformations qu'elle a subies, dans tous les développements, dans toutes les altérations qui l'ont dégradée, il y avait une tendance vers le drame. Lorsque Marmontel proposa de changer les décorations à chaque acte; lorsque l'Encyclopédie osa dire que la pièce anglaise de *Beverley* était aussi tragique qu'*Œdipe;* lorsque Diderot voulut prouver que les malheurs d'un simple particulier pouvaient être aussi intéressants que ceux des rois, tout cela parut une décadence, et tout cela n'était que la préface du romantisme. Aujourd'hui le drame est naturalisé français; nous comprenons Gœthe et Shakspeare aussi bien que madame de Staël; l'école nouvelle n'a encore, il est vrai, produit que des essais, et son ardeur révolutionnaire l'a emportée, comme dirait Molière, un peu bien loin; mais nous ferons mieux plus tard, et le fait reste accompli. Or, par cette raison même que le drame est adopté, il me semble que la tragédie, si elle veut renaître et vivre, doit reprendre son ancienne allure avec plus de fierté que jamais. Depuis Voltaire, elle n'a presque toujours été qu'un prétexte, une espèce de thème au moyen duquel on s'exerçait à tout autre chose, et souvent à la détruire elle-même. Le romantisme, cherchant à se faire jour, s'introduisait dans la tragédie pour la ronger, comme un ver dans un fruit mûr; et il ne manque pas de gens à présent qui croient le fruit desséché ou pourri.

Si Melpomène veut reparaître sur nos théâtres, il faut qu'elle lave ses blessures.

Ne serait-ce pas une belle chose que d'essayer si, de nos jours, la vraie tragédie pourrait réussir? J'appelle vraie tragédie, non celle de Racine, mais celle de Sophocle, dans toute sa simplicité, avec la stricte observation des règles.

Pourquoi ne traiterions-nous pas des sujets nouveaux, non pas contemporains ni trop voisins de nous, mais français et nationaux? Il me semble qu'on aimerait à voir sur notre scène quelques-uns de ces vieux héros de notre histoire, Duguesclin ou Jeanne d'Arc chassant les Anglais, et que leurs parures sont aussi belles que le manteau et la tunique.

Ne serait-ce pas une entreprise hardie, mais louable, que de purger la scène de ces vains discours, de ces madrigaux philosophiques, de ces lamentations amoureuses, de ces étalages de fadaises qui encombrent nos planches, et d'envoyer cette friperie rejoindre les marquis de Molière et les banquettes du comte de Lauraguais?

Pourquoi ne prendrions-nous pas pour devise ce vers de Chénier, qui a servi d'épigraphe au romantisme, et qui serait vraiment applicable à la reconnaissance de la tragédie :

Sur des pensers nouveaux faisons des vers antiques.

Ne serait-ce pas une grande nouveauté que de réveiller la muse grecque, d'oser la présenter aux Français dans sa féroce grandeur, dans son atrocité sublime? « Les malheurs qui arrivent à des amis ou à des indifférents, dit Aristote, ne sont point tragiques; une mère qui tue son fils, un fils qui égorge son père, un frère près d'être immolé par sa sœur, voilà des sujets de tragédie. » Ce ne sont pas là, comme on voit, des madrigaux.

Ne serait-il pas curieux de voir aux prises avec le drame moderne, qui se croit souvent terrible quand il n'est que ridicule, cette muse farouche, inexorable, telle qu'elle était aux beaux jours d'Athènes, quand les vases d'airain tremblaient à sa voix?

Ne serait-il pas temps de prouver que la tragédie est autre chose qu'une statue qui déclame, de montrer enfin qu'on peut agir en parlant, et marcher avec le cothurne?

Ne serait-il pas temps de ramener dans les sujets sérieux la franchise du style, d'abandonner la périphrase, cette pompeuse et frivole manière de tourner autour de la pensée? N'est-il donc pas aussi noble de dire, par exemple, « un homme qui frappe avec son épée », que, « un mortel qui

Mlle Rachel.

Bibl. Charpentier.

Page 467.

immole avec son glaive »? Les anciens méprisaient cette timidité, et Corneille ne parlait pas ainsi.

Telles sont les questions que j'oserais adresser aux écrivains qui sont en possession d'une juste faveur parmi nous, si le talent de la jeune artiste qui remet aujourd'hui en honneur l'ancien répertoire les engageait, comme il est probable, à écrire un rôle pour elle.

1ᵉʳ novembre 1838 (*Revue des Deux-Mondes*).

THÉATRE-FRANÇAIS

REPRISE DE « BAJAZET »

MADEMOISELLE RACHEL

Le Théâtre-Français vient de reprendre *Bajazet*, Mlle Rachel joue Roxane; c'est, si je ne me trompe, son sixième début. La critique, qui s'était montrée cinq fois indulgente et juste en même temps (chose presque rare), a fait preuve, cette fois, de sévérité; j'avoue que je ne sais pas pourquoi; mais huit feuilletons, écrits le même jour par des gens d'esprit et de goût, sont mécontents de cette reprise. Je ne sais pas non plus pourquoi ils font de cet essai une circonstance à peu près décisive, sur laquelle on remet en question le mérite de la jeune artiste et celui de Racine par la même occasion; j'avais assisté à la reprise, j'y suis retourné en toute conscience, afin de tenter d'éclaircir ce point, et je sais encore moins pourquoi. Des six rôles que Mlle Rachel a représentés depuis qu'elle est au théâtre, après Hermione, Roxane me semble celui dans lequel il faut la voir, préférablement à tout autre.

Je me souviens qu'un jour, au bal, je vis entrer une jeune femme (c'était une actrice, ce qui rentre dans mon sujet), et je me retournai vers mon voisin, pour lui dire que je la trouvais jolie; mon voisin était un Anglais, homme d'esprit; il fut de mon avis. « Cependant, lui dis-je, les journaux disent qu'elle est laide. — Mais vous savez, me répondit-il, *une* journal, c'est *une* jeune homme. — Comment, un jeune homme? — Eh oui! c'est *une* jeune homme qui écrit pour dire comme il voit, pas autre chose. — Fort bien, mais plusieurs journaux trouvent cette personne laide. — Eh bien! me répondit mon Anglais, nous voilà deux qui *le* trouvons jolie; nous sommes autant que deux journaux. »

Encouragé par cet exemple, j'ose déclarer que je suis un jeune homme qui trouve *Bajazet* joli et Roxane charmante. J'ai beau faire, je ne comprends pas ce qu'on a trouvé de mal à cette reprise. La décoration? Elle est fort convenable. Les costumes? Ils sont tout battant neufs, passablement exacts. Les acteurs? Mais ce sont les mêmes qui ont joué *Mithridate*, *Andromaque*, *Cinna*, etc., etc., excepté celui qui est chargé du rôle de Bajazet. Joanny qui joue Acomat, jouait Mithridate, Auguste, le vieil Horace; Mlle Rabut, qui représente Atalide, représente Andromaque, Sabine; d'où vient donc le mécontentement dont on parle, et que, du reste, il m'a été impossible de remarquer dans la salle? Il ne reste que deux choses à critiquer, ou l'auteur, ou la principale actrice.

Comme il me semble que l'auteur est Racine, je ne m'y arrête pas, pour cause. C'est donc l'actrice qu'on attaque. Pourquoi dans ce rôle? Elle l'a étudié, il suffit de la regarder pour le voir, et de l'écouter pour le sentir; a-t-elle un moins bon maître, moins d'intelligence, moins de cœur? Est-elle plus faible, ou moins inspirée, ou plus craintive, ou moins bien placée dans cette pièce? ou enfin, paraissant sous les habits de Roxane et obligée à quelque éclat, est-elle plus petite qu'il y a un mois? Cette dernière question est peut-être la plus importante; je crois, en effet, que c'est le reproche le plus sérieux qu'on puisse adresser à Mlle Rachel; elle n'est pas grande; voilà une chose sur laquelle il faut prendre son parti. Pellegrini, excellent acteur, chanteur divin, avait le nez trop long; Lablache est un peu gros; Duprez est aussi trop petit; tout cela est fâcheux. Mlle Rachel est donc petite, à telle enseigne qu'au quatrième acte de *Bajazet*, pendant le monologue, j'ai entendu quelqu'un du parterre s'écrier : « Quel petit démon ! » Ce quelqu'un-là ne se doutait guère qu'en parlant ainsi, il résumait habilement de grandes questions, et que son mot valait un feuilleton tout entier. En effet, ne serait-il pas curieux de savoir pourquoi Roxane doit être plus grande qu'Hermione?

Roxane est, avec Phèdre, le rôle le plus difficile que Racine ait écrit. Certes, pour comprendre l'étendue de rôles pareils et pour les *composer*, comme on dit, ce serait une terrible entreprise, si ces rôles n'étaient depuis longtemps connus; mais ils le sont, et non seulement connus, approfondis, calculés, mais notés. Qui les a créés? Racine lui-même; on sait, depuis cent soixante ans, comment sortir, rentrer, marcher, parler, dans les chefs-d'œuvre du grand siècle; il est vrai que Mlle Rachel ne suit point la tradition; mais, sans la suivre, elle ne l'ignore pas; à quelque inspiration qu'elle se livre, c'est sous le portique sacré, *antique* et *solennel*, qu'elle improvise; il n'est pas difficile de reconnaître dans ses plus hardies interprétations le respect et l'intelligence du passé ; elle ne joue pas Roxane de souvenir, car elle n'était pas née la dernière fois qu'on l'a jouée avant elle ; mais il suffit qu'une tirade soit de Racine pour qu'on y sente la Champmeslé. Il ne s'agit donc point, à proprement parler, de savoir si elle a bien conçu le rôle, mais si elle veut, sait, peut le rendre. Mais à quoi bon discuter cela, quand le parterre, les loges, ont applaudi? Quelqu'un qui a plus que de l'esprit disait l'autre soir au foyer des Français : « En vérité, on juge singulièrement ici ; on demande non seulement plus, mais autre chose que ce qu'on peut avoir ; on a réfléchi sur tout, fait mille rêves, on s'est épuisé en fantaisies ; on voudrait trouver Shakspeare dans Racine, Racine dans Shakspeare ; ce n'est pas juger raisonnablement, ni même, pour ainsi dire, d'une manière honnête. »

Mlle Rachel, on le sait, n'a pas dix-huit ans, voilà ce dont on s'est aperçu lorsqu'on l'a vue la première fois dans le costume de Camille ; voilà, il me semble, ce à quoi on devrait penser quand on la voit dans cette robe orientale qui la gênait vendredi dernier. De bonne foi, ce n'est pas sa faute si elle est si jeune. Mais Roxane, dit-on, est une belle esclave, devenue sultane par un caprice, plaçant son amant dans l'alternative ou de l'épouser, ou de mourir, amoureuse par les sens seulement, furieuse sans ironie, dissimulée par boutade, lascive et emportée, mais surtout jalouse ; et on s'étonne, on s'indigne presque qu'une enfant de dix-sept ans n'exprime pas tout cela ; ce sont de belles imaginations, de profondes découvertes, sans doute ; Mlle Rachel n'a probablement pas encore eu le temps de les faire. Et pourquoi, alors, entreprend-elle ce rôle? demande-t-on. Pourquoi veut-elle rendre des sentiments, je me trompe, des sensations qui lui sont inconnues? La réponse ne serait pas difficile à faire. D'abord, Racine était un homme pieux, simple, quoique poli, consciencieux, et on n'avait pas inventé de son temps la littérature du nôtre ; il est donc plus que douteux qu'il ait donné à la favorite d'Amurat le hideux caractère qu'on lui prête ; quand ce caractère eût été historique, il n'aurait ni voulu ni pu le retracer ; et Mlle Rachel, que je ne connais pas, me semble une honnête fille, consciencieuse, qui ne voudrait ni ne pourrait le jouer.

Veux-je dire par là que Roxane soit une vestale? Non, Dieu merci ! C'est une tête de fer, passionnée, fougueuse ; c'est une sultane, une esclave, une amante, tout ce qu'on voudra ; mais elle a passé par le noble cerveau de Racine ; et croyez qu'un poète qui mettait deux ans et demi à traduire la *Phèdre* d'Euripide, presque vers par vers (comme Schiller, à son tour, a traduit la traduction française); croyez, dis-je, que ce poète avait dans l'âme un certain instinct de la beauté et de l'idéal, qui ne s'accommode pas d'héroïnes tigresses. Celui qui passe une heure à polir un vers n'y fait pas entrer une idée honteuse ; si sa pensée est cruelle, il sait l'adoucir ; ardente, la purifier ; amoureuse, l'ennoblir ; jalouse, la sonder sans trouble ; sublime et chaste, l'exprimer simplement ; s'il a à peindre une Roxane, il la peindra, n'en doutez pas, et sans qu'un trait manque au tableau ; mais chaque trait sera tel que nulle autre main que la sienne ne l'aura pu dessiner : et de cette main, le cœur en répond. Avant tout, la poésie est là, qui veille, cette rose *empoisonnée* dont parle Shakspeare, et dont le parfum ne s'échappe qu'avec crainte, modestie et honnêteté ; voilà pourquoi une enfant de seize ans, quand elle s'appelle Rachel, peut jouer Roxane.

Pour citer un exemple, entre autres, quelques journaux ont remarqué ce vers :

Je plaignis Bajazet, je lui vantai ses charmes.

Ils ont appuyé sur le sens de ces mots, et ils les ont trouvés très licencieux. Que peut-on entendre, disent-ils, par les *charmes* d'un homme ? Eh ! mon Dieu ! Racine, à coup sûr, n'entendait par là que la beauté du visage, la grâce des manières, la douceur du langage, qui peuvent appartenir à un homme aussi bien qu'à une femme. Et depuis quand, en effet, le mot *charmes* veut-il dire autre chose ? Dieu sait quelle rougeur eût monté au front du poète, si on avait cherché devant lui une interprétation obscène à son vers ! Mais que voulez-vous ! du temps de Racine, Robert Macaire n'existait pas.

Pour me servir de ce mot qu'on dénature, et qui n'en vaut pas moins pour cela, je dirai que Mlle Rachel a rempli son rôle avec un charme inimitable. Si ce rôle était son premier début, la critique n'aurait pas assez d'éloges, d'épithètes pompeuses, de phrases louangeuses, pour rendre compte de la représentation de *Bajazet*. Dans quel étonnement ne serions-nous pas, dans quel enthousiasme ! Mais c'est le sixième rôle qu'elle joue, et voilà comment nous sommes à Paris : nous aurions voulu autre chose que Mlle Rachel elle-même ; nous connaissons cette grande manière de dire, ces gestes rares, frappants, ce regard profond, cette prodigieuse intelligence de notre jeune artiste ; nous les admirions hier, nous les aimions, et tout cela nous allait au cœur. Mais aujourd'hui nous avons mal dîné, et nous voudrions du nouveau. Au lieu de cette énergie, nous voudrions de la tendresse ; au lieu de cette sobriété, du désordre, et que l'actrice surtout fût plus grande. Voilà comment on juge, du moins dans les journaux ; car, Dieu merci, le public n'est pas le moins du monde de cet avis ; il est venu à la seconde représentation comme il est venu à la première, comme il ira à la troisième ; il a vingt fois interrompu l'action par ces murmures involon-

taires que ne peut retenir une foule émue, et qui sont les vrais applaudissements. En un mot, Roxane a été l'un des plus beaux triomphes de Mlle Rachel.

Pourquoi quelques journaux veulent-ils nier ce triomphe? J'ai dit que je n'en savais rien, et, s'il m'était permis de le leur demander, voici comment je m'exprimerais :

Mais enfin, dites-moi, messieurs, pourquoi la chagrinez-vous? Elle a fait ce qu'elle a pu et ce que nulle autre qu'elle, assurément, ne pourrait faire. Puisque vous dites qu'il faut pour ce rôle des femmes de trente ans, amenez-en donc, et que nous leur entendions dire :

> Bajazet, écoutez, je sens que je vous aime,
> Vous vous perdez.

Puisque vous ne voulez pas d'ironie, enseignez-nous comment il faut prononcer autrement que notre jeune tragédienne :

> Vous jouirez bientôt de son aimable vue.

Puisque vous aimez la passion, l'énergie, je dirais presque la férocité, trouvez donc l'accent de ce vers :

> Ma rivale à mes yeux s'est enfin déclarée.

Puisque enfin vous refusez à Mlle Rachel ce qu'on appelle la sensibilité, c'est-à-dire l'expression qui sort du cœur, essayez donc de répéter après elle :

> Tu ne saurais jamais prononcer que tu m'aimes.

Pour parler sérieusement, la critique a des droits que nul ne conteste; c'est à juste titre que des hommes de sens et d'esprit, qui ont fait leurs preuves et qui sont en possession d'une réputation légitime, parlent et discutent sur toutes choses, donnent des arrêts quelquefois légers, mais fins, piquants, et qui se font toujours lire; si quelques-uns s'en plaignent, tous en profitent; oui, la critique est une vraie puissance, et l'une des plus grandes aujourd'hui.

Oui, lorsqu'une jeune fille débute, lorsqu'elle arrive sur un théâtre qu'elle ne connaît pas, où elle doit craindre plus qu'espérer, où rien ne la soutient encore; lorsque le public, qui l'ignore et qui ne se donne la peine de rien deviner, la laisse jouer dans le désert des pièces qu'il s'est habitué à abandonner; et lorsque, dans cette solitude, l'artiste inconnue, mais fidèle à sa conscience, révèle courageusement son talent, sans regarder qui est là ni si on l'écoute ; oui, la critique alors a une noble tâche à remplir : c'est d'écouter, de prendre la plume, d'avertir le public qu'il faut venir, et le public vient. Cette foule blasée, indifférente, dont on a gâté le goût, assourdi les oreilles, quitte l'Opéra, le boulevard, voire la rue Saint-Denis, et accourt; elle s'assied, elle fait silence, elle voit qu'on ne l'a pas trompée, et tout Paris se dérange le lendemain pour venir entendre, au milieu de cinq actes qu'il sait par cœur, cent vers récités par une enfant.

Oui, lorsque plus tard cette même jeune fille devenue femme, sûre d'elle-même et de sa réputation, adoptée depuis longtemps par tous, paraît dans un rôle nouveau, la critique a encore une belle part; c'est de veiller sur la gloire de l'artiste, de ne pas la laisser descendre de la place qu'elle a conquise, de l'avertir à son tour et au besoin de la blâmer, de faire en un mot l'office de la vigie qui annonce la terre et marque aussi l'écueil.

Mais quand on est encore aux premiers pas, quand cette enfant, qui ne doit pas croire à sa gloire, est encore à lutter pour qu'on la comprenne; lorsque, applaudie dans cinq rôles, elle s'essaye dans un sixième, et là, n'ayant encore que du génie, lorsqu'elle cherche à mûrir son talent, viendrez-vous déjà, dès le lendemain, avec votre esprit, votre expérience, viendrez-vous vous asseoir sur ce même banc où vous avez été si juste, et jugerez-vous sévèrement maintenant cette noble et modeste intelligence qui s'exerce devant deux mille personnes, qui s'écoute elle-même en public, impatiente de se sentir, de se deviner, dans un des plus difficiles, des plus dangereux rôles de nos tragédies? assisterez-vous à cet essai comme si c'était un spectacle ordinaire, une fantaisie, un passe-temps ! Et vous, forts de vos souvenirs, viendrez-vous hocher la tête là où vous devriez battre des mains, uniquement parce que ce n'est plus tout à fait un premier début, parce que votre esprit a changé peut-être, parce qu'il faut du nouveau à tout prix ?

Si c'est là aujourd'hui votre rôle, alors nous, public, nous qui payons nos stalles, nous que vous avez avertis hier de venir voir *Andromaque*, nous avons le droit de vous dire comme le vieux Corneille : Tout beau! car ce n'est plus d'une actrice qu'il s'agit, ni d'une réputation, ni d'un caprice de mode ; vous nous avez appris à aimer un plaisir que nous avions perdu, mais qui nous est cher et qui est à nous ; nous voulons voir ce qui en sera, comment Mlle Rachel jouera Roxane après-demain, et ensuite Esther et Chimène. La tragédie renaît par elle-même, nous n'entendons pas qu'on l'étouffe ; il faut nous laisser d'abord écouter, et nous vous dirons dans

La Malibran. Page 480

deux ans d'ici ce que nous en pensons définitivement; l'artiste, jusque-là ne vous appartient plus; ce n'est plus elle qui est en question, c'est l'art qu'elle ravive, l'art immortel, gloire et délices de l'esprit humain.

Quel est votre but, en effet, et que prétendriez-vous faire? Admettons que Mlle Rachel n'ait réellement pas été à sa hauteur ordinaire dans *Bajazet*, ce que je suis loin d'accorder, mais n'importe. Admettons encore que c'est en conscience que vous signalez cet échec, et que vous faites en cela un acte d'impartialité. Ne croyez-vous pas que votre devoir était, au contraire, l'indulgence? Vous en aviez pour Talma vieillissant, vous ne lui disiez pas ainsi qu'il avait été faible un soir; et ce silence que vous vous imposiez par respect pour la renommée d'un homme, ne pouviez-vous pas le garder aujourd'hui pour vos propres espérances, pour l'avenir de l'art, pour les efforts d'une enfant, pour vos paroles de la veille? Quand il serait vrai que *Bajazet* eût été moins bien joué que *Mithridate*, quelle si grande importance y attachez-vous donc, quelle si grande différence y avez-vous trouvée? Ne voyez-vous pas qu'en attaquant ainsi cette jeune fille, vous plaidez une cause qui n'est pas la vraie, qui ne peut pas être bonne, quand même elle serait juste? Est-ce votre admiration pour Racine qui produit votre mécontentement, et êtes-vous si fort indignés de le voir moins bien représenté aujourd'hui qu'hier? A qui rendez-vous service en le disant? Ce n'est pas à Racine lui-même, car si ses ouvrages reprennent faveur au théâtre, ce sera grâce à Mlle Rachel, et ne sentez-vous pas qu'en se voyant blâmée si vite, avec si peu de ménagement, elle peut se décourager? Ne sentez-vous pas qu'en lisant vos articles, cette enfant en qui seule repose toute la grandeur d'une reconnaissance, cette enfant qui n'est pas sûre d'elle, et qui, malgré son génie précoce, n'est pas encore à l'épreuve des chagrins que peut nous causer la critique, cette enfant qui joue si bien Hermione, qui sait si bien comprendre et réciter Racine, peut se mettre à pleurer?

Voyez le grand mal! dira-t-on peut-être ; oui, ce serait un très grand mal; que les journaux attaquent demain Mlle Grisi ou Fanny Elssler, et qu'elles s'en affligent un instant, peu importe; leur réputation est faite, leurs noms sont aimés, elles sont à l'abri d'un blâme passager. D'ailleurs, la musique, la pantomime, la danse, ne sont point aujourd'hui des arts délaissés. Il en est autrement de la tragédie. Si on décourageait Mlle Rachel, ce serait Hermione elle-même, Monime et Roxane qu'on découragerait. Quiconque aime les arts doit y regarder à deux fois. Sommes-nous donc aux beaux jours de Talma, de la Duchesnoy, de Lafont, de Mlle Georges? Peut-être alors on aurait eu le droit de traiter légèrement une débutante, de la comparer à ceux qui l'auraient entourée, et de lui donner, dans son intérêt, des conseils sévères; mais aujourd'hui, dans le désordre où nous sommes, dans le triste état où se trouve le théâtre, les amis des arts, critiques et poètes, artistes de toute sorte, peintres, musiciens, tous tant que nous sommes, nous n'avons qu'une chose à faire lorsque nous allons aux Français, c'est d'applaudir Mlle Rachel, de la soutenir de toutes nos forces, de la vanter même outre mesure, s'il le faut, sans crainte de la gâter par nos éloges. N'est-ce pas un assez beau spectacle que cette volonté, cette puissance d'une jeune fille, qui ne se laisse troubler ni par la multitude, ni par les répliques si souvent fausses des acteurs qui jouent avec elle, ni par la difficulté, ni par la grandeur de sa tâche, mais qui arrive seule, simplement et tranquillement, se poser devant le parterre et parler selon son cœur? N'en fait-elle pas assez par cela seul qu'elle fait ce qu'elle peut et qu'elle peut régénérer l'art au temps où nous sommes? Quant à moi, si je savais qu'un des articles dirigés contre elle l'eût affligée, et si je l'avais vue pleurer, je lui aurais dit : « Pleurez pour Bajazet, mademoiselle, pleurez pour Pyrrhus, pour Tancrède ; voilà des sujets dignes de vos pleurs, et soyez sûre que la moindre larme que vous verserez pour eux sur la scène en fera plus pour votre gloire que tous les feuilletons de l'univers. »

Il n'y a de bonne cause que celle de l'avenir, car c'est la seule à qui doive rester la victoire. On peut nuire à cette cause, la gêner, l'affaiblir, mais non la détruire; voilà ce qu'on ne sait pas assez. On peut écraser un talent médiocre, on peut aussi le faire valoir et lui donner une apparence de renommée, mais vouloir étouffer un vrai talent, c'est la même chose que d'essayer de prouver que le bleu est rouge, ou qu'il fait clair à minuit; c'est s'attaquer à plus fort que soi, c'est perdre son temps d'une méchante manière; le talent triomphe tôt ou tard, car il n'a qu'à se montrer pour qu'on le reconnaisse. Celui qui me dirait que Mlle Rachel est l'objet d'un caprice du public, et qu'elle ne tiendra pas ses promesses, je ne lui répondrais qu'une chose : mon esprit peut porter un faux jugement, mais quand je suis ému, je ne saurais me tromper; je puis lire ou écouter une pièce de théâtre et m'abuser sur sa valeur; mais, eussé-je le goût le plus faux et le plus déraisonnable du monde, quand mon cœur parle, il a raison. Ce n'est pas là une vaine prétention à la sensibilité, c'est pour vous dire que le cœur n'est point sujet aux méprises de l'esprit, qu'il décide à coup sûr, sans réplique, sans retour, que ni brigues, ni cabales ne peuvent rien sur lui, que c'est, en un mot, le souverain juge. Voilà ce qui me donne la hardiesse de répéter ce que j'ai déjà dit de Mlle Rachel, qu'elle sera un jour une Malibran. Voilà pourquoi j'ai vu avec peine, avec tristesse, qu'on l'ait attaquée; voilà enfin pourquoi il me semble que, si peu de crédit qu'on ait, il faut la défendre autant qu'on le peut, et se garder surtout de vouloir détruire dans le cœur d'une enfant le germe sacré, la semence divine, qui ne peut manquer de porter ses fruits.

1er décembre 1838 (*Revue des Deux-Mondes*).

CONCERT

DE

MADEMOISELLE GARCIA

Je ne sais pourquoi l'apparition des morts est regardée en général comme une chose si horrible et si effrayante ; les esprits les plus fermes sont, à cet égard, aussi faibles que les enfants. Nous frémissons à l'idée de voir reparaître un seul moment les êtres que nous avons le plus aimés, ceux dont la mémoire nous est la plus chère. Au lieu de cette belle coutume des anciens « de séparer par l'action d'un feu pur cet ensemble parfait formé par la nature avec tant de lenteur et de sagesse », nous ensevelissons à la hâte, en détournant les yeux, les corps de nos meilleurs amis, et une pelletée de terre n'est pas plus tôt tombée sur ces corps, que tout le monde évite d'en parler. Il semble que ce soit manquer aux convenances que de rappeler à un fils, à un frère, une mère, une sœur morte ; au lieu de ces urnes qui renfermaient jadis la cendre des familles, et qui restaient près du foyer, nous avons imaginé ces affreux déserts qu'on appelle des cimetières, et nous avons remplacé les évocations antiques par la peur des revenants.

Depuis que Mlle Garcia commence à se faire connaître, tous ceux qui l'ont vue, ont remarqué sa ressemblance avec la Malibran, et, le croirait-on, il paraît certain que plusieurs des anciens amis de la grande cantatrice ont été presque épouvantés de cette ressemblance. On cite, là-dessus, de nombreux exemples, parmi lesquels j'en choisirai un. Il y a à peu près un an une demoiselle anglaise prenait, à Londres, des leçons de Lablache, qui habitait la même maison que Mlle Garcia ; la jeune personne se disposait à chanter un air de *Norma*, et son maître, tout en la conseillant, lui parlait de la manière dont la Malibran comprenait cet air ; au moment où l'écolière va se mettre au piano, une voix se fait entendre dans la chambre voisine (c'était Mlle Garcia qui chantait précisément, dit-on, la cavatine de *Norma*) ;

l'Anglaise croit reconnaître la voix de la Malibran elle-même ; elle s'arrête, frappée de surprise ; elle s'imagine qu'un fantôme vient lui donner leçon ; la terreur s'empare d'elle, elle s'évanouit.

Il me semble qu'en pareil cas j'aurais été ouvrir la porte au fantôme. La première fois que j'ai entendu Mlle Garcia, j'ai cru aussi un peu voir un revenant, mais j'avoue que ce revenant de dix-sept ans m'a inspiré tout autre chose que l'envie de me trouver mal. Il est certain qu'aux premiers accents, pour quiconque a aimé la sœur aînée, il est impossible de ne pas être ému. La ressemblance, qui consiste, du reste, plutôt dans la voix que dans les traits, est tellement frappante qu'elle paraîtrait surnaturelle, s'il n'était pas tout simple que deux sœurs se ressemblassent. C'est le même timbre, clair, sonore, hardi, ce *coup de gosier* espagnol qui a quelque chose de si rude et de si doux à la fois et qui produit sur nous une impression à peu près analogue à la saveur d'un fruit sauvage. Mais, si le timbre seul était pareil, ce serait un hasard de peu d'importance, bon, en effet, tout au plus, à donner des attaques de nerfs ; heureusement pour nous, si Pauline Garcia a la voix de sa sœur, elle en a l'âme en même temps, et, sans la moindre imitation, c'est le même génie ; je ne crois, en le disant, ni exagérer, ni me tromper.

Je n'ai pas la prétention de rendre compte en détail du concert qui a été donné au théâtre de la Renaissance ; je ne vous dirai pas si Mlle Garcia va de *sol* en *mi* et de *fa* en *ré*, si sa voix est un *mezzo soprano* ou un *contralto*, par la très bonne raison que je ne me connais pas à ces sortes de choses, et que je me tromperais probablement. Je ne suis pas musicien, et je puis dire, à peu près comme M. de Maistre : « J'en atteste le ciel et tous ceux qui m'ont entendu jouer du piano. » La jeune artiste a chanté trois airs : voici le jugement qu'en portait une personne d'esprit, dans une lettre écrite le lendemain, qui vaut mieux que ce que je pourrais dire : « Elle a chanté d'abord un air de Costa fait pour la Malibran, qui est une sorte de vocalise très favorable au développement de toutes les belles cordes ; grands applaudissements, mais pas d'émotion ; ensuite l'air de M. de Bériot, mais l'orchestre a mal accompagné ; elle tient sa musique à la main avec une grâce particulière, et elle est décidément jolie à la scène. Elle était tout en blanc, une chaîne noire avec un petit diamant sur le haut du front ; elle avait l'air plein de distinction ; elle salue aussi en se pliant un peu, et ce salut plein de modestie frappe par sa dignité ; sans séparation avec le *tremolo* qui avait enlevé le parterre, elle a chanté la cadence du diable ; mauvaise musique, tour de force à deux qui vous laisse étonné, et voilà tout. Vous voyez qu'elle n'a pu développer ni son talent dramatique ni son vrai chant; on l'avait un peu sacrifiée. »

Mlle Garcia sait cinq langues ; elle peut jouer sur un théâtre allemand, anglais, français, espagnol ou italien, et elle serait aussi à son aise à New-York ou à Vienne qu'à la Scala ou à l'Odéon. Elle s'accompagne elle-même avec la plus grande facilité ; lorsqu'elle chante, elle ne semble éprouver aucun embarras, ni mettre aucune application ; que ce soit une cavatine ou un boléro, un air de Mozart ou une romance d'Amédée de Beauplan, elle se livre à l'inspiration avec cette simplicité pleine d'aisance qui donne à tout un air de grandeur. Bien qu'elle ait fait de longues études, et que cette facilité cache une science profonde, il semble qu'elle soit comme les gens de qualité qui savent tout sans avoir jamais rien appris. On ne sent pas, en l'écoutant, ce plaisir pénible que nous causent toujours des efforts calculés, quand même le résultat serait la perfection ; elle n'est pas de ces artistes travailleurs qu'on admire en fronçant le sourcil et dont le talent donne des maux de tête. Elle chante comme elle respire ; quoiqu'on sache qu'elle n'a que dix-sept ans, son talent est si naturel, qu'on ne pense même pas à s'en étonner. Sa physionomie, pleine d'expression, change avec une rapidité prodigieuse, avec une liberté extrême, non seulement selon le morceau, mais selon la phrase qu'elle exécute. Elle possède, en un mot, le grand secret des artistes : avant d'exprimer, elle sent. Ce n'est pas sa voix qu'elle écoute, c'est son cœur, et si Boileau a eu raison de dire :

Ce que l'on conçoit bien s'énonce clairement,

on peut dire avec assurance : « Ce que l'on sent bien s'exprime mieux encore. »

Je n'ai jamais compris par quelle raison on est, pour ainsi dire, convenu de ne parler franchement avec éloge que des morts, à moins que ce ne soit pour réserver les injures aux vivants. L'esprit humain est si misérable, que la louange la plus sincère passe presque toujours pour un compliment, dès qu'elle s'adresse à une personne qui n'est pas aux antipodes ou en terre. « J'ose dire ce que j'ose faire », disait Montaigne. On devrait oser dire ce qu'on ose penser. Je pense donc que Mlle Garcia, qui doit, je crois, débuter dans deux ans, a devant elle un avenir aussi glorieux que celui de sa sœur. Je n'ai qu'un regret, c'est qu'elle ne débute pas ce soir, afin de nous délivrer d'un genre faux, affecté, ridicule, qui est à la mode aujourd'hui.

Je suis loin, en parlant ainsi, de vouloir nier que nous ayons d'excellents artistes ; ils sont même si bien connus qu'il est inutile de les citer : il ne m'entre d'ailleurs dans l'esprit d'attaquer personne, c'est un métier que je n'aime pas. Je veux parler, non d'un acteur ni d'un théâtre, mais d'un genre, lequel est une exagération perpétuelle. Cette maladie règne partout, envahit tout ; on s'en fait gloire. C'est l'affectation du naturel, parodie plus fatigante, plus désagréable à voir que toutes les froideurs de la tradition ancienne. La tradition est très ennuyeuse, je le sais ; elle a un défaut insupportable, c'est de faire des mannequins qui semblent tenir tous à un même fil, et qui ne remuent que lorsqu'on tire ce fil ; l'acteur devient une marionnette. Mais l'exagération du naturel est encore pire. Si, du moins, puisque maintenant le joug de la tradition est brisé, le comédien, livré à lui-même, suivait réellement son inspiration, bonne ou mauvaise, il n'y aurait que demi-mal. On verrait sur la scène des personnages vrais, les uns ridicules, les autres sérieux, les uns froids, les autres passionnés. Il n'y a pas deux hommes qui sentent de même : chacun exprimerait donc à sa façon. Au lieu de cela, qu'arrive-t-il ? La Malibran, il faut en convenir, a contribué à amener le genre à la mode ; elle s'abandonnait à tous les mouvements, à tous les gestes, à tous les moyens possibles de rendre sa pensée ; elle marchait brusquement, elle courait, elle riait, elle pleurait, se frappait le front, se décoiffait, tout cela sans songer au parterre ; mais, du moins, elle était vraie dans son désordre. Ces pleurs, ces rires, ces cheveux déroulés étaient à elle, et ce n'était pas pour imiter telle ou telle actrice, qu'elle se jetait par terre dans *Othello*. Quelle impression voulez-vous produire sur moi, quand vous vous arracheriez réellement les cheveux, et quand vous en feriez cent fois plus que la Malibran, si je m'aperçois que vous ne sentez rien ? Quel intérêt voulez-vous que je prenne à vos cris de désespoir, à vos contorsions ? Je n'en comprends même pas le motif, je ne sais pas pourquoi vous vous démenez ainsi. Lorsque les chanteurs allemands sont venus à Paris, il y avait une certaine actrice qui s'appelait, je crois, Mme Fischer ; c'était une jolie personne, grande, blonde, avec une voix très fraîche ; elle se posait sur le bord de la rampe, près du trou du souffleur ; elle joignait les mains comme quelqu'un qui fait sa prière, et là, elle chantait de son mieux. Jamais elle ne bougeait autrement, son air durât-il une demi-heure ; si on lui criait *bis*, elle revenait à la même place, rapprochait ses mains et recommençait. Ce n'était certainement pas une Malibran, c'était Mme Fischer, chantant à sa manière et ne cherchant à imiter personne ; elle n'en faisait pas beaucoup, il est vrai ; mais pourquoi en aurait-elle fait plus si elle n'en sentait pas davantage ? Voilà une question qu'on pourrait aujourd'hui adresser à

Débuts de Mlle Garcia.

Page 486.

bien des gens : pourquoi en faites-vous tant ? Vous vous croyez sublime, et vous seriez peut-être passable si vous en faisiez moitié moins.

L'exagération des acteurs vient de la manie, ou plutôt de la rage de faire de l'effet, qui semble aujourd'hui s'être emparée de tout le monde. Je veux bien supposer que cette manie a existé dans tous les temps, mais je ne puis croire qu'elle ait jamais été poussée si loin. On dirait que nous avons la simplicité en horreur. Auteurs, acteurs, musiciens, tous ont le même but, l'effet, et rien de plus ; tout est bon pour y parvenir, et, dès qu'on l'atteint, tout est dit ; l'orchestre tâche de faire le plus de bruit possible pour qu'on l'entende ; le chanteur, qui veut couvrir le fracas de l'orchestre, crie à tue-tête ; le peintre et le machiniste entassent dans les décorations des charpentes énormes, afin qu'on regarde leur nom sur l'affiche ; l'auteur ajoute à l'orchestre quarante trompettes, afin que son opéra fasse plus de tapage que le précédent, et ainsi de suite, les uns renchérissant sur les autres. Le public ébahi, assourdi, ouvre les yeux et les oreilles dans une stupeur muette ; le directeur ne pense qu'à la recette et fait *mousser* la pièce dans les journaux ; et, au milieu de tout cela, il n'y a pas une honnête créature qui se demande si autrefois il n'existait pas quelque chose qu'on appelait la musique.

Ce qu'il y a d'inouï dans ce temps-ci, c'est qu'on nous donne *Don Juan* et que nous y allons. Mme Persiani nous chante : *Vedrai carino*, l'air le plus simple et le plus naïf du monde, et nous le trouvons charmant. En sortant de là, nous allons voir l'opéra à la mode ; nous voilà dans une tombe, dans l'enfer, que sais-je ? Voilà des bourreaux, des chevaux, des armures, des orgies, des coups de pistolet, des cloches, pas une phrase musicale ; un bruit à se sauver, ou à devenir fou ; et nous trouvons encore cela charmant, jusque autant que *Vedrai carino*. Pauvre petit air, que Mozart semble avoir écrit pour une fauvette amoureuse, que deviendrait-il, grand Dieu ! si on le mettait dans un opéra à cloches et à trompettes ?

Ce que je disais tout à l'heure de ma science musicale me donne sans doute peu d'autorité en cette matière ; je n'ai pas les armes nécessaires pour attaquer un genre que je crois mauvais et tout ce que je puis dire, c'est qu'il est mauvais. De plus habiles que moi sauraient expliquer pourquoi, et de plus habiles le pensent ; mais on ne le dit pas assez. Je me souviens d'avoir lu quelque part une excellente question d'Alphonse Karr : « Mais, monsieur, demande un spectateur à son voisin en écoutant un opéra, croyez-vous que ce soit réellement de la musique ? » Je ne sais trop ce que répondit le voisin ; mais je répondrais en pareil cas :

« Non, monsieur, ce n'est pas précisément de la musique, et cependant on ne peut pas dire non plus tout à fait que ce n'en soit pas. » C'est un terme moyen entre de la musique et pas de musique ; ce sont des airs qui ne sont ni des airs ni des récitatifs, des phrases qui ont une velléité d'être des phrases, mais qui, au fond, n'en sont pas. Quant à des chants, à de la mélodie, ce n'est plus de cela qu'il s'agit; on ne chante plus, on parle ou on crie, c'est peut-être une sorte de déclamation notée, un *compromis* entre le mélodrame, la tragédie, l'opéra, le ballet et le diorama. C'est un assemblage de choses qui remuent les sens; la musique s'y trouve peut-être, mais je ne saurais dire quel est le rôle qu'elle y joue. Du reste, demandez à tel chanteur italien que nous connaissons tous s'il admire cet opéra, il vous répondra que oui, qu'il y a dedans des choses superbes, de grands effets, de belles combinaisons d'harmonie, beaucoup de science et de travail; mais demandez-lui s'il voudrait y chanter un rôle, il vous répondra qu'il aimerait mieux être aux galères.

Il est temps qu'on nous débarrasse de la maladie des effets. Il faut, lorsque Mlle Garcia débutera, qu'elle ait le courage de dire à l'orchestre : « Messieurs, pas si haut; » aux acteurs : « Vous criez trop fort ; » et à l'auteur : « Votre opéra est un charivari. » Il faut du courage et de l'énergie pour oser parler aussi clairement; mais quand on s'appelle Garcia, qu'on est sœur de Ninette et fille de don Juan, on peut tenir un pareil langage, ou plutôt on n'a pas besoin d'y penser ; la vérité est une force invisible qui a son cours comme les fleuves, et le génie est le levier dont elle se sert. On parle déjà d'un opéra nouveau qu'on ferait pour Mlle Garcia; on dit aussi qu'elle va en Angleterre ; ce seraient deux torts : il ne faut pas aller en Angleterre, parce que c'est à Paris qu'est le vrai public, et il ne faut pas débuter dans un opéra nouveau, parce que c'est dans les maîtres qu'est la vraie musique. De ce que toutes les cantatrices du monde ont joué un rôle, ce n'est pas une raison pour qu'une débutante recule devant ce rôle ; bien au contraire, c'est par ce motif même qu'il faut qu'elle le joue à son tour. La Malibran, la Pasta, Mme Fodor, qui vous voudrez encore, ont chanté tel opéra; chantez-le donc aussi, et que, par vous comme par elles, cet opéra devienne nouveau pour nous... Mais je m'aperçois que, sans y penser, je donne à Mlle Garcia des conseils dont elle n'a pas besoin. J'aurais dû borner cet article à un seul mot : la Malibran est revenue au monde, il n'y a pas d'inquiétude à avoir, et on n'a qu'à la laisser faire.

Le jour même où j'ai entendu Mlle Garcia, en passant le matin sur le pont Royal, j'ai rencontré Mlle Rachel. Elle était dans un cabriolet de place avec sa mère, et chemin faisant, elle lisait ; probablement elle étudiait un rôle. Je la regardais venir de loin, son livre à la main, avec sa physionomie grave et douce, plongée dans une préoccupation profonde ; elle jetait un coup d'œil sur son livre, puis elle semblait réfléchir. Je ne pouvais m'empêcher de comparer en moi-même ces deux jeunes filles, qui sont du même âge, destinées toutes deux à faire une révolution et une époque dans l'histoire des arts ; l'une sachant cinq langues, s'accompagnant elle-même avec l'aisance et l'aplomb d'un maître, pleine de feu et de vivacité, causant comme une artiste et comme une princesse, dessinant comme Grandville, chantant comme sa sœur ; l'autre ne sachant rien que lire et comprendre ; simple, recueillie, silencieuse, née dans la pauvreté, n'ayant pour tout bien, pour toute occupation et pour toute gloire, que ce petit livre qui s'en allait vacillant dans sa main. Elles sont pourtant sœurs, me disais-je, ces deux enfants qui ne se connaissent pas, qui ne se rencontreront peut-être jamais. Il y a entre elles une parenté sacrée, le même point de départ et deux routes si diverses ! le même but et deux résultats si différents ! Celle-là n'a qu'à ouvrir les lèvres pour que tout le monde l'aime et l'admire ; on pourrait dire qu'elle est née fleur, et que la musique est son parfum : et celle-ci, quel travail, quel effort ne faut-il pas à cette petite tête pour comprendre la délicatesse d'un courtisan de Louis XIV, la noblesse et la modestie de Monime, l'âme farouche de Roxane, la grâce des Muses, la poésie des passions ! quelle difficulté dans sa tâche, et quel prodige qu'elle y réussisse ! Oui, le génie est un don du ciel, c'est lui qui déborde dans Pauline Garcia comme un vin généreux dans une coupe trop pleine ; c'est lui qui brille au fond des yeux distraits de Rachel, comme une étincelle sous la cendre. Oui, il y a dans ce moment-ci un coup de vent dans le monde des arts ; la tradition ancienne était une admirable convention ; mais c'était une convention ; le débordement romantique a été un déluge effrayant, mais une importante conquête. Le joug est brisé, la fièvre est passée ; il est temps que la vérité règne, pure, sans nuages, dégagée de l'exagération de la licence, comme des entraves de la convention. Le retour à la vérité est la mission de ces deux jeunes filles. Qu'elles l'accomplissent ! qu'elles suivent leur chemin ! Il ne m'appartient malheureusement pas de les suivre, mais je puis du moins les regarder partir, et boire à leur santé le coup de l'étrier.

Tout en rêvant ainsi, je suis allé au concert, et comme il faut toujours qu'un rimeur rime ses pensées, j'ai fait, tant bien que mal, ces strophes :

Ainsi donc, quoi qu'on dise, elle ne tarit pas,
    La source immortelle et féconde
Que le coursier divin fit jaillir sous ses pas.
Elle existe toujours, cette sève du monde.
Elle coule, et les dieux sont encore ici-bas !

A quoi nous servent donc tant de luttes frivoles,
Tant d'efforts toujours vains et toujours renaissants ?
Un chaos si pompeux d'inutiles paroles,
    Et tant de marteaux impuissants,
    Frappant les anciennes idoles ?

Discourons sur les arts, faisons les connaisseurs ;
    Nous aurons beau changer d'erreurs
    Comme un libertin de maîtresse,
Les lilas au printemps seront toujours en fleurs,
Et les arts immortels rajeuniront sans cesse.

Discutons nos travers, nos rêves et nos goûts,
Comparons à loisir le moderne et l'antique,
    Et ferraillons sous ces drapeaux jaloux ;
Quand nous serons au bout de notre rhétorique,
Deux enfants nés d'hier en sauront plus que nous.

O jeunes cœurs remplis d'antique poésie,
Soyez les bienvenus, enfants aimés des dieux !
Vous avez le même âge et le même génie.
    La douce clarté soit bénie
    Que vous ramenez dans nos yeux !

    Allez, que le bonheur vous suive !
Ce n'est pas du hasard un caprice inconstant
    Qui vous fit naître au même instant.
Votre mère ici-bas, c'est la Muse attentive
Qui sur le feu sacré veille éternellement.

Obéissez sans crainte au dieu qui vous inspire.
Ignorez, s'il se peut, que nous parlons de vous,
Ces plaintes, ces accords, ces pleurs, ce frais sourire,
    Tous vos trésors, donnez-les-nous
    Chantez, enfants, laissez-nous dire.

                    1ᵉʳ janvier 1839 (*Revue des Deux-Mondes*).

THÉATRE-ITALIEN

DÉBUTS

DE

MADEMOISELLE PAULINE GARCIA

Je me félicite d'avoir attendu, pour essayer de dire quelques mots sur les débuts de Mlle Garcia. Il est vrai qu'en venant si tard, je n'ai plus rien à apprendre à personne, et qu'aujourd'hui le public n'a que faire de mon avis; raison de plus pour que je le lui donne, car ainsi ce que je pourrai dire ne sera pas, Dieu merci, de la critique, et je n'aurai pas de verdict à prononcer en une heure sur un avenir plein d'années. Mon opinion ne sera pas un jugement, mais une causerie, si l'on veut, comme celles du foyer pendant un entr'acte.

Les juges les plus sévères ont reconnu à Mlle Garcia une voix magnifique, d'une étendue extraordinaire, une méthode parfaite, une facilité charmante, un talent dramatique plein de force, d'imagination et de vérité. On pourrait, à la rigueur, s'en tenir là, et un pareil éloge suffirait à une cantatrice consommée. Cependant cet éloge s'adresse à une jeune fille de dix-huit ans, qui n'a paru que six fois sur notre scène. Le rôle qu'elle a abordé le premier, celui de Desdémone, est un des plus difficiles du Théâtre-Italien; c'est peut-être le plus difficile. Il faut y être cantatrice et tragédienne, être émue et songer à soi, non seulement exécuter la musique la plus compliquée et la plus fatigante, mais animer cette musique, toucher le cœur avec des fioritures diaboliques, rendre Rossini et Shakspeare. Ajoutez à cela qu'il faut lutter contre les plus dangereux souvenirs, celui de la Malibran, de la Pasta. — Sortir triomphante d'une pareille épreuve, dès le premier jour, sans hésitation, ce n'est pas peu de chose. Mlle Garcia aura fort à faire si ce ne sont que des promesses; elle débute comme bien d'autres voudraient finir.

Je n'ignore pas que le chapitre des restrictions est une nécessité à laquelle il faut satisfaire. Notre charité chrétienne ne saurait admettre un éloge sans restriction. Je suis là-dessus aussi savant qu'un autre, et j'ai très savamment remarqué que, Mlle Garcia étant fort jeune, sa voix n'est pas aussi assurée ni aussi développée qu'elle le deviendra probablement un jour, quand elle sera plus âgée. J'ai remarqué de même que, n'ayant joué que fort rarement, elle n'a pas autant d'habitude de la scène qu'elle pourra en acquérir lorsqu'elle aura plus d'expérience. J'ai fait encore bien d'autres remarques tout aussi profondes; mais je demande la permission de ne pas disputer sur le présent quand l'avenir me semble clair, et de ne pas compter les plumes qui tombent au premier coup d'aile d'un oiseau qui s'envole.

Certes, c'est toujours un spectacle touchant, et qui dispose à la bienveillance, que l'apparition d'une jeune fille qui se hasarde pour la première fois en public dans une carrière où elle a mis toutes ses espérances. Mais quand on sait d'avance quelle est cette jeune fille, quand on la connaît, comme nous connaissons tous Mlle Garcia, pour une personne remplie de talents, de mérite et de modestie, chez qui une excellente éducation a fécondé la plus riche nature, ce spectacle alors fait plus que de toucher, il commande le respect, et éveille en même temps la plus vive sollicitude. La première représentation d'*Othello* avait attiré à l'Odéon ce qu'on appelle tout Paris; lorsque, sur la ritournelle mélancolique de l'air d'*Elisabeth*, Mlle Garcia est entrée en scène, il y a eu d'abord dans la salle un moment de silence. La jeune artiste était émue, elle hésitait; mais avant qu'elle eût ouvert la bouche, des applaudissements unanimes l'ont saluée de toutes parts. Était-ce la mémoire de la sœur que nous avons tant aimée? N'était-ce qu'un généreux accueil fait à une débutante qui tremblait? Personne, peut-être, ne s'en rendait compte. Chacun des premiers sons, encore voilés par l'émotion, qui sortirent des lèvres de Pauline Garcia, furent, pour ainsi dire, recueillis par la foule, et suivis d'un murmure flatteur. A la première difficulté qui se présenta dans le chant, le courage lui revint tout à coup; les applaudissements recommencèrent, et, en un quart d'heure, une belle destinée fut ouverte; ce fut une noble chose qui fait honneur à tous.

On ne saurait trop louer l'*Othello* de Rossini; je ne sais pas s'il passera de mode, car la mode en musique est effrayante. Il n'y a pas d'art plus périssable au monde, et on peut lui appliquer, mieux qu'à la peinture, ce vers de Dante :

> Muta nome perchè muta lato.

Quoi qu'il en soit, pour nous, qui sommes de notre temps, l'opéra d'*Othello* est un chef-d'œuvre. Je ne parle pas, bien entendu, du libretto. Il est même curieux de voir jusqu'à quel point on a pu si peu et si mal faire avec une pièce de Shakspeare. Mais quelle puissance dans le génie qui a su écrire un duo sublime sur ces quatre méchantes rimes :

> No più crudele un'anima
> No, che giammai si vede! etc.

Je ne sais même pas si c'est de l'italien.

L'Othello de Rossini n'est pas celui de Shakspeare. Dans la tragédie anglaise, maîtresse tragédie s'il en fut, la passion humaine conduit tout. Othello, brave, ouvert, généreux, est le jouet d'un traître subalterne qui l'empoisonne lentement. L'angélique pureté de Desdémone lutte, par sa seule douceur, contre tous les efforts d'Iago. Othello écoute, souffre, hésite, maltraite sa femme, puis fond en larmes; il succombe enfin, dit à la fois adieu à la gloire et au bonheur, et frappe. Dans l'opéra, une fatalité terrible, inexorable, domine. Depuis le moment où l'action commence jusqu'à celui où elle s'achève, la victime est dévouée. La musique respire constamment la plus sombre mélancolie; en dépit des roulades, des fanfares et des *concetti* chantés qui s'y trouvent, tous les motifs sont tristement frères; tous s'appellent, s'enchaînent, de plus en plus sombres, jusqu'au dernier, celui qui annonce l'arrivée de la mort dans la chambre nuptiale, et qui semble le chœur invisible des démons qui poussent au meurtre. L'Othello de Shakspeare est le portrait vivant de la jalousie, une effrayante dissection sur le cœur de l'homme; celui de Rossini n'est que la triste histoire d'une enfant calomniée qui meurt innocente.

Personne, je crois, n'a mieux compris que Mlle Garcia le rôle de Desdémone, et il est à propos de remarquer ici la différence qui existe entre les deux sœurs. La Malibran jouait Desdémone en Vénitienne et en héroïne; l'amour, la colère, la terreur, tout en elle était expansif; sa mélancolie même était énergique, et la romance du *Saule* éclatait sur ses lèvres comme un long sanglot. On eût dit qu'elle mettait en action ce mot d'Othello débarquant et embrassant sa femme : « O ma belle guerrière! » et cette fière parole devait plaire, en effet, à son ardent génie. Pauline Garcia, qui, du reste, n'a pu voir jouer sa sœur qu'un petit nombre de fois, a imprimé au rôle entier un grand caractère de douceur et de résignation. Ses gestes craintifs, modérés, trahissent à peine le trouble qu'elle éprouve. Son inquiétude et le pressentiment qui ne la quitte pas ne se révèlent que par des

La romance du *Saule*. Page 492

Bibl. Charpentier. LIV 266.

regards tristes et suppliants, par de tendres plaintes, par de doux efforts pour ressaisir la vie. Ce n'est plus la belle guerrière, c'est une jeune fille qui aime naïvement, qui voudrait qu'on lui pardonnât son amour, qui pleure dans les bras de son père au moment même où il va la maudire, et qui n'a de courage qu'à l'instant de la mort; en un mot, pour citer encore Shakspeare, c'est d'un bout à l'autre de la pièce « une excellente créature[*] ».

Un trait particulier pourra rendre plus sensible la différence dont je parle.

Au second acte, lorsque Othello est sorti pour se battre, Desdémone, restée seule, interroge le chœur sur le sort de son époux. « Il vit », répond le chœur. On sait avec quelle vivacité la Malibran jouait cette scène; le cri de joie qu'elle poussait était irrésistible, et électrisait la salle entière. Mlle Garcia rend cette situation tout autrement, et arrive à l'effet par un moyen contraire. A peine s'est-elle livrée à l'espérance qu'elle se retourne, aperçoit son père qui entre, et reste frappée de terreur : c'est à ce contraste puissant et plein de vérité qu'elle se fait applaudir, en sorte que l'émotion du spectateur, au lieu de porter sur un éclair de joie, se fixe sur une impression douloureuse. Je ne prétends pas décider laquelle des deux sœurs a raison, et je crois qu'elles l'ont toutes deux; je ne veux que signaler une nuance remarquable.

La pièce italienne, à proprement parler, ne commence qu'à la fin du premier acte. Mlle Garcia a joué ce finale avec une grâce et une retenue parfaites; son attitude soumise près de son père, les regards détournés qu'elle ose à peine jeter sur Othello, la crainte mortelle qui l'agite, tout a été profondément senti et pudiquement exprimé. Dans ce beau chœur dont on n'entend qu'un mot : *la dolce speme* (et ce seul mot suffit, tant cette langue est charmante), elle a chanté avec une admirable tristesse.

Au second acte, elle a un peu manqué, pendant la première scène, de cette habitude du théâtre dont il était question tout à l'heure. Je crois que Rubini, pour se soustraire à ses demandes, a été obligé de chercher un abri jusque dans la coulisse. Le moment où elle tombe à terre, repoussée par Othello, a semblé pénible à quelques personnes. Pourquoi cette chute? il y avait là, autrefois, un fauteuil, et le libretto dit seulement que Desdémone s'évanouit. Si je fais cette remarque, ce n'est pas que j'y attache une grande importance, mais ces grands mouvements scéniques, ces coups de théâtre

---

[*] Excellent wretch! perdition catch my soul,
But I do love thee! (*Othello.*)

(*Note de l'auteur.*)

précipités, sont tellement à la mode aujourd'hui, que je crois qu'il faut en être sobre. La Malibran en usait souvent, il est vrai; elle tombait, et toujours très bien. Mais aujourd'hui, les actrices du boulevard ont aussi appris à tomber, et Mlle Garcia, plus que tout autre, me paraît capable de montrer que, si on peut réussir avec de tels moyens, on peut aussi s'en abstenir.

L'air *Se il padre m'abbandona* est un morceau des plus bizarres; c'est un mélange des phrases les plus simples et des difficultés les plus contournées. La situation force l'actrice à être aussi touchante que possible, et en même temps, à peine a-t-elle dit les premières notes, que la vocalise l'entraîne et la jette dans un déluge de fioritures; mais, à cause de sa bizarrerie même, cet air peut servir de pierre de touche pour juger une cantatrice: si elle n'est pas à la hauteur de la situation, on s'en aperçoit sur-le-champ. Que de fois n'avons-nous pas vu de belles personnes, pleines de bonne volonté, lancer hardiment les premières mesures d'une voix si émue, qu'on croyait qu'elles sentaient quelque chose et qu'elles allaient faire pleurer, puis s'arrêter là tout à coup, reprendre haleine tranquillement et se mettre à jouer de la flûte! Quand la phrase simple arrive, on est au concert. L'émotion retombe en triples croches, comme une fusée en étincelles. Mlle Garcia, dans cet air, n'a rien laissé à désirer. Sa voix, qui, comme on le sait, a deux octaves et demie, mélange rare du soprano et du contralto, s'est développée avec la plus grande liberté. Elle a su donner l'accent de la douleur aux traits les plus hardis et les plus périlleux. Le parterre a applaudi les roulades avec transports, et il avait raison; la phrase principale a ému tout le monde; pour ma part, je recommande, à ceux qui savent comprendre, la manière dont Mlle Garcia prononce le premier vers:

L'error, l'error d'un infelice.

Dans la lenteur qu'elle met à s'agenouiller, dans la façon dont le geste suit la voix, dans ses mains tremblantes qui se joignent d'abord, puis qui retombent quand le genou plie, il y a une gradation singulière, tout instinctive, que l'artiste n'a certainement pas calculée, et qui suit merveilleusement la musique; on croira peut-être que je cherche une finesse; tout au contraire, rien n'est plus simple, et c'est de ces simples choses que vit la poésie.

Si je voulais suivre pas à pas, jusqu'au bout, Mlle Garcia dans le troisième acte, cet article n'aurait pas de fin. Rossini a semé dans ses récitatifs une telle profusion de beautés, qu'il n'y a pas une seule phrase qui ne vaille la peine de s'y arrêter. Ces récitatifs, d'autre part, ont été rendus de tant de façons, on les a si souvent étudiés et commentés, qu'il n'y a plus moyen d'en rien dire de nouveau. Il faut cependant noter certains mots auxquels la jeune artiste a donné un accent qui lui est propre: l'adieu à son amie, *il baccio estremo*, la phrase presque parlée qu'elle adresse à Othello quand elle s'éveille, le moment de colère et d'indignation contre Iago, et surtout le cri plein de fierté *intrepida morrò*, ces passages ont été exprimés d'une manière neuve et originale, c'est pourquoi je les cite. Les autres ont été plus ou moins heureusement exécutés, mais dans un sens conforme à la tradition.

Il me reste à parler de la romance. On a dit que Mlle Garcia, dans cet air, avait surpassé la Malibran. C'est beaucoup dire et aller bien vite. On ne surpasse pas la perfection. Chacun la cherche suivant ses facultés, et un bien petit nombre peut l'atteindre; mais, entre ces intelligences privilégiées, auxquelles il est donné de temps en temps de toucher à la suprême beauté, je ne peux pas comprendre qu'on établisse des comparaisons. Quiconque a des sens, et écoute, a le droit de dire : « Je préfère ceci, » mais il n'a jamais le droit de dire : « Ceci vaut mieux. » Quand donc en viendra-t-on, à Paris, à ne plus mêler le blâme à l'éloge, et à dire le bien sans médire ?

Je cherche à peindre l'impression qu'a produite sur moi cette romance, et je ne trouve rien qui l'exprime, car je ne puis me résoudre à la détailler. Dirai-je comment Mlle Garcia tenait sa harpe, qu'elle a fait au second couplet un arpège de deux octaves? La romance du *Saule* est la poésie même; c'est l'inspiration la plus élevée d'un des plus grands maîtres qui aient existé; on ne rend pas plus ou moins bien de pareils airs; on les rend tout à fait ou pas du tout. La Malibran chantait le *Saule;* Pauline Garcia l'a chanté.

En vérité, quand on pense au travail infini que doit coûter à l'artiste la composition d'un rôle, il y a de quoi effrayer. Que d'études! quelle dépense d'intelligence et de force pour nous donner trois heures de distraction, à nous qui sortons de table et qui daignons payer! Il est vrai qu'à l'Odéon tout le monde ne daigne pas jouer. Rubini, par exemple, soit dit en passant, avec son admirable talent, est un chanteur divin, mais un acteur par trop paresseux. Je le lui pardonnerais de bon cœur si je n'avais pas vu la *Lucia*. Pourquoi, quand on peut jouer ainsi pendant un quart d'heure, ne pas jouer plus souvent? Duprez chante comme un lion, et Rubini joue comme un rossignol.

Mlle Garcia est entrée de prime abord et hardiment dans la vraie route.

Comme son père et comme sa sœur, elle possède la rare faculté de puiser l'inspiration tragique dans l'inspiration musicale. Ce serait peut-être une étude curieuse que de rechercher jusqu'à quel point ces deux muses peuvent s'allier, où commence leur union et où elle finit ; car, il ne faut pas s'y tromper, elles ne peuvent être constamment unies. Diderot, dans le *Neveu de Rameau*, a dit, je crois, le premier une chose qui me semble parfaitement fausse. Il a prétendu que la musique n'était que la déclamation exagérée, en sorte que, si l'on comparait la déclamation à une ligne droite, à un thyrse, je suppose, la musique tournerait à l'entour en l'enveloppant à peu près comme un pampre ou une branche de lierre. C'est une ingénieuse absurdité. La déclamation, c'est la parole, et la musique, c'est la pensée pure. L'opéra d'*Othello*, comme bien d'autres, le prouverait. Rien n'est assurément plus dramatique et (en prenant le mot en bonne part) plus déclamatoire que la majeure partie de cet opéra. Mais quand le souffle musical arrive, voyez comme tout s'efface devant lui ! Y a-t-il vestige de la déclamation dans la romance ? Si la mélodie enveloppe alors la parole, ce n'est pas comme un lierre qui s'attache à elle, mais comme un nuage léger qui l'enlève et qui l'emporte dans les cieux.

Que deviendra maintenant Pauline Garcia ? Personne ne doute de son avenir ; son succès est certain, il est constaté ; elle ne peut, quoi qu'elle fasse, que s'élever plus haut. Mais que fera-t-elle ? La garderons-nous ? Ira-t-elle, comme sa sœur, se montrer en Allemagne, en Angleterre, en Italie ? Quelques poignées de louis de plus ou de moins lui feront-elles courir le monde ? Cherchera-t-elle sa gloire ailleurs, ou saurons-nous la lui donner ? Qu'est-ce, à tout prendre, qu'une réputation ? Qui la fait et qui en décide ? Voilà ce que je me disais l'autre soir en venant de voir *Othello*, après avoir assisté à ce triomphe, après avoir vu dans la salle bien des visages émus, bien des yeux humides ; et j'en demande pardon au parterre, qui avait battu des mains si bravement, ce n'est pas à lui que cette question s'adressait. Je vous en demande pardon aussi, belles dames des avant-scènes, qui rêvez si bien aux airs que vous aimez, qui frappez quelquefois dans vos gants, et qui, lorsque le cœur vous bat aux accents du génie, lui jetez si noblement vos bouquets parfumés. Ce n'était pas non plus à vous que j'avais affaire, et encore moins à vous, subtils connaisseurs, honnêtes gens qui savez tout, et que par conséquent rien n'amuse ! Je pensais à l'étudiant, à l'artiste, à celui qui n'a, comme on dit, qu'un cœur et peu d'argent, à celui qui vient là une fois par extraordinaire, un dimanche, et qui ne perd pas un mot de la pièce ; à celui pour qui les purs exercices de l'intelligence sont une jouissance cordiale et salutaire ; qui a besoin de voir du bon et du beau, et d'en pleurer, afin d'avoir du courage en rentrant, et de travailler gaiement le lendemain ; à celui, enfin, qui aimait la sœur aînée et qui sait le prix de la vérité.

1er novembre 1839 (*Revue des Deux-Mondes*).

AU CITOYEN RÉDACTEUR

DU JOURNAL *LE NATIONAL*

« Paris, le 20 août 1848.

« Monsieur,

« L'Académie française m'a fait l'honneur, dans sa dernière séance, de me donner le prix fondé, comme encouragement, par M. le comte de Maillé Latour-Landry. Ce secours, accordé pour un an, consiste en une somme de treize cents et quelques francs, intérêt d'un capital de trente mille francs légué par le testateur, et placé en rente sur l'État.

« Voulez-vous être assez bon, monsieur, pour ajouter cette somme à celles que vous avez déjà reçues en faveur des victimes des événements de juin 1848? Je m'empresserai de la verser entre vos mains aussitôt qu'elle me sera parvenue.

« Veuillez agréer, monsieur, l'assurance de ma parfaite considération.

« Alfred de Musset. »

Cette lettre était précédée des lignes suivantes : « Nous recevons de M. Alfred de Musset une lettre qui ne nous étonne pas de la part d'un poète homme de cœur. Nos lecteurs, qui sont au courant des termes du programme des prix décernés, en 1848, par l'Académie française, apprécieront le sentiment de modestie et de générosité qui a dicté cette lettre, et l'Académie elle-même ne peut manquer d'approuver la destination donnée par M. Alfred de Musset au prix d'encouragement qu'elle lui a décerné. » (*National* du 21 août 1848.)

DISCOURS

DE

RÉCEPTION A L'ACADÉMIE FRANÇAISE

PRONONCÉ LE 27 MAI 1852

Messieurs,

J'ai à parler devant vous d'un homme qui fut aimé de tout le monde; devoir sans doute bien doux à remplir, et bien facile en apparence, puisque, pour rappeler à votre mémoire ce que l'esprit a de plus aimable et le cœur de plus délicat, je n'aurais presque qu'un mot à dire, et que, pour faire ici son éloge, il suffit de nommer M. Dupaty.

Mais c'est par cette raison même que je ne saurais toucher un pareil sujet sans une bien grande hésitation; non que je recule devant la tâche précieuse que vos suffrages m'ont imposée : celui qu'honorent de tels suffrages doit avoir autant de courage que vous avez eu d'indulgence, et si peu digne qu'il se puisse croire de cette bienveillance qui l'accueille, s'efforcer du moins d'y répondre. Non, ce qui m'arrête en ce moment, ce n'est pas la crainte, messieurs, c'est le respect. Comment pourrai-je, en effet, moi qui ai à peine entrevu M. Dupaty, vous entretenir dignement de cette vie si bien remplie, dont le souvenir vous est présent, de ces qualités brillantes que vous avez aimées, de ces vertus qui vivent dans votre estime?

Comment vous en parler, messieurs, quand votre mémoire est encore toute pleine des simples et touchantes paroles prononcées au bord d'une tombe par l'un des maîtres de l'éloquence française, admirable et pieux tribut que le talent payait à l'amitié?

Il faut pourtant, messieurs, vous obéir; et veuillez me permettre ici un souvenir qui m'est personnel. Lorsque j'exprime le regret d'avoir trop peu connu M. Dupaty, je ne puis me défendre d'une réflexion pénible. Mon aïeul maternel, M. Guyot-Desherbiers, avait l'honneur d'être au nombre

Dupaty a bord du *Patriote*. Page 501.

des amis de M. le président Dupaty ; mon père connaissait celui que vous regrettez ; à quoi tient-il que je ne l'aie connu aussi (j'entends d'une façon régulière et suivie) ? A la différence d'âge sans doute, à la mort de mon père qui fut prématurée ; mais n'est-ce pas aussi un peu à l'étrangeté du temps où nous sommes? Si nous eussions vécu depuis soixante ans dans des circonstances ordinaires, sous quelqu'un de ces grands règnes dont hier encore on trouvait plaisant de médire, aurions-nous vu les rapports sociaux se rompre, quelquefois si vite qu'on ne saurait dire pourquoi? Assurément ces secousses terribles, ces déchirements et ces déchaînements qu'on appelle des révolutions, ne brisent ni les liens de famille ni les robustes amitiés ; mais que font-elles de ces autres liens moins sérieux et si charmants, précisément parce qu'ils sont fragiles? que font-elles des relations du monde, de cet aimable commerce des esprits, qui, s'il ne remplit pas la vie, sait l'embellir et la faire mieux aimer?

Je viens de nommer le président Dupaty ; ce serait, en effet, montrer bien peu de respect envers mon honorable prédécesseur, que de ne pas commencer par rendre un juste hommage au nom de son vertueux père, de ce courageux magistrat, qui est l'une des gloires du parlement de Bordeaux. Courageux, il le fut sans doute, lorsque, l'un des premiers en France, il osa, devant les supplices, faire parler l'humanité, attaquer hautement des coutumes cruelles, et forcer la justice même à revenir sur ses arrêts. N'ayant pu préserver d'une mort ignominieuse trois malheureux qu'il ne jugeait point coupables, il ne prit point de repos qu'il n'eût effacé ce triste et sanglant souvenir : il fit réhabiliter leur mémoire.

Venez, s'écrie à ce sujet M. Emmanuel Dupaty, dans son poème des *Délateurs*, venez, défenseurs des Calas ! et toi surtout, mon père ;

> J'ai prononcé ton nom : que l'innocence espère!

Puis il ajoute ce vers, qui est si bien de lui :

> Un beau trait nous honore encor plus qu'un beau livre.

Quelques années plus tard, Benjamin Constant devait suivre ce noble exemple et prêter à Wilfrid, menacé à son tour, l'appui de son éloquence passionnée. Toujours est-il que l'initiative prise par le président du parlement de Bordeaux ne fut point perdue pour Louis XVI, et contribua puissamment à l'abolition de la torture.

Vous le savez, messieurs, quand la mort l'a frappé, M. Emmanuel Dupaty se disposait à aller à Bordeaux pour l'inauguration de la statue de son père, et il avait sollicité à cette occasion le titre de directeur de l'Académie, non par un sentiment d'orgueil qui eût été d'ailleurs bien légitime, mais pour apporter un hommage plus grand à une mémoire vénérée. Là, s'il lui eût été donné de réaliser son dernier rêve, une émotion bien douce l'attendait, dont l'homme jouit bien rarement ; c'eût été de trouver l'honneur de sa vieillesse près des souvenirs de son enfance. En effet, c'est dans cette ville, qui fut plus d'une fois la patrie du talent, que M. Dupaty est né, le 31 juillet 1775. C'est là que s'écoulèrent ses premières années, au sein d'une de ces familles privilégiées, qui sont comme des sanctuaires où ne pénètrent que les nobles pensées. D'autres ont fourni à l'État des savants et des capitaines, celle-ci devait lui donner des magistrats et des artistes. Cependant, tandis que les deux frères aînés, Charles et Emmanuel, l'un dans la statuaire et l'autre dans les lettres, allaient prendre leur place au rang le plus distingué, pendant qu'Adrien le plus jeune, s'apprêtait, par l'étude des lois, à succéder dignement à son père, l'une des trois sœurs, recevant par son mariage le nom déjà si célèbre d'Élie de Beaumont, devenait en outre la belle-sœur de la fille de Cabanis. Le nom de Condorcet, celui de Grouchy, venaient se joindre à ses alliances. Cette modeste et illustre famille touchait ainsi à toutes nos gloires.

Le goût des lettres ne fut pas la première vocation du jeune Emmanuel. Élevé dans un port jusqu'à l'âge de onze ans, doué d'un esprit libre et hardi, n'ayant jamais été ni au collège ni dans aucune école publique, il annonça dès son enfance un penchant décidé pour l'état de marin. Le voisinage de l'Atlantique avait facilement parlé à cette vive imagination ; il s'entretenait sans cesse avec ses frères et sœurs de voyages périlleux, d'expéditions lointaines ; il dessinait de petites marines avec beaucoup de finesse et d'habileté, talent aimable, comme celui de la miniature, qu'il a toujours gardé et cultivé ; mais en même temps il voulait être soldat. Ce n'était pas assez pour lui de l'inconstant hasard des mers, il y voulait encore l'attrait des combats : tous les dangers plaisaient à son courage.

Je ne sais si, dans cette voie qui effrayait la tendresse maternelle, il fut approuvé ou retenu par un homme plein de science et de sagesse dont je ne dois point passer le nom sous silence, puisque M. Dupaty ne l'a jamais oublié ; car l'un des traits les plus saillants de ce généreux caractère, ce n'était pas seulement d'être sincère et dévoué dans ses amitiés, c'était surtout d'y être fidèle. Comme il avait la religion du devoir, il avait le culte de la reconnaissance. Dès ses premières années, ayant perdu son père, il avait reçu les leçons et les conseils de M. Desaunets, ancien professeur au collège de Montaigu; trente ans plus tard, au milieu des succès qui marquaient chacun de ses pas, il dédie à son ancien maître l'un de ses plus importants ouvrages, il lui rappelle les soins, les avis salutaires qui l'ont guidé pendant sa jeunesse; il lui fait hommage de tout son mérite, et il écrit sur sa première page :

> Même étant fait par moi, cet ouvrage est le tien.

Ce n'est pas là le compliment puéril de l'écolier qu'étourdit sa couronne, ni le souvenir tardif du vieillard qui aime à se pencher du côté de son berceau ; c'est le langage cordial de l'honnête homme qui, sûr désormais de sa route, serre la main qui l'a d'abord conduit.

Emmanuel Dupaty passa à Paris les années qui précédèrent la Révolution, et celle où elle se déclara. Il reçut, comme on peut penser, toutes les impressions de cette époque. Plein d'énergie et de vrai patriotisme, il saluait avec transport les premières lueurs de ce foyer terrible qui, après avoir tant éclairé, allait tant consumer et tant détruire. En ce moment, l'illusion féconde, pour me servir du mot d'André Chénier, et cette confiance presque naïve qui accompagne souvent la loyauté, lui faisaient croire, comme à bien d'autres, qu'il s'agissait de supprimer les abus, non pas de renverser les choses. Il n'imaginait point que, pour élaguer les branches mortes d'un arbre séculaire, on dût porter la hache dans ses racines. Il avait vu la noblesse et le clergé renoncer à leurs privilèges, et il croyait à l'égalité ; il avait assisté aux fêtes du Champ-de-Mars, et il croyait à la fraternité ; enfin, il avait vu tomber la Bastille, et il croyait à la liberté. Il avait alors quatorze ans. Qu'aurait-il fait s'il eût vu le reste? Il était l'ami intime du comte Desèze, du digne fils de l'un des défenseurs du roi. Qui sait où l'auraient pu mener quelques mots trop vite sortis du cœur, lorsque l'honnêteté passait pour imprudence? Son heureuse destinée lui ôta ce péril, et ne voulut pas qu'il entendît les dernières paroles de ce martyr qui disait en partant : « Je recommande mes enfants à ma femme ; je recommande à Dieu ma femme et mes enfants. »

Appelé, en 1792, par la première réquisition, M. Dupaty entra dans la flotte qui était en rade de Brest. C'était le but de ses plus chers désirs, et il se fit remarquer tout d'abord par son esprit et par son adresse. Je ne sais laquelle de ces deux facultés il préférait à l'autre en ce temps-là ; elles plaisaient en lui toutes deux. Aussi prompt à faire un couplet qu'à monter aux hunes d'un navire, espiègle ou intrépide, selon l'occasion, avec autant de gaieté que d'audace, qui n'eût aimé ce jeune soldat plus instruit que ses lieutenants, et dont la bonté était aussi franche que la malice était légère? Loin de s'offenser de ses railleries, on le respectait et on le protégeait, et, quoi qu'il fît, on le laissait faire ; témoin ce jour où pour se divertir, en même temps que pour se venger (je demande pardon de citer un trait d'enfant, mais ceux-là aussi peignent l'homme), poussé à bout par un maître d'équipage qui le traitait un peu trop en nouveau venu, il lui prit son chapeau, et l'alla planter sur la girouette du grand mât. Ce tour d'adresse, où il jouait sa vie, fut applaudi de la flotte entière. Le hardi matelot fut appelé et fêté sur tous les vaisseaux.

J'ai hâte d'ajouter que, deux ans après, ce même matelot, fort de nouvelles études, nommé, après ses examens, aspirant de troisième classe, faisait preuve de la même adresse, du même sang-froid et du même courage, dans une circonstance tout autre, au formidable combat naval du 13 prairial. Le commissaire de la Convention, Jean-Bon-Saint-André, l'avait appelé près de lui, et le nouvel aspirant fut quelquefois assez heureux pour adoucir les rigueurs du conventionnel. Il était à bord du vaisseau le *Patriote*, et vers la fin de la bataille ce vaisseau presque désemparé, et serré de près par trois navires anglais, se voyait forcé de se rendre. L'aspirant Dupaty supplia le capitaine d'attendre encore quelques instants ; il descendit dans la batterie, où cinq à six pièces seulement se trouvaient en état de tirer, et il en pointa une avec tant de précision, qu'il abattit le grand mât du bâtiment ennemi le plus redoutable en ce moment. Le vaisseau français fut alors dégagé, et les Anglais, repoussés du *Patriote*, se portèrent sur le *Vengeur* dont on connaît la fin sublime. Quand l'ennemi se fut retiré, le capitaine proclama l'aspirant comme ayant sauvé trois fois le navire durant le cours de la bataille, et le nomma de seconde classe.

Cependant cette courte mais rude campagne avait épuisé les forces du jeune marin ; et quand la flotte revint à Brest, une maladie cruelle le retint plusieurs mois à l'hôpital de cette ville. Là, sans ressource et sans consolation, perclus de tous ses membres et presque privé de l'usage de la parole, déjà pleuré par sa mère et ses sœurs, et ne pouvant même leur écrire pour leur envoyer un dernier adieu, il vit, en effet, s'approcher l'heure fatale où ses espérances n'eussent laissé que des regrets. Mais ce fut alors que cet esprit léger, quelque peu enclin aux maximes des philosophes de l'autre siècle, connut pour la première fois une chose plus immortelle que les grands hommes qui l'ont insultée, je veux dire la pensée chrétienne et les dévouements qu'elle inspire ; car ce qu'on nomme l'immortalité n'est que le souvenir des mortels, et l'éternité est celui de Dieu. Il fut soigné par les religieuses, et, fidèle en cette circonstance aux habitudes de son cœur, il se plaisait encore, dans sa vieillesse, à raconter les soins qui l'avaient sauvé.

Rendu à sa famille par ces soins précieux, après avoir passé quelque temps à Morlaix, dans la maison d'un examinateur de la marine qui lui était devenu, comme tous, un ami, il reprit bientôt ses travaux. D'abord ingénieur hydrographe, envoyé en cette qualité pour lever le plan de Saint-Jean-de-Luz, celui du Passage, en Espagne, et d'une partie des côtes adjacentes, il revint ensuite à Paris vers l'année 1797. Il fit ce voyage, la plupart du temps poétiquement à pied, comme on disait alors, libre et heureux, toujours poursuivi par le refrain de quelque chanson qui se mêlait à ses calculs; car la muse impatiente qui l'accompagnait n'attendait qu'un instant propice pour s'emparer de sa vie entière.

Cette occasion allait se présenter. Il venait de passer, à son retour, dans les cadres du génie militaire; mais il avait, en fait, quitté le service. La révolte de Saint-Domingue, inaugurée par Toussaint Louverture et couronnée par l'incendie et les massacres de 93, avait apporté un dommage sensible dans la fortune de la famille Dupaty. Vainement Auguste, l'un des quatre frères, s'était condamné à un long exil pour tenter de recueillir les restes de cette fortune; son courage patient, pour toute récompense, ne devait trouver que les coups de poignard de quelques monstres déchaînés. Il y mourut. Emmanuel, alors âgé de vingt-deux ans, insouciant de l'avenir, à demi dégoûté du sang des batailles par celui qui avait coulé sur les échafauds, presque indifférent, s'il avait pu l'être, et se voyant appauvri sans chagrin, prenait sa part de ce vaste repos où s'endormait la France fatiguée, au bruit lointain des victoires du consul. Il eût été de ces victoires, et il eût passé le pont d'Arcole à côté du héros, comme Belliard et Vignola, ou devant lui, comme Lannes et Muiron, s'il n'était entré par hasard, ne sachant que faire un soir, à l'Opéra-Comique.

Je demande la permission de dire que je n'invente rien; car la vérité est souvent étrange. Il entra donc dans ce théâtre, où tout était nouveau pour lui. Quelle était la pièce qu'on représentait, j'ai essayé en vain de le savoir; mais que ce fût le vieux Grétry chantant alors avec Marmontel, Méhul avec Hoffmann, ou le tendre Monsigny avec l'inimitable Sedaine, l'impression profonde n'en fut pas moins reçue. Après le premier étonnement, au bruit de l'orchestre, aux clartés du lustre, aux feux de la rampe, à cet assemblage de l'esprit et de l'harmonie entouré de tout ce qu'il y avait d'hommes distingués et de jolies femmes, car le consul allait à Feydeau, le matelot déjà poète vit qu'il était dans son pays. Qu'ai-je à faire autre chose, se dit-il tout bas, que de confier ma pensée à ces gens qui parlent et chantent si bien, qui savent si bien faire rire ou pleurer? Aussitôt s'effacèrent les rêves lointains, la curiosité de suivre La Pérouse : le murmure de l'Océan, qui troublait encore cette tête ardente, se confondit dans la musique, et un coup d'archet l'emporta.

Alors parurent, presque sans intervalle, ces pièces gracieuses à demi écrites, à demi chantées, qui ont égayé le moment le plus sévère et peut-être le plus grand de notre histoire. Il ne faut pas croire qu'il fût facile d'avoir, dans ce temps-là, tout bonnement de l'esprit. On s'adressait à un public distrait, le lendemain de Marengo ; et, de même que Molière disait que c'est une entreprise considérable de faire rire les honnêtes gens, ce n'était pas non plus une chose fort aisée de savoir plaire au maître du monde. M. Dupaty eut à la fois et ce bonheur et ce talent; se laissant aller sans réserve à son inspiration naturelle, se souciant à peine du succès qui ne lui a jamais manqué, toujours interprété par les meilleurs artistes, toujours heureux et toujours aimé, sa carrière théâtrale a duré environ quinze ans. Elle l'a presque exclusivement occupé de vingt-deux à trente-sept ans, et le consul devenu empereur allait écouter entre deux victoires ces opéras où chantaient Berton, Boïeldieu et Dalayrac.

Ici se présente, pour moi, une difficulté. On ne veut pas qu'ayant appartenu à ce qu'on appelait l'école romantique, j'aie le droit d'aimer ce qui est aimable, et l'on m'en fait une école opposée, décidant, par mes premiers pas, d'une route que je n'ai point suivie. Ce n'est pas que je veuille faire une inutile palinodie, ni renier mes anciens maîtres, qui sont encore mes amis; car je ne me suis jamais brouillé qu'avec moi-même. Mais je proteste de toutes mes forces contre ces condamnations inexorables, contre ces jugements formulés d'avance, qui font expier à l'homme les fautes de l'enfant, qui vous défendent, au nom du passé, d'avoir jamais le sens commun, et qui profitent des torts que vous n'avez plus pour vous punir de ceux que vous n'avez pas.

Ce n'est point ici, messieurs, ce n'est point dans cette enceinte que je puis redouter ces cruels préjugés; et la meilleure preuve que j'en puisse avoir, c'est que je parle devant vous. Mais je prie en grâce qu'on veuille me croire sincère lorsque je loue, non pas outre mesure, ces faciles compositions. Il est bien vrai que le travail, le soin du style, y manquent parfois, ou sont peut-être perdus pour nous. Mais sans qu'un détail vous arrête, sans qu'un mot soit jamais douteux, quand on lit les ouvrages de M. Dupaty, il est impossible de les quitter. On ne reste pas sur une phrase ; les littérateurs ne faisaient pas tant de fracas alors qu'aujourd'hui. Mais lorsqu'on a fermé le livre, sans savoir et sans pouvoir dire précisément de quoi l'on est charmé, l'honnêteté, la grâce et le bon sens vous restent dans la tête comme le parfum d'une fleur. Heureusement celles-là ne se fanent pas. Casimir Delavigne, fils du même temps, et avec qui M. Dupaty a plus d'un rapport, quand ce ne serait que l'amour de la beauté, de la gloire et de la patrie, laisse à peu près dans l'âme le même sentiment, et, doué de plus de force et d'autant de grâce, il savait que l'estime vaut mieux que le bruit.

L'une des premières pièces du jeune auteur, intitulée l'*Opéra-Comique*, et représentée en l'an VI, fut composée en société avec M. de Ségur, oncle de l'honorable général, de l'écrivain brillant qui siège aujourd'hui parmi vous. M. Dupaty écrivit quelques autres ouvrages, par la suite, avec M. Bouilly, dont il resta constamment l'ami. Une affection non moins tendre le lia également, vers ce temps-là, avec M. de Jouy ; et cette affection se montra particulièrement lorsque, bien des années plus tard, M. de Jouy, devenu infirme, se retira à Saint-Germain chez sa fille. Un souvenir précieux de l'auteur de *Sylla* a consacré ces derniers soins.

Vous n'attendez sûrement pas de moi, messieurs, que je vous rende compte bien en détail de ces pièces légères et amusantes ; par leur légèreté et leur finesse même elles échappent à l'analyse. Il y a cependant parmi ces opéras, dont quelques-uns sont des comédies, certains titres trop connus de tout le monde pour ne pas devoir être rappelés : qui n'a pas entendu parler du *Chapitre Second*, de la *Leçon de Botanique*, de l'*Intrigue aux fenêtres*, ou des *Voitures versées* ? Qui ne connaît cette jolie Bluette de *Ninon chez madame de Sévigné* ? L'une de ces pièces, *D'auberge en auberge*, a été transportée sur le théâtre anglais. Elle est excessivement plaisante par des changements de décorations qui arrivent si à propos, que les personnages s'imaginent sans cesse qu'ils ont voyagé sans changer de place. Dans le *Poète et le Musicien*, il y a des vers qui sont restés célèbres. Ceux, par exemple, où le poète, défendant contre l'orgueil du Grand-Opéra les prétentions plus humbles de l'Opéra-Comique, plaide cette cause si aisément gagnée.

> J'aime auprès d'un palais une simple cabane ;
> En quittant Raphaël, je souris à l'Albane.
> De pampre couronné, l'aimable Anacréon,
> Sur l'airain, près d'Homère, a consacré son nom.
> Sans être au premier rang, on peut prétendre à plaire.

N'est-ce pas là toute la grâce et, si l'on peut ainsi parler, toute la fierté modeste de M. Dupaty ?

Réception a l'Académie.   Page 506.

Lorsque j'ai dit que rien n'arrêtait dans son style ordinaire, je n'ai entendu parler que de ses ouvrages en prose; car, sitôt qu'il s'exprime en vers, il en rencontre à tout moment qui semblent ne lui rien coûter, et qui, arrivant tout à coup, clairs, nets, précis, toujours élégants, étincellent çà et là comme des paillettes d'or. Celui qui termine la tirade dont je viens de citer un fragment est d'une gaieté franche qui a bien son prix, lorsque, continuant à soutenir sa thèse, le poète s'écrie :

> C'est à tort, aujourd'hui, qu'une censure amère
> N'accorde aux vers chantés qu'une palme éphémère,
> . . . .
> Et tout Paris encor se souvient de Babet!

On en pourrait noter ainsi par centaines, de ce tour vif et de cette libre allure, où se retrouvent toujours une verve qui entraîne, et parfois même un peu de cet atticisme qui est le charme suprême des Épîtres de Boileau.

Un des talents les plus remarquables de M. Emmanuel Dupaty, c'est de savoir très habilement, comme on dit au théâtre, poser une scène, c'est-à-dire saisir l'à-propos, l'occasion, le moment précis où, l'intérêt et la curiosité ayant été graduellement excités jusqu'à un certain point, l'action peut s'arrêter, et la passion, le sentiment pur, peuvent se montrer et se développer. Ces sortes de scènes où la pensée de l'auteur quitte pour ainsi dire son sujet, sûre de le retrouver tout à l'heure, et se jette hors de l'intrigue et de la pièce même dans l'élément purement humain; ces sortes de scènes sont extrêmement difficiles; c'est la part de la poésie. Car, de même que nous avons nombre d'ouvrages au théâtre où le trop grand développement des sentiments et des caractères étouffe l'action, si bien que les personnages semblent des statues qui rêvent dans le vide, de même nous voyons d'autres pièces dans lesquelles les événements ou, pour mieux dire, les accidents se multiplient de telle sorte qu'il ne reste plus la moindre place ni pour le cœur, ni pour l'esprit, ni presque pour l'intelligence; et alors, au lieu de statues qui avaient du moins quelque beauté dans leur calme, nous voyons le théâtre sans cesse traversé par des marionnettes essoufflées qui ont à peine le temps de dire qui elles sont, ce qu'elles veulent, d'où elles viennent et où elles vont. Si vous avez une distraction, si vous perdez un mot de ces imbroglios qui se font le plus obscurs qu'ils peuvent, c'est fait de vous, le fil vous échappe, et le reste de l'énigme se déroule devant vous comme une page couverte d'hiéroglyphes auxquels vous ne comprenez plus rien.

La juste mesure entre ces deux excès, je le répète, est très difficile. Elle ne l'était point pour M. Dupaty, par ce motif qu'elle lui était naturelle; et l'opéra-comique, ce genre qu'il aimait tant et qu'il avait tant de raison d'aimer, est justement celui de tous les genres où se montre le plus distinctement ce temps d'arrêt, ce point de démarcation entre l'action et la poésie. En effet, tant que l'acteur parle, l'action marche, ou du moins peut marcher; mais dès qu'il chante, il est clair qu'elle s'arrête. Que devient alors le personnage? Est-ce un maître irrité qui gronde, est-ce un esclave qui supplie, est-ce un amant jaloux qui jure de se venger, est-ce une jeune fille qui s'aperçoit qu'elle aime? Non, ce n'est plus rien de tout cela, et il ne s'agit plus de savoir de quelles circonstances naît la situation. C'est la colère, c'est la prière, c'est la jalousie, c'est l'amour que nous voyons et que nous entendons ; et que le personnage s'appelle comme il voudra, Agathe ou Élise, Dernance ou Valcour, la musique n'y a point affaire. La mélodie s'empare du sentiment, elle l'isole! soit qu'elle le concentre, soit qu'elle l'épanche largement, elle en tire l'accent suprême : tantôt lui prêtant une vérité plus frappante que la parole, tantôt l'entourant d'un nuage aussi léger que la pensée, elle le précipite ou l'enlève, parfois même elle le détourne, puis le ramène au thème favori comme pour forcer l'esprit à se souvenir jusqu'à ce que la muse s'envole, et rende à l'action passagère la place qu'elle a semée de fleurs.

Me voici loin des *Voitures versées*, ainsi que d'une autre pièce que je ne dois pas oublier, et qui a pour titre *la Prison militaire*. C'est une comédie en cinq actes extrêmement bien faite, d'un style vif et brillant, et dans laquelle, dit-on, l'auteur a pris plaisir à retracer quelques détails de sa propre captivité. Elle eut un succès qui dura longtemps, et qui, aujourd'hui, pourrait se recommencer; car, pour l'arrangement, l'intrigue et le romanesque, elle serait tout à fait à la mode. Une autre comédie en vers, *les Deux Mères*, écrite en 1813, eut les honneurs des Tuileries; elle fut représentée devant l'empereur. Le poète, alors, était en grande faveur, et la reine de Naples en personne parut sur le théâtre impérial dans un quadrille allégorique qu'avait composé M. Dupaty. Je pourrais le suivre dans cette veine de cour qui, du reste, lui allait à merveille, car sa muse a toujours un certain air de fête.

Mais je dois d'abord parler de sa disgrâce et de l'opéra de *Picaros et Diégo*, qui l'a fait exiler et a failli lui coûter cher. Cette pièce s'appelait d'abord *les Valets*, ou plutôt *le Salon dans l'antichambre*; car ce dernier titre ne fut point imprimé, et je n'ai pu le retrouver exactement. Cette petite pièce, donnée au théâtre Feydeau en 1802, fit beaucoup de bruit à Paris, et la représentation en fut défendue par la police. Il n'est pas possible aujourd'hui, même en lisant la pièce avec grande attention, de comprendre les causes fort douteuses qui ont amené la disgrâce de l'auteur. Il s'agit de deux aventuriers, dont l'un est ancien garçon mercier et l'autre un barbier espagnol, qui s'introduisent dans une maison pour y tenter, à l'aide de faux noms, une tromperie bientôt démasquée. On crut, dans le temps, que quelques valets devenus grands seigneurs, et qui s'étaient reconnus dans la pièce, en avaient sollicité l'interdiction. Quoi qu'il en soit, un ordre de déportation fit bientôt conduire M. Dupaty à Brest, où il fut détenu pendant quelque temps, en rade, à bord de l'amiral, avec la perspective, fort pénible, d'être mené à Saint-Domingue, pour y rejoindre l'armée du général Leclerc.

Ai-je besoin de dire qu'à peine arrivé, le prisonnier fut traité en ami par les officiers et par les soldats? Il se retrouvait là au milieu de ses habitudes premières, de ses meilleurs et plus chers souvenirs. La menace même d'être transporté (bien que le climat de Saint-Domingue fût très dangereux en ce moment) n'était pas faite pour l'effrayer. Il n'y avait que son cher théâtre qui lui causait de cruels regrets; car il l'aimait avec passion, comme il arrive presque toujours aux imaginations un peu vives. Il existe, en effet, dans cette vie toute factice, mais toute poétique, dans ces rochers et ces palais de carton qui viennent ou disparaissent comme d'un coup de baguette, dans ce langage même de la fiction, où le rire et les larmes se succèdent ou se mêlent, et sont quelquefois très véritables, il existe, dis-je, un attrait singulier auquel on résiste difficilement, pour peu qu'on soit sensible avec de l'esprit.

Il n'y a pas de bon comédien qui n'ait point aimé son théâtre; mais cet attrait pour l'auteur est bien plus grand encore; car l'un récite et l'autre invente. Il est vrai que le comédien, s'il est doué d'un vrai génie, peut aussi mériter le nom d'inventeur. Garrik a osé corriger, dans l'un des chefs-d'œuvre de Shakspeare, une scène admirable, qui, ainsi modifiée, a été applaudie par toute l'Europe. Talma, pour qui Napoléon avait une si haute estime qu'il a pensé à lui donner la croix de sa Légion d'honneur, Talma était précieux pour ses savants conseils; et de telle pièce où il fut applaudi on pourrait dire que, si elle n'est pas de lui, on ne sait trop de qui elle est. Mais avec quelle attention, avec quel plaisir, l'écrivain consciencieux et plein de sa pensée ne voit-il pas s'animer devant lui la forme vivante de son idéal, marcher, parler, agir les rêves de son cœur! Et si l'amour de la vérité, de la beauté, le guide et l'éclaire, avec quel soin, ou parfois même avec quel emportement irrésistible ne se livre-t-il pas à ce travail, qui, bon ou mauvais, quel qu'en soit le résultat, n'en est pas moins, quoi qu'on en puisse dire, l'un des plus nobles exercices de l'esprit! On sait comment le pratiquait Molière. Voltaire pleurait et voulait qu'on pleurât, et se fâchait si l'on ne pleurait pas, lorsqu'il jouait, chez lui, ses propres tragédies ; et la tradition a pris soin de nous dire comment Racine récitait ses vers à Mlle Champmeslé. Il y a sans doute, pour l'esprit, des routes plus grandes et plus sévères, il y en a d'incomparables, celles où Fénelon et Bossuet ont passé. — Mais celle-ci n'en reste pas moins belle, et à coup sûr elle doit être honorée, quand elle est suivie par un honnête homme...

Ce mot me ramène à M. Dupaty.

Il était donc à Brest, s'ennuyant un peu, mais se gardant de le laisser voir à des gens qui le traitaient si bien, improvisant toujours de ces vers charmants qui lui échappaient comme par mégarde, lorsqu'il apprit que les rigueurs du consul s'étaient tout à coup adoucies. Peut-être Napoléon s'était-il aperçu, avec ce regard qui ne se trompait guère, qu'on avait prononcé bien vite. Je ne sais s'il crut avoir un tort, mais il eut la pensée d'une réparation. Le prisonnier redevint libre, et reçut la permission, c'est-à-dire l'ordre, de revenir à Paris. Les offres les plus flatteuses et les plus brillantes furent alors faites à M. Dupaty, mais il refusa tout ; et depuis ce moment, pendant l'espace de sept ou huit ans, c'est-à-dire à peu près depuis 1803 jusqu'au mariage de l'empereur, il ne s'occupa que du théâtre.

A l'occasion des spectacles de toute sorte qui suivirent ce mariage, il fut, comme je l'ai dit tout à l'heure, admis près de la reine de Naples ; il le fut aussi près d'une autre reine dont le nom suffit pour rappeler tout ce qui faisait la grâce et le charme de cette cour alors sans égale, je veux dire la reine Hortense. Il composa les paroles de quelques divertissements pour les fêtes données par ces deux princesses, et il conserva toujours religieusement les marques de leur bonté. L'empereur enfin, en 1812, lui donna la croix de la Réunion. En même temps, il lui fit proposer de nouveau une place élevée dans la magistrature ; l'offre lui en fut transmise par le grand juge, duc de Massa ; mais elle était subordonnée à quelques conditions que M. Dupaty ne voulut pas encore accepter. L'empereur annonça, plus tard, l'intention de l'attacher à l'éducation du roi de Rome.

Un incident, léger en apparence, qui se passa vers ce temps-là, doit sembler digne d'attention, en ce qu'il atteste une fois de plus le respect ou plutôt le culte que professait M. Dupaty pour la mémoire de son père. Au mois de novembre 1812, M. de Féletz fit, dans le *Journal de l'Empire*, un article à propos des *Lettres sur l'Italie*, où il ne se bornait pas à critiquer l'ouvrage, mais où il attaquait assez fortement les opinions philosophiques de l'auteur. Les trois frères Dupaty allèrent ensemble demander raison de cet article; M. Emmanuel surtout prit la chose très vivement. Cette scène laissa chez M. de Féletz une impression profonde qui, vingt-quatre ans après, lorsque M. Dupaty se présenta à l'Académie, devint entre eux un motif de rapprochement, et la source d'une amitié qui ne finit qu'à la mort de M. de Féletz.

Cependant, s'il boudait de loin l'administration impériale, l'auteur de *Picaros et Diégo* ne boudait pas le vainqueur de Wagram, encore moins le vaincu de Leipsick. Cette croix qu'il avait reçue de la main de Napoléon, cette croix lui tenait au cœur, et l'obstination même de ses refus lui faisait attacher un plus grand prix à la seule chose qu'il eût acceptée d'un homme qui pouvait tant donner, et qui savait si bien offrir. Tant que le conquérant marcha dans ses victoires, il n'essaya pas de le suivre ni de toucher à la lyre de Tyrtée. Napoléon, dans sa toute-puissance, effrayait le talent modeste; ce n'était pas sa faute, le temps lui manquait. Au milieu de ses campagnes, lorsqu'il se plaisait (il le dit lui-même) au son des cloches et au bruit du canon, il aimait aussi la littérature, mais il la rudoyait un peu. C'était alors qu'assistant un jour à une tragédie guerrière, il disait, en manière d'éloge : « Il nous faudrait beaucoup d'ouvrages comme celui-là ! c'est une vraie pièce de quartier général. On va mieux à l'ennemi, après l'avoir entendue. » Éloge bizarre, qui a sa grandeur, mais fort capable d'effaroucher Dernance, Florville, Agathe et Élise.

M. Dupaty, pendant ce temps-là, faisait jaser et gazouiller ces personnages inoffensifs. Lorsque l'empereur revenait poudreux de sa grande poussière et las de ses ennemis vaincus, il lui improvisait des couplets pour ses fêtes. Il aimait de tout son cœur ce grand homme aux Tuileries, et il se sauvait à Feydeau dès qu'il le voyait toucher à son épée. Mais lorsque advinrent les grands désastres, lorsque, aux traces de l'incendie de Moscou, sur le chemin de la Bérésina, le maréchal Lefebvre, septuagénaire, marchant à pied derrière Napoléon, commença à dire tristement : « Il est bien malheureux, ce pauvre empereur que j'aime! » lorsqu'on vit tomber, lambeau par lambeau, harcelé pied à pied pendant deux années, ce drapeau qui avait traversé le monde; lorsqu'enfin la France accablée vit se renouveler en vain dans son sein les prodiges de l'Italie, alors le faiseur de vaudevilles, l'improvisateur de romances, prit l'uniforme pour aller à Clichy, et à son tour il tira l'épée[1].

---

[1]. Chargé de surveiller un poste difficile, il s'avança dans la plaine de Saint-Denis, et reprit, sur les Russes, une batterie d'artillerie dont les premiers défenseurs avaient été dispersés. Il la ramena à la barrière et, s'approchant du maréchal Moncey, il lui dit, pour toute harangue « Monsieur le maréchal, voici les pièces. » (*Note de l'auteur*.)

M. Dupaty, après cette journée, ne songea plus de longtemps à Feydeau. Il venait de faire une chanson bien connue sur l'impératrice et le roi de Rome :

Gardons-le bien, c'est l'espoir de la France.

Tous les soldats savaient ce refrain ; lui-même, une fois les armes prises, devint capitaine de la garde nationale, comme il était devenu poète. Mais il n'y avait jamais chez lui de résolution passagère.

Il commanda le corps dont il était le chef jusqu'à la destruction des compagnies, au mois d'avril 1848.

Dans tous les désordres qui se sont succédé pendant nos trente-quatre dernières années, il a constamment et obstinément exposé sa vie. Il a toujours partout recueilli des témoignages de sympathie, d'attachement et de respect. Après la réorganisation de 1848, exempté par son âge du service habituel, et n'ayant plus ses épaulettes, il réclama, comme simple soldat, sa part des fatigues et des dangers que voulaient braver sans lui ses anciens compagnons. Ce belliqueux instinct de ses jeunes années était une passion de sa verte vieillesse, et il semblait assez étrange de trouver dans le cabinet d'un homme de lettres, entre le buste de Voltaire et celui de Rousseau, un fusil de munition.

J'ai maintenant à parler de deux poèmes, dont l'un, à son apparition, produisit un très grand effet, et dont l'autre est jusqu'à présent resté inédit. Le premier a pour titre *les Délateurs;* le second *Isabelle de Palestine.*

Les Délateurs parurent en 1816 ; ce poème fut écrit sous une impression évidemment très vive et même violente, au spectacle des représailles qui signalèrent ce triste moment, principalement dans le midi de la France. M. Dupaty était alors au nombre des rédacteurs du *Miroir* et de *l'Opinion;* c'était l'aurore des petits journaux ; de plus, il était membre de la Société des Enfants d'Apollon, et il s'occupait d'un petit ouvrage intitulé *la Rhétorique des demoiselles,* écrit sous la forme de *Lettres à Isaure.* Tout à coup arrive la nouvelle de la mort du maréchal Brune ; on parle d'assassinats, d'affreux soulèvements, de tous les crimes chers à la populace. M. Dupaty, au milieu de son travail, sent sa plume trembler dans sa main ; l'indignation lui dicte quelques vers qu'il jette au hasard sur le papier ; le lendemain il continue, et, sa verve s'animant ainsi, croyant écrire une page, il fait une satire.

Ce fut l'opinion générale, que pour la pureté et l'énergie du style, comme pour l'élévation des sentiments, cette satire surpassait de beaucoup les autres productions de l'auteur. Je me range, pour ma part, à cette opinion; et, s'il m'était permis d'exprimer toute ma pensée, j'oserais dire que ce petit poème peut hardiment soutenir la comparaison avec tout autre ouvrage du même genre non pas avec Horace ou Boileau, ni surtout avec le grand Juvénal, mais avec Gilbert, par exemple, et même avec de plus forts que lui. Parmi vingt passages, écrits comme on parle, remplis de colère et d'esprit, il s'en trouve un qui fait frémir, c'est le tableau, malheureusement trop vrai, des exécutions hâtives dont le Rhône et l'Isère furent les témoins :

> L'appareil du supplice est sorti des cités;
> Un échafaud mobile erre dans la campagne...

Le morceau qui commence ainsi est tout entier plein d'une vigueur sinistre. Le poète nous montre le meurtre impuni, l'assassin raillant sa victime, le fils frappé dans les bras de sa mère, le moribond égorgé dans son lit, puis il ajoute en terminant :

> Les forfaits sont comblés par d'exécrables jeux;
> Et, reculant d'horreur à ce spectacle affreux,
> Le fleuve qui, la veille, apportait à la ville
> Les doux tributs des champs sur son onde tranquille,
> Après l'assassinat d'un père ou d'un enfant,
> Ramène dans Lyon l'échafaud triomphant.

Isabelle de Palestine ne nous offre pas de telles images. Ce poème dramatique, trop long, je crois, pour être représenté, respire d'un bout à l'autre les plus nobles sentiments, et cette grandeur héroïque, cette bravoure des croisades, si fière devant les hommes, si humble devant Dieu, cette poésie chevaleresque, dont le *Tancrède* de Voltaire reste le type inimitable. M. Dupaty l'imite pourtant, mais il ne l'imite que là où son guide est bon, vertueux, religieux même, et, dans les mille routes ouvertes par cet insatiable et immense esprit, il ne voit que le droit chemin.

Cette pièce était devenue la seule occupation de M. Dupaty. Chose singulière, cette tragédie était d'abord un opéra-comique, commencé en 1813. Peu à peu, à mesure qu'il pensait et qu'il écrivait, le sujet a pris sous la plume de l'auteur d'autres proportions. A moins d'avoir eu entre les mains ce manuscrit qu'on n'ouvre qu'avec respect, il est impossible d'imaginer combien de soin, de persévérance, quelle recherche de la vérité, quelle profonde étude de l'histoire, quelle religion tout à fait convaincue, sont là dans ce beau travail.

Ce fut l'adieu de ce génie aimable, de cet excellent homme, et en le lisant, on sent combien il était attentif, il était heureux de bien faire. Il passait des journées entières, sans le savoir, à travailler chez lui, chez ses

Casimir Delavigne.   Page 515.

Bibl. Charpentier.   LIV. 269.

amis, dans les salons et dans la rue; et tandis qu'on le voyait partout enthousiaste de sa pensée, récitant ses vers au premier venu, il ne voulait pas que sa pièce fût imprimée et la retouchait sans cesse.

C'est dans cette poésie, c'est dans cette clarté qu'a vécu et qu'est mort M. Dupaty. Il croyait en Dieu, et la vie lui semblait trop courte pour prendre garde aux mauvaises et tristes choses qu'on y rencontre. Comme un jardinier cueillant dans son parterre, il n'a voulu voir dans ce monde que ce qui est pur sous les cieux. Il adorait la beauté, la gaieté, l'honnêteté, la vérité, et ne se souciait point du reste. Les souffrances cruelles qui l'ont tué lentement n'ont pas été plus fortes que son courage.

« Ce n'est pas la mort, disait Montaigne, c'est le mourir qui m'inquiète. » M. Dupaty n'eut point cette inquiétude. Il se souvint, dans ses derniers jours, des sœurs de l'hôpital de Brest. Il attendit et vit venir à lui, presque avec joie, la plus belle mort, celle qui ne dément rien d'une belle vie, et il expira regretté de tous, plein de douceur et de fermeté, plein d'espérance et de résignation.

DISCOURS

PRONONCÉ LE LUNDI 9 AOUT 1852

A L'INAUGURATION DES STATUES

DE BERNARDIN DE SAINT-PIERRE

ET

DE CASIMIR DELAVIGNE

AU HAVRE

Messieurs,

Ce n'était pas à moi de prendre la parole dans cette circonstance solennelle. Chargé seulement par l'Académie française d'assister, en son nom, à l'inauguration de ces belles statues, c'était assez pour moi de ce glorieux devoir et de l'honneur qui s'y attache. Un orateur célèbre, un poète aimé de tous, devaient se faire entendre ici. Heureusement l'un d'eux est près de nous, malheureusement l'autre nous manque. M. de Salvandy devait vous parler de Bernardin de Saint-Pierre et de Casimir Delavigne. Il avait, non seulement accepté, mais désiré cette mission qu'il eût si dignement remplie. L'attaque subite d'un mal cruel le retient en ce moment même où il achevait, pour vous l'apporter, une page qui, nous l'espérons, ne sera point perdue. Serait-ce à moi, pris au dépourvu, arrivé d'hier dans vos murs, d'essayer de prendre la place de M. de Salvandy ? Si elle m'eût appartenu, je ne sais ce que j'aurais pu dire en face de ces deux hommes illustres dont votre grande et noble cité est fière à de si justes titres. Aurais-je pu assez admirer la poésie pleine de vérité, la grâce pleine de tendresse, qui respirent partout dans *Paul et Virginie* ? Aurais-je su assez apprécier cette autre poésie et cet autre charme des *Vêpres siciliennes* et de l'*École des vieillards*, cette fermeté, cette pureté de style que Casimir Delavigne possédait si bien ; cette faculté précieuse, qui a fait dire à Buffon : « Le génie, c'est la patience ? » Aurais-je su vous dire qu'au milieu de sa gloire il aima toujours son pays natal, qu'il n'en parlait qu'avec effusion, avec attendrissement? C'est ainsi que l'oiseau des mers, planant au loin dans l'azur des cieux, jette pourtant toujours un regard sur la vague où flotte son nid.

 Mais, messieurs, vous n'attendez pas que je vous entretienne de pareils sujets sans réflexion, sans travail, sans étude; vous ne voudriez pas me voir improviser presque au hasard sur de tels souvenirs. Vous ne me le pardonneriez pas; et la seule manière dont je puisse rendre grâce de l'honneur que je reçois ici, c'est de laisser parler des voix plus éloquentes que la mienne.

FIN DES MÉLANGES DE LITTÉRATURE ET DE CRITIQUE

COMÉDIES ET PROVERBES (Suite).

	Pages.
Il faut qu'une porte soit ouverte ou fermée.	2
Louison	24
On ne saurait penser a tout.	74
Carmosine.	118
Bettine.	191

MÉLANGES DE LITTÉRATURE ET DE CRITIQUE

                                                                                                     Pages.

Le Tableau d'église. 252

Mélanges publiés dans le journal *Le Temps*. 256

    I. Exposition du Luxembourg au profit des blessés. 256

    II. Projet d'une revue fantastique. 259

    III. De l'indifférence en matières publiques et privées. 262

    IV. Chute des bals de l'Opéra. 266

    V. Revue fantastique. 269

    VI. Revue fantastique. 274

    VII. Mémoires de Casanova. 278

    VIII. Revue fantastique. 283

    IX. Revue fantastique. 286

    X. Revue fantastique. 291

    XI. Revue fantastique. 294

    XII. Revue fantastique. 298

    XIII. La Fête du roi. 301

    XIV. Revue fantastique. 303

    XV. Revue fantastique. 308

    XVI. Revue fantastique. 311

    XVII. Pensées de Jean-Paul. 315

Une Matinée de Don Juan. 324

Un Mot sur l'art moderne. 332

Salon de 1836. 340

Lettres de Dupuis et Cotonet. 373

    Première lettre. 373

    Deuxième lettre. 394

    Troisième lettre 408

    Quatrième lettre. 420

TABLE DES MATIÈRES

	Pages.
Faire sans dire.	435
De la Tragédie a propos des débuts de mademoiselle Rachel.	450
Reprise de Bajazet.	467
Concert de mademoiselle Garcia.	477
Débuts de mademoiselle Pauline Garcia.	486
Lettre au National.	493
Discours de réception a l'Académie française.	496
Discours au Havre.	515

G. CHARPENTIER et E. FASQUELLE, Éditeurs
11, rue de Grenelle, Paris.

QUATRELLES

A COUPS DE FUSIL

AVEC 30 DESSINS ORIGINAUX HORS TEXTE

PAR

A. DE NEUVILLE

Dont 12 dessins au fusain et 18 à la plume, reproduits en fac-similé

Un beau volume grand in-8 colombier. Prix, broché. . . . . **25 fr.**

ALFRED BARBOU

LA VIE DE VICTOR HUGO

(VICTOR HUGO ET SON TEMPS)

ÉDITION ILLUSTRÉE DE NOMBREUX DESSINS INÉDITS

Et d'un grand nombre de dessins de Victor Hugo
Gravés par MÉAULLE

Un beau volume in-8. Prix, broché. . . . . **6 fr. 50**

THÉOPHILE GAUTIER

LE CAPITAINE FRACASSE

UN VOLUME GRAND IN-8

Illustré de 60 dessins hors texte, par GUSTAVE DORÉ, gravés sur bois

Broché, **20 fr.**; relié demi-chagrin, tranches dorées, **26 fr.**
Relié demi-chagrin, tête dorée, coins, tranches ébarbées. . . . . . . **28 fr.**

Sceaux. — Imp. Charaire et fils.

Contraste insuffisant

NF Z 43-120-14

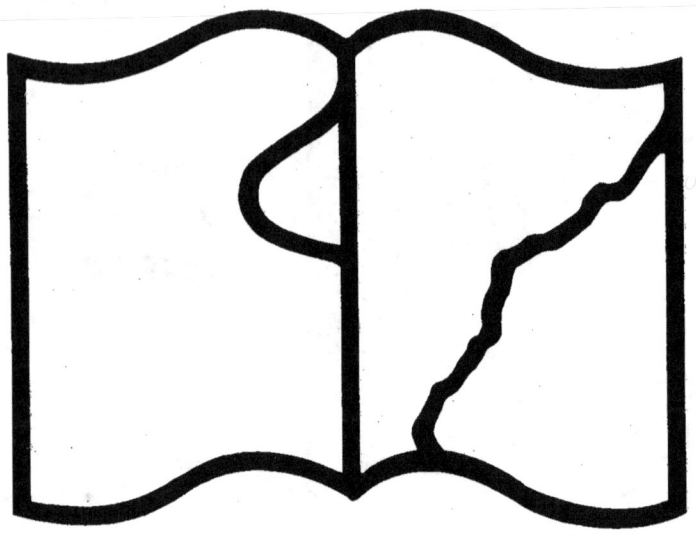

Texte détérioré — reliure défectueuse
NF Z 43-120-11

www.ingramcontent.com/pod-product-compliance
Lightning Source LLC
Chambersburg PA
CBHW051404230426
43669CB00011B/1763